臺灣農家經濟史之重新詮釋

臺灣研究叢書 05

葉淑貞 著

序

本書的作者葉淑貞教授堅持邀我為她的這本書寫一篇序。

其實，我之所以極力鼓吹她出版這本有關日本殖民時代臺灣農業經濟史的專著，是認為她的研究可以給我們這些文學院歷史系出身的日本殖民時代臺灣史研究者有所啟發，真不敢對她的研究有什麼指教。而且，我在葉教授去年出版的《臺灣日治時代的租佃制度》（臺北：遠流，2013）之序言中，已經對經濟學者之臺灣經濟史研究可以對傳統的歷史學者有什麼貢獻，做出了簡單的描述。但是此次葉教授還是要我在她這次出版的這本書中再寫一點文字，顯然是希望我就她的研究主題（日本殖民時代的臺灣農業經濟史），說一些個人的意見。因此，我就不揣淺陋地說一些外行話。這些外行話，有一些還是建立在1960年代小時候在臺灣偏僻的農村依稀還可以感受到的日本殖民時代氛圍之印象上寫成的。

1980年代留學日本時，「亞洲四小龍」是經常見諸報端的提法，而且也有一個將四小龍之所以能夠達致發展的原因求諸於儒家的學術風潮。但是，當時我對於這種解釋，總是無法臣服。反而，我認為戰後南韓、臺灣、香港、新加坡之所以能夠發展成四條小龍，一定不能忽視她們都曾經是殖民地的這個歷史因素。至少，殖民地時代所完成的包括近代法律、制度的各項基礎建設，透過教育所培養的識字階層和技術者，甚至殖民帝國所提供的廣

域市場，一定對於戰後這些地區的發展提供了有用的基礎。

所以，1995 年在日本的一個探討東亞殖民地問題的研討會上，我就刻意提出了一篇簡單的文章〈重新認識臺灣之殖民地型近代化〉，希望大家正視殖民地時代的「遺產」。就如預期的，這篇文章在會議場上受到來自中國、南韓的與會者幾乎是「圍剿」的待遇。因為，這兩個地區的學者認為我是在肯定帝國主義的殖民地統治。

不過，過了二十年之後的現在來看，我的這種看法已經不是什麼了不起的創見。以韓國近代史的研究為例，各種領域都在以「殖民地近代性」的概念承認殖民地統治期間的近代化側面，即使一向強調民族主義抵抗的抗日歷史研究中也出現了強調「灰色地帶」的說法。當年在會場上重砲批評我的韓國近代經濟史大家，以後更是「轉向」專研日本殖民時代的經濟發展。

其實，我主張必須正面面對殖民統治所帶來的正面意義的同時，也希望大家不要忘了當時民族之間不合理的利益分配問題。用一個臺灣的例子來說，以日本資本為主的工廠制製糖業，雖然為生產製糖原料甘蔗的臺灣農民帶來了比以前更高的收入（這主要是因為日本所導入的資本、技術，並且提供了廣域之帝國市場所造成的），但我們也不能忽視總督府為了幫助製糖會社取得廉價的製糖原料甘蔗所制定的「（製糖）原料採收區域制」。因此，1920 年代臺灣的農民運動之重要目標，便是在於撤廢這個讓臺灣農民在整個製糖產業中無法分配較高比率之利潤的制度。我甚至認為，不但在產業方面，即使在包括政治的各領域當中，日本殖民時代臺灣人的「抗日」努力，大概都是這種希望爭取更好之待遇的改良主義式抗爭。

最後，我想特別強調日本殖民時代的技術發展。

最近幾年因為紀錄片《無米樂》的關係，讓臺南市後壁區菁寮的老農夫崑濱伯幾乎成為家喻戶曉的人物。透過紀錄片，大家驚訝於一個臺灣鄉下的老農夫竟然有如此豐富的農業知識，而且還持續性地筆記下來農田施肥與其他農作內容。其實，家父的年紀與崑濱伯相仿，1960 年代初期在我稍稍懂事時，他就會向我解釋堆肥、化學肥料的常識，因此我還未進學校就懂得肥料中的三種重要元素：氮、磷、鉀，也知道田裡的短期間作所種的「田菁」是要用來利用它根部所富藏的氮肥的。

我父親也用一本筆記本記載何時投入多少成本、何時噴什麼樣的農藥（現在回想起來，那時候臺灣農業使用化學農藥的情況就已經相當普遍了）。他也會帶著我去參觀在新營舉辦的農業「展覽會」，了解有什麼新品種、新技術。現在想起來，家父可以說是 1920 年代以來臺灣「綠色（農業）革命」（這個字眼是大學時代在馬若孟 R. Myers 的文章中首次看到的）發展脈絡下所培養出來的「科學的農夫」。

1920 年代，臺灣的農田一方面要種甘蔗，一方面要種稻米，還要種甘藷或雜穀。甘蔗、稻米是用來賣的，甘藷是用來吃的（在比較貧困的偏鄉，三餐都吃白米飯是相當晚近的事），因此想盡辦法讓臺灣農田儘量生產得更多、更好，便成為臺灣農業的重點。除了灌溉之外，施用肥料、利用不同作物生長期之參差，搶時間地同時在一塊農田上種植不同的作物，是相當普遍的現象。農民在甘藷壟溝種蔗苗（糊仔），待收成甘藷時，甘藷壟犁開後的壟土正好可以用來護住已經長成相當高度的甘蔗。這至今仍然是讓我佩服的臺灣農民之智慧。

　　葉教授在本書中以其經濟學的專業學養,利用豐富的數據資料做出了令人信服的研究結論。我以上所說的,只是一個農家子弟對於臺灣近代農業的一點印象式觀察,與葉教授本書的題旨與研究結論,不見得相襯。但願沒有玷汙了葉教授本書的價值。是為序。

　　　　　　　　　　　　　　　　　　　　　　吳密察

自 序

　　一直以來臺灣經濟史研究在國內都未受到應有的重視，至今所累積的研究成果還很有限。戰後初期，在周憲文及吳幅員先生的號召下，經濟學者或多或少都曾致力於臺灣戰前經濟的研究。臺灣銀行並將這些研究成果定名為「臺灣特產叢刊」及「臺灣研究叢刊」，陸續出版。[1]

　　但是自 1960 年代以後，國內臺灣經濟史研究逐漸沉寂，1970年代更加不振，1980 年代初幾乎銷聲匿跡。以臺灣研究叢刊中相關文章的出版年代來看，內容觸及戰前經濟者共有 130 多篇，其中約 70% 成於 50 年代，20% 成於 60 年代，10% 成於 70 年代，而無任何一文成於 80 年代。可見，臺灣經濟史研究在 1960 年代以來沒落的情況。這種情況直到 1990 年代以後，才因為政治的解嚴及新研究方法的應用而逐漸改觀。

　　過去國內臺灣經濟史研究之所以不振，除了由於 1960 年代以後臺灣經濟的蓬勃發展，吸走了經濟學界的目光，主要還是因為對於經濟學家而言，經濟史研究不具比較利益，致使臺灣經濟學者不願投入這個研究領域。而經濟史研究相對於其他經濟領域的研究之所以不具比較利益，主要是因為經濟史研究需要投入較多的時間於史料的蒐集與整理和政治上的禁忌這兩方面的因素。

---

1 關於臺灣銀行編印出版「臺灣特產叢刊」及「臺灣研究叢刊」的目的、經過及成果，可以參考吳幅員，1990，頁32-44。

　　1960 年代以來臺灣經濟的快速發展，開始喚起美、日等地學者的注意。從 1960 年代底他們開始進行臺灣經濟的研究，其中有些人研究經濟現況，也有些人研究經濟史。為結合同行學者的力量，並交換研究心得，美國地區曾先後成立兩個臺灣研究會。第一個名為 Committee for Taiwan Historical Studies，成立於 1973 年，由史丹佛大學胡佛研究中心（Hoover Institute）的主任馬若孟（Ramon H. Myers）擔任主席。第二個研究會名為 Taiwan Studies Group，創於 1982 年。這兩個研究會定期舉辦討論會，並發行通訊，報導臺灣史研究的概況。

　　日本地區臺灣經濟史研究的大本營在一橋大學經濟研究所，知名的研究者有溝口敏行、梅村又次等多人。他們的研究焦點在日治時代，從 1970 年代以來，不但編了一些長期統計資料及相關的資料目錄，也結合經濟理論與統計方法有系統地探討一些總體經濟現象。[2] 美、日學者的研究無論從數量或品質上來看，皆有不錯的成績。[3]

　　相對於美、日學者，國內經濟學者卻從 1960 年代以後逐漸遠離臺灣經濟史的研究，這可能是因為史料的性質與政治禁忌。臺灣經濟史資料雖稱豐富，但是資料的可用性與方便性較諸戰後的經濟資料落後許多。與經濟現況的研究相比，臺灣經濟史的研究必須投注比較多的時間與心力，進行資料的蒐集與整理。

---

2 其中最著名的有溝口敏行及梅村又次（1988）編《旧日本植民地経済統計　推計与分析》，高橋益代（1985）編《日本帝國領有期台灣關係統計資料目录》，溝口敏行（1975）著《台灣、朝鮮の経済成長：物価統計を中心として》。除了一橋大學之外，日本的亞細亞經濟研究所也是日本地區另一個重要的臺灣研究中心。

3 關於美、日地區的學者如何應用經濟理論與統計方法研究臺灣經濟史，以及這種研究方法如何開創臺灣經濟史研究的新局面，請參考本書第二章的分析。

又，解嚴以前研究臺灣經濟史必須立足於統治者所容許的史觀進行研究。既定的史觀不僅限定研究者的研究課題，更壓抑了研究者獨立研究的精神。例如，過去研究日治時代經濟史必須立基於「帝國主義論」，帝國主義論主張殖民政策的最終目的在於剝削殖民地的經濟剩餘，以促進統治國之經濟發展。欲達此一目標，必須從開發殖民地資源著手，以供應統治國所需的工業原料及初級產品，並消費統治國所生產的工業產品。是故，帝國統治的結果，殖民地的經濟雖然可能發展起來，但殖民地經濟卻會相對落後，致使被殖民者的生活水準相對地較低落。

第一個有系統探討日治時代臺灣人民生活水準的學者是張漢裕。[4] 他在 1955 年的研究比較 1936-37、1941-42 與 1950-51 年期間農家消費支出，發現 1950-51 年農家的生計低於 1930 年代後半段以來的日治時代。但是他的文章投稿至《臺銀季刊》後，臺銀雖願意付稿費，但對於發表與否有虞慮；也有人從旁告訴他，那文章若發表，可能對他不利。[5] 從這個例子，我們可以看到政治禁忌對於學者獨立研究精神的壓抑。可能因為這樣，張教授的這個研究結論，在相當長久的時間中都未有人繼續進行引申研究。

過去經濟學者所關注的另一個日治時代經濟史研究的課題為：農業成長率有多高、成長的來源有多少得自於要素的擴張、有多少得自於生產力的提升。這樣的研究課題並不違背帝國主義論的觀點，因為帝國主義論者主張統治國為了以殖民地的資源促進本國人民的生活水準，需先促成殖民地的經濟發展。而這可能是過去農業生產力方面的研究之所以得以締造較豐碩成果的因素之一。從以上例子，我們都可以看到政治禁忌如何限制了當時研究

---

4 關於張漢裕教授這方面的研究，請參考本書附錄的介紹。

5 關於張漢裕教授這篇文章所引起的干擾，請參考本書附錄的討論。

者的研究課題。

　　而 1990 年代以來臺灣經濟史研究之所以比較蓬勃，除了政治上的解嚴之外，更因為新經濟史研究方法愈來愈廣泛地被應用。經濟史研究方法有兩個派別，一派稱為傳統經濟史研究，另一派則稱為新經濟史研究。所謂新經濟史研究是指，有系統地應用經濟理論作為分析架構，並利用統計方法整理資料，最後使用估計、檢定及迴歸分析方法，把資料組合起來，探詢變數之間的因果關係。

　　這樣的研究方法源自於 1950 年代的美國，往後更締造了豐碩的成果，在 1993 年 Robert W. Fogel 和 Douglass C. North 二位經濟史學者更因為在經濟史研究方面的貢獻，而獲頒諾貝爾經濟學獎。Fogel and Engerman（1971）曾將美國新經濟史的部分研究結果編為《美國經濟史重新詮釋》（*The Reinterpretation of American Economic History*）一書，企圖綜合一些研究成果，重新詮釋美國經濟史。

　　本書的書名有一部分仿效 Fogel and Engerman 的書名，主要是因為筆者與 Fogel and Engerman 一樣，都應用新經濟史研究法，嘗試重新詮釋臺灣經濟史上的一些問題，不過本書只集中於農家經濟相關問題的探究。

　　筆者於 1980 年代末期在美國匹茲堡大學攻讀博士學位，有幸開始投入臺灣經濟史的研究，博士論文的題目就是《日治時代臺灣經濟的成長及農家經濟》（*Economic Growth and the Farm Economy in Colonial Taiwan, 1895-1945*）。1991 年取得學位回國之後，就開始在臺大經濟系開授「臺灣經濟史」一課，並繼續從事相關的研究，至今已經有二十多年了。

　　本書的內容大部分就是改寫自筆者這二十多年來臺灣經濟史研究的部分成果。其中的第一章有一部分改寫自 1994 年發表於《經濟論文叢刊》的〈論臺灣經濟史研究的歷史解釋觀點〉；第二章改寫自 1994 年發表於《經濟論文叢刊》的〈臺灣「新經濟史」研究的新局面〉；第三章及第四章以張素梅及葉淑貞發表於 2003 年《臺灣史研究》的〈日治時代臺灣農家所得之分析〉、1996 年《經濟論文叢刊》的〈日治時代臺灣農家儲蓄行為之分析〉及 2003 年《經濟論文叢刊》上的〈日治時代臺灣農家之消費結構〉三篇文章為基礎，改寫而成的，不過已經與原文完全不同了。第五章大部分的內容曾以〈1918-1951 年間臺灣農家商業化程度的變遷：以米作為主〉為題，發表於 2012 年林玉茹主編之《比較視野下的臺灣商業傳統》一書，而第六章的內容主要得自於筆者與張棋安先生合著，並於 2004 年發表在《經濟論文叢刊》的〈臺灣蓬萊種稻作普及之因素〉一文。附錄一文則從 2005 年發表於《兩岸與國際事務季刊》的〈臺灣經濟史大師——張漢裕教授的學術成就〉及 2009 年國立臺灣資料館編《臺灣教育人物誌 IV》的〈張漢裕（1913-1998）：臺灣農業經濟的奠基者〉這兩文改寫而成的。

　　本書的完成首先要感謝吳密察老師的邀稿，才促使筆者得以把從前的研究重新檢視、整理或重新撰寫，也要感謝臺大出版中心吳菡小姐的細心及專業的校稿。更要感謝我的助理林曉美小姐多年以來的細心幫助蒐集並整理資料。而本書的第五章及第六章曾獲得國科會的補助，在此一併致上謝意。更要感謝兩位匿名評審給予寶貴的意見，使本書得以更完整地呈現在讀者眼前。

　　筆者也要感謝曾經聘我為臺大經濟系助教的系主任陳正澄老師。1978 年從臺大經濟系畢業那一年，家父因胃癌而住院，隔年便去世了。身為家中老大的我，必須要工作。助教的工作使我得

以同時工作，又能夠讀研究所，最後還獲聘系裡的教職，並到美國攻讀博士學位。若不是陳教授的聘用，就不會有這樣的機會。想起當初年少、魯莽、不懂事的我，必定曾經有頂撞過陳主任的事，但他卻不以為意，多年以來一直鼓勵著我。在此向陳老師表達我最深的謝意！

　　最後要感謝我先生林欽輝多年以來的照顧，使我得以無憂無慮，專心致力於研究工作。

葉淑貞

於臺大社科院

2014/8/31

目次

圖表目錄

第一章　緒論

　　歷史研究的客體雖然是過去的事實，但是歷史研究的目的則在於提供現代人類活動的資鑑（梁啟超，1976，頁5）。因此，歷史是否值得研究便決定於它能給現代人什麼樣的啟示。然而欲從研究的客體完成研究的目的，尚有賴於研究者賦予歷史事實新的意義及價值。歷史事實到底有何意義及價值，全憑研究者的解釋觀點。

　　而採用何種研究方法，又會與研究者的歷史解釋觀點相互影響。例如，對於日治時代臺灣人民的生活水準，若不有系統地使用經濟理論所闡述的因果關係、不用統計方法處理數字，或不用迴歸分析處理不同資料之間的關係，而以常識判斷或以其他國家的歷史發展作為論證的基礎，可能會先入為主地判斷當時人民的生活水準是下降的，而下結論認為這是因為統治者有目的地降低人民生活水準所致。[1]

　　歷史研究的目的既然在於賦予過去的事實新的意義或新的價值，以供現代人活動的資鑑，因此定位在此一目的之下，歷史研究包含的工作有：認識歷史事實，解釋史事發生的因與果、史事演變的動力與過程，以及歷史與現在種種事件的關係，並從而推得歷史事實所包含的意義及價值。研究者在解釋歷史事實的意義及價值時，所立定的中心思想，便是他的歷史解釋觀點。一個人

---

1 關於這些論述，請參考本書第四章的介紹。

的中心思想為他的信仰所主宰，這些主導人們行為及思想的信仰體系，一般稱為意識型態（Coxall and Robins, 1989）。

個人由於信仰及認知的不同，可以產生不同的意識型態，再加上所受學術訓練的不同，從而可能引發出不同的解釋觀點。另一方面，歷史本身的複雜性，更使不同的解釋觀點有各自的適用性。主觀意識型態之差異、客觀歷史的複雜性及研究者訓練的不同這些因素相互作用的結果，常常引導出種種不同的歷史解釋觀點。臺灣經濟史也有諸種不同的解釋觀點，這與研究者所處的時代及所使用的分析方法有關。以下我們要介紹幾種比較主流的觀點，從而引出本書的研究重點。

1. 臺灣經濟史的解釋觀點

在臺灣歷史的演變過程中，出現多采多姿的面貌，因而引導出不同的解釋觀點。這些面貌中，有三層特別引人注目。第一，臺灣曾是中國的邊疆，容納中國過剩的人口；第二，臺灣曾經是日本帝國的殖民地；第三，臺灣經濟在近一百多年以來，一直有快速的發展，十九世紀末葉以後已開始逐漸轉為現代化的經濟體系。這種種不同的特徵容許研究者立足於不同的基點，投射於不同的關懷面，因而誕生了各種不同的解釋觀點。

本節按上述三大面貌，將過去臺灣經濟史研究所隱含的解釋觀點大別為三類，即中國邊陲論、階級剝削論及現代化論，並討論各類觀點之立足點及所關心的層面。

1.1 中國邊陲論

臺灣經濟在十九世紀末以前經歷兩個關鍵性的發展階段，第一個關鍵性階段發生於十七世紀上半葉。這時臺灣經濟在生產技

術上，從原始漁獵進入傳統農業體系；在生產組織上，從原始部落集體生產制演變為家庭生產制度；在經濟關係上，從以自給自足為主的型態進入以市場經濟為主的體系。第二個關鍵時刻出現在十九世紀下半葉，此時經濟發展處於傳統經濟到現代經濟的過渡階段。現代化的基本設施開始初露端倪，現代化的生產組織及生產技術逐漸為人們知悉。

　　過去的研究大多將中國大陸的動亂及人口壓力，視為第一個關鍵階段的發展動力。陳紹馨（1979）在《臺灣人口變遷與社會變遷》一書中，提出「臺灣是中國社會文化的實驗室」的觀點，便是以中國大陸的人口變遷作為背景，展開臺灣人口變遷研究的序幕。關於十九世紀下半葉臺灣的經濟，李國祁（1978，1985）主張這時臺灣的現代化與中國大陸相同，都是受到西方列強壓迫而產生的回應，且認為巡撫劉銘傳所從事的現代化改革襲自中國。

　　以上的見解基本上把臺灣歷史的發展放入中國歷史發展的脈絡之中，並從這個脈絡來觀察臺灣的歷史。過去研究清代經濟史的學者大多都以中國邊陲論來解釋該時期的歷史，因此研究大都集中於與中國邊陲地位有關的主題，例如漢人移民對臺灣的開墾、開墾過程所產生的土地制度、臺灣與大陸的貿易、大陸資本如何進入臺灣。論者對於與中國歷史相關的課題有不少的研究，其中以臺灣的開拓過程及土地制度演變等兩方面的研究成果最為豐碩。[2] 這些研究讓我們對臺灣早期的開拓史得以有深入的認識。

---

2 關於臺灣開拓過程、漢人拓墾與聚落的形成及清代臺灣土地制度等這些研究的篇名，請參考劉翠溶，1994；中央研究院臺灣史研究所臺灣史研究文獻類目編輯小組，2005，頁28-33；2006，頁36-43；2007，頁29-36；2008，頁47-50；2009，頁71-91；2010，頁43-52；2011，頁35-42；2012，頁43-50。另外，東嘉生於1941年也有兩篇相關文章。周憲文於1954年將該兩篇文章譯成中文，收入《臺灣研究叢刊》第二十五種，後於1985年，由帕米爾書局重印發行。

1.2 階級剝削論

臺灣經濟史的第二種解釋觀點為階級剝削論。階級剝削論以生產工具之有無及統治權之所屬來劃分階級，進而以階級間的剝削關係來解釋臺灣經濟史的演變。以統治權之所屬劃分出來的階級剝削關係，是統治者剝削被統治者，這一論點廣泛地被用來闡釋日治時代的經濟史。[3]而以生產工具之有無所劃分出來的階級剝削關係，是地主剝削佃農，此一階級剝削論普遍地用於分析臺灣長期以來的土地租佃制度。[4]1950 及 60 年代臺灣銀行出版的作品中有不少持著這種解釋觀點。

階級剝削論是馬克思《資本論》一書的中心論點，列寧將它發展成為「帝國主義論」（the imperialism approach）。如本書自序所言，帝國主義論主張殖民政策的最終目的在於以殖民地的經濟剩餘，促進本國之經濟發展。是故，帝國統治的結果，雖然可能促成殖民地的經濟發展，但將造成殖民地經濟的相對落後及被殖民者生活水準的低落。

1920 年代馬列思想盛行，矢內原忠雄深受其影響，首開以帝國主義論解析臺灣經濟之先河。在 1929 年出版的《帝國主義下の臺灣》一書之中，矢內原詳細說明日本殖民當局如何致力於臺灣的資本主義化，以及資本主義化後臺灣經濟社會在階級結構上的變遷。為了推動臺灣的資本主義化，政府一方面建立基礎事業，另一方面幫助日本企業進駐臺灣，並獲得獨占的力量。資本主義化的結果使臺灣人民承受了政府苛稅及日本企業獨占等雙重力量的剝削，從而使臺灣的階級對立關係變成統治者、日本人及資本

3　持有此一論點的研究有矢內原忠雄著，1929，周憲文譯，1987；東嘉生著，1941，周憲文譯，1985；周憲文，1958；涂照彥著，1975，李明峻譯，1991。

4　這方面的研究以東嘉生著，1941，周憲文譯，1985；王益滔，1952 a為代表。

家三位一體的剝削者，對立於被統治者、臺灣人及農業者三位一體的被剝削者。[5]

戰後不少研究或繼承《帝國主義下の臺灣》一書的論點及分析架構，或開創了一些不違反帝國主義論研究的生產技術和生產力，以及帝國主義論未深入分析的臺灣人民生活水準等兩大課題。

第一個有系統探討人民生活水準這個課題的學者是張漢裕。[6]他在 1955 年的研究顯示 1920 年代及 1930 年代，平均每一成年農民每日吸收的熱量約 3,600 卡，超過一個體重 60 公斤的體力勞動者之需要。從 1936-37、1941-42 與 1950-51 年期農家消費支出的比較，他也發現 1950-51 年期的農家生計低於 1936-37 和 1941-42 年期。但是 Samuel P. S. Ho（1968）卻提出了不同的看法。他估計的每人熱量攝取量約只有 2,000 卡，只能維持最低的生活需要。

Ho 以農業雇工的實質工資及平均每人熱量攝取量為指標，推論日治時代的農業雖然成長，但人民的生活水準卻惡化了。直到 1970 年及 1971 年 Myers（1970）和 Yhi-min Ho（1971）分別提出一些批評或相異的結論後，Samuel P. S. Ho 才改變了他的看法，但是仍認為物質生活的提高未必帶來福利的改善（Ho, 1978）。

爾後立基於帝國主義論之架構的研究，對於此一課題的關心方向轉為兩種。第一個方向轉問張漢裕及 Myers 教授的研究結果，可否代表整個日治時代的情況。有些學者認為張漢裕及 Myers 教

---

5 關於這些階級之間的關係，請參考矢內原忠雄著，1929，周憲文譯，1987；東嘉生著，1941，周憲文譯，1985；涂照彥著，1975，李明峻譯，1991。

6 張漢裕教授這個研究曾在1955、1956、1974和1984年，分別發表於《社會科學論叢》、《臺銀季刊》（張漢裕，1955a）、張教授著書《臺灣農業及農家經濟論集》（張漢裕，1974）和《經濟發展與農村經濟》（張漢裕，1984a）等書刊中；也被翻成英文，在1969年發表（Chang, 1969）。

授的觀察期間是日治後半期，日治前期情況並非如此（涂照彥著，1975；李明峻譯，1991，柯志明，1992）。

第二個研究方向，追問 1930 年代農民生活水準的提高是否為殖民者善意的結果。這一連串關於臺灣人民生活水準的論戰，具體表現了帝國主義論的觀點。又關於日本殖民當局如何能一面促進臺灣農業發展，一面又壓低臺灣人民的生活水準等課題，論者所應用的分析架構與所得到的結論，也與帝國主義論的觀點一致。

他們提出的剝削途徑有二：一為稅收及專賣制度，另一為日本企業或商人的獨占權利。關於日本資本的獨占權利，許多學者提出製糖會社的甘蔗專買制度及日本四大出口米商的獨占力量（涂照彥著，1975，李明峻譯，1991，頁 61、235-247；柯志明，1992；Ho, 1968）。從這些研究結論，論者認為日本殖民當局與其他帝國主義者一樣，對殖民地臺灣進行剝削，且所用的剝削手段也無異，而臺灣在日本的統治下，經濟雖然成長了，但人民卻未蒙受利益。[7]

在被統治者之間，階級剝削論則以生產工具之有無劃分階級，並以階級之間的剝削關係來理解經濟的演變。一直到日治時代，臺灣的經濟結構仍以農業為重，因此與農業相關的租佃制度廣受關注。在討論土地租佃制度時，學者大都認為臺灣的租佃制度有地租過高、租期過短及租約內容不明確等等問題。且認為地主利用這些手段剝削佃農，使佃農生產誘因低落，因而不但造成佃農生活貧困，更阻礙經濟的發展。[8] 除了租佃制度，階級剝削論也被

---

7 關於帝國主義者如何一方面促進其殖民地經濟之成長，另一方面又用各種手段剝削殖民地的經濟剩餘，因而造成殖民地人民生活之貧困等問題之分析，可參考Griffin and Gurley（1985）或本書第四章的討論。

8 參見王益滔，1952a；陳誠，1953，1961；李登輝，1985a。

用於理解農村金融的借貸關係，而有高利貸壓迫農民的論調。[9]

　　以上階級剝削論一方面被用來說明異族（包括荷蘭及日本）統治如何剝削臺灣人民，另一方面則用來說明漢人之間，地主及高利貸者如何剝削農民，並分析這些剝削關係如何影響經濟的變遷。階級剝削論在討論一個經濟現象時，多能留心經濟及社會階層的構造及這些構造對該經濟的影響，這成為階級剝削論的特點。

1.3 現代化論

　　臺灣經濟史研究的第三個解釋觀點是現代化論。臺灣經濟從十七世紀以後便有長足的發展，日治時代更邁入現代經濟的階段。部分日治時代經濟史研究所關心的主題就在於日治時代臺灣經濟如何轉入現代化階段。這類研究成果可以歸為兩類。第一類的研究主要分析農業生產技術及生產力的進步。[10]另一類的研究主旨在於日本殖民政府如何促進臺灣的經濟發展，強調殖民政府對臺灣的現代化扮演重要的角色。[11]

　　他們更進而研究經濟現代化對人民生活水準的影響。如上所述，張漢裕（1955a）利用農家調查資料，就發現戰前 1930 年代農民的生活水準超過戰後 1950 年代。Myers（1970）則利用「恩格爾法則」，發現農民的生活水準在 1920 年代以後漸有改善。[12]

9　見東嘉生著，1941，周憲文譯，1985。

10　關於這一類的研究有Hsieh and Lee, 1966；Ho, 1966；Lee and Chen, 1975。至於他們的研究成果，詳見本書第二章的介紹。

11　請參見Chang and Myers, 1963。

12　恩格爾（Engel）於1875年的著書中提出：「人們愈窮或家計支出愈少，總支出中飲食費所占的比率愈高」、「人們愈窮或家計支出愈少，支出中第一生活費（必需生活費）所占的比率愈高」（摘自張漢裕，1974）。後人便將飲食費或第一生活與家計支出或可支配所得之間的這些關係，稱為「恩格爾法則」。Myers（1970）以臺灣農家飲食費之總支出彈性在1919-22、1931-32及1941-42年的趨勢，推論1943年以前，農家實質所得逐漸上升。

這兩位學者認為日本的殖民政策是發展性的,不同於西方帝國主義的剝削式殖民政策。

與階級剝削論相比,現代化論作品的關心點在經濟現象,不在社會階層的構造。這類的研究以新古典經濟理論為分析架構,並以計量經濟學為分析工具,把零星片斷的資料組合後轉化為具體知識。研究結果除了對過去的研究提供深刻的反省外,也帶給其他地區的經濟發展一些啟示。

2. 歷史解釋的分歧

不同史觀的論著,對於相同的問題,常應用不同的研究方法,從而得到不同的結論。其中帝國主義論者大多採用傳統經濟史研究法,而現代化論者使用的大多比較接近於新經濟史研究法。既定的歷史解釋觀容易使人陷入主觀,造成判斷的分歧,更常引發出完全相反的歷史解釋。例如對於臺灣人民的財政負擔是否過重、臺灣人民的生活水準如何、日治時代的市場結構等這些問題,都有相當分歧的看法。

帝國主義論者利用傳統經濟史研究方法,曾觀察到日治時代臺灣稅負沉重,政府稅收的一大部分來自於鴉片、鹽、樟腦、菸與酒等專賣收入;甘蔗交易上,原料採取區域制度,將各區域內甘蔗的購買者限定為一個糖廠;米出口市場上雖有幾十個出口商,但是其中卻只有四個很大的商社;土地租佃市場上地主人數遠少於佃農人數。他們因而判斷臺灣的市場為政府、糖廠、四大米出口商和地主所操控。

市場遭到人為的操控,致使一般大眾一方面要付出比較高的價錢購買專賣物品或租借耕作用地;另一方面則必須以比較低的

價格出售甘蔗與稻米等生產品，生活水準因而無法提高。又糖廠幾乎都是日本人開辦，大的米出口商也屬於日本商社，統治者更是日本人。政府的高稅收、日本企業家專賣的特權及地主索取高地租，因而壓低了臺灣人民的生活水準。

現代化論者則提出日治時代人民生活水準不低，政府的稅收帶給人民正的效用，也有學者更提出臺灣地租並未超過合理的地租，而市場結構為高度競爭等不同的觀點。

關於人民的生活水準，上一節已經論述了不同的解釋觀點如何造成此一問題解釋上的分歧，對於日治時代臺灣人民生水準到底是提高或下降？目前為止已有某種程度的共識，但仍未有完全一致的定論。[13]

以下接著以財政負擔是否過重及市場結構是否為少數人所操控這兩個課題為例，說明不同的歷史解釋觀點及不同的研究方法所得到的結論如何的分歧。

2.1 財政負擔是否過重

一個地區人民的財政負擔是否過重，牽涉到財政負擔的定義及負擔輕重的判斷標準，這兩者都不是容易解答的問題，過去不同歷史解釋觀點的學者使用不同的方法，對於日治時代臺灣人民的財政負擔是否過重等問題，提出不同的結論，這個問題迄今依然未有定論。

在說明日治時代臺灣人民財政負擔過重時，竹越與三郎在1905 年，列舉了 1904 年臺灣地區每人平均分擔之政府歲入超過

---

13 關於這個問題，詳見本書第二章的介紹。

日本及法領安南為例；1929 年矢內原忠雄又舉同一例子；1958 年周憲文再度使用相同的例子。[14]

　　以這個例子說明臺灣人民財政負擔過重，至少會引起兩個問題。第一，1904 年的情況可否代表整個日治時代的狀況。竹越與三郎所舉 1904 年的例子也許可以代表他所關心的期間（1895-1904年）的情況，但是不能代表矢內原或周憲文關心的期間（1895-1929年或整個日治時代的狀況）；第二，歲入是否完全構成人民的負擔。政府的歲入除了租稅及公營事業收入外，還包含日本的補助金及公債，後面這二項收入不能算是臺灣人民的財政負擔，而這部分收入占 1895 至 1904 年政府總歲入相當高的比重。

　　可能基於這二點，矢內原在註解中又加入 1910、1914 及1921 年日本及臺灣兩地平均每人租稅負擔額。雖然得到這三年臺灣每人租稅負擔都比日本低，[15] 但矢內原仍然認為臺灣人之財政負擔比日本重，因為他認為這些數字未包含專賣收入，無法代表兩地人民財政負擔的實情。儘管未曾真正估計包含專賣收入後日本與臺灣兩地人民之財政負擔，也未估計專賣收入之中，哪些部分才真正屬於人民的財政負擔，但是他依然相信與日本人民比較，臺灣人民財政負擔沉重。

　　五年後即 1934 年，北山富久二郎在討論臺灣人民的租稅負擔時，便將專賣事業超額利潤視為人民的租稅負擔，並詳細估計1897 至 1930 年間臺灣人民的租稅及專賣利潤兩項負擔（以下將此兩項目合稱為「總租稅」，而將租稅一項稱為「純粹租稅」）。

---

14 1904年日本、法領安南及臺灣三個地區歲入（包括中央及地方）的每人平均負擔額分別是3.343圓、2.18圓及4.554圓。請參考矢內原忠雄著，1929，周憲文譯，1987，頁78。
　　價格單位在日治時代是「圓」，而戰後則為「元」。圖表中未特別標示者，單位為「圓」。
15 詳細的數字，請參考矢內原忠雄著，1929，周憲文譯，1987，頁79。

從他的估計結果，我們可以發現，在 1897 至 1930 年間，臺灣人民平均每人總租稅額都少於日本人民平均每人純粹租稅額。[16]

　　比較矢內原及北山兩人對於臺灣人民財政負擔是否過重的論述，無論是討論的時間或財政負擔定義的周延性，以及推論過程的深入程度都有所不同，導致結論的分歧，而這可能與他們的歷史解釋觀點及研究方法不同有關。矢內原立基於帝國主義論，且使用較籠統的數據；而北山的論點接近於現代化論，且使用的是較嚴謹的資料及分析方法。

　　不過，財政負擔的輕重不能只看租稅的數字，必須顧及負擔能力。為此，北山進一步求算 1934 年臺灣人民的租稅所得比率（以下簡稱「稅率」）。然而稅率高低是相對的，必須有一個比較的標準。北山再度選取同年的日本作為比較對象，結果發現無論哪一個所得級距下，臺灣家庭的租稅額都低於日本家庭。這一個例證更確立了北山的看法，即臺灣人的租稅負擔並不重。

　　對於此一問題，張漢裕卻有不同的看法。張漢裕認為臺灣人負擔的稅率雖比日本人輕，但是臺灣的財政缺乏自主性，具有殖民性格。例證是 1937 年戶稅生產額 1,000 圓的臺灣人家庭，租稅負擔超過同等所得之在臺日本人家庭。[17] 他並未討論其他年代以及其他所得階層的情況是否也如此，不過他要強調的是，財政負擔或租稅負擔到底如何，不是只看稅率就夠了，還必須要看人民對財政的收支有無決定權。可見在討論財政負擔時，張漢裕的關懷層面較北山為廣，分析架構也較北山嚴謹，因而在結論上也多少有所不同。

---

16 詳細的數字請參考北山富久二郎著，1934，周憲文譯，1959，頁159-161。

17 在這個所得階層的租稅額，臺灣家庭是113.26圓，日本家庭只有89.46圓（張漢裕，1955b）。

除了必須顧及財政的決定權，張漢裕認為人民財政負擔輕重的判斷，還必須考慮政府財政給予人民的利益。如果政府支出多用於與人民生活相關的項目，則財政負擔雖重，但是人民生活水準及滿足程度卻也可能提高。關於這一點，張漢裕認為日治時代政府支出中很大一部分用於經濟發展事業，而且他認為政府的行政效率也不低；以政府的財政為原動力，帶動了經濟的發展，改善了人民的生活水準。也就是說，政府財政運用是人民生活改善的重要因素，故人民的財政負擔雖然不輕，但是從總督府的財政所得到的效用也不低。

不過，對於這個看法，周憲文（1958）並不同意。他提出臺灣人民生活的進步，全是自己努力生產的「部分成果」，絕不是從政府財政所得到的享受；人民生產成果的一大部分繳納給政府後，有不少被用於降低人民效用的項目。

周憲文以警察費支出過高及教育的不公平作為論證的例子。他認為當年臺灣人民的財政負擔半數以上被用於警察費用，警察的服務給予人民的效用是負數，所以人民財政負擔的大部分係被用於減少效用，而不是用於增加效用的事業上。總之，張漢裕及周憲文兩人應用不同分析方法，對於人民生活改善是否得利於政府的財政、人民從政府財政所得到的效用等都有歧見。

關於人民生活水準的改善，張漢裕認為是經濟發展的結果，而經濟發展的原動力來自於政府。周憲文卻認為人民生活水準的改善，完全是自己努力的部分成果。又關於政府的財政與人民的效用，張漢裕認為政府的財政大部分用於發展事業，使人民效用增加了不少；周憲文認為人民的財政負擔（即人民的租稅負擔），大部分被用於負效用的項目上，因而暗示政府財政未增進人民的效用。

　　關於人民從政府財政所得到的效用，除了必須考慮人民的租稅負擔如何被運用，也必須考慮人民的租稅負擔占政府財政支出的比率，更要考慮政府支出是否都用於類似警察費之類的項目或是與經濟發展有關的項目上。

　　首先，如果我們採用北山的定義，將租稅及專賣事業的超額利潤合為人民的財政負擔，則在周憲文所提的年代，即 1913 年以前，人民的財政負擔占政府支出的比率只有 29%-60%。[18] 是故，只看人民財政負擔如何被運用，無法了解政府財政與人民效用的全貌。再者，姑且不論警察服務對人民來說，是否完全為負效用，若只看警察費用占人民財政負擔及政府支出的比率，也可看出警察費用遠不如周憲文所言那般高。警察費占人民財政負擔的比率，在 1899-1904 年介於 30%-49%，1905-09 年介於 18%-22%，1910-13 年則介於 8%-12%。[19] 從此可以論斷周憲文所謂警察費占人民財政負擔半數以上的說法並不恰當。警察費占各級政府總支出的比率，在 1899-1909 年介於 8%-18%，但在 1909-13 年則已降至 6% 以下。[20]

　　可見，光看警察費一項支出，實無法得知臺灣人民從政府財政所得到的效用，必須從整個政府支出結構來看，而張漢裕的作法比較接近於後者。不過到底政府的各項支出帶給人民的效用如何，實在不易估計，兩人只得各自提出自己的判定。

---

18 臺灣總督府民政部文書課，1901；臺灣總督府官房文書課，1902，1903，1904，1905，1906，1907，1908；臺灣總督府官房統計課，1909，1910，1911，1912，1913，19194a及1914b中所載相關資料計算而得。

19 同上註。

20 同上註。

　　總之，在該些問題的討論中，每個人的主張之所以不同，最根本原因應該在於解釋觀點及分析方法的不同，因而各自使用可以支持自己論證的資料或數據。張漢裕及北山比較接近於現代化論，且使用較嚴謹的分析方法，而矢內原及周憲文則立基於帝國主義論，且採用較籠統的分析方式，從而導致結論或觀點的不同。

2.2 市場結構

　　此外，歷史解釋觀點及分析方法的不同，也導致對臺灣歷史時期的市場結構，究竟是受到少數人操控或是高度競爭看法上的相異。

　　當討論階級剝削時，經濟上的剝削力量來自於市場的壟斷力量。當我們說地主剝削佃農時，其中隱含了地主壟斷，並控制土地租佃市場，因而得以操控地租。然而前人在以階級剝削論說明佃農的貧困時，並未有系統地先行檢定租佃市場受操控這個假設。

　　日治時代的實際資料確實指出，佃農的所得顯著地低於自耕農，但這未必是因為地租過高，也可能是因為佃農無土地所有權，無法保有地租所得所致。為此，首先必須使用經濟理論，定義何謂合理的地租，接著再用計量模型分析地租是否超過合理的地租。筆者應用經濟理論，把合理的地租定義為土地的邊際產值及地主出租土地的機會成本，應用計量分析，發現地租並未超過均衡的地租（葉淑貞，2013）。

　　這一發現使我們懷疑地主對地租究竟有多大的控制力量，因此筆者進一步以迴歸模型分析地租的決定因素，發現日治時代臺灣地租主要決定於收穫量及地價的高低，雖然地主對於地租的影響力可能大過於佃農，糖廠也可能影響地租的高低，但卻都不是地租的重要決定因素（葉淑貞，2013）。

　　學者論及日治時代日本企業藉著專買的力量剝削農民時，常舉四大米出口商壓低米價為例（Ho, 1968；柯志明，1992）。然而筆者卻發現，包括產地市場、批發市場、零售市場、出口市場及日本東京米市等等各層米市間的米價、以及臺灣各地區間的米價都各自呈現高度相關（Yeh, 1991）。這個現象說明米出口市場的買者雖只有四個大的商社，但是卻有許多小出口商，且米市有幾個層級，每個層級都有為數眾多的交易者相互競爭。在市場可自由進出的情況下，這些小商人成為大商社的潛在競爭者，因此大商社為數雖不多，但對米價的控制力量可能有限（葉淑貞，2013）。經過以上這些分析之後，筆者下結論說日治時代的米市應該是高度競爭。

　　市場力量是否強大，除決定於參與市場是否有利可圖，也需視人民參與市場的意願高低而定。筆者探討過日治時代現代化的過程，提出當時建構的基礎設施降低了交易成本，提高了參與市場的利潤；更分析了1918-51年間臺灣農民市場參與率的高低，發現日治時代農民的市場參與率確實是與日俱增的，戰後初期卻轉而大幅下滑。從以上的分析，筆者認為日治時代臺灣市場為高度競爭的結構，這與人民參與市場意願之高是密切相關的。

　　以上的幾個例子說明不同的人，常因解釋觀點及研究方法的差異，導致推論過程，甚且至於推論周延性的差異，因而對於同一個問題常有完全相反的結論。許多觀念的定義及判斷標準常有很大的爭議，而許多現象的估計也不容易。在這樣的情況下，不同的解釋觀點及相異的研究方法容易使研究者以自己的判定，選取特定的定義及判定標準，或使研究者在未曾對討論的現象進行估計，便根據自己的判定而下結論，因而得到分歧的看法。

　　又理論的成立往往建構於特殊的假設之上，特定的解釋觀點，

可能導致人們在應用理論時，未能先細究這些假設的適當性。因而對於同一個經濟現象或問題，持不同解釋觀點，及應用不同研究方法的人，可能也有完全不同的解釋或看法。

3. 本書的主旨與架構

從以上的分析，我們得知不同的人之所以對歷史解釋有差異，除了因為意識型態的差異，使得研究者立基於不同的解釋觀點之外，也與研究者所採行的研究方法有關。經濟史的研究方法有兩大派別，一為傳統經濟史研究法，另一為新經濟史研究法。新經濟史研究有系統地利用統計方法蒐集並處理資料，然後按照經濟理論的預示，把蒐集到的資料組合起來，最後再以計量模型，探究不同資料所代表變數之間的關係。

傳統經濟史研究偏重於文字的使用，對於所關心的經濟現象，無法加以確切測定或估計，對於所提出的論點，也無法嚴格地加以檢定。加以經濟現象的文字記載往往是片斷的，記載的內容也可能相當籠統。在這種情況之下，為研究某一經濟現象（A），除了利用片斷的文字資料，初步判斷 A 的本質外，必須儘量使用其他相關的資料。

傳統經濟史學家的研究方法，在判斷造成 A 的原因現象，通常並不有系統地使用經濟理論，且他們大多尋找原因現象（B）的文字資料；進而以對 B 的認識推論 A。但是造成 A 的原因很多，有許多其他的因素（C）往往被忽略或根本缺乏資料。傳統經濟史研究法難以判斷 B 與 C 分別對 A 的解釋能力有多少，無法確切掌握各現象的本質。如果 C 對 A 的影響力超過 B 對 A 的影響力，而且前者的影響方向也與後者不同，則依賴這種研究方法，甚至可能做出錯誤的解釋。傳統經濟史學家雖然也需要探討不同變數

之間的因果關係，但是他們並不有系統藉助計量模型，以探究變數之間的關聯程度。

　　例如，在討論日治時代臺灣農民的生活水準時，我們可以看到 1930 年代以來，農民消費愈來愈多的甘藷，愈來愈少的米。有些人認為這反映了所得的下滑，因為當人們所得下滑時，相對上必會消費較少高所得彈性的物品，較多低所得彈性的物品。但是經濟理論告訴我們，個人是否消費某一種物品，除了受到所得高低的影響之外，也受到價格等其他因素的影響。因此必須利用迴歸模型，把實際資料組合起來，才能知道到底是哪些因素導致糧食消費結構的變化。

　　又，1930 年代以來，如果農家可支配所得確實是下滑的，那麼這是否真的是政府利用高稅收，壓低人民的可支配所得，以便抑制人民消耗掉成長的果實，好讓成長的果實出口到日本呢？這也是過去某些人主張的論點。但是農家可支配所得的高低決定於許多因素，不只是稅收高低這個因素而已。舉凡這些因果關係的討論，都必須仰賴迴歸分析，比較能夠確切掌握其造成的原因為何。

　　而關於日治時代臺灣的市場是否受到企業家所操控這個問題，必須要先了解人民參與市場的程度如何，當人民參與市場的程度愈強，市場就愈不易為少數人所操控。而人民若參與市場程度愈強，就愈是以利潤為導向，以決定資源的配置，因此政府若施政要順利的話，就必須順應市場的力量或方向。同時在市場力量強大的經濟體系，一般政府對於資源配置的干預，應該只限於市場失靈的活動，例如外部經濟、公共財或交易成本高的活動。

　　本書採用新經濟史研究方法進行分析，嘗試重新詮釋臺灣農家經濟。書名仿照美國新經濟史家 Fogel and Engerman（1971）的著書《美國經濟史重新詮釋》（*The Reinterpretation of American*

Economic History），稱為《臺灣農家經濟史之重新詮釋》。美國
新經濟史學家利用新經濟史研究法，除了致力於生產力和經濟成
長型態，也將觸角延伸至所得分配、教育投資、都市化與移民、
經濟政策等領域。Fogel 及 Engerman 曾將新經濟史的部分研究成
果編為《美國經濟史重新詮釋》這本書，企圖綜合這些研究結果，
重新詮釋美國經濟史。本書也嘗試利用新經濟史研究方法，重新
詮釋臺灣農家經濟史上一些至今仍未有定論的問題。

　　書中正文的內容分為三部分，各部分內容如下：

　　第一部分為概論，主旨在於論述臺灣經濟史研究的概況，
重點在於介紹新經濟史研究如何開創臺灣經濟史研究的新局面，
特別是近年來的新局面。第二部分利用新經濟史研究方法，重新
詮釋農家經濟史。農業一直都是戰前臺灣重要的產業部門，若
以 GDP 的占份來看，農業部門的產值所占的比率在 1940 年仍有
31.38%，而農業就業人口仍占有 63.93%。[21] 因此，農家的經濟狀
況可以代表臺灣人民經濟狀況的變遷，而所謂經濟狀況是指家庭
所得、儲蓄及消費狀況。

　　這一部分將分為兩章。其中一章將探究 1897-1952 年農家每
人可支配所得的變遷。本章重點除了應用理論與數字資料說明各
因素如何影響農家可支配所得之外，也要用迴歸分析探究各因素
的影響力如何；而迴歸分析的重點之一在於政府稅收以及政府基
礎設施所帶來商業化程度的提升如何影響可支配所得。

　　另一章擬探討每人儲蓄及消費水準的變動趨勢，也要以迴歸
模型探詢影響儲蓄及消費、米及甘藷的消費量、糧食支出及非糧

---

21 以下為了行文流暢起見，將交替使用戰後初期及1950-52年，而把日治時代的幾個討論的
　　年次統稱為戰前或是日治時代。

食支出等這些項目的因素，並要探討用恩格爾指數衡量生活水準的變遷是否可靠。[22] 我們之所以關心這些問題，乃因為過去的研究大都主張殖民政府利用高稅收及其他途徑壓低人民生活水準，因而臺灣雖然在 1930 年代米產及甘蔗產量的增加，而促成農民的可支配所得提升，但是卻因為這些剝削途徑，壓低了人民的所得，致使農民的米消費量降低，甘藷消費量提升。

在消費及儲蓄這一章的討論中，我們要使用迴歸分析，討論可支配所得及價格等因素是否確實對米及甘藷的消費量有顯著的影響力。此外，我們也要應用迴歸分析，探詢消費及儲蓄的決定因素，以檢視農家所納稅額之高低是否確實對農家的消費水準有顯著的影響，也要看看佃農的消費水準是否確實都低於自耕農。此外，本章也要分析糧食支出占家庭總支出之比率是否可以反映農家生活水準的高低，若不行的話原因何在。最後，也要使用迴歸模型探討糧食消費支出所得彈性的高低是否可以反映農家生活水準的高低。我們相信唯有透過這種種方法，才能明白臺灣歷史時期農家生活水準的變遷及其影響因素。

第三部分討論市場與農家經濟之間的關係，其中一章討論商業化程度的變遷，另一章分析促成臺灣蓬萊米普及的因素。日治時代政府的經濟活動大部分只限於基礎設施的建構及參與具有外部性的經濟活動，資源的配置大都依賴市場力量決定的，直到戰爭時期才採用配給制度，以行政手段大規模干預資源的配置。

臺灣在歷史時期市場力量就相當強大，人民的資源配置大都依賴利潤高低作為評判指標。而日治時代因為政府對基礎設施的

---

22 本書所謂糧食是指米、甘藷、蔬菜、豬肉、魚類、豆醬、醬油及調味料等項目。一般把家庭對它們的支出，合稱為飲食費支出或食費支出。為了行文流暢起見，本書有時把該項支出合稱為糧食支出，而把其他的支出合稱為非糧食支出或非飲食費支出。

建構，促進了市場機能的順暢運作，更加提升了市場的力量，我們可以預期，臺灣在日治時代人民參與市場活動的程度應該持續攀升。

發展經濟學家發現一個國家所得的高低與家庭自我消費比率的高低呈反向變化的關係，而臺灣在日治時代平均每人實質國內生產毛額持續地成長，直到戰後初期才大幅下滑。若發展經濟學家的觀察結果適用於臺灣的話，那麼，日治時代人民參與市場程度持續攀升，應該是提高所得的一個要因，而戰後初期當所得下滑，人民參與市場的程度應該轉為大幅下滑。因此這一章我們首先要估計不同時期臺灣商業化程度的變遷，接著要探討影響商業化的長期與短期因素有哪些，政府對於人民參與市場程度的影響表現在哪些方面。

日治時代人民參與市場程度的加深且強化了市場的力量，而要參與哪些市場活動乃是依據利潤的高低，因此接著下一章要以蓬萊米的普及為例，說明人民如何以利潤的高低決定資源的配置。蓬萊米的引進與普及可以說是日治時代農業技術最大的革新。臺灣蓬萊米的栽種從 1922 年開始，以後逐年增加，到 1944 年達到最高，高達 66.73% 的稻米田種的都是蓬萊米。

如果在日治時代農民參與市場的程度高的話，且如果農民是理性的，則要選擇種何種作物，視哪種作物的利潤較高而定，因此利潤應該是決定蓬萊米普及快慢的要因。利潤與成本、產量及價格等因素都有關，因此本章將探究成本及產量等決定蓬萊米供給面的因素以及市場價格等影響蓬萊米需求面的因素，如何促成蓬萊米的普及。而蓬萊米的優勢如果是在收穫量上，那麼收穫量的提升與技術的開發有關，蓬萊米的技術與在來米有何不同？農業技術的開發具有外部經濟的特點，因此當時的技術是如何開發

出來的？政府在技術開發上扮演何種角色？這都是本章所要探究的問題。

　　最後這一部分的討論結果，可以對政府在經濟發展過程中應該扮演何種角色這一課題帶來一些啟示，也可以讓我們重新省思，傳統經濟史學者所主張的日治時代市場受到操控，這個論點是否正確。

　　此外，本書還有一個附錄，介紹張漢裕教授的學術貢獻。當新經濟史出現於 1950 年代的美國之際，張教授就開始有系統地使用經濟理論及敘述性統計分析工具，展開日治時代經濟史的研究，因此本書稱張教授為「臺灣經濟史大師」。附錄要從研究主題與研究方法，介紹張教授的學術貢獻。

第一部分

概論

第二章　臺灣「新經濟史」
　　研究的新局面

1. 前言

　　瑞典皇家科學院（Royal Swedish Academy of Science）於 1993 年頒發諾貝爾經濟學獎給 Robert W. Fogel 和 Douglass C. North 兩位教授，以表揚他們在經濟史研究方面的貢獻。Fogel 和 North 對經濟學的貢獻，在於應用新的研究方法，重新詮釋了人類的經濟史，並開拓了經濟史研究的新領域，因而增進人們對經濟史的新認識。自從諾貝爾獎創立以來，首度頒獎給經濟史學家，顯示歐美經濟史研究獲得相當的成果，而且經濟史研究也得到歐美經濟學界的重視。

　　從研究方法上來看，經濟史研究大別為「傳統經濟史」（Traditional Economic History）與「新經濟史」（New Economic History）兩派。新經濟史發源於美國，其特徵在於採用經濟理論和統計分析，說明歷史事實的經濟意義。它在 1950 年代底已發展到含苞待放的階段，而於 1970 年代開花結果。Fogel 和 North 便是「新經濟史學家」，對新經濟史的開創與發展具有不可磨滅的功勞。[1]

---

[1] Redlich（1965）曾指出，所謂「新經濟史學者」是指 William N. Parker、Douglass C. North、Alfred H. Conrad、Robert W. Fogel 和 L. E. Davis 等人及其追隨者而言。

　　Fogel 首先在經濟史研究中，有系統地採用「反事實」（counterfactual）推論法。透過反事實的推論法，經濟史家更能掌握歷史事件的意義。North 又將制度變遷納入經濟史分析的模型中，不但開創了一種研究制度變遷的新方法，也拓展了新經濟史的視野。這些新方法的應用締造了美國經濟史研究的佳績。

　　由於統計分析工具的應用，新經濟史研究方法也於 1950 年代敲扣臺灣經濟史研究之門，但是這個新研究方向的開展十分緩慢，一直到 1990 年代才有蓄勢待發之勢。日治時代臺灣經濟開始從傳統邁入現代化的階段，而且多數的經濟活動都留下豐富的量化資料，1950 年代以來有些學者也開始結合經濟理論與統計方法，分析日治時代以來的臺灣經濟。不過一直到 1980 年代底，應用新方法所完成的研究只有十多篇，[2] 研究的主題大多只局限於人民的生活水準以及農業的成長途徑等兩方面，而且重要的研究者當中只有少數是臺灣本地的學者。[3]

　　一直到 1990 年代，才有比較多的學者更有系統地應用經濟理論和統計方法，積極地研究臺灣經濟史。而研究的課題也開始多樣化，舉凡國民所得、物價變動、貨幣制度、工業發展、租佃制度、租稅結構、財政政策及市場力量等各方面，都有一些初步的結果。這些研究成果，大致可以歸納為兩類。第一類的研究屬於傳統方法無法處理的新課題，而第二類的研究是使用新的方法，重新評估過去已剖析過的課題，從而得出新的歷史解釋。

2　其中有六篇是研究農業的成長型態（Hsieh and Lee, 1958；Ho, 1966；Hsieh and Lee, 1966；Ho, 1968, 1978；Lee and Chen, 1975），一篇是估計國民所得（溝口敏行，1975）、一篇是估計物價水準（Mioguchi, 1972）、三篇是討論生活水準（張漢裕，1955a；Ho, 1968, 1978）、三篇是分析土地分配（王益滔，1952；羅明哲，1977a；1991）。

3　臺灣地區的學者有張漢裕、李登輝、謝森中、陳月娥、羅明哲。

近年來臺灣這種比較積極的研究局勢也引導出史料整理的新方向。一方面學者為了研究的需要，已編出一些方便使用的經濟指標。另一方面為便於資料的蒐集，有心人士也著手編輯不同機構的聯合資料目錄，而相關的收藏機構也以更便於接觸的方式，開放藏書。雖然迄今所完成的工作仍然有限，但較諸過去三、四十年來的保守與落後情況，臺灣史料的整理已向前跨越了很大一步。

從方法與成果兩方面來看，1990 年代臺灣新經濟史研究的發展情勢與 1950 年代底的美國新經濟史研究十分相近，都處於蓄勢待發的階段。[4] 然而不同的是，美國新經濟史發展到此一階段，所經歷的時間大約只有一、二十年；臺灣新經濟史則歷經兩倍以上的時間，才走到這個階段。而且在這個看來蓬勃發展的局面底下仍然潛藏著一些問題。本章的主旨便在於分析臺灣經濟史研究的新局面以及潛藏在這個局面底下的問題，希冀能從中獲得些許關於臺灣新經濟史研究如何才能早日開花結果的啟示。

以下第 2 節先介紹新經濟史的開創與發展，並討論 Fogel 和 North 對新經濟史研究的貢獻。第 3 節討論臺灣新經濟史研究者如何應用新的方法反省或重新評估過去的研究，以及如何得到新的歷史解釋；第 4 節探討新經濟史學家如何為臺灣經濟史研究開拓新的研究課題。第 5 節介紹臺灣經濟史料的特性與史料的整理。第 6 節為本章的結論。

2. 新經濟史的開創與發展

新經濟史的最大特徵在於有系統地應用經濟理論和統計方法，說明歷史事實的經濟意義。經濟理論與統計分析的聯合應用，

---

4 本書所謂「臺灣新經濟史研究」指的是利用新方法對臺灣經濟史所進行的研究。

使新經濟史學者能有效率地辨認與研究課題相關的史料，也能重新檢視有問題的論點或籠統的論證，更得以觸及一些原本被視為無法研究的課題。Fogel 創立的反事實推論法和 North 推演的制度分析法，使研究者更能確切地評估歷史事件與制度發生的意義和產生的影響。這些新分析工具的注入，加速了經濟史的研究。本節主旨在於闡明新經濟史的特徵、Fogel 和 North 對新經濟史的貢獻以及新經濟史如何加速經濟史研究。

經濟史在十九世紀末葉已經發展成為專門的學科，[5] 但是卻一直存在著是否應用經濟理論作為分析工具的爭論。[6] 一直到第二次世界大戰後，由於經濟學在理論與理論應用等方面的長足發展，才逐漸消弭此一爭論。加上統計學以及計量經濟學的興起與發展，愈來愈多的學者方有系統地結合經濟理論以及統計分析於經濟史的研究。[7] 這股勢力逐漸強大，終於在 1950 年代末期出現了「新經濟史」一詞。

Fogel 與 North 兩人的研究成果便在此時陸續問世。Fogel 的代表作是《鐵路與美國經濟的成長》（*Railroads and American Economic Growth*），發表於 1964 年；North（1971）的著作《美

---

5 經濟史於十九世紀由一群德國和英國的歷史學者所創立。到了1880年代，「經濟史」一詞已出現於書名之中。接著在1891年美國哈佛大學設立了全世界第一個以經濟史命名的教席，從英國禮聘Ashley前往擔任此一教職（Hartwell, 1973）。

6 歷史學派學者認為古典經濟學所演繹的理論不切實際，乃於十九世紀末葉開創了經濟史研究，目的在於從歷史事實歸納理論，以取代古典經濟理論（Fogel, 1965, p. 94；劉翠溶，1975，頁63）。此外，經濟史研究的祖師之一Ashley（1893）認為經濟學與經濟史的衝突是無可避免的，因為兩者所關注的課題不同。經濟學探討現代經濟社會的靜態性質；經濟史則投注於經濟社會的演進。

7 開這些風氣之先者有Callender、Heckscher、Cole、Hamilton以及Rostow等經濟史學家，他們在此時開始有效率地應用經濟理論和統計分析於歷史研究之中；也有任職於美國National Bureau of Economic Research（NBER）的Mitchell及Kuznets等經濟學者，他們以實證分析方式研究美國經濟史。

國工業化早期的資本形成》（*Capital Formation in the United States During the Early Period of Industrialization*）則見於 1962 年。兩人的研究在新經濟史初創階段便居有重要的地位。

　　經濟理論與統計分析的聯合應用，使新經濟史家能有效率地辨認與研究課題相關的史料。一個研究工作至少包含問題（或假設）的提出、資料的蒐集和整理、問題的分析和解答（或假設的檢定）等三項主要步驟。當研究者確立問題之後，立即面臨的便是如何蒐集資料以及蒐集哪些資料。任何一個問題往往都有包羅萬象的相關資料，各資料與研究問題間的相關程度可能各有不同，相關的史料又經常散落各處。到底相關的資料有哪些、資料相關的程度如何、資料如何相關等都不是容易判定的問題。

　　而經濟理論的特點在於闡釋諸多經濟現象之間的因果關係，藉助這些因果關係，研究者比較能充分了解相關資料的種類、資料相關的程度以及資料如何相關。新經濟史家依憑經濟理論所描述的這些因果關係，在尚未接觸資料之前，便能先掌握中心課題的相關現象。如此在真正開始蒐集資料時，比較能夠辨認資料是否相關和資料的重要性，因而可以節省資料蒐集的時間，並能蒐集到比較完整的資料。反之，傳統經濟史企圖直接從歷史事實歸納理論，並不藉助有系統的理論來決定相關的資料，相對上必須花費較多的時間從事資料的蒐集。

　　統計分析是經濟理論與事實之間的橋梁，經濟理論與統計分析的結合使新經濟史學者能夠重新組合相關的史料，重新評估歷史事件以及經濟制度的影響。研究者蒐集到資料之後，接著必須將資料整理成為有助於分析問題的形式，資料方能傳遞與研究問題相關的訊息。利用這些訊息，研究者得以分析和解答所提出的問題。

　　經濟理論雖然預測了各經濟現象之間的關係，但理論的成立往往以諸多的假設作為前提，而實際的經濟社會常有異於理論條件的一些特質，故實際經濟現象之間的關聯未必恰如理論所預示。各個地區既然有不同的特性，發生於不同經濟社會之經濟現象間的關聯型態及關聯程度也可能各有不同。正因為這樣，研究者不能只靠經濟理論，甚或只憑常識，來判斷實際經濟現象間的關係。

　　研究者須有一套能夠將各個經濟現象組合在一起，並確切地指示各現象之間如何關聯的分析工具。統計分析，尤其是迴歸分析，正是這種分析工具。藉由統計分析中的模型設定、估計以及假設檢定等步驟，研究者得以將經濟理論所預示的相關變數放入模型之中，進而估計其間確實的關係，並以這些估計結果檢定所提的假設是否成立。唯有經過這樣的步驟，研究者方能確知經濟現象之間的關係。

　　傳統經濟史研究偏重於文字的使用，對於所關心的經濟現象，無法加以測定或估計，對於所提出的論點，也無法嚴格地加以檢定。此外，雖然傳統經濟史學家也需要探討不同變數之間的因果關係，但他們並不有系統地藉助計量經濟模型，以探究變數之間的關聯程度。

　　相對於傳統經濟史，新經濟史則應用經濟理論與統計方法進行資料的整理與問題的分析。首先根據設定的模型，將資料整理成為模型所含的各項變數；接著按經濟理論的提示，將相關變數組合在一起；進而使用統計方法，確切估計各經濟變數以及各現象之間的關係，並以估計的結果檢定所提出的假設。利用這樣的研究方法，新經濟史家重新檢閱了不少可能有問題的論點或是籠統的論證，從而提出了許多新的歷史解釋。

又，經濟理論的應用更時常幫助經濟史家解決史料不足的問題，從而開創經濟史研究的新領域。例如在完全競爭市場和固定規模報酬等條件下，實質工資的變動率與勞動平均生產力的變動率一致。因此在產量方面的資料較缺乏，且相關史料互相矛盾的情況下，中國經濟史學家 Rawski（1989）乃用工資和米價的資料，間接推估戰前中國農業生產力的變動趨勢。

而在價格方面，一般來說利率的資料比穀物價格的資料少。然而經濟理論告訴我們，兩期間穀物價格的差異幅度與利率水準的高低有關，因此經濟史學家 McCloskey and Nash（1984）利用玉米價格的變動，間接推估中世紀英格蘭利率的高低。

經濟理論也幫助經濟史學家解決「市場整合」等相關研究之史料不足的問題。市場的擴大可以促進專業分工、提高生產效率、帶動經濟成長。現代經濟為一個市場經濟體系，整個經濟社會幾乎已整合於單一市場之下。然而，傳統經濟社會常存有許多分立的經濟區域，各市場規模狹小，市場的擴大或市場整合的過程便成為經濟史學家關心的一個重要課題。但要確切掌握市場是否整合、何時開始整合、整合的程度如何，需要許多的資料，例如，各區域間的貿易路線及商品互通情形等都是重要的資料。

而在統計方法尚未十分發達的傳統時代，由於這些直接資料的匱乏，市場整合的課題雖屬重要，但往往難以掌握。不過，經濟理論告訴我們兩個市場若開始整合，在「套利」的投機運作下，兩地價格的變動會開始逐漸趨向一致；整合的程度愈高，價格相互伴隨變動的程度也愈高。[8] 這個理論使得「市場整合」成為一個容易衡量、可以確切掌握的概念。不少經濟史學者如 Chuan and

---

8 促成兩地價格變動趨於一致的因素，除了市場整合之外，也可能是兩地有相同的生長季節（造成農作物價格有相同季節波動型態）、兩地分別與同一第三地有交易等等因素所致。

Kraus（1975）、Latham and Neal（1983）以及 Brandt（1989）便利用各區域間價格變動的關係來探討中國或世界稻米市場或小麥市場的形成。

經濟理論的應用之所以能夠解決史料的不足，是因為任何一個經濟現象絕對不可能單獨發生，必定有其他相關聯的經濟現象存在。現象 A 的出現，是其他一些經濟現象（B）聯合作用的結果；A 發生之後，也將與其他因素（C）結合，促成另一些經濟現象（D）的產生。經濟理論所探究的正是現象 A、B、C、D 之間的關係。藉由經濟理論的提示，在現象 A 的資料缺乏，而 B、C 或 D 的資料存在時，我們可以透過對現象 B、C 或 D 的研究，來了解現象 A。正因為這樣，經濟理論的應用打通了不少新的研究路線。

雖然開創了新的研究成果，新經濟史發展過程中也受到相當的質疑。其中最主要的有二點，第一點是對反事實推論法的抨擊，另一點為對新經濟史忽略經濟制度的批評。反事實推論法有系統地用於經濟史研究始於 Fogel。在其最有名的著作《鐵路與美國經濟的成長》一書中，Fogel（1964）從「如果沒有鐵路，美國經濟將會如何」的反事實假定出發，求得鐵路運輸所獲致的社會儲蓄，只占 1890 年美國國民所得的 4% 至 5% 左右而已。[9]

反事實的推論法受到歷史學者 Redlich（1965）等人強烈的質疑，他們不認為這種研究所得的結果是歷史產物，只能算是「準歷史」（quasi history）或「歷史模型」（historical model）。但是美國思想家柯恩（Morris Raphael Cohen）卻認為，唯有將已發生的事情與可能發生的情形相比照，才能了解已發生事件的意義（劉

---

9 Fogel估計1890年農產品運輸的實際運費；設算在缺乏鐵路的情況下，這些農產品的運輸費用；接著以前者減去後者的差額，做為鐵路運輸的社會儲蓄。

翠溶，1975，頁65）。正因為這種研究方法應用得當，可以有助於問題的了解，而且經濟模型比較容易掌握這種分析方法，故這一類型的新經濟史研究能吸引經濟學者。

而利用新的方法，把制度變遷納入經濟史研究，主要的貢獻者是North。新經濟史研究所應用的理論主要是新古典經濟理論，而在新古典經濟理論所關心的時間長度中，制度是固定的。由於制度是給定的，故新古典經濟理論只能處理經濟現象，無法觸及深層的制度問題。

North將交易成本理論，納入人類行為理論之中，發展出一套可以探討制度如何存在以及制度如何影響社會的新制度理論。[10] 根據此一分析法，若將交易成本導入經濟理論中的生產理論，便可以分析制度在經濟成長過程中所扮演的角色。North除了不斷地致力於發展新制度理論之外，又利用新制度理論探究美國和西歐經濟的發展過程。這些研究成果進一步拓寬新經濟史的視野，使新經濟史研究更臻成熟。

在Fogel、North以及其他新經濟史開創者的努力下，新經濟史研究獲得了不少的成果。新的研究方法使新經濟史學家重新檢閱了許多經濟史課題，一些異於傳統看法的論點因而誕生。其中最著名的是奴隸制度、鐵路建築和南北戰爭等因素對美國經濟的影響。第一篇著名的新經濟史著作〈內戰前南方的奴隸經濟〉（The Economics of Slavery in the Ante Bellum South），便是利用生產函數的觀念，將奴隸的繁殖率、奴隸的投入量和棉花的生產量等變數組合在一起，重新檢視奴隸制度對美國經濟發展的影響。研究結果發現奴隸制度有利於美國經濟的發展，推翻了傳統的看

---

10 所謂交易成本乃是制定並執行財產權的成本。關於交易成本的概念以及這個新制度理論的詳細內容，請參考North（1974, 1991）的著作。

法（Conrad and Meyer, 1958）。

　　由於奴隸價格上漲的速度比物價和棉花價格快，[11] 傳統上多認為奴隸不能使主人獲利，因而造成南北戰爭前，南方經濟的落後不發展。經濟理論的訓練使 Conrad 和 Meyer 質疑傳統的看法。經濟理論說明除了棉花價格提高之外，奴隸勞動生產力、奴隸的壽命以及女性奴隸生育率的提高等等因素都可能增加主人蓄奴的收益。Conrad 和 Meyer 用統計方法，分別估計男性與女性奴隸的投資報酬率，結果發現並不低於同時期美國資本市場上的利率。

　　從以上的估計，Conrad 和 Meyer 相信奴隸對整個南方是有利的，由奴隸制度所得的生產剩餘有助於美國經濟的發展。Conrad 和 Meyer 的研究刺激不少學者進一步從不同的層面，繼續研究奴隸制度。其中，Fogel and Engerman（1971）的研究指出，奴隸的生產力並不比自由農低，南方的奴隸農場比北方的家庭農場更有效率。

　　新的研究方法以及各項長期統計資料的建立，也激發學者重新評估美國內戰對工業化發展的影響。在此之前，一般皆認為內戰摧毀南方貴族的經濟和政治力量，促使北方工商業勢力抬頭，有助於工業的發展。但是 Cochran 和 Engerman 等人計算各種經濟指標的成長率，皆推翻了傳統的看法。前述 Fogel 對「鐵路與美國經濟成長」的新詮釋，也引發了不少後續的研究。Nerlove 估計鐵路投資的邊際報酬，Fishlow 估計鐵路的直接效益占全國生產總額的比率，這些研究結果都支持 Fogel 的看法。[12]

---

11 棉花是美國南方重要的農產品，許多男性奴隸用來生產棉花；物價的高低反映奴隸的維持費，是蓄奴的成本之一。

12 以上的討論參見劉翠溶，1975。

新經濟史學家也利用新的研究方法開闢了許多美國經濟史研究的新課題。其中之一為生產力的研究。新經濟史家根據生產理論所示，設定生產函數，並應用迴歸分析確切地估計各項投入因素對產出的貢獻率。William Parker 對美國小麥生產的研究就是一個成功的例子。國民所得的估計更是拜新的經濟史研究方法所賜。Kuznets 與其追隨者應用總體經濟理論與統計分析，發展了一套國民所得會計帳，對美國十九世紀以來的國民所得進行估計，並用這些資料分析美國經濟成長的型態。

除了生產力和經濟成長型態之外，新經濟史家也將觸角伸至所得分配、教育投資、都市化與移民、經濟政策等領域。Fogel and Engerman（1971）曾將新經濟史的部分研究結果編為《美國經濟史重新詮釋》（*The Reinterpretation of American Economic History*）一書，企圖綜合這些研究結果，重新詮釋美國經濟史。

North 倡導的制度分析法也吸引新經濟史家投入制度的研究，逐漸匡正新經濟史忽略制度分析的缺點。經過 North 和相關學者的努力，新制度分析理論已逐漸形成一個獨立的學派，稱為「新制度經濟學」。新經濟史在制度方面的研究，以 Davis and North（1971）合著的《制度變遷與美國經濟成長》（*Institutional Change and American Economic Growth*），以及 North and Thomas（1976）合寫的《西方世界的興起》（*The Rise of the Western World*），最具深遠的影響。

North 與 Davis 發現財產權的改變降低了交易成本，催生了較有效率的新制度；新制度的出現提高了經濟效率，因而促進美國經濟的成長。North 和 Thomas 從十七、八世紀歐洲國家經濟力量的消長，更進一步地指出政府的強制力量雖有助於制度的改變，

但是若政府的力量未能節制,往往成為破壞財產權的主要因素,反而影響經濟的發展。[13]

美國新經濟史研究的風氣也掀起美國以外地區的新經濟史研究,更鼓勵新經濟史家有系統地編輯大量的經濟史料。由於資料整理曠日費時,新的研究方法雖然能夠加速經濟史研究,但是必須要有長期、完整、方便使用的統計資料,才能畢其功。有鑑於此,新經濟史家和一些研究機構乃根據經濟理論,進行長期統計資料的推估及編輯,以俾利後輩研究者。其中以美國商業部(Department of Commerce)的普查局(Bureau of the Census)於 1949、1960、1975 年所編的《美國歷史統計》(*Historical Statistics of the United States*),[14] 以及日本一橋大學經濟研究所大川一司、篠原三代平與梅村又次等人編成的「長期經濟統計」[15] 等相關巨著最為有名。這些統計書所呈現的資料,內容豐富,有國民所得、人口與勞動、資本、儲蓄、消費支出、財政支出、物價、農林礦工業等等;所提供的資料在形式上,也經過相當的加工,

---

13 有關以上兩本著作的內容,請參見劉翠溶(1975,頁78-79);劉瑞華(1994,頁161-162)的介紹。

14 所編的書名分別稱為*Historical Statistics of the United States, 1789 to 1945*;*Historical Statistics of the United States, Colonial Times to 1957*;*Historical Statistics of the United States, Colonial Times to 1970*.

15 各冊書名依序為《国民所得》(大川一司、高松信清、山本有造,1974)、《人口と労働力》(梅村又次、赤坂敬子、南亮進、高松信清、新居玄武、伊藤繁,1988年)、《資本ストック》(大川一司、石渡茂、山田三郎、石弘光,1967)、《資本形成》(江見康一,1971)、《貯蓄と通貨》(江見康一、伊東政吉、江口英一,1988)、《個人消費支出》(篠原三代平,1967)、《財政支出》(江見康一、盐野谷裕一,1966)、《物価》(大川一司、野田孜、高松信清、山田三郎、熊崎実、盐野谷祐一、南亮進,1967)、《農林業》(梅村又次、山田三郎、速水佑次郎、高松信清、熊崎実,1966)、《鉱工業》(篠原三代平,1972)、《繊維工業》(藤野正三郎、藤野志朗、小野旭,1979)、《鉄道と電力》(南亮進,1965)、《地域経済統計》(梅村又次、高松信清、伊藤繁,1983)、《貿易と国際収支》(山澤逸平、山本有造,1979)。

十分方便用於經濟分析上。[16] 這些史料的編成，大大地節省了經濟
史研究所需花費的時間，鼓舞了後輩學者的投入，使經濟史研究
逐漸蔚為風氣。

3. 經濟學家對傳統臺灣經濟史研究的反省

　　1950 年代以後一些經濟學者也開始應用新的方法，重新反省
一些傳統的臺灣經濟史研究，從而對臺灣經濟史提出了若干新的
解釋。第一章提到利用傳統經濟史研究方法，有些學者提出臺灣
人民生活水準未曾提高。又因為當時在臺的企業幾乎都是日本人
開辦，大的米出口商也屬於日本商社，統治者更是日本人，因此
論者也認為一般臺灣農民有無產化的趨勢，反之土地愈來愈集中
於日本會社或糖廠。

　　新經濟史學者對以上的論點有不少的質疑，他們利用新的方
法，重新探究這些問題，從而補充了傳統經濟史的研究，或得到
異於傳統經濟史的論點，重新詮釋了日治時代臺灣經濟史上一些
重要的問題。新經濟史的這些研究大致上可以分成殖民地人民之
生活水準、土地分配的趨勢、租稅結構的形成因素、租佃制度的
影響、甘蔗價格的決定因素和經濟制度等六大方面。

3.1 日治時代人民之生活水準

　　傳統經濟史研究雖然都相信日治時代經濟成長快速，但卻由
於上述的各種剝削途徑，而認為當時人民的生活水準低，且長時
間未有顯著的改善，甚至是下降。對於這個問題，經濟學者利用
新的研究方法，提出了一系列的論戰，終而在某些方面獲得共識，

---

16 例如在物價方面，這些統計書編有各種物價指數；在國民所得方面，也估計有多種不同定
　　義的國民所得。

也在某種程度之內推翻了傳統的看法。

張漢裕（1955a，1974，1984a；Chang, Han-yu, 1969）是第一位利用經濟理論與統計資料討論日治時代臺灣人民生活水準的學者，他在 1950 年代初期，利用統計資料計算，得到 1920 年代與 1930 年代平均每一成年農民每日吸收的熱量約有 3,600 卡，超過一個體重 60 公斤的體力勞動者之需要。他又利用恩格爾法則扼要分析 1936-37、1941-42 與 1950-51 年期農家消費支出結構，發現 1950-51 年期農家生計低於 1936-37 和 1941-42 年期。這個結論推翻了部分傳統的看法，也激發了 Samuel P. S. Ho（1968, 1978）、Myers（1970）和 Yhi-min Ho（1971）等人的後續研究和論戰。

Ho（1968）的研究使用三個變數作為生活水準的指標。其一是農業雇工的實質工資，他分別使用農業物價指數和主要城市的批發物價數，對名目工資加以平減。由此推估而得的實質工資顯示，1910 至 1944 年農業雇工的實質工資並沒有提高的趨勢。

由於農業雇工占鄉村總人口的比率很低，實質工資的變動無法提供所關心的問題充分的解答，Ho 乃進一步觀察糧食的消費情形。在糧食的消費中，他發現 1930 年代以前，臺灣人民平均每人每天約只攝取 2,000 卡的熱量，只能維持最低的生活水準，1930 年代以後更降至 2,000 卡以下。他也發現一般人的糧食消費結構逐漸以甘藷取代米，並且宣稱這個現象說明一般人的實質所得沒有顯著的改善。綜合這些證據，他推論日治時代臺灣人民的生活水準低，而且長期間沒有明顯的改善。

張漢裕與 Ho 兩人估計的熱量攝取量之所以有如此大的差距，主要原因有三。兩人的估計方法與使用資料有別；作為觀察的單位不同；對於年齡結構的處理也有異。在估計每人熱量攝取量

時，Ho 間接從生產面推估消費情形，使用的資料是總合性的資料（aggregate data）。這樣的估計方法，需要相當多當時未加蒐集的資料。[17] 反之，張漢裕使用的是農家的消費資料。資料的性質使張漢裕不必間接從生產面來剖析消費，因而在估計過程，可以免去許多的假設。

此外，張漢裕的觀察對象是農業人口，Ho 觀察的是總人口。張漢裕的估計還考慮了年齡的結構，Ho 則未考慮。如果將兩人的觀察對象皆調整為平均每一成年男子，則兩者估計值之差距便縮小了許多。[18] 經過這樣的調整，Ho 的估計值變成介於 2,800 卡至 3,100 卡之間，已經超過最低維生水準甚多。

Ho 的結論陸續受到挑戰。其他學者用不同的資料或不同的理論，提出相異的看法。Myers（1970）在一篇比較中國與臺灣農業政策與農業轉型的研究中，以 1919-22、1931-32、1941-42 年期米作農家消費資料為基礎，利用迴歸分析估計各時期農家飲食費的總支出彈性。在家庭人口數固定之下，飲食費的總支出彈性從 1919-22 年的 0.779 降至 1931-32 年的 0.640，最後在 1941-42 年跌為 0.481。這個估計結果使他下了以下的結論：1943 年以前，臺灣農家的實質所得逐漸上升。

17　消費量＝生產量－種子與飼料使用量－工業用量－耗損與腐敗量＋進口量－出口量。從生產量推估消費量，必須知道種子、飼料和工業使用量、耗損與腐敗量、進出口量。其中只有生產量和進出口量有較完整的資料，其他項目的資料大多缺乏。

18　農復會於1956年的一月和七月對全省800個家庭的糧食消費情況進行調查。Sing-min Yeh（1957，頁15）從此一調查整理出來的數據顯示，農業人口每人吸收的熱量是總人口的1.14倍。如果這個比率也適用於日治時代，則以張漢裕的估計值為基礎，全臺灣平均每一成年男子每天吸收的熱量約3,150卡。張漢裕假定總人口平均一口的消費量是成年男子一口的0.67。以此一比率將Ho的估計值，換算成平均一個成年男子每天吸收的熱量，得到的結果是1910-14、1915-19、1920-24、1925-29和1930-34年分別為2,814卡、2,830卡、3,016卡、3,089卡和2,878卡。

　　接著 Yhi-min Ho（1971）也從理論上，提到 Samuel P. S. Ho 的疏忽。首先他認為米與甘藷消費結構的改變，不一定是所得效果，也可能是替代效果。又主食的所得彈性通常很低，消費量的變動無法真正反應實質所得的變動。因此欲從物品的消費推論所得或生活水準，還必須觀察糧食以外的其他消費品。Ho（1971）選取了菸、酒等高所得彈性的物品作為論據，他發現包含菸、酒、鹽、鴉片等專賣物品的物量指數，在 1922 至 1942 年間增加了 3 倍，其中菸酒增加更快，顯示這段期間的實質所得增加相當快速。

　　這些質疑與新發現使 Samuel P. S. Ho（1978）重新研究此一問題。他雖然仍從農業雇工的實質工資開始討論，不過藉用 Mizoguchi（1972）估計的消費者物價指數作為平減指數，得到 1910-38 年間，農業雇工的實質工資平均每年增加 1.3%。這個數字高出 Ho 自己 1968 年的估計值甚多。他也發現豬肉、糖等其他飲食品以及布、紙、腳踏車等日用品的消費量，在 1910 年代至 1930 年代前期都提高了很多。公共部門提供的服務也穩定地擴張，其中以教育、下水道、疫苗、衛生設備等各項設施最為顯著。綜合這些數據，Ho 認為至少到 1930 年代底以前，臺灣人民平均的經濟條件或物質生活改善了。

　　Ho 的這個研究終於結束了消費水準方面的爭論，即使 1992 年又有人重新反省此一問題，但質疑的只是日治前期（1925 年以前）臺灣人民的生活水準是否與日治後期（1925 年以後）一樣，經歷顯著地改善。柯志明（1992）認為 1925 年以前農民生活水準低落，而 1925-39 年之間生活水準才得以提高。而農民生活水準之所以有這樣的變動型態，乃是前一期間作為經濟發展主力之糖業部門的支配階級，亦即製糖會社，對農民之支配力量強大。但是，後一期間生活水準之所以能提高，乃是因為此一時期促成經

濟發展之米作部門的支配階級，亦即土壟間，對農民支配力量較弱所致。[19]

　　不過，經濟學者發現可以使用身高來測度人民的生活水準，基本的觀念是成年人身高的高低與孩童時代的營養淨值有關，因此可以利用日治時代成年人的身高，來推估這些人在清治時代到日治前期生活水準的變遷。魏凱立（2000）是第一個利用身高來測度日治前期臺灣人民生活水準變遷的學者。他發現若固定區域（包括五州、市區、商區、漁港、不健康地、山區）、種族（包括客家人、原住民及漢人）、纏足與否等因素，生於 1908 到 1910 年之間的男人比生於 1887 到 1889 年的男子高 2.62 公分，女人則高了 2.48 公分，此一個論據說明日治前期人民的生活水準也提高了。以上魏凱立的研究結論正好補足了日治時代人民的生活水準究竟如何的一個大的空白。

　　張素梅及葉淑貞（2001）也利用了一些經濟指標，諸如恩格爾法則及糧食的所得彈性，重新分析了 1918-42 年臺灣農家生活水準的變遷。他們的研究發現（1）在 1918-21 至 1936-37 年之間，臺灣農家的物質生活水準應該有所改善；而改善的速度以 1930 年代蓬萊米快速擴張的時期為最快。（2）在經濟不景氣的 1930 年代初期，農家生活水準並不低於 1910 年代底的期間。（3）在尚未開戰前的備戰時期，生活水準似乎就已經開始惡化；此後，直到戰後 1960 年代農家的物質生活，可能尚未恢復到戰前 1918-40 年的水準。這個研究更加確認了日治時代在 1918-40 年間農家的生活水準確實是有改善的。

---

19 關於柯志明的這個論點，請參考葉淑貞（1992，頁262）的介紹。

新經濟史這一連串關於生活水準的研究與傳統經濟史不同之處，在於直接或間接利用生活水準的指標探究生活水準；利用量化的資料，確切估計生活水準的高低以及變動型態，並應用迴歸分析探究消費結構的影響因素。雖然該方面的資料並不充足，但是透過經濟理論和統計方法，使張漢裕和 Samuel P. S. Ho 可以估計缺乏的部分，也使魏凱立得以使用間接的資料，補救直接資料之不足。

3.2 土地分配

不過，以上各種研究關心的是平均生活水準，並未討論分配的問題。平均生活水準儘管提高了，但是如果所得分配變得極不平均，則大多數人的生活可能在惡化中，因此所得分配與生活水準關係至大。而農業社會一般人財富的多寡與擁有土地的大小關係甚大，因此可以從土地分配的了解間接推知所得分配的狀況。

經濟理論為所得分配提供了不少的測量指標，如洛崙士（Lorenz）曲線或吉尼係數（Gini coefficient）都是經常被使用的工具。學者自然也知道所得分配是日治臺灣經濟史的重要課題，而且也是新經濟史研究方法可以掌握的問題。卻因為階層所得資料較少，且較不完整，這方面的研究至今依然不多。不過，階層土地資料相對較多，因此學者在土地分配方面完成了一些研究。

臺灣從 1906 年以來便有完整的土地登記制度，每塊土地都有地籍，地籍之中明白地記載著所有者姓名。這些地籍資料雖是研究土地分配的最佳憑據，但是數量龐大，整理不易，而且散落在各地政事務所，研究者難以使用。而總督府殖產局曾於 1921、1932、1939 年進行三次土地分配與經營調查，並整理出調查報

告。[20] 這些資料使用起來比較方便，研究者遂皆以此為主要依據，因此論述的都是 1920 年代以後的情況。完成的重要研究大致上有五篇，其中三篇專論土地分配，作者分別是王益滔（1952b）與羅明哲（1977，1991）；其他的研究（川野重任著，1941，林英彥譯，1969；柯志明，1992）只是兼而論及土地分配。

　　三次土地調查資料存有許多缺陷，使得這些有限的研究對 1921 年以後的土地分配趨勢，存著不一致的看法。這些調查報告最嚴重的缺點是所呈現的資料形式以及資料處理方式前後不完全一致。1921 年的報告完整地呈現各土地規模別的戶數以及所有地面積，但是 1932 與 1939 年的報告卻只列出各組別的戶數，未列出對應的所有地面積。

　　由於缺乏 1932 和 1939 年各組別家戶的所有地面積，無法計算吉尼係數或繪出洛崙士曲線等土地分配指標，川野重任與羅明哲乃從各耕地規模組別內戶數的變化情況，間接推論土地分配的變化趨勢。從 1921 年至 1932 年，耕地 5 甲以下各組別內戶數均減少，而且耕地規模愈小的組別，戶數減少的幅度愈大；反之，5 甲以上各組別內之戶數皆增加，耕地規模愈大的組別，戶數增加的幅度愈大。根據這個發現，川野重任和羅明哲主張 1921-32 年間土地分配有集中化的趨勢。

　　然而，大地主數目增加未必表示他們擁有的土地也增加，反之亦成立。又對於難以分割的共有地，1921 年的調查報告，以平

---

20 這三次調查報告書的名稱及出版年代分別是：《耕地分配及經營調查》（臺灣總督府殖產局，1921a）、《耕地分配竝二經營調查》（臺灣總督府殖產局，1934a），《耕地所有竝經營狀況調查》（臺灣總督府殖產局，1941a）。

均分配的方式計算各所有者的土地面積；1932 和 1939 年的調查報告卻將所有者視為一人。這種處理方式有可能是 1932 年大土地所有者超過 1921 年的主要原因。

果真如此，川野重任和羅明哲的推論就有問題。由於調查資料顯示 1921-32 年佃耕地比率顯著下降，而「農業年報」[21] 的資料也顯示此一時期佃農比率下降，柯志明乃判斷在 1921-32 年間，耕地分配的趨勢是分散化。然而佃農與佃耕地比率之下降，同樣未必反映土地分配平均化，故柯志明的推論也未必適當。

由此可見，日治時代的土地分配趨勢究竟如何，仍然有待學者繼續研究。若欲研究的結果有助於平息爭論，可能必須仰賴於那些難以使用的地籍資料。利用這些地籍資料不僅可以確切釐清 1920 年代以來土地分配的狀況，更可以了解 1920 年代以前的狀況。為此，地籍資料的整理，便顯得相當地重要。

3.3 日治時代的租稅結構

傳統經濟史學家也關心日治時代臺灣的所得分配，不過受限於研究方法，未能實際測量分配的狀況，只是從影響分配途徑的探討，間接推論分配的型態。傳統經濟史學家認為當時的租佃制度不利於佃農，有利於地主；租稅制度和市場的結構不利於臺灣人民，有利於在臺的日本資本家。新經濟史學家曾對日治時代租稅制度形成的因素加以研究。

日治時代前期的租稅結構偏重於土地稅和消費稅，輕所得稅；消費稅又以專賣收入為主。傳統上多認為這種租稅結構對屬於農民階級或消費大眾的臺灣人不利，反之卻有利於工商階級或高所

---

21 這是一系列的書，全名為「臺灣農業年報」，本書簡稱為「農業年報」，並加上引號。後文凡是一系列的書，第一次出現時均加上引號。

得階層的在臺日本人。絕對公平的稅制並不存在，而臺灣既然是一個殖民地，更重要的課題可能在於這種租稅結構是經濟因素造成的，抑或政治不獨立所致，然而過去的研究未曾討論這個問題。

為回答此一問題，筆者（1993）從同時代日本和臺灣租稅結構之比較，探求臺灣租稅結構的特異性，進而再分析這些特異性是經濟因素抑或政治因素所致。結果發現兩地所得稅比率以及土地稅與消費稅比率的變動趨勢相似；迴歸分析結果也顯示所得的高低是租稅結構的重要決定因素。[22]

臺灣租稅結構之特異性在於重專賣收入之程度甚於貨物稅，以及關稅地位低落。專賣收入之偏高是產業結構之偏頗及企業規模之狹小所造成；關稅地位之低落則與臺灣為殖民地之事實有關。臺灣成為日本殖民地後，與日本之間的貿易比率大幅提高，而這些貿易無法課徵關稅，造成關稅收入無法大幅增加。由此可見，臺灣的租稅結構雖然不免受到殖民地地位的影響，但是經濟力量也是重要的決定因素，這些結論補充了傳統經濟史研究的不足。

3.4 日治時代的租佃制度

在探討農民的生活水準時，傳統上認為租佃制度不合理是造成佃農貧困的重要因素。一般多主張日治時代的租佃制度有租期過短、租約以口頭約定以及地租過高等種種缺點，以致降低了佃

---

22 葉淑貞（1993，頁213）利用迴歸分析，得到以下租稅的決定因素：

古典 OLS：

$\ln TY = -15.4646 + 3.5618 \ln GDP$, $R^2 = 0.5267$, $DW = 0.4209$

　　　　（-5.111）　　　（6.060）

假設自我相關呈一階式（AR1）：

$\ln TY = -7.5502 + 1.5543 \ln GDP$, $rho = 0.8541$, $DW = 1.9718$

　　　　（-1.674）　　　（2.281）　　　　（9.576）

式中TY為所得稅占總稅收之比率，而GDP為每人實質國內生產毛額。

農的投資意願與能力，從而影響了生產效率。[23] 然而 Myers（1969）以經濟理論駁斥這種看法。他認為在新開發的地區，多數移民都十分貧困，而且治安也不良。大地主集合移民，組成防衛體系，提供移民開墾資金與資本，土地開墾以後，分租給佃農耕種，可以提供就業機會，也有助於邊區的開發。因此，Myers 認為租佃制度有助於邊區的開發，而且可以比較有效率地結合土地與勞力。而在已開發的地區，土地的分配常不平均，有些家庭地多人少，有些家庭則人多，但地少或無地。租佃制度使不同資源稟賦的家庭得以重新組合生產資源，也提供了一個較有效率的農業經營方式。

筆者從 1990 年代初期以來，開始針對以上所提的問題，陸續進行研究，使用與前人不同的研究方法，因而獲得了一些與前人不同的結論。首先關於租約的形式，筆者（1996a，頁 435-477；2013，頁 98-127）發現在 1920 年代底以前，確實是以口頭租約為主，但是在 1930 年代初期以後，就逐漸為書面租約所取代，最後至遲在 1930 年代中期以後，就已經轉為書面租約居優勢的勢態了。而當書面租約愈來愈流行之際，普通書面租約卻漸沒落，代之而起的是業佃會的書面租約。

接著利用租約選擇模型加以分析，筆者也發現業佃採用何種租約乃是決定於各種租約的預期收益、簽約成本及執行成本。1920 年代以前之所以以口頭租約為多，乃因為當時租佃糾紛不多，一般的業佃預期發生糾紛的可能性不高，因此乃多採用訂約成本低廉的口頭租約。1920 年代以後，因為租佃糾紛愈來愈頻繁，為降低執行成本，業佃乃紛紛改採書面租約。而 1930 年代初期以後之所以流行的是業佃會的書面租約，傳統式的書面租約反而急速

---

23 關於持有這些主張的學者，請參考葉淑貞（2013）第一章的介紹。

減少，乃是因為業佃會的書面租約提供了低廉有效率的仲裁服務，而傳統式的書面租約無法提供低廉的仲裁服務，且其訂約成本高昂，因此而逐漸沒落。可見，業佃在決定要選取何種形式的租約時，考慮的應該是各種租約的預期利潤之高低。

關於租期的長短，筆者（2007，頁 139-190；2013，頁 127-152）發現日治初期的租約確實以不定租期的一年為多，不過在 1920 年前夕臺南地區定期租約已經多過於不定期租約，南部也有不少地區的租期以超過一年為多；而在 1920 年代底以後，租期則都轉而以超過五或六年為主。

臺灣租期的長短主要是決定於佃耕地適種的作物、耕種技術及交易成本的高低。1920 年前夕，南部地區超過一年租期的租約之所以是全臺最多的，主要是因為這些地區種植甘蔗，甘蔗生長期大致上是一年，為了不在一次作物收成之後，馬上就可能面臨要換業佃，以降低尋找交易對象的交易成本；且此時甘蔗已經施肥相當密集了，為了回收肥料投入的報酬，租期乃多超過一年。而此時北部地區之所以以一年租期的租約為多，乃是因為這些地區主要是種植稻穀，稻作的生長季節只有半年，且此時稻作的耕種技術施肥尚不多。而中部地區一年租期的租約介於北部及南部之間，可能是因為該地區有些地適於種稻，有些地則適於植蔗。

1930 年代初期以後，業佃會書面租約興盛，該種形式的租約要求租期至少要五到六年以上，因此這時期連稻田的租期也都延長為至少五到六年，而租期之所以較全面的延長可能與蓬萊米的推廣有關。蓬萊米需要較多的肥料，因此為了鼓勵佃農種植蓬萊米，地主就需要給予佃農一個較長的租期。地主何以要鼓勵佃農種植蓬萊米呢？主要是因為蓬萊米的收穫量高於在來米，而這隱含了地主關心佃農收穫量的多寡。地主何以會關心佃農收穫量多

或少呢？這是因為地租的高低與出租地收穫量的高低有關，因此地主與佃農之間所玩的不是零和遊戲的賽局。

而且即使是在 1920 年代初期以前，租期以一年為多，但這是指頭期租約，若佃農在契約期間中無任何違反契約的事情發生，則契約常可以續約，因此有不少地區的租約維持了相當長久的時間。何以要以續約的方式延長租期，而不一開始就訂立一個相當長久的租期呢？這主要是因為訂立長期租約的交易成本過高，為降低交易成本，乃採用這種彈性的作法。可見，業佃在決定租期時，考慮的還是租約所能帶來的收益及成本。

至於地租水準，日治時代的水田地租率確實接近於 50%，旱田地租率大概在 35% 以下。不過，無論我們把均衡地租定義為土地的邊際產值或地價的利息，地租超過均衡地租的論點皆有待商榷（葉淑貞，2001，頁 97-143；2013，頁 155-209）。而地租的高低主要決定於收穫量、地價、地目及經濟景氣的波動等因素；地主對地租的決定力量可能大過於佃農，但是卻不是地租的重要決定因素；製糖會社承租地的大小對地租雖然也有影響，但其影響力不大；稻種對地租的影響力也不顯著（葉淑貞，2011，頁 241-250；2013，頁 214-232）。

最後關於租佃制度是否影響農場的經營效率呢？筆者（1997，頁 475-496；2012a，頁 189-233；2013，頁 233-293）以技術效率及調整利潤成本比等作為經營效率的指標，比較佃耕農場的經營效率是否低於自耕農場，結果發現無論日治時代或戰後初期三七五減租實施之後，佃耕農場及自耕農場的經營效率相當。從此，我們推斷日治時代的租佃制度並未降低稻作農場的經營效率，而戰後初期的三七五減租政策也未提高稻作農場的經營效率。

綜合以上的結論，筆者（2013，頁295）下結論道：「我們發現日治時代的租佃制度主要是依賴市場力量而運行，政府甚少直接干涉租佃制度。而當外在環境轉變，制度需要迅速調整之際，因為有業佃會這個順應市場方向之外力的介入，而使制度得以繼續順暢運行。市場的力量促使租佃制度發揮了效率的功能，使得佃農的經營效率不受到租佃制度的影響。因此，從效率的原則來看，我們認為日治時代的租佃制度運行良好。」

3.5 甘蔗相關的問題

日治時代甘蔗相關的問題，以蔗價的決定及嘉南大圳的興建對當地農民及糖廠的影響最為重要。在市場結構上，日治時代甘蔗的交易實行原料採取區域制度。利用人為的力量，將各採集區內的甘蔗購買者限制為一人。理論上說來，這個獨買者可以切斷糖價與蔗價的關係。過去學者利用簡單相關係數分析，也證實糖價對蔗價影響不大，米與甘藷等競爭作物的價格才是蔗價的主要決定因素。[24]

然而，古慧雯與吳聰敏（1996）將東京糖價、臺灣米價、甘蔗相對生產力、製糖率等變數，納為蔗價的決定因素，利用迴歸分析推估各變數對蔗價的影響力。他們發現，當其他因素固定時，糖價對蔗價有顯著的正向影響。這不只說明了國際糖市的波動影響臺灣農民種蔗的意願，也說明了傳統上認為糖廠處於獨買的地位，糖廠將會切斷蔗價與糖價關係的這種看法有待商榷。而晚近也針對嘉南大圳對甘蔗生產的影響進行研究，這些研究以何鎮宇

---

24 根岸勉治計算1917至1929年新高製糖廠彰化廠的甘蔗收購價格與臺中在來糙米價格，以及同廠甘蔗收購價格與東京蜜糖價格之間的簡單相關係數分別是0.91和0.55（參見張漢裕，1984f，頁429）。

（1977）、陳佳貞（1977）及古慧雯、吳聰敏、何鎮宇、陳庭妍（2006）等人的研究為主。他們的研究結果駁斥了前人關於嘉南大圳對糖廠有相當正面影響的結論。

嘉南大圳完工後，如欲灌溉區域內的全部耕地，水量勢必不足，為使區域內農民皆可公平地享受大圳的利益起見，採取「三年輪作」的耕作制度。此制度非強制，亦非放任，但使得蔗作與米作可並行發展。矢內原（1929）認為，嘉南大圳興建之後，蔗作受水的命令可以有規則的進行，米作與蔗作的對抗完全「決之於流水」。故矢內原在嘉南大圳完工之前，即指出此工程是為了解決「米糖相剋」的問題，且是以保護糖業資本的更高度發展而興建的（矢內原忠雄，1929）。

然而，何鎮宇估算嘉南大圳的成本與收益的現值，發現總督府投資該大圳的淨收益是負的；反之，臺南州農民在嘉南大圳投資的淨利益卻是正的。因此，嘉南大圳對於農民而言，是一項有正面助益的水利建設。陳佳貞探討的是大圳灌溉的區域內之糖廠，是否能在通水之後買到更多的甘蔗，若1930年以後這些糖廠能買到較多的甘蔗，表示興建嘉南大圳有利於糖廠。

她在分析時，把大圳對於糖廠買收數量之影響，拆解成大圳對生產力的影響及大圳對耕作面積的影響。她發現臺南州之生產力在大部分的情況下皆高於臺南州以外的區域，且在製糖年期1929-30年之前，臺南州與州外之蔗作生產力差距較小，每甲地相差在2,000斤以內，而在此之後，兩個地區之差異逐漸擴大，相差高達13,000斤上下。為釐清這是否是大圳完工所達成的，她接著分別比較甘蔗及稻作在通水以前州外與州內的相對生產力的變動，得到雖然大圳使土地水田化，但是稻作州內與州外生產力之差異型態在通水前後不顯著。據此，她認為大圳供水確實提高了

甘蔗的產量。

　　至於大圳對甘蔗耕作面積的影響，經比較大圳通水之後，州內蔗田面積及其他作物面積的增減，她發現州內在大圳通水之後有 8.2% 的蔗作轉為稻作。經過進一步估算大圳通水初期，她發現蔗作給水輪作區內實際種蔗的百分比，約在 30%-40% 之間而已。也就是說，嘉南大圳的興建並未完全使得蔗作農家按照給水的水量的多寡來種蔗，只有 30%-40% 的地實際上是按照給水量的多寡種植甘蔗的。這也說明了農民主要是按照市場的價格的高低來選取作物，而不是按照給水的多少來選取作物。

　　既然大圳通水之後，一方面蔗作的生產力提高，另一方面蔗作的相對面積卻縮小了，這對於甘蔗供給量之淨影響為何呢？她得到在 1930-37 年間，有大圳比沒大圳七年累積甘蔗的供應只增加 1.45%，也就是在相同的收買條件下，糖廠能買到的甘蔗量增加，但不及 2%。因此最後的結論是：（1）相對於稻田，臺南州甘蔗相對面積在大圳通水後縮減，對糖廠不利，這與前人所得「大圳乃為糖廠確保一定面積之甘蔗」的看法相反。（2）大圳通水之後糖廠所能獲得的甘蔗量並未大幅增加，故大圳並未如矢內原所說的保護糖業的資本。

　　最後古慧雯、吳聰敏、何鎮宇及陳庭妍四人，在 2006 年再把何鎮宇及陳佳貞的大作，改寫成為〈嘉南大圳的成本收益分析〉一文，而發表於《經濟論文叢刊》。在這篇文章中，他們採取反事實的假設，假設嘉南大圳未興建，農業生產額是多少，以估計出大圳的效益。經由這樣的方法，該文除了得到幾個與上面何鎮宇及陳佳貞相同的結論之外，也提出了一些值得繼續研究的問題。例如：（1）無論嘉南大圳由政府興建或完全由農民自行集資興建，農民的所得都大於 0。那麼是什麼因素使大圳須要等到總督府出

面推動才進行呢？政府在大型計畫建設中扮演何種角色？（2）大
圳以三年輪作制度來解決水量不足的問題，經濟理論告訴我們農
民也可依其土地與作物的性質，決定買水多少？大圳何以不採用
價格機制來分配水資源？這些都是值得進一步討論的問題。

3.6 經濟制度

也有少數的研究應用新的方法分析經濟制度。制度結構的變
遷是傳統經濟史研究的重心，對於臺灣歷史上的重要制度，例如
租佃制度、土地所有權制度、貨幣制度、警察制度、專賣制度等，
傳統經濟史家完成了不少有價值的研究。然而這些研究的重點往
往只局限於制度的本身，無法脫離制度本身的介紹，進入制度的
形成及影響等分析階段。

舉例來說，日治初期的土地改革中，廢除了土地的大租權，[25]
必然造成財產與所得的重新分配，從而對經濟發展造成相當的影
響。但是至目前為止，對廢止大租權的研究，僅止於改革的動機
與過程。[26] 至於大租權的廢除如何影響分配，從而又如何影響整個
經濟等問題，都未有深入的研究。

同樣地，傳統經濟史家雖然都主張菸、酒專賣和糖的專買等
制度降低了臺灣人民的生活水準，但這些制度對臺灣人民生活可
能有直接的剝削效果，也可能促進經濟的發展，間接提高人民的
生活水準。然而傳統經濟史家並未確切估計這些制度的直接或間

---

25 日治初期臺灣的租佃制度由兩層租佃關係組成。第一層由大租戶及小租戶構成，第二層由
小租戶及現耕佃戶組成。在第一層租佃關係之中，小租戶可以享有永久佃耕、處分大部分
佃耕地之收穫物、出租耕作權並處分因而得到之大部分地租、或移轉其佃耕權給他人
或後代等權利。小租戶對此一權利所必須償付的義務是繳納部分土地的收益給大租戶，
這部分的地租稱為「大租」，因而有收大租權利的一方稱為大租戶，而小租戶所收到的
地租稱小租。

26 關於這方面的討論，可以參考江丙坤，1972。

接效果。此外，北山富久二郎（1934，許翼陽譯，1959）曾深入分析日治初期的貨幣改革，但是重點完全放在改革的過程，並未評估現代化貨幣制度的確立對經濟發展的貢獻。

對於任何一個制度，我們所欲關心的不只是制度的本身是什麼，也想認識制度如何形成以及制度有何影響。關於制度的形成與影響，新經濟史已發展出一套分析方法，但是學者對於臺灣經濟制度的形成與影響卻只有極為少數的研究。其中之一為劉瑞華（Liu, 1991），他應用 North 的理論分析臺灣戰後土地改革的原因。

此外，也有一些學者利用反事實推論法，分析制度對於經濟社會的影響。例如 Carr and Myers（1973）從蓬萊米未出現的假設出發，推估日治時代蓬萊米之社會利得，得到蓬萊米的引進，給臺灣帶來了高達 65,000,000 圓以上的利益，顯示蓬萊米的引進與推廣對臺灣農業的發展厥功至偉。吳聰敏（Wu, 1992）也利用反事實推論法，從如果沒有美援出發，分析美援對臺灣經濟的影響。得到若無美援，則臺灣平均每人產出的成長率將會從當時的 6.3% 下滑到 5.2%。

施佳佑（1994）則以反事實推論法，分析 1909 年改革完成的金本位制度如何影響後來的經濟。他從 1910 年以後臺灣仍然實施銀本位制度的假設出發，求得此一假想情況下的貿易條件和物價，並將這些反事實（即銀本位制下的經濟）的結果與實際情況（即金本位制下的經濟）作比較，推論金本位制度的實施對臺灣經濟的若干影響。

接著，古慧雯（1996）也利用反事實的推論法，探究肥料換穀制度的影響。她假定其他農業與工業政策都如實發生，唯獨無肥料換穀制度，推估出來農業部門將投入稻作生產的勞動人口與實際投入的勞動人口之差距，就是肥料換穀所造成的農村人口流

失的邊際效果。根據這樣的推論分析，她得到肥料換穀制度的存在確實造成農村就業大量的流失。此外，若無肥料換穀制度，政府勢必需要以徵稅方式籌措軍公教的糧食供應，因此而加深了工業部門的負擔，這將抑制工業部門之成長。

除了以上這些利用反事實推論法研究制度影響的文章之外，筆者（2012a）也使用了一些與前人不同的分析法，分析三七五減租對農場經營效率的影響。這些不同的方法大致上可以歸納為以下三項：（1）把 1925-27 及 1950-51 年的資料合併估計隨機性邊界生產函數，且使用標示戰後與戰前的虛擬變數，估計式中還加入這個虛擬變數和所有變數的交乘項。這是之前文獻所沒有的。（2）利用 difference-in-difference 的方法，分析戰後三七五減租對農場經營效率的影響。（3）檢定自、佃耕農場的生產函數之異同，並討論戰後三七五減租之後，自、佃耕農場所面臨的稻米及要素價格之異同。

利用以上的分析法，筆者得到幾個不同的發現：（1）三七五減租並未真的如一般人所認為的那樣，促進佃農的工作意願，使佃農的技術效率提高得比自耕農要來得多。（2）若固定農家身分、時代、稻種及經營地面積大小，戰後初期相對於 1925-27 年，自、佃耕農場的調整利潤成本比並無顯著的差異。（3）減租之後，自、佃耕農場的經營效率之所以無顯著的差異，這可能是因為三七五減租也是一種定額租制度；三七五減租之後自、佃耕農場的生產函數、所面臨的米價及要素價格都無顯著的差異；三七五減租也未對佃農的經營權有任何的干預。從這些分析，筆者得到三七五減租並未像一般人所認為的那樣提升了農民的經營效率。

3.7 綜合討論

以上各種研究的特點在於應用經濟理論與統計方法，重新面對傳統經濟史曾經關懷過的問題，研究結果或是補充或是反駁了過去的研究。新的方法利用量化資料，直接估計所要探究之經濟現象的指標，使研究者能夠確切掌握經濟現象的本質，這是新經濟史與傳統經濟史最大的差異。

經濟學家也使用反事實推論法，分析臺灣的一些制度對於社會經濟的影響，例如蓬萊米、貨幣制度、嘉南大圳三年輪作制度、肥料換穀制度及美援的影響。此外，新方法中的迴歸分析也幫助研究者解析了租稅結構的形成因素、蔗價的決定因素及租佃制度是否有效率等問題。這些方面的資料並不完整，但是經濟理論和統計方法幫助研究者，利用估計方法補足不完整的部分。

又應用經濟理論所描述的因果關係，研究者如 Myers 和筆者也應用間接的資料，探討經濟現象的本質。其中，Myers、張素梅、筆者等人使用恩格爾法則，推論所得的變動；筆者則使用其它相關市場的價格（即利率）及土地的邊際產值，來探討地租是否合理；魏凱立利用身高測度生活水準的變遷等都是。

經濟理論所描述的多層因果關係及統計理論所提供的方法，使研究者能從不同的層面，再深入探測同一個經濟現象。這些研究結果之間或是相互應證，增強結論的可信度；或是互有矛盾，激發再進一步研究的動力，如此逐步層層揭開事實的真象。

不過，除了日治時代的生活水準之外，其他課題的研究都只有非常初步的結果，且都完成於 1990 年代以後。例如，關於土地分配的變動趨勢仍有爭論，而租稅結構的形成因素以及貨幣制度的形成與影響等方面的研究，至目前為止只有很少數的研究出現。

更有許多重要的臺灣經濟史相關問題，迄今仍未為經濟學家所接觸。最明顯而且嚴重的是經濟制度之忽略，新經濟史雖然已經發展出一套制度分析法，也用之於實際問題的探討，但是在臺灣經濟史研究上，至今只有極為少數的研究者使用新的方法於制度的分析。經濟學家在探討農業、工業和整體經濟的成長時，都相信鐵路建設、現代化的貨幣與度量衡制度的確立、銀行體系的建立、現代化的財產制度等，都是促進臺灣過去經濟發展的重要因素，但是深入討論這些制度的形成及影響的文章，迄今依然不多。[27]

4. 經濟學家為臺灣經濟史開拓的新研究領域

日治時代以來臺灣經濟體系開始歷經劇烈的轉變，經濟的成長也較過去任何一個時代更加快速。傳統經濟史家利用文字資料和簡單的數字資料，對臺灣經濟如何躍入資本主義的階段、政府在資本主義化的過程中扮演了什麼角色、經濟的轉型帶給臺灣經濟社會關係何種影響等等問題，完成了若干的研究。[28]

然而，傳統的方法無法確切地剖析當時經濟成長的型態。一直到新的研究方法問世之後，經濟學家才開始逐漸分析日治時代農業成長速度與成長途徑、國民所得的成長與波動型態、工業的成長速度與發展歷程、物價的變動趨勢、農家經濟及市場力量等各方面的研究，使日治時代臺灣經濟成長型態的輪廓更加清晰。

---

27 其中關於鐵路及現代化財產權制度的建立對經濟發展的貢獻，目前已經有人開始研究了，見下一節的討論。

28 這方面的研究以矢內原著（1929），周憲文譯（1985）的著作為先驅。以後東嘉生著（1941），周憲文譯（1985）；周憲文（1958）和涂照彥（1991）等人又立基於矢內原的研究，繼續發揚光大之。

此外，經濟學者也從日治時代的研究往前延伸到日治時代以前，特別是荷治時代，並往後延長到戰後初期的研究。

4.1 農業的成長型態

農業是日治時代臺灣最重要的生產部門，此一部門在日治時代也經歷劇烈的轉型，並有長足的發展。從日治時代至戰後初期，農業的相關資料是所有各種經濟統計資料中最完整豐富者。相關資料的豐富使經濟學家從 1950 年代底便展開日治時代以來的農業發展型態之研究，締造了豐碩的成果。以經濟理論及統計方法研究日治時代臺灣農業發展的主要論著至少有六種。開啟此一方面研究的先鋒者是謝森中與李登輝（Hsieh and Lee, 1958）。接續的五種研究分別由 Ho（1966）、Hsieh and Lee（1966）、Ho（1968, 1978）、Lee and Chen（1975）等人完成。

這些研究關心的問題與分析的方法都相同。關心的都是農業成長的速度如何、農業成長有多少得自於生產因素的擴張、有多少得自於生產力的提高、以及生產力如何提高等問題。研究方法都是採用「總要素生產力分析法」（total factor productivity measurement approach）。研究步驟都是先計算產量指數，再估計總要素投入指數，最後再求算總要素生產力指數。

各研究使用的經濟理論和統計方法大致相同，但是資料處理、基期的選擇和觀察期間有或多或少的差異，因此各研究所得到的結論雖然略有出入，但重要的結論大體上是一致的。日治時代臺灣總督府從領臺之初，便開始蒐集農業的各項產出與投入資料。這些資料刊載於逐年出版的「總督府統計書」、[29]「臺灣產業狀

---

29 「總督府統計書」是臺灣總督府編製之一系列的書籍，每年出版一本，原名為「臺灣總督府第XX統計書」。

況」、「臺灣產業年報」、農業年報之中。[30]

　　各研究都直接利用這些原始資料，編製產量指數和投入指數。日治初期資料比較不完整或不可靠，研究者或是應用各種估計，補上不完整並修正不可靠的部分，或是放棄資料比較不可靠的年代，故各研究的觀察期間不同。[31] 在基期的選擇上，Ho（1966）以 1952-56 年，其他的研究皆以 1935-37 年作為基期。在資料的處理方面，主要的差異發生於各種要素投入的定義或包含範圍和在編製總要素指數時，各類投入權數的選擇。到底各項投入的定義以及範圍應該是什麼，曾有一系列的論戰。[32]

　　由於這些差異，各研究所估計的農業產出年平均成長率、要素擴張和生產力提高兩個因素對農業成長的貢獻率都略有不同。各研究所得到的農業產出年平均成長率分別是 Ho（1966）的 3.14%、Ho（1968, 1978）的 3.1% 以及 Lee and Chen 的 3.0%。至於農業的成長有多少得自於生產力的提高呢？各研究者的估計分別是 Ho（1966）的 36.4%、Ho（1968, 1978）的 34.32%、以及 Lee and Chen 的 23%。

　　儘管各研究的結論有以上的差異，但是重要的發現卻大都一致。學者們一致認為臺灣的農業從二十世紀初期以來便有長足的發展。日治時代農業成長的途徑在 1920 年代前後有顯著的差異。1920 年代以前，成長幾乎都來自投入數量的擴張；1920 年代以後，

---

30 戰後臺灣省行政長官公署（1946）曾將部分的資料重新分門別類，編成各種時間序列變數，並收入所編集的《臺灣省五十一年來統計提要》一書之中。後來農復會（JCRR, 1966）以同樣的方法，將更多的原始資料及戰後同類的資料編在一起，成為*Taiwan Agricultural Statistics, 1901-1965*一書。

31 Lee and Chen（1975）討論的期間為1913-70年；Ho（1966）討論1903-60年的情況；Ho（1968, 1978）關心的是1910-42與1951-70年兩個期間。

32 詳細的論爭內容，可以參考Samuel P. S. Ho, 1968, 1971和Yhi-min Ho, 1971。

生產力的提高也成為農業成長的重要因素。成長途徑的不同導致成長速度的差異，前一個階段的成長速度比後一個階段緩慢許多。後一階段生產力的提高以及產出更快速的成長有賴於更多的新生產因素，例如化學肥料和新品種等的不斷投入。在農業持續成長的過程中，農家的農場面積並未伴隨擴大，所有的非凡成就都是在小農場耕作制度下完成。

學者對新投入在臺灣農業發展上扮演重要角色這一點，雖有一致的看法，但是對於新投入何以能出現、何以能成功地為農民所接受等問題，則有不同的看法。Ho（1966）認為是農業研究和農村教育投資的具體成果；Ho（1968, 1978）雖也同意農業研究的重要性，但更主張農會和農業實行小組合所提供的農業推廣服務，才是新投入得以成功地被農民接受的因素。

4.2 國民所得的成長與波動型態

農業雖然快速成長，但是農業在整個經濟結構中所占比重逐漸下跌，故臺灣整體經濟表現是否也持續成長？成長的速度如何呢？要回答這些問題，必須對表徵總體經濟的指標，即國民所得，進行估計，並加以分析。戰前臺灣國民所得的估計有六種，其中只有三種包含較長的時間序列，而且估計者詳細說明估計方法與使用資料。[33] 這三種序列的估計者分別是溝口敏行（1975）、溝口敏行和梅村又次（1988）、吳聰敏（1991）。三個序列的估計結果存有不少的差異，這是因為選用的國民所得計算及資料處理的方法不同所致。

國民所得可以從支出、所得以及生產等三個不同的層面計算。溝口敏行（1975）從消費、政府支出、投資和淨出口四大支出項

的估計值，求算國民所得，結果命名為國民支出毛額（GNE）；其他兩個序列則從第一級產業、第二級產業與第三級產業等三大生產項的附加價值求得國內生產毛額（GDP）。

　　理論上說來，無論那一種方法所得的結果應該都一致，但是計算國民所得需要龐大的統計資料，其中有許多在日治時代未曾蒐集或不完整。學者乃各自使用不同的方法補足所需的資料，例如吳聰敏多用戰後初期相關的資料推估出所需的數據。因此，溝口敏行估計的 GNE 和溝口敏行、梅村又次估計的 GDP 有相當的差異；吳聰敏估計的 GDP 和溝口敏行、梅村又次估計的 GDP 也有出入。吳聰敏以他自己估計的 GDP 和溝口敏行、梅村又次以及李登輝所估計的兩個 GDP 序列比較，發現三者的短期波動型態雖類似，但他的估計值都高於其他兩序列。

　　溝口敏行和吳聰敏依據估計的結果，分析了總體經濟的變動型態。溝口敏行指出從國際水準來看，臺灣與朝鮮戰前 GNE 的成長率相當高；兩地經濟發展的原動力皆來自出口。不同的出口擴張速度造成兩地發展型態的差異。臺灣米糖出口的持續增漲，促成經濟持續地發展；然而受到臺灣出口米的競爭，1920 年代後半，韓國經濟成長速度則緩慢了下來。

　　吳聰敏也提出好幾點重要的發現。第一個發現是日治時代，臺灣有兩次強烈的景氣波動，分別發生於第一次世界大戰期間（1914-20）與第二次大戰末期。1929 至 1933 年的世界經濟大恐慌，並未對臺灣造成太大的影響。第二個發現是戰前景氣波動大於戰後。臺灣戰前與戰後景氣波動型態的差異與美國國民所得的時間序列資料之特徵類似。第三點是實質國內生產毛額成長率戰後高於戰前。戰後經濟成長率之所以超過戰前，主要是因為第二級產業的快速發展。

4.3 工業發展及結構的演變

戰後成長型態之所以較戰前快且穩定,吳聰敏認為是受到第二級產業成長型態所主導。為何第二級產業的成長型態在戰前與戰後有此種差異呢?筆者的研究(1996b,2009a)指出,可能與兩個時代工業結構的差異有關。為研究近代臺灣工業發展的型態,筆者估計了 1910 年代至 1990 年代的工業總產值、各類工業產品的比率以及工業結構變動係數。這些經濟指標顯示戰前臺灣工業的成長率低於戰後,戰前工業結構的變動慢於戰後,而且戰前與戰後工業結構有顯著的差異。

日治時代的工業偏重於糖業這個單一的農產加工業,直至 1936 年砂糖產值占工業總產值之比率仍有 54.92%。戰後初期工業結構雖然仍然偏重於加工型的工業,但已逐漸從農產品加工轉為其他輕重工業;而且工業產品集中的程度大大降低。工業結構過度集中於單一產業,全體工業的成長型態容易受到該產業的影響。在 1912-15 至 1931-35 年間工業產值的擴張有 50.26% 得自於砂糖產值的擴張。糖業屬於農產加工業,農產加工業的發展與農業原料的供給關係至大。農業原料的生產受自然條件的影響,較不穩定;而且農作物的產量決定於土地的條件與種植面積,超過一定限度以後不易擴張。因此,農產加工業的成長較不穩定,且較容易達到飽和(葉淑貞,2009a)。

關於經濟結構,一般帝國主義論者大都持著殖民地經濟結構之所以落後於殖民地統治國,乃是殖民政策所致。[34] 而筆者(1996b)關於工業結構的分析,則提出了日治時代的工業結構主要決定於比較利益原則,與殖民政策關係可能不大。

---

[34] 此處所謂的落後是指在經濟發展的過程中,處於比較初期的階段。

　　臺灣日治時代工業結構的特色在於以糖業為主，忽視了紡織等民生工業，而若從歷史的角度來看的話，這不是特異的。臺灣在日治時代以前就都以農產加工品的生產為主，在歷史時期一般人民就大都不從事紡織業，即使有鳳梨及苧麻，但多將這些纖維作物出口到中國的汕頭、寧波及潮州，再從這些地區進口布匹，根據連橫的分析這是比較利益所致（連橫，1979，頁640-641）。然而，糖業卻是臺灣十七世紀以來的唯一的主要工業，直到1860年代以後可能才有茶業得以與之抗衡。

　　相對於臺灣，日本甘蔗產地很有限，雖然曾在1880年代開始發展甜菜糖，但是成績都不理想（矢內原忠雄，1987，頁199；黃紹恆，1995）。因此直到1894年，該年的生產額仍然只有80萬擔，無法支應400萬擔的年消費量，每年都需從外國進口大量的糖（矢內原忠雄，1929，周憲文譯，1985，頁199）。日本因而成為臺灣砂糖的重要市場之一，臺灣生產的砂糖有相當大的一部分運銷至日本，臺灣出口至日本的物品幾乎也都集中於砂糖。例如在1658年的173萬斤產量中，有60萬斤輸出到日本（中村孝志，1954，頁61）。在1870-95年間，經由海關運到中國以外其他地區之砂糖中，平均有70%左右銷至日本。在1890年以後，這個比率更都超過95%（林滿紅，1997，頁26）。

　　相對於糖業之無所進展，日本的紡織業在日本領臺以後卻已經相當發達。然而與日本的情況相反，臺灣的糖業雖然已經相當普及，紡織業卻毫無基礎，臺灣紡織業的生產力因而遠低於日本，無法與日本的紡織業競爭。若以每一紗錠每小時生產20支棉紗之量作比較基礎，日本的紗廠在1929年已經達0.0458磅（趙岡及陳鍾毅，1977，頁189）；臺灣的紗廠一直到1953年卻還是只有0.0457磅（黃東之，1956，頁31）。再從每件20支棉紗的生產

成本來看，在 1950 年代日本為 45.90 美元，遠低於臺灣的 86.26 美元（黃東之，1956，頁 49）。

在這樣的條件之下，加以臺灣與日本屬於同一國境，無法利用關稅保護政策來排除日本的進口品，所以臺灣日治時代的紡織品自然無法與日本競爭。若將戰前臺灣與日本兩地相互作比較，臺灣的糖業相對於紡織業具有比較利益；反之，日本的紡織業相對於糖業具有比較利益。因此，當臺日經濟整合之後，基於比較利益原則，臺灣勢必出口砂糖，進口紡織品。

4.4 物價指數的編製

在不同的時間，農業產出、工業產出和國民所得的變動，有一部分源自於物價的波動。欲了解實質產出的變動，便須要知道物價波動的型態。歷史的變遷既然含有時間因素，物價的波動實為經濟史研究的重要課題。經濟理論與統計分析提供一套編製物價指數的方法，少數經濟學者依據這套方法編製了日治時代的物價指數。這些物價指數的編成有助於實質經濟現象，例如實質工資和實質國民所得等的了解。

日治時代臺灣總督府從 1902 年便開始發布臺北、新竹、臺中、臺南、高雄等各大城市多項商品的批發價格，1929 年以後又增加零售價格。[35] 臺灣總督府財務局、殖產局和臺灣銀行便利用這些原始資料，或是根據一些自行調查的資料，編製了六種物價指數。[36] 這些物價指數都只以臺北市一地的商品價格估算而得。除了臺銀編製的 1939-46 年序列採加權平均法之外，其餘五種都用簡單平

---

35 各項商品價格發表於總督府每年編印的總督府統計書之中。

36 蘇震（1952）對這些物價指數的編製方法、包含商品項目、計算方法和基期的選擇做了詳細的介紹，同時也列出了這些物價指數的數字。

均法求算。六種指數中，有兩種是零售物價指數，但這兩序列的期間只有 1930-42 和 1937-46 年。有兩個躉售物價指數的時間序列較長，但也只始於 1914 或 1919 年。

　　戰後學者的估計目標便在於將序列的期間往前推，並利用加權平均法計算。研究者或是直接從總督府公布的商品價格，或是以日治時代完成的物價指數為基礎，重新有系統地估計了幾個序列的物價指數。其中 Mizoguchi（1972）、吳聰敏和高櫻芬（1991）對估計的方法、資料的引用、估計的過程等事項作有詳細的說明。以下扼要介紹這兩種指數。

　　戰後第一篇以臺灣物價指數為估計中心和分析重點的研究，由溝口敏行在 1972 年完成。[37] 他完成的是消費者物價指數，序列期間為 1903-38 年，使用的是加權平均法。此一物價指數是從臺灣總督府公布之大城市的商品價格中求得，但是作者並未指出採用哪些城市的價格以及不同城市的價格如何平均。既然商品市場範圍是大城市，溝口敏行以都市居民的家計支出求算各類商品的權數，故所得的結果實際上是都市消費者物價指數。此外，1929年以前缺乏零售價格的資料，故 1903-28 年的部分係以各年的批發價格求得，實際上是躉售物價指數。

　　溝口敏行將此一物價指數與同時期的日本和韓國比較，發現三個地區消費者物價指數的變動型態相似。他也提到三個地區躉售物價指數的變動型態不同，而從前的研究皆以躉售物價指數計算臺灣或韓國的實質工資，這種作法可能不恰當。果然如溝口敏行所預測，1978 年 Ho 利用溝口敏行估計的這個指數，重新求算

---

37 在此之前，Ho（1968）曾以批發物價指數平減農業雇工的工資。不過，文中並未說明此一指數的估計方法，也未呈現指數的數字。Lee（1971）及李登輝（1972）列出農民支付的物價指數，但是也未曾對估計的方法和使用的資料作任何說明。

農業雇工的實質工資，所得結果確實與他自己在 1968 年用躉售物價指數估計的結果大有出入。[38]

吳聰敏和高櫻芬（1991）也在 1991 年整理出一套跨越 1907 至 1986 年的躉售物價指數。其中 1907-18 年的部分係從原始資料求得；1919-38 年的部分係以加權平均法修正臺銀編製的簡單平均指數；1939-46 年的部分則採用臺銀的加權平均指數。這個指數與溝口敏行指數主要的差別有兩點：第一，以不同市場層次的商品價格為計算基礎。一者以批發價格，另一者以零售價格為計算基礎；第二，所包含的市場範圍可能不同。吳聰敏與高櫻芬的指數以臺北市的商品價格為基礎求算而得，溝口敏行則未說明採用哪些城市的商品價格。

4.5 農家經濟狀況之分析

農家經濟狀況決定於儲蓄、消費、所得高低及所得分配的狀況。日治時代殖產局曾經在 1918-21、1931-33 及 1936-37 年進行過三次「農家經濟調查」，[39] 從這些調查資料可以求算出這些年代農家的消費、儲蓄、所得高低及所得分配狀況。雖然調查的樣本數不多，但是研究結果仍然可以讓我們對這些年代當中，農家的經濟狀況有些了解。

張素梅及葉淑貞在 1996、2001 及 2003 年利用這些調查資料，計算了不同年代農家儲蓄額、儲蓄率、消費水準、所得高低的變遷，並用迴歸分析探究了影響儲蓄行為、消費結構及所得高低的影響因素，最後又討論了這三個年代的所得分配狀況。[40] 他們的

---

38 關於Ho的這些研究，請參考上一節的討論。

39 這是一系列的調查，調查的年代及主作農家，詳見第三章第2.2節的說明。

40 詳見張素梅及葉淑貞（1996，2002，2003）的討論。

研究結果發現：（1）雖然日治時代農家的儲蓄率逐漸下滑，但在1918-34 年平均每年高達 18%，而在 1918-37 年則平均每年至少為14%，不比戰後 1976 年來得低。戰後 1976 年農家的平均儲蓄率也只有 16.8% 而已（張素梅，1986）。（2）從儲蓄行為的迴歸分析中，他們得到可支配所得及依賴人口等因素對儲蓄具有顯著的正向影響；農家擁有的土地面積及家庭人口則對儲蓄有顯著負向影響；其他條件不變之下，米作農家的儲蓄顯著地低於蔗作農家，自耕農或半自耕農之儲蓄高於佃農；可支配所得之高低對儲蓄的影響力最大。

他們也應用計量模型分析農家消費結構的決定因素，結果發現所得、家庭人口數、種作別及租稅負擔是影響農家消費結構的比較重要因素。不過，租稅負擔對農家消費結構的影響力，一直要到 1931 年以後才發揮出來，而其影響也僅及於飲食費支出份額，更重要的是租稅金額的高低對農家消費支出金額幾乎無顯著的影響。最後這一點指出了，一般人認為殖民政府利用高稅收壓低人民生活水準，這個論點可能不盡正確。

至於長期間農家所得水準變遷的影響因素，他們的研究指出，政府對農業技術革新政策提升了農家的所得，而 1930 年代初期的經濟不景氣卻降低了農家所得。可見，政府對農業技術革新的政策，削弱了經濟不景氣對農家所得帶來的不利的影響。透過吉尼係數或差異係數，他們也得到日治時代隨著時間的演進，所得分配不均度逐漸緩和，而所得稅的課徵對所得不均度的減低似乎沒有明顯的效果。農家所得高低的最重要決定因素是農家所擁有之生產因素數量的多寡，農家居住地別對所得高低的影響不太明顯，不過隨著時間的經過，這個因素逐漸突顯出來。

4.6 市場力量之分析

透過市場的力量，價格提高時，需求量會減少，供給量會增加，經濟學家稱此為市場力量。而市場力量要能發揮，最根本的假設是人們都會追求利潤，也就是說有市場導向的性格，才有可能。因此所謂追求利潤的傾向，就是指當市場提供有利機會時，願意去善加利用；也會注意市場訊息，將資源作有效率的安排。在市場參與者有市場導向的性格之下，市場的力量可以使人們按照利潤決定資源的配置。

臺灣人民在歷史時期就已經具有強烈的市場導向的性格，這種性格促成了強大的市場力量。市場力量的強大表示人民在決定資源要如何配置時，考慮的是如何才能使利潤達到極大。臺灣人民具有強大的謀利心，因此不只是蔗農以利潤的高低決定是否要種甘蔗，稻作農家應該也是以利潤的高低決定要選種何種稻種。而利潤與產出多寡及價格高低有關，產出的多寡又決定於生產技術的型態，而產品的市場價格也是決定利潤的重要因素。因此若欲明瞭造成蓬萊米普及的根本原因，必須分析蓬萊米與在來米利潤的各項組成結構。

除了平均報酬的高低，新品種作物能否為農民所接受，風險扮演了重要的角色。許多地區在推廣新作物時，都曾出現農民不熟悉新作物的栽培方法，使得種植新作物的產量與利潤波動劇烈，降低了農民種植新作物的意願，延遲了新作物的普及速度。然而，過去的文獻對於蓬萊與在來[41]的相對風險程度，卻是甚少著墨。因此，葉淑貞及張棋安（2004）〈臺灣蓬萊種稻作普及之因素〉一文，就是比較蓬萊與在來的收穫量、成本、價格、利潤、技術效率的

---

41 依行文流暢起見，書中部分採用「蓬萊」及「在來」之簡稱取代「蓬萊米」及「在來米」。

平均水準及差異係數。研究的結果發現，蓬萊米相對於在來米的優勢，表現在高額的利潤與漸趨減小的風險。

臺灣市場力量既然這麼強大，日治時代因為現代化交通體系的建立，降低了運輸成本；現代化貨幣制度及度量衡制度的建立，降低了度量成本；而現代化財產權的建立，也降低了執行成本。這些交易成本的降低，使得專業化分工更有利可圖。專業化程度的提升，必然帶動人民參與市場程度（可以簡稱為商業化程度）的加深。但是對於日治時代商業化程度如何變遷，卻一直都沒人完整且系統性的分析，直到 2012 年筆者（2012b）才利用商業化程度的計算方法，首次就臺灣 1918-51 年之間農家參與市場活動程度的變遷進行分析。從計算的結果，筆者發現臺灣在 1918-51 年間，農家參與市場的程度以 1950-51 年為最低；此外也推得影響臺灣商業化程度的因素至少有農家主作的不同、技術型態的不同及政府政策所致。

市場活動之所以能夠變得愈來愈頻繁，乃是因為交易成本的下跌。而日治時代之所以交易成本得以大幅下滑，與政府所建立的基礎設施有關。為此，基礎設施的建立如何促成經濟的發展，就成為相當重要的課題。古慧雯、吳聰敏及盧佳慧，對財產權的確立及鐵路的興建如何促成臺灣經濟的成長有所探討。古慧雯（Koo, 2011）的研究集中在日治時代的土地調查是否提高了土地的價格，並促進農民的投資，而吳聰敏及盧佳慧（2008）則探究了鐵路的興建是否促成農業的成長。

因為清治時代臺灣大多數土地未在官府登記，而日本在 1895 年開始統治臺灣之後，1904 年就進行了第一次完整的土地調查。在這次調查之後，臺灣開始實行土地登記主義，就是所有的土地的開墾或移轉都需要登記。古慧雯的研究重點在於這個制度的改

變，如何影響土地的價值及農民的投資行為。研究結果除了發現在財產權正式定義之後，土地價格顯著地上升外，也得到農民變得更願意使用綠肥，並願意種植椪柑之類的長期作物。

古慧雯這篇文章利用1905及1915-19年土地調查所得的資料，計算出為了取得未來每年1圓的地租收入，地主對於土地願付價格這個數字作為被解釋變數，而以1905年（土地登記制度實施以前）及1915-19年（土地登記制度實施以後）這兩個時間作為自變數，進行迴歸分析。結果發現土地登記制度實施之後，由於喪失土地所有權之風險下降，人們對於土地願付價格確實增加了。此外，也利用迴歸模型分析，在土地登記實施之後，綠肥的種植是否變得更廣泛。結果發現在1905年以後，農民投資於種植綠肥的意願確實更高了。

包括財產權之確立及交通設施的建築都會促成市場之擴大，而市場的擴大又將助成產量的增加，因此交通建設也是促成經濟發展的重要的因素。吳聰敏及盧佳慧研究日治時代臺灣縱貫鐵路的建築對農業生產力的影響，發現鐵路的興築配合高雄港及基隆港的整修，使運輸成本下跌，產生貿易套利的利潤，貿易量增加，貨通南北，臺灣市場得以整合，因此刺激農民開發更多農地，加上政府水利設施的興建，使得平均每人農業產出增加。

他們建構迴歸模型，以苗栗廳到恆春廳的堡里作為分析對象，討論臺灣鐵路通車對稻田面積及每單位面積產量變動的影響。發現若以鐵路通車之後及之前田面積的差異作為應變數，而以車站及非車站、初始面積作為自變數，結果得到車站地面積增加較多，主要是因為初始面積較大。此外，若以1909-10年及1904-05年的每甲地產量之差值作為被解釋變數，而以車站的有無、耕地面積之變動及1904-05年（期初）之產量為解釋變數，得到鐵路通車

之後，車站地每甲平均產量比非車站地高了 1.761 石，這表示交通建設確實提升了農業生產力。

4.7 日治時代以前經濟之分析

近來經濟學者也把關注時間往前推到荷、鄭及清治時代。例如吳聰敏對於荷治時代贌社制度、荷治時代租稅的高低，並從貿易與生產看荷治時代的臺灣經營等研究都是；古慧雯則分析荷治時代的捕鹿的問題及清治時代宜蘭水利設施的興建及經營；Olds and Liu 的清治時代的神明會所扮演的經濟功能等都是。

荷治時代的 1648-50 年間贌金總額巨幅上升，以往的解釋都認為這肇因於贌商的獨占權，但是吳聰敏（2008）指出這與實際資料不符。吳聰敏首先研究荷蘭時代的贌社制度，他以鹿皮及鹿肉的交易為例，建構一個模型分析贌金的變動。從這個模型，他發現 1640 年代末期贌金總額之所以大幅上升，乃是因為明清之際，中國的內戰使中國沿海一帶的食物供給不足，對臺灣鹿肉需求增加所致，贌商因此願意以較高的價格承包原住民村社之鹿產。1650 年代以後，中國內戰趨緩，食物價格回跌到正常狀態，贌金也回落。

吳聰敏（2009）也比較荷蘭時代、明鄭時期及清初時代平均每人繳納的贌稅金額，得到荷蘭時代約為 0.27 里耳，1682 年的明鄭時代為 2.04 明鄭兩，而清初時代 1685 年的社餉則為 1.43 明鄭兩，其中 1 里耳大約等於 1 明鄭兩。[42] 可見，荷蘭時代的租稅並不高於鄭氏時代。從這個研究的結論我們質疑一般歷史教科書對於荷蘭時代政府課徵繁重稅的說法，可能有待商榷。[43]

---

[42] 清朝時代的社餉就是荷蘭時代的贌稅（吳聰敏，2009，頁6）。

[43] 國立編譯館（1997）的國民中學歷史教科書《認識臺灣（歷史篇）》中述及荷蘭人如何壓

接著，吳聰敏（2012）調整了帳面上 1640 年代初期以來，臺灣政府的財政收支統計，發現荷蘭時期臺灣殖民地的開發與生產活動，對荷蘭人來說並未獲利。學者如中村孝志等人都提出荷蘭東印度公司在臺灣，從 1650 年代初期以來創造了巨大的利潤。吳聰敏指出若從政府的財政收支帳面上來看，確實是這樣的。然若只從財政收支來看，可能高估了荷蘭政府在臺灣的盈利，這是因為荷蘭的會計制度有嚴重的問題。

依據荷蘭東印度公司的會計帳，鹿皮及生絲這兩項貿易的盈虧都不會顯現在大員商館的帳簿上，而會出現在日本的帳簿上。如果調整以上的錯誤記錄方式，並補上缺漏的部分，則荷蘭人經營臺灣所創造的利潤在 1641-55 年度間，除了 1647、1649、1652 年略有盈餘之外，其他年代都是有虧損的。可見，荷蘭在臺灣的殖民經營績效不佳，這解釋了為何 1662 年荷蘭人被鄭成功打敗之後，無意光復失土的原因。

此外，也有經濟學家利用經濟理論與計量模型，分析清治臺灣人民如何保護其財產。清治時代政府的執行力相當薄弱，政府無法保護人民財產，因此人民必須自力救濟，利用神明會幫助定義及執行灌溉區域之水的權利。魏凱立及劉瑞華（Olds and Liu, 2000）建構了一組簡單加權的最小平方模型，使用 92 郡市三種神明會中的任何一種所擁有的土地作為應變數。被解釋變數有北部客家地區、南部客家地區、原住民區、都市人口、非農村人口、每畝農田農夫數的比率及農田灌溉的比率等七個變數，結果發現灌溉這個變數對於神明會所擁有的土地具有顯著的正向影響效

迫漢人時，是這樣描述的：「荷蘭人占領臺灣後，為提高農業生產力，大量招募中國大陸漢人來臺灣。他們只給漢人生產工具，不給漢人土地所有權，任意遷走漢人離開耕作地，嚴禁漢人與原住民私相交易，對漢人徵各項苛捐雜稅，強迫娶原住民為妻的漢人改信基督教，嚴禁漢人私藏武器和自由集會。」

果。這些迴歸的結果說明了大多數臺灣神明會與灌溉有關。也就是說，在十九世紀的臺灣，人們大都利用宗教性的組織監視及執行財產權，特別是水的權利。

　　既然清治時代的政府未能積極有效地經營臺灣，那麼具有公共財性質的水利設施是如何興建的呢？灌溉設施是否足夠呢？古慧雯（Koo, 2009）以宜蘭地區為例，說明清治時代的水利設施雖然由私人建造並經營，但其數量卻是足夠的。宜蘭地區的水利設施大多數是由資本家建造並經營的，少數由農夫集體經營，但卻沒有一條是由政府興建完成的。

　　既然水利設施具有公共財的性質，由私人投資建造可能會使數量不足，但清治臺灣如何解決這個問題？古慧雯認為主要是因為政府透過印記的發行，而使水利設施私有化。發給水利設施的擁有者一個特別的印記，有了這個印記之後，灌溉設施的所有者就可以向用水者索取水租。而且從契約當中，可以看到有相當多的企業家在宜蘭地區相當活躍於水利設施。他們之間的競爭使水租拉下到邊際成本的水準。又，宜蘭地區經營水利事業的企業家利用合夥制度及分散股權的方式，把風險分散。此外，水利設施所有權的證明可作為其他金融目的，例如作為貸款的抵押品，因而提高了擁有水利設施股份的意願，因而水利設施的投資量不致於不足。

　　古慧雯也應用迴歸模型分析，得到當灌溉區域擴大時，資本家經營灌溉系統的可能性顯著的提高，相反地農夫集體經營的可能性下降了。當農夫集體經營灌溉設施的難度提升時，資本家將會接管這個系統。而一旦這個系統私有化、其財產權定義好了之後，這個系統便可以恢復運作。簡而言之，經濟組織的改變有時也可以幫助解決公共財的問題。

4.8 綜合討論

經濟理論與統計方法的聯合應用，使學者得以編製農業投入指數、農業產出指數、農業生產力指數和物價指數，也能估計名目國民所得、實質國民所得、工業產值和工業結構變動係數等經濟指標。利用這些指標，研究者得以有系統地分析近代農業成長的途徑、工業發展的歷程以及國民所得的成長趨勢。這些問題都是傳統經濟史研究方法所無法確切掌握者；新經濟史學者所完成的這些成果，清晰且具體地展現了臺灣日治時代以來經濟成長的型態。經濟學者也把注意焦點延伸到日治時代以前及戰後初期相關問題的研究。經濟學者更利用迴歸模型，分析農家經濟狀況、蓬萊米為何會普及日治時代基礎設施對經濟的影響等市場力量相關的問題。

新經濟史研究為臺灣經濟史開拓的這些新研究領域，除了在研究方法上有使用經濟理論與統計方法的共同特徵之外，還有其他的特點：第一，這些研究在進入主題分析之前，都必須先花費相當多的時間，從原始資料整理出有用的經濟指標。如果這些經濟指標已經編成，研究者自然可以節省很多時間，對所關心的問題進行更深入的分析。第二，從這些研究的主題和發表時間來看，除了農業成長型態之外，其他課題的研究多完成於 1980 年代底以後。第三，除了農業生產力之外，其他課題的研究成果仍然有限，也未獲有一致或最後的結論。例如在國民所得的估計方面，各序列間仍有相當的差距，需要評估各序列估計值之可靠度。評估的方式除了深入檢討估計過程所做的重要假設之外，也可以深入分析各種所得組成分子之比重高低與變動型態是否與當時臺灣經濟發展程度相符。除了從支出面和生產面計算之外，國民所得還可以從要素所得面估算。

又農民是日治時代社會的主體,如果要檢討農民生活水準的變動,需要估計農村地區的消費者物價指數。由於資料缺乏,溝口敏行估計的消費者物價指數實為都市消費者物價指數,而且該指數序列於 1928 年以前的部分是以批發價格計算而得,1929 年以後的部分才以零售價格估計而成。溝口敏行文中雖提到這兩個問題,但是並未對這兩種處理方式可能造成的誤差作任何說明。在工業成長型態的研究上,也因資料的不足,而有許多的空白有待補足,更有許多重要的課題迄今尚未有研究者觸及。凡此種種皆有待研究者努力完成。

此外,張素梅及葉淑貞對於日治時代農家消費、儲蓄、所得高低及決定因素的分析,也讓我們對於當時農家經濟狀況有比較清晰的認識,而關於所得分配的研究也補足了過去該方面研究的空缺。不過,她們的研究也存在一些問題,這些問題詳見本書第三及四章的介紹。

5. 資料整理的新局面

相對於許多傳統的經濟社會,臺灣經濟史資料堪稱豐富,但是豐富的史料,在過去多未達到方便使用的程度。臺灣史的資料可以分為編纂資料與未編纂資料,後者可以分為民間文書及檔案資料,而前者則可以分成三類,亦即橫斷面資料、時間序列資料及綜合各種資料,撰寫而成的書冊。[44]

資料雖然豐富,但過去對於資料的整理力度不足,研究者在進入主題分析之前,須要先花費相當多的時間蒐集並整理資料。資料使用之不便乃臺灣史研究的一個主要絆腳石,為了掃除這個

---

44 關於這些資料的簡介,請見葉淑貞,1994a,頁149-151、157-159。

絆腳石，過去少數人士曾致力於資料的整理，但是成果有限。一直到 1980 年代底以後，政治的解禁以及本土意識的抬頭，蓬勃了臺灣史研究的氣息，吸引了比較多的學者加入研究的行列，史料需求的強度因而提高，史料的整理才比較積極，且有新的氣象。

　　一般說來，資料是否方便於使用，與以下三個因素有關：即收藏地明不明確、資料易不易接觸、資料的形式適不適於直接用於經濟分析。收藏地明不明確與有無某種資料、這些資料有何機構收藏等這些問題相關；資料易不易接觸與各收藏機關的規定以及這些資料是否公開有關；而資料形式適不適合用於經濟分析與資料加工的程度、資料加工是否按照經濟理論進行有關。

　　收藏地明確與否，決定於是否有收藏目錄，若有的話，讀者在需要某種資料時，可以知道到哪裡去借閱。過去臺灣史資料收藏地之明確化主要是藉由圖書館之收藏目錄的整理與編輯，近年來透過數位化，使資料更容易接觸。

　　過去臺灣史資料整理的第一個方向在於編輯資料目錄。最早編輯臺灣史資料目錄的機構是中央圖書館臺灣分館，該館之臺灣史資料目錄於 1958 年便告完成，並於 1980 年重新修訂編製，接著臺灣省文獻會（1971）也出版其藏書目錄。而更多且更完整的資料目錄完成於 1980 年代末期，中央研究院民族所（何國隆，1987）、臺灣大學農業經濟系（國立臺灣大學臺灣研究社，1990）、臺灣大學法學院圖書分館（1992）及臺灣大學圖書館（1992）分別於 1990、1992 及 1992 年刊行所屬圖書館收藏之臺灣史資料目錄。[45] 以上各種目錄提供研究者不少方便。

---

45 臺灣大學法學院現在已分為臺灣大學管理學院、社會科學院及法律學院。

　　關於資料的收藏地點，目前仍存有一些問題。其中之一是，有一些機構成立於日治時代，而且在當時的經濟、政治上占有重要地位，機構本身不只編輯並發行相當多的資料，可能也收藏了不少其他資料。但是到底藏有那些珍貴資料，至今外人仍不是很清楚，臺灣銀行可能就是一個例子。

　　此外，每個機構所編目錄的資料分類並不一致。各機構都收藏一些獨特的資料，而且不同機構雖有同一序列資料，但是所保有的期別或冊數可能不同，研究者常須比對不同的資料目錄。但由於分類方式不一致，各資料目錄間之串聯甚為不方便。若能以統一的體制，將各機構的藏書，編製成聯合目錄，必能發揮各機構藏書互補不足之功效。

　　基於以上的認識，國立臺灣大學圖書館（1992）所刊行的全校各館日文臺灣資料聯合目錄便具有重要的意義。可惜的是這個資料目錄不以屬性來編排資料，而按書名以及作（編）者姓氏的筆劃順序排列。使用者除非知道書名或作（編）者，否則難以使用此一資料目錄。而且這個目錄只涵蓋臺灣大學的藏書，未包括許多臺灣大學所缺、但可見於其他機構的史籍。又臺灣所編的資料目錄都未列出各類資料的內容，使用者往往無法從名稱判斷資料的有用性。日本一橋大學所編的目錄（高橋益代，1985）雖有資料內容這一項，但是文中的敘述大多不是資料內容。

　　為了彌補這些缺憾，臺灣大學經濟學系吳聰敏、葉淑貞及劉鶯釧在 1995 年編輯了一份新的聯合目錄書，這本書的名稱為《日本時代臺灣經濟統計文獻目錄》。這本書後來在 2004 年由吳聰敏、葉淑貞及古慧雯又重新編輯，出版了第二版。這本目錄以屬性來分類資料，且包含國內主要機構，例如臺灣大學及臺灣分館所收藏之大部分經濟統計資料，並說明各類資料的內容。以上這些目

錄不但透明化了許多資料的收藏情況，也有助於讀者更有效率地辨認資料的內容。不過，這本資料目錄收錄的主要是臺灣大學及臺灣分館的藏書而已，今後應該把臺灣省文獻會及中研院臺灣史研究所等這些機構收藏的書一起含括進來。

　　臺灣史資料收藏機構近年來第二個進步是使得資料容易接觸。除了出版藏書目錄之外，少數機構也改以更方便讀者接觸的方式開放其藏書。近年來更因為研究需求強度提高，不少機構已經都把所藏的相關資料中的大部分數位化了，更方便研究者接觸這些資料。以臺灣分館為例，它是收藏臺灣史料最豐富的機構，存有兩萬多冊珍貴的資料，也是戰後最早編印臺灣史資料目錄的機構。但是為了減緩書冊的折舊率，過去不但規定資料不能外借，不能影印，也不准讀者入庫查書。所幸在 1990 年代初期已取消不得入庫的禁令，近年來甚至也將收藏資料數位化了。臺灣大學有幾個圖書館也有豐富的資料，而且每館都有一些他館所欠缺的特藏。近幾年來該大學一直努力將各館所有的特藏集中於總圖書館五樓的特藏組，且逐漸把這些資料也數位化，這些工作更加方便了資料的使用。

　　此外，臺灣經濟史資料還有一個到目前為止仍然存在更嚴重的缺陷，即資料的形式不方便於經濟分析之用，這是因為資料加工程度不夠。經濟現象的研究者往往藉助一些經濟指標作為分析的論據。例如分析經濟成長的型態，須觀察國民所得；探討生活水準，必須知道物價的高低；欲求生產力的變化，須有產量與投入指數；要了解地租的高低，需要計算地租率。資料最初蒐集到的形式距離這些指標相當遠，必須經過好多層次的加工計算才能獲得可用的經濟指標。

　　以臺灣總督府所編纂的貿易年表來說，它詳盡地記錄各進出

口品之數量與價值,是研究貿易物品結構與貿易條件,以及貿易上的這些變遷對臺灣經濟的影響等課題所不可或缺的資料。可是在進入研究分析之前,研究者必須先從數量龐大的原始資料,計算出貿易條件與貿易品結構。又日治時代臺灣總督府為了解每年各項農產品的生產情況,編有歷年來每年各項農產品的產量和價格。研究者要利用這些資料來分析農業生產的變動趨勢,必須先從原始資料,計算各年各項農產品之當年價值以及以基期計算之價值。臺灣經濟史的許多調查資料或時間序列資料都蘊含了豐富的經濟訊息,但是在形式上仍多停留於相當原始的階段,要將這些原始資料加工成為適於分析問題的形式,資料的使用者必須花費相當的功夫。

近年來這種比較積極的研究局勢,除了引導出資料收藏地的明確化及資料容易接觸之外,資料內容的整理也有了新氣象。資料內容的整理,可以分檔案資料與編纂資料兩方面來看。檔案資料內容通常包羅萬象,數量龐大,但是原始記錄中各類內容夾雜在一起,而同類的內容又分散各處。要從龐大的資料中取出與研究課題相關的部分,常要耗費很多時間,甚至可能在閱讀之前並不知道是否確有所要的資料,致閱畢之後有徒勞無功的結局。

若要解除這些問題,必須對檔案資料的內容製作目錄、分類組合、編排出版。近年來臺灣檔案資料的整理工作成果有編目、分類或翻譯這三方面。檔案資料整理的成果除了荷領時期檔案、清代淡新檔案、劉銘傳撫臺檔案編目之外,日本中京大學已經進行包括臺灣總督府檔案、臺灣總督府專賣局檔案、臺灣拓殖株式會社檔案的臺灣總督府文書目錄之編製。臺灣大學歷史學系也於1993年開辦「臺灣史料國際學術研討會」。會中學者或是檢討了一些史料,例如淡新檔案(高志彬,1993)、月摺檔中臺灣部分(許雪姬,1993)、故宮檔案中臺灣部分(莊吉發,1993)、臺灣拓

殖株式會社檔案（王世慶，1993）等的內容與價值；或是報告自己目前對一些資料，例如臺灣總督府文書（檜山幸夫，1993）、荷領時期檔案（江樹生，1993）、英國東印度公司檔案中的臺灣史資料（張秀蓉，1993）、怡和檔案中的臺灣史資料（葉振輝，1993）等的整理或抄錄成果；還有學者介紹國外機構，例如日本國會圖書館憲政資料室（廣瀨順皓，1993）、外務省外交史料館（佐藤元英，1993）所收藏的資料。

　　這些成果確實帶給研究者不少幫助，不過檔案資料整理更為迫切須要的工作是組合同類資料，分門別類編排出版。然而這方面的工作至今只及於荷領時期檔案、清代淡新檔案、劉銘傳撫臺檔案中的一小部分內容。對於早期的臺灣，我們所知十分有限。而荷領時期的檔案資料記錄有荷治時期臺灣豐富的史跡，是了解這個時期的最重要的憑據。荷領時期臺灣檔案資料內容分成日記、決議書、書信以及出口貨物的送貨單。日記又可分為熱蘭遮城日記與巴達維亞日記。

　　這些史料以手寫荷蘭文記錄而成，閱讀不易。若能將之譯成中文，必可促進荷領時期經濟史的研究。其中的荷蘭東印度公司的巴達維亞商館日記，在二十世紀之初就已經整理出版。1920 年代村上直次郎教授從中取出日本、臺灣關係部分翻譯成日文，以後也曾經出版一部分。接著由郭輝（1970a，1970b）把其中的第一冊及第二冊的日文譯著翻譯成中文並出版，稱為《巴達維亞城日記》。後來，村上的全部譯文，又經由中村孝志教授加以註釋，分別於 1970、1972 及 1975 年出版。[46] 最後，程大學（1990）也把

---

46 中村孝志校注的《バタヴィア城日誌》（巴達維亞城日記）第一冊出版於1970年，第二冊於1972年出版，第三冊則於1975年出版，均由株式會社平凡社出版（林偉盛，2000，頁362-371）。

第三冊翻譯成中文。[47]

　　而曹永和、江樹生、中村孝志、岩生成一等人，受荷蘭國立中央檔案館、國家歷史出版會以及萊頓大學邀請，由曾經留學臺灣的荷蘭史學家包樂史（J. L. Blusse）主持，一起編注校譯《熱蘭遮城日誌》，前後歷經二十年，終於在 2000 年出版了第一冊（江樹生，2000），之後更在 2002、2003 及 2011 年分別完成了第二、三、四冊（江樹生，2002，2003，2011）。

　　這些譯著成果的重要性不言而喻，不過所完成的中文譯著係摘譯，只占整個荷領時期檔案資料中的一小部分而已。又關於歷史時期所得分配的狀況，由於缺乏資料，我們幾乎毫無確切的認識。日治時代豐富的地籍資料，可以促進我們對土地分配的研究，這樣不只可以幫助我們了解土地分配的型態，更有助於所得分配狀況的認識。然而，日治時代的地籍檔案資料至今尚未有任何具體的整理成果。

　　編纂資料雖然在使用上比檔案方便許多，但由於資料內容的處理、加工或分類都很有限，故使用者要將蒐集到的資料轉化為便於經濟分析的形式，必須耗費很多的時間。戰後臺灣省行政長官公署（1946）曾將日治時代多種時間序列統計資料，按年分類重新編纂，提高了資料使用的方便度。遺憾的是，它不是依據經濟理論來進行編纂。過去臺灣經濟史研究有系統使用計量分析者不多，對方便使用的統計資料需求不多，故甚少有經濟學者投入資料的編纂。一直到 1980 年代為止，所編成的重要經濟指標只有農業投入產出指數、國民所得與物價指數，而其中僅農業投入產

---

47 第一冊日記的內容含括了1624年1月到1637年1月，第二冊日記的內容包含了1640年12月到1645年12月，第三冊則含有1644到1669年的部分。

出指數的估計有比較一致的結論。[48]

　　1988 年溝口敏行與梅村又次才完成更多日治時代經濟指標的估計工作，包括國民所得、農業、工礦業、勞動、個人消費、資本形成、貿易、財政、金融、物價等各方面的多項指標。兩位所編的《旧日本植民地经济統計 推計与分析》，就是按國民所得所需要的數據，例如 GDE 及 GDP 所需要的各項資料編纂而得的，最後也提出了日本及日本各殖民地各年名目及實質的 GDE 及 GDP 的數值，實質數值是以 1934-36 年為基期，臺灣的年代是 1903-38 年這個期間。然而，這個期間之外的 GDP 未加以編纂。

　　吳聰敏也於 1991 年重新估計 1911-50 年的國內生產毛額，因為戰後所編的 GDP 的資料是從 1951 年開始的，因此吳聰敏的編纂使我們得以連接戰前與戰後。不過，溝口敏行與梅村又次對各項變數的估計過程未有完整詳細的說明，而吳聰敏 GDP 的估計則始於 1911 年，在此之前的 GDP 尚未估計出來。這些都是今後研究者努力的目標。

　　除了國民所得及農業生產力之外，近年有一些學者也利用原始資料，計算出一些數據作為研究的基礎。例如吳聰敏、高櫻芬（1991）估計出 1907-86 年臺灣貨幣與物價序列；葉淑貞（1993）估計 1896-42 年間臺灣土地稅、關稅、所得稅、貨物稅及專賣收入的比率；葉淑貞（1996b）估計臺灣 1910-90 年各類工業占工業總產值的比率；葉淑貞及俞可倩（2007）估計日治時代臺灣對日進出口物價指數；葉淑貞（2011）估計 1902-42 年之間，全臺及各州廳日治時代地租及地租率的水準；Yeh（1991）估計農民收到的物價指數等等都是。不過，這些為數不少的數據卻散落各處，

---

48 關於農業投入產出指數見本章第4.1節的介紹。

並未有人把它們整理在一起，以方便相關研究者的需求。

　　從以上的介紹可以發現，雖然截至目前為止所完成的工作仍然有限，但是較諸過去幾十年來的保守與落後情況，臺灣經濟史資料的整理已向前跨越了很大一步。

6. 小結

　　臺灣經濟史研究從 1950 年代以來經歷著與美國經濟史研究相似的發展道路，1950 年代利用經濟理論與統計工具分析經濟史的所謂新經濟史研究法，也開始敲扣臺灣經濟史研究之門。此後，研究者應用新的方法剖析了日治時代農業、工業、整體經濟的成長型態、農家經濟狀況的變遷、市場力量之分析，更延伸到日治時代以前荷治時代到清治時代相關經濟問題之分析；也重新反省日治時代人民的生活水準、土地分配、租佃制度、專買市場中蔗價的決定因素及嘉南大圳的興建對於農民及糖廠的影響等問題；更在租稅結構的形成、土地的分配型態及經濟制度帶給經濟社會的影響等課題上補繕了傳統的觀點。

　　不過，其中大部分的研究完成於 1990 年代以後，這是因為直到 1990 年代才有較多的學者利用新經濟史方法進行研究，研究的課題也才開始多樣化。近年來這種蓬勃的研究氣息也帶動了史料整理的新局面。不少收藏機構或有心人士紛紛出版或編製資料目錄以及聯合目錄，並把收藏資料數位化；學者也陸續整理資料的內容，以方便經濟分析之用。

　　1990 年代臺灣新經濟史研究儼然已發展到 1950 年代底美國新經濟史研究那種蓄勢待發的新局面。然而不同的是，美國新經濟史發展到此一階段，所經歷的時間大約只有一、二十年；臺灣

新經濟史則歷經兩倍以上的時間，才走到這個階段。四十多年以來，臺灣新經濟史研究發展緩慢的一個主要因素在於經濟史研究不具比較利益，致使國內經濟學界不熱衷參與研究。[49]

　　經濟史研究之所以不具比較利益，主要是史料的性質造成的。臺灣經濟史資料雖稱豐富，但是資料的可用性與方便性較諸戰後的經濟資料落後許多。與經濟現況的研究相比，臺灣經濟史的研究必須投注比較多的時間與心力，進行資料的蒐集與整理。是故，新方法的應用雖能開創研究的新局面，但卻因為史料的缺陷以及政治的因素，無法加速過去臺灣新經濟史研究的發展。

　　1980 年代底以後，政治的解禁以及本土意識的抬頭雖然吸引了比較多的學者加入行列，帶來臺灣經濟史研究的新局面，然而迄今利用新方法所完成的研究多只獲有初步的結果。例如國民所得的變動、工業的發展、土地分配等許多問題雖已觸及，但是研究深度仍不夠，或研究結論仍不一致。更有許多重要的問題，例如所得分配、各種總體經濟現象以及許多經濟制度的討論，至今都只剛開始起步而已。史料的整理工作除了資料目錄的編製工作比較有成效之外，資料內容的整理工作雖有初步的成果，但是所完成的部分仍存有許多問題，且散落各地，未集中在一起。

　　有鑑於此，今後臺灣經濟史研究的努力目標，一方面在於加速史料的整理，另一方面在於補上研究的不足與空白。史料整理的首要工作是進行資料的編纂，而為節省使用者的時間，資料的編纂必須以經濟理論為藍本，對龐大的資料內容進行有系統的整

---

49 經濟史研究不具比較利益，本來就令有興趣的人望而卻步。解嚴以前的政治禁忌更加冷卻了國內經濟學界對臺灣經濟史的關懷。關於後一點，請參考葉淑貞，1994b 的討論或本書作者自序所述。

理。為提高各種統計資料的可用性，對於估計結果仍有問題的變數，可能必須再用不同的資料以及不同的方法加以估計；對於各種過程說明不周詳的估計結果，須要評估其可靠性；對於其他常用、但仍缺乏的經濟指標，也要儘速完成估計。此外，還要把散落各地的指標編在一起，以方便使用；對尚未被利用的地籍檔案與戶籍檔案也要作妥切的整理。

除了加速史料的整理，掃除研究進展的障礙，另一方面則要加緊研究各種重要的課題，以彌補研究上的不足或空白。其中制度的研究更是不可忽略。在歷史演進過程中，諸多的重大制度變革對臺灣經濟變遷有至大影響。土地制度、貨幣制度、金融制度、交通系統、市場組織、財產制度等等都是。迄今對於這些制度變革如何形成以及如何影響經濟變遷，我們所知仍極其有限。必須加強這些制度的研究，才能更進一步認識臺灣經濟史的演變。

對於以上這些工作，新經濟史研究或許能給予我們一些啟示。經濟理論結合統計方法既能加速研究的累積，過去也為臺灣經濟史研究創造了一些研究成果，今後在研究方法上，除了必須善用文字資料，更要繼續應用這些新分析工具，以處理數字資料。新經濟史在初創階段，多只能處理經濟現象，但是 Fogel 的反事實推論法與 North 之將交易成本引入經濟模型的作法，都有助於處理制度如何形成以及如何影響經濟變遷的問題。我們可以學習這些方法，對臺灣經濟史發展過程中的關鍵性制度加以研究。但願，臺灣經濟史研究能夠早日開花結果。

第二部分
農家經濟狀況的變遷

第三章　農家所得水準之變遷

1. 前言

　　經濟成長率的高低決定於資本存量的多少，而資本累積的多寡視投資的多少而定，投資則決定於儲蓄。根據凱因斯的「基本心理法則」（Fundamental Psychological Law），一般而言，人們的消費水準會隨著所得的增加而增加，但是增加的速度比所得要來得慢。所得減去消費就等於儲蓄，因此當所得增加時，儲蓄也會增加，只是消費及儲蓄增加的額度都少於所得。一個家庭的生活水準決定於目前的消費，而未來消費的多少與目前的儲蓄水準有關。因此無論是目前的消費、儲蓄或未來的消費，都與目前所得水準的高低有關。

　　在第二章我們提及前人的研究發現日治時代農家生活水準是增高的，根據凱因斯的基本心理法則，這似乎代表著農家平均每人實質所得也是成長的。關於日治時代農家所得的變遷，雖然張素梅及葉淑貞（2003）已經探究過了，不過她們分析的是每戶所得。她們發現，在 1918-21 至 1936-37 年之間，米作農家平均每戶可支配所得是下降的。為何會這樣呢？這是否能夠代表實際的狀況呢？若米作農家每戶可支配所得是下降的，那麼到底每人可支配所得是否也呈現著相同的變化趨勢呢？這是否具有代表性呢？若沒有的話，較接近實際的情況是什麼呢？此外，可支配所得的變化決定於何種因素呢？這些都是本章要討論的問題。

　　除了未討論每人可支配所得之外，張及葉文在資料處理上存有一些問題，例如她們未對 1918-21 年觀察期間超過一年的農家進行調整，未把農家自給提供的肥料納為農家的所得。此外，在不同年代中，農家每戶人口數有相當的變遷，應該要進一步求算每人平均可支配所得，並探討其變遷，才比較能得知經濟發展的程度。因此，本章除了要探究原始資料有何問題，在處理這些問題之後，要重新估算每戶農家所得水準的變遷，也要探討不同時代每人可支配所得的變遷。

　　而發展經濟學家曾指出，一個地區所得水準愈低，自我消費的比率愈高，也就是說商業化程度愈低。葉淑貞（2012b）曾經分析過 1918-51 年間農家商業化程度的變遷，發現戰後初期所有商業化程度的組成分子都低於戰前。如果發展經濟學家所言屬實，那麼可以預期的是，戰後初期農家的所得也是低於戰前的水準，因此本章也要把關心的焦點延伸到戰後初期 1950 年代初期。

　　既然要探討每人實質可支配所得的變動趨勢，就必須要有可代表實際狀況的資料。農家的所得來源主要是農業所得，而農業所得與耕地面積大小有關，如果調查報告的耕地面積與實際狀況不符合的話，則每戶可支配所得就不具代表性。為此，本章也要討論農家經濟調查上所顯示的耕地面積是否都符合實情，若不符合，那麼實際每戶的耕地面積到底是多大？若使用較接近於事實的耕地面積，則每人可支配所得會出現什麼樣的變化趨勢呢？

　　可支配所得除了可以從生產面衡量而得到之外，也可以從消費加上儲蓄而估得，如果某些年代的經營地面積不合理，若有比較正確的消費及儲蓄的數據，也可以利用之，以估得可支配所得。本章也要利用這個不同的方法，重新估計經營地面積不合理年代之可支配所得，並比較兩種不同推估方法所得的結果是否接近。

　又，本章也要從所得的組成因子，亦即耕地面積、每甲地經營費及每甲地農業收入這些方面，來探討可支配所得的決定因素，並討論日治時代出現的綠色革命，對於農家的農業收入、經營費及農業所得有何影響，也要探究 1930 年代初期的經濟不景氣對農家所得有何影響。此外，日治時代政府在農業技術的開發上扮演了重要的角色，這也會對農家的可支配所得有影響，本章要探究政府如何影響農家可支配所得。

　最後要用迴歸分析探詢一些可以量化的因素，例如家庭人口因素的多少、耕地面積的大小、納稅金額的高低、區域因素、農家身分別及作物別等各因素對可支配所得的影響。而政府對於可支配所得的影響，可以透過基礎設施的建立，提升商業化程度，因此也要探討商業化程度對可支配所得的影響。

　第 2 節先介紹資料來源與資料的處理，第 3 節運用 1897-1952 年間之農家經濟調查資料，估算臺灣農家的所得水準及其變遷，並分析可支配所得與家庭人口數及耕地面積之間的關係為何。第 4 節要探究調查報告上的耕地面積是否可以代表實際的狀況，若無代表性的話，則較接近實際狀況的數值應該是什麼，利用這些實際的數值重新推估而得的農業所得水準為何。

　第 5 及第 6 節要討論每甲地經營費及每甲地農業收入對可支配所得的影響。同時從每甲地農業經營費及農業收入的變化趨勢，探析日治時代綠色革命對農家所得有何影響。第 7 節要分析經濟景氣的波動對於農家所得高低的影響，也要探究當不同要素相對價格發生變動時，農家是否調整要素使用的比率。第 8 節要探討政府部門如何影響農家的可支配所得；第 9 節將綜合以上各節討論的因素對可支配所得的影響進行迴歸分析；最後一節為本章的結論。

2. 資料來源及處理

　　家庭所得的來源與參與的經濟活動有關,本節首先探究農家的經濟活動,從中介紹所得的含意,並定義可支配所得。接著要介紹本章所使用的資料來源、資料有何問題及本章如何處理這些問題。

2.1 可支配所得的定義

　　農家主要的經濟活動可以分為三部分,亦即農業生產、農業以外的其他生產活動及消費活動。因此,農家收入來源主要有農業及非農業的生產,而農家收入的去處,除了雇用生產要素之外,也需要購入生活必需品。

　　一個農家收入的來源有:
1. 農產品,這部分收入可稱為農業收入。
2. 非農業生產活動,例如離農的非農就業,其他手工業的生產活動、或是財產利用收入,這部分收入稱為非農業收入。

　　農家使用這些收入於以下幾個途徑:
1. 購買消費品及各項服務,其支出稱為家計費,日治時代稱為生計費。
2. 雇入勞動或購入其他投入要素,本書稱其支出為支付給市場購入要素之經營費。
3. 儲蓄起來。

　　而農家除了雇入勞動、租入土地或購入其他投入之外,自己也提供一部分的生產要素於生產活動,其中最重要的就是自家的勞動、自用的土地及自給肥料。可見,農家的收入扣除全部要素的費用,再加上自家提供生產要素之報酬,這些都是農家可以用於維持生計的淨收入。

　　從以上的分析，我們可以把農家的所得解構如下。農家從經營農業活動獲得大部分的收入（R_{AG}），也從非農業活動的經營獲得一小部分的收入（R_{NAG}）。而農家經營農業所使用的要素，有一部分是自家提供的，這些要素的費用稱為自給要素之支出（X_f）。農家總經營費扣除自給要素支出，就是從市場購入要素的支出。我們把農業收入扣除市場購入要素支出（E_{AG}^{m}），所得到的剩餘之農業利潤稱為農業所得（Y_{AG}），而非農業經營的收入減去從市場購入的要素支出（E_{NAG}^{m}），其餘額稱為非農業所得（Y_{NAG}）。[1] 而農家可支配所得的去處不是消費（C），就是儲蓄（S）。

　　農家除了要撥出一部分收入支付經營費用之外，也要納稅。稅一般分為三個部分，亦即為農業生產所繳的稅、為非農業生產活動所納的稅、[2] 為維持生計所付的稅。[3] 本章仿照日治時代的處理方式，把經營農業與非農業所繳的稅，納入經營費當中。因此，農家所得包含農業所得及非農業所得，而農家所得扣除家事諸負擔之後的餘額，就是農家的可支配所得。我們利用以下幾個式子，列示以上所描述的各種關係：

$$Y = R_{AG} - E_{AG} + X_f + R_{NAG} - E_{NAG} \tag{3-1}$$

$$= R_{AG} - E_{AG}^{m} + R_{NAG} - E_{NAG} \tag{3-2}$$

1　非農業生產活動所用的要素投入絕大部分都是市場購入的，極少是自家提供的。

2　不過，只有1931-33年期的調查報告上有各戶所繳納的農業生產稅、非農業生產稅及維持家計所納的稅，其他年期的報告都無非農業生產稅。

3　這三部分稅在日治時代分別稱為農業諸負擔、農業家事以外的諸負擔、家事諸負擔。前兩部分被納入於農業及農業家事以外的經營費中，後一項則被納入於家計費之中，以下本章把最後這部分稅簡稱為家計稅。戰後初期的名稱改為賦稅及農會費，且農業經營及第二生活費當中都有這一項目，但金額卻都相同。1918-21年的資料，稅只含於農業經營費中，其他部分都無稅這一項；而1936-37年的報告也只有農業經營費及家計費中有稅支出這個項目。

$$= Y_{AG} + Y_{NAG} \qquad\qquad (3\text{-}3)$$

$$Y_d = Y - TAX \qquad\qquad (3\text{-}4)$$

式中 *TAX* 為家庭所支付的家事諸負擔、而下標中的 *AG*、*NAG*、*f* 分別代表農業、非農業及自家提供的，而上標 *m* 代表市場。第 3 節將利用以上的式子，求算農家可支配所得。

　　從以上式 3-1 及 3-2 得知，農家農業所得可以利用兩種方式的任何一種求得，亦即先從農業收入扣除總經營費，再加回自家提供之要素的收入，這就是式 3-1 所示的。也可以先從經營費中扣除自家提供的要素費用，得到從市場獲取之要素投入費用，然後再從農業收入扣除從市場購入要素之費用，這就是式 3-2 所列的。兩者求算出來的結果是相同的。而農家的可支配所得既然不是用於消費，就是用於儲蓄，因此若有消費及儲蓄的資料，也可以利用這些資料求算可支配所得。

2.2 資料來源

　　要利用上述方法計算農家的所得，必須要有農家生產活動的資料。日治時代總共進行過五次農家經濟調查，戰後初期也曾仿效日治時代 1930 年代以來的調查方法進行過另一次調查，而調查書的格式及項目幾乎與日治時代 1930 年代以來的調查完全相同。

　　臺灣第一次的農家經濟調查進行於 1897-98 年，這個調查是由臺灣總督府民政部殖產課負責的。調查地區只有臺北縣，該調查報告後面附了九個農家的收支情況（臺灣總督府民政部殖產課，1899，頁 185-208）。這份調查資料相當有價值，因為臺灣有系統農業方面的調查非農業基本調查莫屬，而「農業基本調查書」這一系列的報告始於 1918 年，因此 1918 年以前的調查資料很少。以後臺灣總督府殖產局曾分別於 1918-19、1918-21、1931-33 及

1936-37 年進行過四次調查，戰後初期在 1950-52 年也作過一次農家經濟調查，表 3-1 列出這些調查樣本相關的資料。

　　表 3-1 中所列的六次農家經濟調查所含括的農家，其耕種的主作不同，第一次調查含有米作、園藝及菜園；第二次調查有米作、茶作、蔗作、普通旱作及園藝等五類；第三次包含了米作、茶作、蔗作、雜作；第四次括及米作、茶作、蔗作；第五次只有米作；第六次則除米作之外，尚有雜作及蔗作。[4] 稻作及蔗作是臺灣 1942 年以前最重要的作物，因此本章以這兩種主作農家作為討論的對象。[5]

　　這幾次農家經濟調查的樣本數不同，其中第一次最少，只有 9 戶而已；第六次調查最多，高達 341 戶；其他的四次分別是：1918-21 年有 124 戶，1931-33 年有 89 戶，1918-19 年有 68 戶，而 1936-37 年只有 22 戶。

　　第一次調查沒有統一的格式，調查結果附於書末，且僅附 9 戶的資料而已。其中有些農家的資料欠缺，例如第二戶農家只列出米收穫量，未出示金額，[6] 且該戶所列的經營費只計入地租以外的其他資料，所幸的是書中另外列有該戶地租支出的資料。因此，大致上可以計算出這 9 戶農家的平均每戶及每人的所得。雖然樣本數少，但因為這是早期少有的珍貴資料，所以本章也將使用該些資料。除了該次之外，其他五次的調查書都以表格形式列出相

4　從調查書中所列的農家的概況，可以得到所謂的雜作其實包含了普通旱作及園藝等類別。

5　1951年各種作物之栽種面積高低，依次是稻作、甘薯、花生及甘蔗，占總面積之百分比分別為54.16%、15.88%、5.83%及5.44%（JCRR，1966，頁15）。雖然甘蔗在戰後1951年的重要性下滑到不如甘薯及花生，但是在戰前直到1942年，它一直都是第二重要的作物（JCRR，1966，頁14）。

6　不過，其他四戶米作農家列有米收穫量及收穫金額，相除之後所獲得的價錢都相同，每石都是2.44圓。

表 3-1：歷次農家經濟調查的樣本

次序	年	主作種類及樣本數	總樣本數
1	1897-98	米作（5）、園藝（2）、菜園（2）	9
2	1918-19	米作（37）、蔗作（12）、茶作（8）、普通旱作（9）及園藝（2）	68
3	1918-21	米作（68）、蔗作（25）、茶作（14）、雜作（17）	124
4	1931-33	米作（50）、蔗作（28）、茶作（11）	89
5	1936-37	米作（22）	22
6	1950-52	米作（281）、雜作（20）、蔗作（40）	341

註解：括弧內的數字為調查農家數目。
資料來源：1899 年參考臺灣總督府民政部殖產課，1899，頁 185-208；1918-19
　　　　年見臺灣總督府殖產局，1920a，頁 3-5；1918-21 年見臺灣總督府殖
　　　　產局，1923，頁 5-8；1931-33 年米作見臺灣總督府殖產局，1934b，
　　　　頁 20；茶作見 1934c，頁 20；蔗作見 1936，頁 2；1936-37 年見臺
　　　　灣總督府殖產局，1938a，頁 2；1950-52 年見臺灣省政府農林廳，
　　　　1952a，頁 2、8、14、20、26、32、38、44、50；1953a，頁 2-19。

關訊息。

　　1918-19 及 1918-21 年的兩次調查，當中的調查人員大致上差
不多，接受調查的農家有許多是重複的。[7]1918-19 年的調查只是
一個概要的調查，可以說是 1918-21 年的一個預備調查而已。[8] 而
且其所調查的項目只有幾項農業經營費的總值，未分別列出自家
提供或是雇或購入的，因此無法用來分析本章所謂的農家所得。

　　殖產局之後又於 1931-33 及 1936-37 年再進行兩次農家經濟

---

7 關於兩次有調查相同的農家，請參見葉淑貞（2012b，頁184）或本書第五章的說明。

8 調查報告明白指出雖然該調查發現一些重要事實，但是接近調查完了之際，已經預定第
　二次的調查，所以暫時保留這份調查，單單只作為基礎資料而已（臺灣總督府殖產局，
　1920a，緒言）。

調查，而戰後國民政府在 1950-52 年又繼承日治時代 1930 年代以來的兩次調查方式，進行了另一次農家經濟調查。這三次調查報告的內容一致，內容亦相當系統化，都將農家收入分為農業及農業以外兩部分，而支出方面都分成農業經營費、農業家事以外經營費及家計費等三部分。而且都有各種收支的細項，例如農業收入包含各種主要作物之現金與現物的耕種收入、豬及畜禽及其他各種養畜現金與現物收入、農產加工收入及山林收入等項目。可見，自從 1930 年以來，臺灣總督府的調查技術日趨成熟。

從表 3-1 也可看到，這六次調查所含括農家樣本數不同，各次的總樣本數依次是 9、68、124、89、22、341。各次各種主作農家調查的數目也不同，米作農家的調查以 1950-52 年最多，高達 281；1918-21 年次之，為 68；而以 1936-37 年最少，只有 22 戶。蔗作的樣本數在 1950-52 最多，高達 40 戶；以後依次是 1931-33 年 28 戶；1918-21 年為 25 戶；最少在 1918-19 年，只有 12 戶。茶作農家在 1918-21 年為最多，有 14 戶；1918-19 年最少，只有 8 戶而已。雜作農家只在 1918-21 及 1950-52 年有調查。

為此，本章分析農家所得水準主要使用的是除 1918-19 年之外的五次調查。且因為稻、蔗是臺灣最重要的作物，[9] 因此本章集中於米作及蔗作農家的討論。

2.3 資料處理

農家經濟調查的內容，顧名思義就是農家的收入與支出，而農家的支出包含有要素支出及消費支出。所謂要素有自家投入要素及雇、購入要素，自家投入要素的報酬屬於所得，應該含括於

---

9 在1936-45年平均米作及蔗作的耕種面積占作物栽培總面積的比率分別是46.31%及12.65%，是最高及第二高的。

所得的計算中。而收入及支出都是流量變數（flow variable），其
變量之大小與時間的長短有關，必須把歷次所有的農家的調查時
間長度都化為相同。

　　歷次農家經濟調查對於自家投入要素有不同的處理方式，其
中以勞動的問題最大。1918-21 年的調查中經營費含有自家勞動
工資的支出，而其他年代則只含有雇入勞動工資而已（葉淑貞，
2012b，頁 179）。此外，各次調查報告書都未把自家提供土地的
租金設算出來，不過卻都含有自家提供的肥料費。

　　在計算農家所得時，經營費計入或不計入這些自家投入要素
都可以，不過假如經營費計入這些自家提供的要素，則農家收入
也要計入這些自家投入要素之報酬。如果計入的話，就是前面的
式 3-1 所示的，而如果不計入的話，就是前面的式 3-2 所表示的。
為了簡化起見，本章採用不計入。既然採用不計入的方式，則必
須把 1918-21 年農家自家提供的勞力費從經營費當中去除。

　　收入及支出都是流量變數，因此就需要知道調查時間的長短。
這些調查觀察的主要是一年的收支，但也有一些樣本觀察期間超
過一年。[10] 其中 1918-21 年所調查的 68 戶米作農家當中有 13 戶，
25 戶蔗作農家則有 4 戶調查時間為二年；而 1931-33 年的蔗作調
查所有的 28 戶農家的調查期間也是二年。此外，1950-52 年調查
的 40 戶蔗作農家，有 13 戶的調查時間是一年半，而有 27 戶農家
則長達二年。[11]

10　張素梅及葉淑貞（2003）一文未處理1918-21年調查時間長度不同這個問題。

11　1930年代初期及1950年代初期，米作及蔗作調查農家觀察時間長短不同。兩個時期
　　米作農家觀察期間都為一年，而蔗作則有兩年及一年半。其中，米作農家觀察期間分別
　　是1931-32及1950-51年，而蔗作觀察期間則為1931-33及1950-52年。不過，為行文方便
　　起見，以下提到1930及1950年代初期，無論是蔗作及稻作，在不會混淆的情況下，都以
　　1931-33及1950-52年作為代表。

　　既然如此，在求算農家所得時，就必須把這些調查期間超過一年農家的所得調整成為一年的金額。雖然 1931-33 年及 1950-52 年的報告上有提到蔗作農家接受調查的時間長短，但是 1918-21 年的調查卻未提及哪些農家調查時間超過一年。因此，首先必須要推測 1918-21 年哪些農家調查時間超過一年。推測的方式是以每甲作物地農業收入為基礎，分別把米作及蔗作農家每甲作物地農業收入加以排序，然後再找出排名最前面的 13 戶米作農家及 4 戶蔗作農家。[12]

　　從表 3-2 可以看到米作農家每甲作物地農業收入前 13 名平均高達 1111.34 圓，每甲作物地的農業所得則為 789.71 圓，遠高於全體米作農家之 455.93 圓及 310.24 圓。而蔗作農家每甲作物地農業收入及農業所得前四名的農家平均為 622.47 及 451.67 圓，也遠高於全體蔗作農家之 324.49 及 209.50 圓。

　　這些疑似調查時間為兩年的米作農家，每甲地的收入幾乎為全體稻作農家之 2.44 倍，而其每甲地農業所得幾乎為全體稻作農家之 2.55 倍。而蔗作農家每甲作物地農業收入及農業所得前四名的農家幾乎為全體蔗作農家之 1.92 及 2.16 倍。我們判斷這是因為這些農家調查期間為兩年所致（表 3-2）。在求算該些年該些農家所得的平均數時，必須把其各項相關項目都除以 2 後，再將其與其他農家一起求算平均值。1931-33 及 1950-52 年的蔗作農家也都必須調整為一年。

　　既然 1918-21 年的調查橫跨了四個年分，因此在計算實質數值時，平減指數本來應該要使用這四年分的平均值才對。不過，如果仔細再察看各農家調查開始的年代，會發現絕大多數農家的

---

12 所謂每甲作物地是指每甲地耕種作物的次數乘上經營地面積。

表 3-2：1918-21 年排名前面的農家與其他農家所得之平均

農業收入排名	每甲地農業收入（圓）	每甲作物地農業所得（圓）	作物面積（甲）
稻作農家			
1	2894.52	2748.79	2.32
2	2158.5	1854.79	2.33
3	1897.22	877	2.08
4	1243.46	410.48	8.07
5	1079.7	789.34	4.28
6	1013.37	757.61	3.9
7	840.39	538.27	11.66
8	787.41	587.02	1.86
9	719.27	520.88	5.55
10	637.04	558.09	3.37
11	615.12	515.57	7.34
12	570.86	425.61	1.96
13	570.75	330.62	3.62
平均	1111.34	789.71	4.51
全體平均	455.93	310.24	6.09
蔗作農家			
1	776.05	507.11	4.09
2	698.45	374.96	4.26
3	508.07	503.07	5.75
4	507.3	421.53	5.32
平均	622.47	451.67	4.86
全體平均	324.49	209.5	5.18

資料來源：從臺灣總督府殖產局，1923，頁 20、22、36-39 計算而得。

調查期間都發生在 1918-20 年這三年之間。[13] 因此以下我們雖然仍然以 1918-21 年稱呼這個時代，但是所使用的平減指數卻是 1918-20 年的平均值。[14] 這與張素梅及葉淑貞（1996，頁 513）不同，張及葉使用的是 1919-20 年的平均值。

此外，在計算可支配所得時，必須知道農家支付多少稅，這些稅是因為經營事業而起的，或是因為家計而引起的。如果是因為經營事業而引發的，就必須包括在經營費當中，若是因為家計而產生的，則我們把它從總所得扣除，變成為可支配所得。不同年代的資料，稅項包含在不同的大項下面。其中 1918-21 年包含在農業經營費當中，而 1931-33 年的稅則分成為三部分，亦即農業經營費、農家家事以外的經營費、家計費之下。1936-37 及 1950-52 年的資料，在農業經營費及家計費之下都有稅項，但是 1950-51 年的調查中，每個農家的稅額都相同，因此我們猜測應該是重複列計的關係。我們假設 1918-21 及 1950-52 年農家只在生產活動上繳納稅金，因此這兩年農家所有的稅都納入經營費之中。

3. 所得水準的變遷

把上一節所提的資料問題處理過之後，再以上一節所提示的資料，利用 3-1 到 3-4 的公式，估計出 1897-1952 年間農家所得水準，我們把調整前與調整後的相關數據列在表 3-3。

13　米作農家68戶中只有7戶，而蔗作農家25戶中也只有5戶，調查時間是從1920年才開始。

14　1918、19、20、21這四年的平減指數分別是94.70、133.38、143.08、95.99（吳聰敏，1990，頁164-165）。

3.1 可支配所得

　　從表 3-3 可以看到臺灣在 1897-1952 年間，代表生活水準的每人可支配所得，依序是 1931-33、1918-21、1936-37、1950-52、1897-98 年。從 1897-98 年到 1950-52 年全體農家每人可支配所得分別是 63.79、119.86、148.22、106.36、98.94 圓（或元）；米作農家分別為 62.09、113.85、137.76、106.36、99.47 圓（或元），而蔗作農家 1918-21、1931-33、1950-52 年分別為 136.19、166.91、95.19 圓（或元）。可見，臺灣在戰前無論哪個年代，米作農家每人可支配所得都低於蔗作農家，直到戰後初期這種趨勢才改觀，且無論米作或蔗作都以 1931-33 年為最高。

　　誠如第二章所論述的，柯志明（1992）認為臺灣農家的生活水準在 1925 年以前較低，而 1925-39 年之間生活水準才得以提高。在 1925-39 年間之所以能提高，乃是因為前一段期間作為經濟發展主力之糖業部門的支配階級，亦即製糖會社，對農民之支配力量強大，因此農家生活水準無法提高。但是，後一段期間生活水準之所以得以提高，乃是因為此一時期促成經濟發展之米作部門的支配階級，亦即土壟間，對農民支配力量較弱所致，因此農家得以均霑經濟成長的果實。但是表 3-3 的數據卻顯示戰前蔗作農家平均每人可支配所得都高於米作，直到戰後初期才轉為低於米作農家。這與柯志明的論述似乎不同。

　　從以上的分析，我們也發現 1931-33 年米作農家無論是全戶或是每人的可支配所得都高過於 1918-21 年的水準。這與張素梅及葉淑貞（2003）的發現不同，這可能因為張及葉文未調整 1918-21 年調查超過一年農家的所得所致。

表 3-3：1897-1952 年農家可支配所得水準

主作別	平減指數（%）	戶數	每戶可支配所得		每人可支配所得	
			調整前	調整後	人口	所得
1897-98						
米作農家	27.82	5	1403.37	1403.37	22.60	62.09
全體農家	27.82	9	1162.48	1162.48	18.11	63.79
1918-21						
米作農家	123.72	68	1514.61	1190.44	10.46	113.85
蔗作農家	123.72	25	1122.80	969.64	7.12	136.19
全體農家	123.72	93	1409.29	1131.08	9.56	119.86
1931-33						
米作農家	66.30	50	1286.72	1286.71	9.34	137.76
蔗作農家	69.45	28	3743.38	1871.69	11.21	166.91
全體農家		78	2168.60	1496.71	10.01	148.22
1936-37	100.00	22	1078.12	1078.12	10.14	106.36
1950-52						
米作農家	1050.79	281	976.82	976.82	9.82	99.47
蔗作農家	1211.36	40	1636.85	890.01	9.35	95.19
全體農家		321	1059.07	966.00	9.76	98.94

註解：（1）1897-98 年之平減指數是利用以下公式求得：1910 年的平減指數（51.39）*1897-98 年臺北縣每石糙米價格（4.60 圓）/1910 年全臺每石糙米價格（8.4964），其中 1897-98 年的糙米價格是按照 1 石糙米等於 1.88 石稻穀換算而得；（2）1931-33 及 1950-52 年之所以米作與蔗作平減指數不同，乃是因為兩種作物調查期間不同所致。（3）1897-98 年全體農家包含了表 3-1 所列的所有調查農家，而其他年代的全體農家則只有米作及蔗作。（4）所謂全體農家是由各種農家加權平均而得。（5）每人可支配所得是表中每戶調整後可支配所得除以人口數，但是表中的數值是各項數值進位後的值，所以相除之後的數值與表中的數值有些微的差距。

資料來源：臺灣總督府民政部殖產課，1899，頁 185-208；臺灣總督府殖產局，1923，1934b，1936，1938a；臺灣省政府農林廳，1952a，1953a；吳聰敏，1991，頁 127-175；吳聰敏，高櫻芬，1991，頁 62；臺灣省行政長官公署，1946，頁 546、549；糙米容量與稻穀容量之換算，見臺灣總督府食糧局，1942，頁 143。

3.2 農業所得與非農業所得的變動

何以 1897-1952 年間，每人可支配所得會有這樣的變化趨勢呢？式 3-3 我們把所得分成為農業、非農業所得兩個項目，以下要看看是哪一個項目引起的。表 3-4 列出各年這兩個項目的數值。

從該表所列的數值，可以得到在這幾年間，米作農家每人平均農業所得依序是 62.09、95.52、98.71、94.17 及 84.14 圓（或元），每人非農業所得分別是 0.00、18.34、41.96、14.79 及 15.33 圓（或元）；而蔗作農家 1918-21、1931-33 及 1950-52 年農業所得分別為 101.21、127.38 及 82.07 圓（或元），非農業所得則為 34.97、42.39 及 13.12 圓（或元）。

從此可知，米作與蔗作農家在 1931-33 年每人可支配所得之所以達到最高，乃是因為農業與非農業所得同時都是最高所致，米作農家 1936-37 及 1950-52 年之所以低於 1918-21 及 1931-33 年，也是因為兩種所得都太低所致。而蔗作農家之所以在 1931-33 年達到最高，1950-52 年最低，1918-21 年介於其間，也是因為兩種所得金額高低所致。從上述的分析，我們得到：（1）無論米作或蔗作農家農業與非農業所得變化方向大致上都相同；（2）1936-37 及 1950-52 年每人農業所得及非農業所得都低於 1918-31 年的水準。

上述第二點指出了另一個與我們先前認識不一樣的地方。我們一般認為戰前蓬萊米的引進，因為其每甲地收穫量及利潤都大於在來米（葉淑貞及張棋安，2004，頁 120），因此蓬萊米日益普及，米作農家的所得在 1930 年代以後，應該都高於此前的時代。利潤與所得不同，所得是利潤加上自家提供要素報酬之總和。因此 1936-37 年米作農家每人所得之所以低於此前任何一個年代，是否是自家提供生產要素報酬太低促成的呢？

表 3-4：農業及非農業可支配所得

年	農業		非農業		稅	每人可支配所得
	每戶	每人	每戶	每人		
1897-98						
米作	1403.37	62.09（100.00）	0.00	0.00（0.00）	0	62.09
全體	1162.48	63.79（100.00）	0.00	0.00（0.00）	0	63.79
1918-21						
米作	998.70	95.52（83.89）	191.74	18.34（15.98）	0	113.85
蔗作	720.65	101.21（74.32）	248.99	34.97（25.68）	0	136.19
全體	923.95	96.66（80.64）	207.13	22.81（18.93）	0	119.86
1931-33						
米作	921.94	98.71（71.65）	391.92	41.96（30.46）	2.91	137.76
蔗作	1427.94	127.38（76.29）	475.15	42.39（25.39）	2.80	166.91
全體	1103.58	109.00（73.53）	421.80	42.11（28.41）	2.87	148.22
1936-37	954.54	94.17（88.53）	149.97	14.79（13.90）	2.59	106.36
1950-52						
米作	826.66	84.14（84.59）	150.54	15.33（15.41）	0	99.47
蔗作	767.37	82.07（86.72）	122.64	13.12（13.78）	0	95.19
全體	818.94	83.91（84.85）	147.06	15.07（15.22）	0	98.94

註解：括弧內的數字為該項金額占可支配所得的比率；表中的每人可支配所得為米作與蔗作之加權平均值，所以與農業與非農業每人可支配所得之和有些微的差距。而有些數字因為進位的關係，因此若把每人數值乘上人口數得到的結果與表 3-3 所列的數字也有些微的差距。

資料來源：同於表 3-3。

　　表 3-5 計算出 1925-51 年間稻作農場之每戶及每甲地蓬萊、在來及全部稻作包含自給要素的實質所得。表中的數據顯示，無論哪一年蓬萊米農場從每甲地稻作所獲得的所得都高於在來。各年蓬萊超過在來的比率分別是 1925-27 年為 28.38%、1929-31 年為 50.74%、1935 年為 15.50%，而 1950-51 年則為 18.10%。可見，其間的差距以 1929-31 年最高，高達 50.74%，1935 年最小，但是 1935 年蓬萊米仍然高於在來米，差距仍有 15.50%。

　　蓬萊米每甲地的所得都高於在來，而蓬萊米的耕種面積也不斷地擴大。圖 3-1 顯示蓬萊米種植面積比率在 1927、1929、1936 及 1945 年下降之外，其他年分都不斷的擴大；相反地，在來米種植面積的比率卻日益下滑。蓬萊米面積的比率在 1927 年以前大致上是在 20% 以下；1928-32 年介於 20%-30% 之間；1933-34 年則躍升到 30%-40%；1935-39 持續上揚到 40%-50%；1940-45 年都超過 50%；而在 1944 年達到最高，高達 66.73% 的稻田種的都是蓬萊米。

　　從此，我們似可下結論：如果農家的耕地面積不是縮小或縮小的幅度小於每甲地所得上升的幅度，則戰前在 1925 年以後稻作農家的農業可支配所得應該是持續上揚才對。但是表 3-3 的數據卻顯示在戰前的年代，米作農家每人可支配所得在 1936-37 年只高於 1897-98 年，低於 1918-21 及 1931-33 年。除非 1936-37 年每戶人口數超過 1918-21 及 1931-33 年甚多，否則這也與我們之前的認識不同。

　　至於不同年代平均每人可支配所得的成長率高低為何呢？1918-33 年間平均每人所得成長率，全體農家為 23.66%，米作農家則只有 21.00%，但蔗作農家則高達 22.56%。如果可支配所得的變動可以代表生活水準的變遷，則在 1918-33 年之間，米作農家

表 3-5：1925-51 年在來米及蓬萊米農地之所得

稻種別	每甲地			全部經營地			
	實質收入	扣除自有要素之支出	實質所得	面積	實質收入	扣除自有要素之支出	實質所得
1925-27							
在來	307.58	141.04	166.54	2.97	913.66	418.97	494.69
蓬萊	424.49	210.69	213.80	3.85	1633.14	810.60	822.54
合計	350.50	166.11	184.39	3.33	1166.75	552.95	613.80
1929-31							
在來	314.80	131.89	182.91	3.03	955.09	400.15	554.94
蓬萊	439.16	163.42	275.74	3.54	1552.73	577.80	974.93
合計	374.45	149.09	225.36	3.22	1205.31	479.89	725.42
1935							
在來	809.72	242.75	566.97				
蓬萊	934.29	279.41	654.88				
合計	872.02	265.31	606.70				
1950-51							
在來	215.67	114.98	100.69	1.82	393.51	209.80	183.71
蓬萊	236.13	117.22	118.91	2.03	479.21	237.90	241.32
合計	225.89	116.10	109.79	1.93	435.27	223.72	211.55

註解：1935 年的數據是臺灣總督府殖產局預估的數值；該年資料中無自給或雇、購入要素的支出，無法算出非自給要素的支出，表中的數據是以 1929-31 年雇、購入要素支出占總成本的比率估計而得的。空白處表示無資料，以後表格中空白處若無特別說明其意義，同於本表。

資料來源：臺灣總督府殖產局，1927a，頁 11-47、82-153；1927b，頁 9-45、70-115；1928a，頁 2-9、11-49、84-153；1928b，頁 4-9、11-49、74-117；1931，頁 4-15、30-39、46-53；1932a，頁 4-11；1935，頁 2-9；臺灣省政府農林廳，1951a，頁 2-25、38-117；1951b，頁 2-25、38-117。

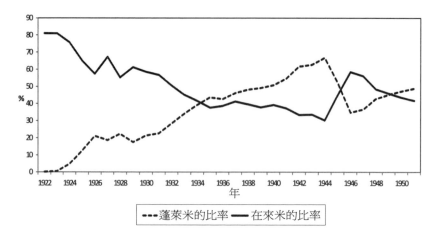

資料來源：戰前參考臺灣省行政長官公署，1946，頁 540-542；1946-1951 年參考臺灣省農林廳，1952b，頁 46-51。

圖 3-1：蓬萊米及在來米栽種面積的比率

的生活水準改善的幅度不如蔗作農家。此外，表中的數據也顯示若以平均每人可支配所得為指標的話，1936-37 年米作農家的生活水準低於 1918 年以來的戰前其他年代，若與 1931-33 年相比，該年下滑了 22.79%，而若與 1918-21 年相比，該年下滑了 6.58%。

　　而戰後初期與戰前各年各種不同主作農家每人可支配所得的變動率如何呢？從表中的數據可以看到，除了 1897-98 年外，戰前的任何一年農家的生活水準，無論是米作農家或全體農家，都高於戰後初期。若討論的是米作農家，則戰後初期與 1897-98 年相比，上揚了 60.20%；不過，若與戰前次低的 1936-37 年相比，則下降了 6.48%；而若與戰前最高的 1931-33 年相比，則下降了 27.79%。若比較的是蔗作農家，則與 1918-21 年相比，下跌了 30.11%；若與 1931-33 年相比，更是下滑了 42.97%。若討論的是

全體農家，則超出 1897-98 年 55.10%，如果與 1936-37 年相比，下滑了 6.98%；與 1918-21 年相比，跌落了 17.45%；而若與 1931-33 年相比，更滑落了 33.25%。以上分析說明了，戰後初期農家的生活水準，除了高於日治初期之外，比戰前任何其他年代都要來得低。

從以上的分析，我們至少得到以下幾個結論：（1）米作農家的總所得在戰前以 1897-98 年為最高，而以 1936-37 年為最低，而戰後初期更是低於 1936-37 年的水準。蔗作農家的總所得則在 1931-33 年達到最高，而在戰後初期達到最低。（2）每人可支配所得的高低與每戶總可支配所得呈現著不同的型態，1897-98 年是最低的，甚至低於戰後初期，而 1931-33 年米作及蔗作每人可支配所得都是歷年來最高的。（3）1931-33 年的可支配所得之所以是歷年來最高的，乃是因為農業與非農業所得都超過其他年代，特別是非農業所得高出更多。（4）戰前蔗作農家的每人可支配所得持續上升，不過戰後初期卻低於戰前任何一個時期。（5）蔗作農家每人可支配所得，在戰前都高於米作農家，直到戰後初期這種趨勢才轉變。

3.3 家庭人口數對可支配所得的影響

上一節的分析指出，米作農家之所以在 1931-33 年每人可支配所得達到最高，而 1936-37 及 1950-52 年之所以低於 1918-21 及 1931-33 年，乃同時是農業與非農業所得的高低所致。而蔗作農家之所以在 1931-33 年達到最高，1950-52 年最低，而 1918-21 年介於其間，也是這兩種所得數額高低所致。接著分析為何這兩種所得會有這樣的變化趨勢。

從表 3-4 所列的每戶及每人的農業所得，我們發現在五個年期，全體農家各年所獲得的總農業所得分別是 1162.48、923.95、

1103.58、954.54、818.94 圓（或元），米作農家為 1403.37、998.70、921.94、954.54、826.66 圓（或元），而蔗作農家則為720.65、1427.94、767.37 圓（或元）。

若與上一小節所提到的每人農業所得高低相比，可以發現1897-98 年每人所得是歷年來最低的，但總所得卻是最高的，據此可以推論每人農業所得之所以是最低的，與總所得的高低無關，而是因為該年家庭人口數太多所致。從表 3-3 所列的人口數，可以看到該年每戶人口是米作為 22.60 人，全體農家則為 18.11 人，是其他年的 1.81-2.37 倍左右。

又，米作農家在 1918-21 及 1931-33 年，蔗作農家在 1918-21及 1950-52 年，總農業所得與每人農業所得的高低順序不同；而1936-37 年總農業所得大於 1931-33 年，但每人農業所得卻是低於該年，這可能都與人口數多少有關，與總所得之高低無關。

相反地，若不論 1897-98 年的話，1918-21 年的米作農家的農業總所得及每人農業所得都同時高於 1936-37 及 1950-52 年，這可能與人口的多少無關。而 1950-52 年米作農家的農業總所得與每人農業所得都是 1897-98 年之外的歷年來最低的，從此也可以推得該年米作之所以農業所得如此地低，與家庭人口數多少無關。而蔗作 1931-33 年每人農業所得之所以是歷年最高的，可能也無關乎人口的多寡，因為該年總農業所得也是歷年來最高的。

3.4 耕地面積對可支配所得的影響

從以上的討論，我們發現農家每人可支配所得高低之排序與每人農業所得的排序完全一致，也就是說農業所得是影響農家可支配所得的重要因素之一。既然每人農業所得之高低是決定農家每人可支配所得高低的最重要因素，以下我們接著要分析何以農

業所得會有 3.2 節所提的那樣的變化趨勢。

　　要知道農家總農業所得水準為何會有這樣的變動型態，就必須知道總所得的組成分子，以便從各組成分子的變動來了解總所得水準的變化。為了知道總農業所得的組成分子，我們首先把農業所得解構如下：

$$Y_{AG} = A * y_{AG} \qquad\qquad (3\text{-}5)$$

$$= A * r_{AG} - A * e_{AG} \qquad\qquad (3\text{-}6)$$

　　上面式子中的 Y 及 AG 的意義與前述式 3-1 及式 3-3 相同；而 y_{AG}（$= Y_{AG}/A$）是每甲地所獲取的農業所得；r_{AG} 及 e_{AG} 分別表示每甲地所獲得的農業總收入（即 R_{AG}/A）及經營費（即 E_{AG}/A）；A 為土地甲數。式 3-5 把農業所得分解成為耕地面積及每甲地的農業所得，而式 3-6 則把每甲地農業所得分成為每甲地農業收入與每甲地農業經營費。我們把上面幾個式子所表示之所得組成分子的相關資料列於表 3-6。[15]

　　式 3-5 說明了各年農業所得之排序與每甲地產值及土地面積大小有關。首先我們要看農家所擁有的土地面積是否是造成農業總所得前述變化趨勢的要因。從表 3-6 所列的各年各主作農家每甲地農業所得，可以得知米作農家每甲地農業所得以 1918-21 年為最低，只有 275.90 圓；其次是 1931-33 年，為 281.94 圓，接著是 1936-37 年的 323.77 圓，最高是 1950-52 年的 395.66 圓。而土地面積的大小則依次是 1918-21 年的 3.62 甲，1931-33 年的 3.27 甲，1936-37 年的 2.95 甲，最後是 1950-52 年的 2.09 甲。可見，1918-21 年的米作農家的農業總所得之所以高於 1987-98 年以外的所有

---

15 以下只討論1918-52年的情況，略去了1897-98年的狀況，主要是因為該年的報告中未提供每戶農家所有的土地面積。

其他年代,確實是因耕地面積造成的,因為 1918-21 年米作農家每甲地農業所得都低於 1987-98 年以外的所有其他年代。而 1950-52 年之所以低於此前各年代,則完全是因為土地面積太小所致,因為該些年米作農家每甲地農業所得都高於其他年代。

蔗作農家每甲地農業所得 1931-33 年雖然也低於 1950-52 年,但總農業所得卻高於 1950-52 年。從此,我們可以推得 1931-33 年蔗作農的農業所得之所以高於 1950-52 年,應該也與土地面積較大有關。該年的土地面積高達 6.09 甲,是三個年代中最高的。而 1936-37 年米作農家土地雖然小於 1931-33 年,但是每甲地農業所得卻遠高於 1931-33 年,因此而使得該年每戶的總農業所得也高於 1931-33 年。

表 3-6:每甲地農業所得組成分子之數額

主作別	耕地面積(甲)	所得(圓)	收入(圓)	經營費(圓)
1918-21				
米作	3.62	275.90	428.57	152.67
蔗作	3.71	193.99	303.26	109.27
全體	3.65	253.24	394.24	141.00
1931-33				
米作	3.27	281.94	666.16	384.22
蔗作	6.07	235.37	553.48	318.11
全體	4.27	265.22	625.71	360.49
1936-37	2.95	323.77	750.21	426.44
1950-52				
米作	2.09	395.66	660.11	264.45
蔗作	2.63	291.24	484.12	192.88
全體	2.16	382.65	638.18	255.53

資料來源:同於表 3-3。

　　從此，我們也可以推得若不是因為每甲地農業所得都高出其他年代相當多，則 1936-37 年米作農家及 1950-52 年米作及蔗作農家的總農業所得，必然都會因為土地面積太小，而低於其他年代更多。

3.5 結語

　　本節的分析說明根據農家經濟調查報告所列的資料，臺灣在 1897-1952 年間，每人可支配所得最低出現在 1897-98 年，而最高發生於 1931-33 年。每人可支配所得之所以呈現這樣的變化趨勢，主要是因為以下兩個因素。第一個因素是家庭人口數的多少。這解釋了為何 1897-98 年每人農業所得，乃至可支配所得是最低的，但總所得卻是最高的；又導致 1918-21 年米作農家每人農業所得，乃至於可支配所得都低於，但總所得卻高於蔗作；而 1931-33 年米作每戶可支配農業所得是戰前最低的，但是卻因為人口數也是歷年來最少的，因此而促使每人農業可支配所得高於其他年代。但人口因素卻無法解釋何以 1918-21 及 1931-33 年的米作及蔗作農家可支配所得都高於 1936-37 及 1950-52 年的水準。

　　第二個因素是耕地面積太小。這個因素解釋了 1950-52 年無論米作或蔗作農家每甲地農業所得都是歷年來最高的，但是卻因為經營地面積太小，而使得米作或蔗作農家的總農業所得都是歷年來最低的。1936-37 年米作每甲地農業所得雖然高於戰前的兩個時期，但是總農業所得卻只高於 1931-33 年的水準，這也是因為該年的經營地面積太小所致。而 1918-21 年米作每甲地農業所得雖然是歷年來最低的，但是卻因為耕地面積是最大的關係，致使該年總農業所得是歷年來最高的。

　　同時，從本節的分析，我們也得到若不是 1936-37 年及 1950-52 年米作農家或蔗作農家每甲地農業所得超出過去的年代甚多，

則該兩年可支配所得必定會因為經營地面積縮小太多,而低於此前的年代更多。以下我們將分析這兩年耕地面積縮小這麼多是否可信?若不可信,應該怎樣才是比較可以接受的?

4. 可支配所得之重新推估

以上的分析顯示 1936-37 年米作農家及 1950-52 年米作及蔗作之農業所得,可支配所得之所以會低於此前的年代,乃是因為耕地面積太小所致。以下我們要探究經濟調查上的耕地面積是否合乎實情,若不合實情的話,那麼比較接近實際狀況的數字是多少。如果使用較接近實際狀況的資料,重新推估農家可支配所得,是否會改變每人可支配所得的變動趨勢呢?

本節將介紹兩種估計方法:一為推估較合理之耕地面積,然後重新估計農業所得與非農業所得,最後再把這兩序列的估計值相加,就可以得到重新推估之每人可支配所得;另一個方法為利用可支配所得等於儲蓄加上消費,因為消費是最主要的部分,若能掌握比較正確的消費水準,就可以比較正確的掌握可支配所得的高低。

4.1 各年耕地面積的可靠性

農業所得之高低與農業收入多少有關,而農業的收入最直接的影響因素是每戶耕地面積的大小及每甲地收入的多少,因此調查報告上的耕地面積可靠與否,將會影響我們的估計結果。本小節將以農業年報、農家經濟調查報告及「稻作農場經濟調查報告」[16]上的數據為基礎,評估米作農家經濟調查報告各年耕地面

---

16 日治時代臺灣總督府殖產局對各種作物的投入產出進行過調查,其中的稻作調查報告名稱為「稻作農場經濟調查報告」。戰後也仿效日治時代,進行過兩次稻作經濟調查,書名稱為《稻穀生產收支經濟調查報告書》。

積是否合理，若不合理，比較正確的面積應該是多少。重點放在 1936-37 及 1950-52 年這兩個年期。

　　所謂每戶耕地面積可以從總耕地面積除以農家戶數而求得，若是這樣的話，就需要有總耕地面積及農家戶數之資料。這些資料可以從各年的農業年報上找到，也可以合併農業年報及農家經濟調查報告上的數據，重新估得不合理年代的數值。我們把相關資料列在表 3-7，比較該表所列不同來源的每戶耕地面積，可以看到農業年報上的平均每戶經營地面積都遠小於農家經濟調查報告上的數據，每戶耕地面積為農業年報的 1.98、2.08、1.43 及 1.63 倍。農業年報上各年每戶平均面積是 1.85、2.05、2.07 及 1.38 甲，可見在戰前是遞增的，在戰後才轉而下降。而從各年調查報告所獲得的面積分別是 3.62、3.27、2.95、2.09 甲，逐年下滑。兩資料來源中戰前面積大小的排序完全不一致，但戰後兩序列的數值都轉而下滑，且都低於戰前。

　　本表的討論對象只有米作農家，而所謂農業年報上的耕地面積是指全臺總耕地面積，因此後者包含了非米作農家的耕地。不過，兩資料來源耕地面積的差距不太可能是因為農家主作不同造成的。因為若是如此的話，則其他主作農家的耕地面積應該遠小於米作，但其他作物農家的耕地面積，實際上可能更大於米作。[17]

　　接著要評估 1936-37 年、1950-52 年的耕地面積哪一個資料上的數據比較可靠。如果比較表 3-5 全部稻作農場的耕種面積及

---

17 據「農業基本調查書」對於各種不同作物農場經營地面積的調查，發現稻作1925-27年一期作及二期作分別是3.42及3.22甲（臺灣總督府殖產局，1927a，頁2-8；1927b，頁2-6；1928a，頁2-8；1928b，頁4-8）；蔗作1926-27及1927-28年分別是5.96及7.08甲（臺灣總督府殖產局，1929a，頁4-8；1929b，頁4-8）；茶作1925-26及1926-27年分別是11.34及11.93甲（臺灣總督府殖產局，1928c，頁4-6；1929c，頁4-6）；而香蕉則在1925-29年為5.22甲（臺灣總督府殖產局，1929d，頁4）。

表 3-7 所列的面積，我們發現經濟調查那一欄中 1931-32 年的面積（3.27 甲）比較接近於表 3-5 的 1929-31 年稻作農場的耕種面積（3.22 甲）。如果我們把稻作農場稻作以外的其他經營地也算進去的話，則每戶農家在 1929-31 年每戶經營地面積為 3.92 甲。既然兩種調查資料的耕地面積大小比較接近，本章就以 1931-32 年農家經濟調查的面積及 1936-37 及 1931-32 年《臺灣農業年報》面積比率為基礎，重新估計 1936-37 年的經營面積。估計步驟如下：

表 3-7：各年每戶耕地面積之推估

年	全臺總耕地面積（甲）	經營戶數	每戶耕地（甲）		
			農業年報	經濟調查（米作）	本文判斷或估計
1918-21 平均	762811.10	417642**	1.85	3.62	3.62
1931	835461.12	414860	2.01		
1932	839729.99	404002	2.08		
1931-32 平均	837595.56	409431	2.05	3.27	3.27
1936-37 平均	883256.84	427379	2.07	2.95	3.29
1950	897639.56	638062	1.41		
1951	900978.02	661125	1.36		
1950-51 平均	899308.79	649593.5	1.38	2.09	2.09

註解：原始資料上耕地面積的單位戰後是公頃，上述的數字已經把它轉換成為甲了。1 公頃等於 1.03102 甲，換算比率參考臺灣省行政長官公署（1946），頁 1385。

資料來源：總耕地面積 1918-21、1931-33、1936-37 年分別取自於臺灣總督府殖產局，1922a，頁 15；1934e，頁 10；1938b，頁 12；1950-52 年則取自臺灣省政府農林廳，1953b，頁 14。戶數戰後參考臺灣省政府農林廳，1953b，頁 36-37；戰前 1919、1921、1931-33 及 1938 年的數字分別取自臺灣總督府殖產局，1921b，頁 25；1922a，頁 26，30；1934e，頁 16-17 及 1938b，頁 18-19。

1. 求算《臺灣農業年報》1936-37 及 1931-32 年之面積，得到 2.07 及 2.06 甲。

2. 求算 1936-37 至 1931-32 年《臺灣農業年報》上面積之比率為 1.0049。

3. 把 1931-32 年經濟調查上的面積（3.27 甲）乘以步驟 2 所獲得之比率，得到 1936-37 年之估計的耕地面積 3.29 甲。

至於 1950-52 年經濟調查上的面積為 2.09 甲，而《臺灣農業年報》上的面積為 1.38 甲。不過如果我們再看表 3-5《稻作生產收支經濟調查報告書》每戶農家經營地面積為 1.93 甲。可見農家經濟調查的面積略微超過《稻作生產收支經濟調查報告書》，[18] 既然兩種調查耕地面積都縮小了，我們判斷該年確實每戶農家所擁有的經營地面積變小了。有不少學者指出戰後初期三七五減租之後農家耕地面積縮小了（李登輝，1985b，頁 23-24）。既然如此，我們認為 1950-52 年《農家經濟調查報告書》上所提供的農家經營地面積資料應該是可信的。

以上的分析指出，各年農家經濟調查對於米作農家經營地面積的調查，1936-37 年嚴重偏低，這是造成該年農業所得偏低，以致於每戶及每人可支配所得都偏低的最主要原因，而 1950-52 年之經營面積較此前的時代都要低可能是實情。

4.2 可支配所得重新推估之方法（一）

既然 1936-37 年經濟調查報告上的耕地面積可能是低估的，那麼表 3-3 利用該報告之耕地面積所求得之可支配所得可能也是低估的。以下將使用兩種方法重新推估該年的可支配所得。首先

---

18 這是因為稻作農場是以稻作為主作的農場，並非把全部的地都投入於稻作的生產。此處所謂農場經營調查，是指對於稻作場的收支調查。

是重新推估農業與非農業所得,而後再把兩種所得相加,得到農家可支配所得;第二個方法是利用農家消費資料,加上儲蓄,而得到可支配所得;最後再綜合這兩種估計方法,重新推估該年的可支配所得。

4.2.1 1936-37 年的農業所得與非農業所得

首先利用第一種估計方法重新推估 1936-37 年的可支配所得。在推估農業所得時,我們假設每甲地農業所得與調查報告相同。而在推估非農業所得時,我們分別假設是隨著農家人口數及耕地面積的多寡而相異。農業所得的推估方法及結果如下:

1. 重新推得的全家農業所得為 323.77*3.29=1065.20
2. 重新推得的每人農業所得為 1065.20/10.14=105.05

可見,重新估得 1936-37 年之每戶及每人農業所得都是歷年來最高的。這是因為該年每甲地農業所得高於此前的年代,且雖然每甲地農業所得低於 1950-52 年,但是卻因為耕地面積大過於 1950-52 年,而使得該年農業所得高於所有其他的年代。

既然非農業所得也是決定各年可支配所得高低及排序的重要因素,以下我們也要重新估計 1936-37 年這部分的所得。農家非農業所得的組成大致上可以分成為四個來源:財產利用收入、勞動收入、兼業收入及其他收入。而所謂財產利用收入是指利用農業以外的財產而獲得的收入,例如出租土地所獲致的地租及借給他人錢所獲得的利息收入;勞動收入是指農家離農受雇於他人所獲之收入;兼業收入是指進行兼業而得之收入,例如家族經營行商或運貨業;而其他收入則有被贈收入及其他項目(臺灣總督府殖產局,1934b,頁 17-18)。

表 3-8 把兼業收入納入於勤勞收入之中，[19] 而把被贈收入納入於其他這個類別之中。表中的資料顯示，除了 1918-21 年之外，其他無論哪一年非農業所得都以勞動所得為最多，而 1936-37 年之所以非農業所得低於 1931-33 年，主要是因為該年財產利用及勞動所得都低於 1931-33 年所致。既然勞動所得占總所得之比率相當高，而勞動所得與人口數之多少關係較大，因此把表 3-4 所列 1936-37 年每人非農業所得（14.79）乘上表 3-3 的每戶人口數（10.14），可以得到每個家庭的非農業所得，這個數值就是經濟調查上的數值（149.97），也就是表 3-4 所列的該年每戶非農業所得，我們稱此一序列的估計值為非農業所得（一）。

表 3-8：米作農家非農業所得的組成

年	各項所得占總所得之百分比				每人各項所得金額（圓或元）				總金額（圓或元）
	財產	勞動	被贈	其他	財產	勞動	被贈	其他	
1918-21	17.06	16.47		66.47	3.12	3.02		12.18	18.33
1931-33	40.32	44.22	7.41	8.06	16.92	18.55	3.11	3.38	41.96
1936-37	29.97	38.01	18.07	13.95	4.42	5.60	2.66	2.06	14.75
1950-51	13.57	78.97	5.88	1.58	2.08	12.10	10.90	0.24	15.33

資料來源：同於表 3-3。

此外，財產所得在 1930 年代也占了 30%-40.30%（表 3-8），因此也必須考慮財產所得，財產所得與土地關係最大。既然 1936-37 年的耕地面積可能是低估的數值，我們懷疑非農業用地可能也有低估的現象，假設各年農家擁有的農業用地愈大，則非農業用地也愈大。

---

[19] 主要因為兼業收入不多，且含有家族經營行商及運貨業等項目，而該些項目都與勞動有關。

以下將按照表 3-7 本文判斷或估計的耕地面積，重新推估非農業所得，此一序列的估計值稱為非農業所得（二）。估計方法是假設每甲地非農業所得與調查報告上相同，再以表 3-7 所列之本文判斷或估計之每戶農家耕地面積，作為非農業用地之估計值，從而求出每戶之非農業所得，估計結果如下：

1. 按調查報告提供的資料，求出每甲地非農業所得，而得到 50.84 = 149.97/2.95。

2. 把第一個步驟求得的每甲地非農業所得乘上表 3-7 所列之本文估計之該年耕地面積 3.29 甲，得到該年非農業總所得為 50.84*3.29=167.25，以及每人非農業所得為 167.25/10.14 = 16.49。

再以調查報告上勞動所得百分比（55.91=38.01/67.98）及財產利用所得百分比（44.09=29.97/67.98）作為權數，分別乘以非農業所得（一）及非農業所得（二），就可以得到平均每人非農業所得金額為 15.54（=14.79*0.56+16.49*0.44）。

把上述估得之每人非農業所得（15.54）加上農業所得（105.05），得到估計之每人稅前所得 120.59 圓，再把這個數值扣除每人繳納的稅金 2.59（=26.3/10.14）圓，得到每人可支配所得為 118.00 圓；而每戶總可支配所得為 1196.52（=118.00*10.14）。

從以上所討論的重新估計之 1936-37 年可支配所得與其組成分子農業與非農業所得，可以發現與表 3-3 及表 3-4 有以下幾個不同之處。第一，重新估得之可支配所得高於從原始資料計算而得的結果，從 106.36 變成為 118.00 圓。第二，其中的差距是因為農業與非農業所得同時擴大所致。而這是因為我們假設該年每甲地農業所得與每甲地非農業所得都與原始資料相同，而經營面積卻大於原始資料。第三，1936-37 年重新推估之每戶或每人農業所

得都是歷年最高的，但是因為每戶非農業所得遠不如 1931-33 年
的水準，因此每戶可支配所得仍然低於 1931-33 年。不過，卻因
為每人農業所得高於 1918-21 年，而使得每人可支配所得也高於
1918-21 年的水準。

4.3 可支配所得重新推估之方法（二）

　　既然問題在於 1936-37 年的可支配所得被嚴重地低估，而檢
視表 3-1 所列該年《農家經濟調查》的樣本數太少了，只有 22 戶，
可能是樣本太少不具有代表性。所幸同年有另一份樣本數相當大
的《米作農家生計調查》，該份調查的樣本數高達 189 戶。[20] 為了
提高代表性，我們結合兩個不同調查，重新估計出該年的可支配
所得。估計方法如下：

1. 假設該年經濟調查上所呈現的儲蓄（S）與可支配所得縮小
   的程度相同，利用經濟調查的資料，求算出平均儲蓄傾向，
   這個數值為：19.71%（=212.50/1078.12）。[21]
2. 合併該年家計調查及經濟調查的資料，求算出每戶扣除稅
   之後的消費支出（C），這個金額為 899.02 圓。[22]
3. 利用 $S/Yd=S/(C+S)=S/(899.02+S)=0.1971$，求算出該年的儲
   蓄為 220.70 圓。
4. 把步驟 2 之每戶消費加上步驟 3 之每戶儲蓄，得到該年之
   平均每戶可支配所得 1119.72 圓。
5. 求算兩份調查之平均每戶人口數為 9.73 人。

---

20 關於家計調查的內容，請參見下一章的介紹。

21 這個數值是由平均每戶儲蓄金額除以平均每戶可支配所得而得到的，關於該年每戶儲蓄
金額，請參見下一章的分析。

22 關於這個家計費的數值，請參見下一章的分析。

6. 把上述估計之每戶平均可支配所得除以每戶人口數,得到該年平均每人可支配所得為 115.08 圓。

若比較兩種不同估計方法得到的每人可支配所得,分別是 118.00 及 115.08 圓,可見第一種方法大於第二種方法。不過,這兩種方法的估計結果都大於原始資料的數值。原始資料平均每人可支配所得只有 106.36 圓。因此我們認為經濟調查資料確實低估了該年經營地面積、從而也低估了農業所得及可支配所得。

既然從各種可能的估計方法所得到的 1936-37 年的數值都低於 1931-33 年的數值,且都高於 1918-21 年的水準,因此,我們認為戰前在 1918-37 年間,每人可支配所得可能確實在 1931-33 年達到最高,不過最低點卻可能出現在 1918-21 年,而不是在 1936-37 年。

5. 農業經營費對可支配所得的影響

前面提到 1936-37 年每甲地農業所得是戰前最高的這個因素,促成了該年每戶及每人農業所得是歷年來最高。那麼何以米作農家每甲地農業所得戰前會在 1936-37 年達到最高呢?此外,我們也看到 1950-52 年農家的耕地面積縮小很多,造成該年農業所得的大幅下滑,不過該年每甲地的農業所得卻是歷年最高的。雖然這個有利因素的影響力小於耕地面積縮小這個不利因素的影響力,但是戰後初期若不是每甲地農業所得大幅提高這個有利因素的出現,每人農業所得乃至於可支配所得勢必會更低於此前的年代。那麼為何從 1930 年代中期以後,每甲地的農業所得會大幅提高呢?

表 3-6 的數字也顯示,在 1931-33 年雖然每甲地米作的農業收入遠高於 1918-21 年,分別是 666.16 及 428.57 圓。但是該兩年每甲地農業所得卻相當接近,分別是 281.94 及 275.90 圓,何以會這樣呢?這應該與經營費有關。表中的資料確實指出 1931-33 年

每甲地農業經營費為 384.22 圓，而 1918-21 年卻只有 152.67 圓，可見該年每甲地農業經營費為 1918-21 年的兩倍以上。何以該年米作的經營費會上升得如此激烈呢？

這種現象不只發生於米作，也發生於蔗作。1931-33 年蔗作每甲地經營費高達 318.11 圓，而 1918-21 年卻只有 109.27 圓，也是 1918-21 年的兩倍以上。且這種現象不只出現於 1931-33 年，也發生於 1936-37 及 1950-52 年。其中，1950-52 年米作及蔗作每甲地經營費為 264.46 元及 192.88 元，雖然低於 1931-33 及 1936-37 年，但卻高於 1918-21 年的水準。而 1936-37 年的經營費更是歷年來最高的，高達 426.44 圓，不過因為 1936-37 年每甲地農業收入也是戰前最高的，且其增高的程度多出經營費超過戰前其他年代的幅度，因此該年每甲地農業所得仍然高於戰前其他年代。總之，臺灣在 1918-52 年之間，1930 年代的每甲地農業經營費是最高，1950-52 年是次高的，而 1918-21 年則是最低的。

那麼，何以 1930 年代的每甲地農業經營費會高於 1918-21 及 1951-52 年？而又為何從 1930 年代以來，無論是蔗作或米作，特別是米作農家每甲地的農業收入都在上升呢？以下我們先回答前一個問題。農業經營費主要是肥料、勞動、土地及稅賦這些項目，為了要了解到底是哪些項目引起的，表 3-9 列出各年每甲地各種購入要素成本之金額及占總購入要素成本之比率。[23]

從該表，我們可以看到幾個要點。第一，1918-21 年無論米作或蔗作，且無論哪一個項目的支出都是最低的，特別是蔗作及米作的土地費無論金額及比率都是歷年最低的，其中土地費占經營費的比率分別只有 18.88% 及 5.77%。此外，該年米作的肥料費無

23　何以此處只列出購入要素成本之數值，這是因為我們在求算可支配所得時，是採用前面式3-2的算法，也就是農家經營費扣除了自給要素的部分。

表 3-9：每甲地各種購入要素支出占總購入要素成本之比率

主作別	雇入要素經營費金額（圓或元）				占總經營費比率（%）				合計
	肥料	勞動	土地	稅額	肥料	勞動	土地	稅	
1918-21									
米作	18.85	38.74	28.41	21.67	12.53	25.75	18.88	14.40	71.56
蔗作	24.72	30.77	6.22	12.00	22.92	28.53	5.77	11.13	68.35
全體	20.43	36.60	22.45	19.07	14.70	26.33	16.15	13.72	70.89
1931-33									
米作	64.20	60.42	95.87	33.30	16.99	15.99	25.37	8.81	67.16
蔗作	68.47	51.07	83.38	16.37	16.06	21.52	26.19	5.15	68.91
全體	63.31	59.49	91.36	27.22	16.55	18.57	25.75	7.10	67.97
1936-37									
米作	86.42	62.30	143.65	24.06	20.28	14.62	33.71	5.65	74.26
全體	86.42	62.30	143.65	24.06	20.28	14.62	33.71	5.65	74.26
1950-52									
米作	37.00	27.95	55.00	28.61	13.99	10.57	20.80	10.82	56.18
蔗作	34.74	24.75	42.09	24.05	18.01	12.83	21.82	12.47	64.14
全體	36.72	27.55	53.39	28.04	14.36	10.78	20.90	10.97	57.02

資料來源：同於表 3-3。

論金額或比率也都是歷年來最低的，只有 12.53%；蔗作的肥料費金額也是歷年來最低的。

　　第二，1931-33 及 1936-37 年米作的土地費及肥料費金額及比率都是歷年來最高的，1936-37 年的金額分別是 143.65 及 86.42 圓，分別占總雇購入要素費用的 33.71% 及 20.28%；1931-33 年金額 95.87 及 68.47 圓，分別占總雇購入要素費用的 25.37% 及 16.99%，1931-33 年蔗作的土地費金額及比率也都是歷年來最高，分別是 83.38 圓及 26.19%。可見，若與其他項目比較，1931-33 年的土地費金額及比率都是最高的。而且從 1930 年代以來，肥料金

額則都僅次於土地租金。

第三，雖然 1950-52 年已經實施三七五減租，但土地使用費金額依然高於其他項目，不過該年土地費卻只高於戰前的 1918-21 年，卻低於 1930 年代以來的日治時代。除土地費之外，1950-52 年肥料費金額及比率也都高於其他項目，米作及蔗作的土地費占份分別高達 20.80% 及 21.82%；而肥料費分別是 13.99% 及 18.01%。

以上的分析說明了影響農業經營費的最重要項目為土地及肥料費，從此可以斷定 1930 年代農業經營費之所以高於其他年代，是因為土地費及肥料費較高所致。為何 1930 年代以來無論米作及蔗作的土地費會是最高的呢？

表 3-10 列出所估計各年之米作及蔗作每甲土地實質租金。表中的資料顯示幾個與我們分析相關的要點。第一，蔗作土地租金在 1931-33 年達到最高，為 144.54 圓，而 1918-21 年則是最低的，只有 31.36 圓而已；1950-52 年則介於其間，為 70.27 圓。這使得 1918-21 年蔗作農家每甲地的土地使用費只有 1931-33 年的 21.70%，也只有 1950-52 年的 44.63% 而已。[24]

第二，米作每甲地租金在 1936-37 年達到最高，為 336.14 圓，分別是 1918-21 年的 1.96 倍、1931-32 年的 1.69 倍、1950-52 年的 2.90 倍。這解釋了為何 1936-37 年米作農家土地使用費占總經營費比率會是歷年來最高的，高達 33.71%。1931-32 年米作的土地租金是次高的，每甲地高達 198.80 圓，這也說明了為何 1931-33 年土地使用費占總經營費比率會是次高的，高達 26.19%。

---

24 表3-10的資料顯示無論哪一年每甲地租金都遠大於表3-9的每甲地土地使用費，這是因為表3-10所謂的每甲地土地使用費是把所有農家土地總租金，除上總農戶數，再除上每戶農家的自有及租入合計之經營地面積。表3-9的每甲地租金只是包含農家總租入地之地租除上租入地面積，而有些農家不租入土地之故。

　　而土地的使用量對於土地使用費的影響如何呢？既然經營費中含括的只是租入地，因此以下我們就只討論租入地大小的變動情況。調查報告上的米作農家租入地歷年來遞減，從 1918-21 年的 1.82 甲降到 1931-33 年的 1.64 甲，又降至 1936-37 年的 1.58 甲，最後在 1950-52 年降到只有 1.06 甲。然而前面表 3-9 所列之每甲地土地費及該項費用占經營費比率之順序卻非如此，而依次是 1936-37、1931-32、1950-51 及 1918-21 年。可見，米作農家土地使用費高低排序的決定因素，主要是每甲地地租高低的排序，而不是耕地面積大小的排序。

　　至於蔗作租入地則在 1931-33 年達到最高，其次是 1918-21 年，最後則是 1950-52 年（表 3-10）；土地使用費占經營費比率則依次為 1931-33、1950-52 及 1918-21 年，排序與經營面積大小不同。從此，我們推論蔗作面積大小也不是影響土地使用費高低排序的最主要因素。可見，無論米作及蔗作，每甲地地租之高低排序才是影響農家土地使用費高低排序的主要因素。

　　何以 1930 年代初期以來蔗農家及 1936-37 年稻作農家每甲地

表 3-10：各年土地租金及租入地面積

年	每甲地租金（圓或元）		租入地面積（甲）		租入地占總耕地（%）	
	稻作	蔗作	稻作	蔗作	稻作	蔗作
1918-21	171.09	31.36	1.82	2.19	49.73	40.92
1931-33	198.80	144.54	1.64	3.65	51.02	55.49
1936-37	336.14		1.58		46.30	
1950-52	116.24	70.27	1.06	1.32	50.70	50.14

註解：表中 1918-21 年土地租金數值低於葉淑貞（2012b，頁 185），乃是因為該資料來源未曾處理該年調查期間超過兩年農家的這個問題。

資料來源：土地租金見葉淑貞，2012b，頁 185；及本書第五章表 5-5；其他則同於表 3-3。

租金都大幅上揚呢？這主要是因為前面表 3-6 及本節一開始之處
所敘述的每甲地收入大幅提高所致。[25] 而戰後初期雖然每甲地農業
收入也都高於其他年代，但是該年米作農家的每甲地租金卻低於
日治時代，而蔗作也只高於 1918-21 年，這可能是因為三七五減
租降低了每甲地租金，因而也降低了地價所致。

　　至於肥料，比較表 3-9 每甲地購入肥料使用金額及表 3-11 每
甲地購入肥料使用量各年的排序，稻作依次都是 1936-37、1931-
32、1950-52 及 1918-21 年，蔗作則依序都是 1931-33、1950-52 及
1918-21 年。而肥料的實質價格則依序是 1918-21 年的 10.31 圓、
1950-52 年的 10.06 圓、1936-37 年的 9.27 圓及 1931-33 年的 9.01 圓。
價格的排序與每甲地肥料使用金額不一致，而肥料使用量的排序
卻與使用金額一致。因此，肥料使用費用高低之排序主要取決於
使用量之多寡。可見，1930 年代無論是稻作或蔗作，每甲地購入
肥料使用量都是歷年來最高的，其次是 1950-52 年，1918-21 年則
都是歷年來最低的。

　　以上的分析，說明 1930 年代無論米作或蔗作每甲地購入肥料
使用量及金額都是最高的，而 1918-21 年則是最低的；且無論稻
作或蔗作農家，每甲地的租金也都在 1930 年代達到最高，何以會
這樣呢？

　　臺灣多肥集約式的農業技術是先從蔗作開始，以後才引進
普及於一般農民的。[26] 早在 1900 年代初期，蔗作就已經逐漸朝

---

25 關於地租與土地收入之間的關係，請參考葉淑貞，2001，頁123-126的說明。

26 臺灣糖業政策的步驟，第一是肥料的無償配給。糖務局一開始是想鼓勵購買肥料，可是
　農家不懂肥料效果，不願花錢購買，因而糖務局自己購買肥料，以一定的條件分配給蔗
　農。自1903年起開始並行現金補助，至1916年才停止補助。1904年以後，由當局承擔進
　口、檢查以及分配等事務，以斡旋共同購買。臺灣總督府以這些步驟，積極推行鼓勵施
　肥農業的政策（張漢裕，1984c，頁380）。

向多肥且高收穫量的品種及技術發展（盧守耕，1949；張漢裕，
1984c，頁 380）。因此，蔗作在日治初期就已經開始使用購入肥
料，且隨著高收穫量品種的不斷引進，其施肥量也日益增加（葉
淑貞，2012b，頁 205）。這應該就是何以表 3-9 蔗作每甲地肥料
金額從 1918-21 年以來便是最高的，或僅次於土地費用之故，且
表 3-11 所列出的每甲地購入肥料使用量，1918-21 年蔗作就已經
高於稻作。

表 3-11：各年肥料的實質價格及每甲地購入肥料量

年	實質肥料價格（圓或元）		肥料量（百公斤）		占總肥料金額之比率（%）	
	稻作	蔗作	稻作	蔗作	稻作	蔗作
1918-21	10.31[a]	10.31	2.36	2.62	50.38	62.69
1931-33	9.01[b]	8.95	6.81	7.65	49.33	69.19
1936-37	9.27		9.33		75.50	
1950-52	10.06[c]	9.39	3.43	3.42	51.72	52.03

註解：a 指的是 1919-21 年的平均年價格；b 是 1931-32 年的平均年價格；c 則是
　　　1950-51 年的平均年價格，所謂實質價格是指名目價格除以表 3-3 的平減
　　　指數。
資料來源：肥料支出金額同於表 3-3；肥料價格資料 1918-21 年見臺灣總督府殖
　　　產局，1924，頁 125-127；1931-33 及 1936-37 年見臺灣省行政長官
　　　公署，1946，頁 588；1950-51 年見臺灣省政府農林廳，1952b，頁
　　　246。

　　而米作主要是因為 1920 年代下半期以後蓬萊米的引進，蓬
萊需要較多肥料（葉淑貞及張棋安，2004，頁 113-117）。表 3-12
的資料顯示，蓬萊每甲地施肥金額都超過在來。而在 1925-26 年，
蓬萊的施肥量竟然是在來的 3.43 倍，是歷年來最高的。這主要是
因為當時蓬萊剛引進，農家尚不熟悉耕種方法，因此施太多肥料

表 3-12：蓬萊米、在來米及甘蔗每甲地實質施肥金額之比較

年	在來	蓬萊	平均	蓬萊／在來	年	甘蔗
1904-06	52.42	- -	52.42	- -	1904-06	63.01
1914-16	41.99	- -	41.99	- -	1914-16	97.06
1925 臺中	113.03		113.03		1925 臺中	155.23
1925-26	75.15	258.11	143.05	3.43		
1926-27	83.14	234.82	140.15	2.82	1926-27	149.82
1929-30	60.55	69.71	64.89	1.15	1927-28	161.26
1930-31	43.30	69.22	55.50	1.60		
1935	141.60	167.87	154.73	1.19	1935-36	131.28
1950-51	144.77	158.46	151.61	1.09	1950-52	108.25

註解：各年各項目之金額是以 GDP 平減指數平減過的實質金額。1904-06 年的
　　　平減指數是用 Yeh（1991）1911 年的農家收入指數與吳聰敏（1991）1911
　　　年 GDP 平減指數年的比率把 Yeh 指數化為 GDP 平減指數。「--」表示還
　　　無此事件出現，因此無數字。
資料來源：臺灣總督府農事試驗場，1906a，頁 192-224；臺灣總督府農事試驗
　　　　場，1906b，頁 45-59；臺中州農會，1925，頁 5-38 及 41-54；臺灣總
　　　　督府殖產局，1927a，頁 11-19；臺灣總督府殖產局，1927b，頁 9-16；
　　　　1928a，頁 11-21；臺灣總督府殖產局，1928b，頁 11-18；臺灣總督府
　　　　殖產局，1929a，頁 22-29；臺灣總督府殖產局，1929b，頁 22-29；臺
　　　　灣總督府殖產局，1931，頁 4-15、30-39、46-53；臺灣總督府殖產局，
　　　　1932a，頁 4-11；臺灣總督府殖產局，1935，頁 2-9；臺灣總督府殖產局，
　　　　1938c，頁 10、12、14；臺灣省政府農林廳，1951a，頁 43-115；臺
　　　　灣省政府農林廳，1951b，頁 39-115；臺灣省政府農林廳，1953c，頁
　　　　46-109；GDP 平減指數取自吳聰敏，1990，頁 127-175。

所致，導致稻熱病。[27] 平均每甲地使用的肥料金額，蓬萊種都大於

---

27 例如，臺中州的員林地區普通的施肥量是1反地3枚豆餅，但是有的農家竟然施用了8枚，
　　因而引致稻熱病，造成不少失敗的例子（末永仁，1938，頁18）。所謂反是日本的度量單
　　位的一種，若是長度單位，約為11公尺；若是面積單位，則等於933平方公尺。

在來種，其中 1926-27 年蓬萊種是在來種的 2.82 倍以上，不過其他年代都在 1.6 倍以下。

從表 3-12 也可以發現，甘蔗在 1904-06 年每甲地施肥金額就已經超過稻作，這種超過的勢態不斷擴大，特別是在蓬萊米還未引進之前，例如在 1914-16 年全臺平均及 1925 年的臺中州情況就是如此。直到 1930 年以後因為蓬萊米的引進，此種勢態才逐漸消失。可見，由於臺灣蔗作在日治初期就已經開始逐漸出現綠色革命，而規模更大的稻作部門則在 1930 年代初期也開始出現綠色革命，因而使得 1930 年代農家每甲地經營費高於其他年代。

農業綠色革命發生的根源在於高收穫量品種之引進與普及，這些品種對於肥料較敏感，多施肥可以提高產量，從而提高每單位土地的產值，這樣土地租金也就水漲船高了。關於蓬萊種與在來種的收穫量及施肥量，詳見本書第六章的討論。

6. 每甲土地收入對可支配所得的影響

如表 3-6 所述，既然米作農家 1936-37 年每甲地農業經營費是歷年來最高的，那麼何以 1936-37 年每甲地的農業所得會是歷年來次高的，僅低於 1950 年代初期呢？又為何 1950 年代初期無論米作或蔗作每甲地農業所得都是歷年來最高的呢？而 1931-33 年蔗作農家的每甲地農業經營費遠高於 1918-21 年，但為何該年每甲地農業所得卻高於 1918-21 年呢？所有這些應該都與農業收入有關。也就是說，1936-37 及 1950-52 年之間臺灣每甲地稻作的農業收入都高於此前的水準；而 1931-33 及 1950-52 的蔗作每甲地農業收入也都高於 1918-21 年的水準。

圖 3-2 及 3-3 標示出各年稻作及甘蔗每單位土地的實質收入。從圖 3-2 可以看到直到日治末期蓬萊米每單位土地實質收入

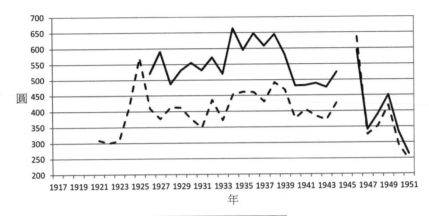

註解：圖中的數據是利用以下公式求得的：Q = Q$_{two}$ * A$_{two}$ + Q$_{one}$ * A$_{one}$，式中
　　　two 及 one 分別代表雙期及單期，A 代表面積比率，而 Q 代表每單位面積
　　　收穫量，我們假設蓬萊及在來稻作雙、單期作田的比率都相同。

資料來源：1921-25 在來產值見臺灣總督府殖產局，1934d，頁 10；1945 以前的
　　　其他年代則參考臺灣省行政長官公署，1946，頁 541-548；1946-51
　　　年參考臺灣省農林廳，1952b，頁 46-51。至於單雙期水田的面積，
　　　1920 年以前參考臺灣總督府殖產局，1920b，頁 16；1921-30 年參考
　　　臺灣總督府殖產局，1930a，頁 7；1931-40 年參考臺灣總督府殖產
　　　局，1942a，頁 12；1941-45 年參考臺灣省政府農林廳，1946，頁 6；
　　　1946-51 年參考臺灣省政府農林廳，1954，頁 20。

圖 3-2：各種稻每單位面積每年的實質收入

都顯著地高於在來米，這個趨勢直到 1946 年才逐漸消失。因此，
全部水稻平均每公頃產值就不斷地上揚，1918-21 年平均年產值
為 318.38 圓，1924 年以後提升到超過 400 圓，1931-32 年提高到
442.53 圓，1934 年持續上揚到超過 500 圓，1936-37 年已經達到
526.83 圓，1938 年更高達 579.85 圓，是歷年來次高的；接著在
1946 年攀升到最高，為 623.46 圓，以後則急遽下滑。這也說明了

為何 1936-37 年稻作農家每甲地農業收入會高於 1818-21、1930-32、1950-52 年的水準。

圖 3-3 顯示蔗作每單位土地實質收入曾經出現三度高峰,第一次發生在 1912 年,為 731.67 圓,第二次出現於 1930-32 年,高達 888.82 圓,第三次發生在 1949 年,為 817.25 圓。其中 1931 年是歷年來最高,高達 989.66 圓,而 1932 年則是次高的,接著是 1930 年,為 835.58 圓。除了 1930 年代初期以外,戰後初期 1950-52 年平均每年為 560.48 圓,而 1918-21 年則只有 207.38 圓(圖 3-3)。[28] 這說明了為何蔗作每單位土地的農業收入 1918-21 年是最低的,也解釋了為何 1931-33 年會高於其他年代。

單位面積農業收入是單位面積產量乘上價格,以下討論產量、價格與收入之間的關係。從圖 3-3 可以看到,若以 1918 年的產量為 100,則蔗作產量指數持續上升,在 1928 年以前產量低於 200,而在 1931 年達到 300 以上,是歷年來次高的,最高則出現在 1938 年,高達 353.47,為 1918 年的三倍以上。而在 1950-52 年又降到只有 200 左右的水準,雖然低於 1931-33 年的水準,但仍然高於 1918-21 年 98.56 的水準甚多。這是造成上述產值變化的要因之一。

至於價格,則在 1912-13 年達到最高,若以 1918 年為 100,該些年代價格指數超過 500,[29] 而在 1918-21、1931-33、1950-52 年則分別是 131.85、187.31 及 197.75。可見 1930 年代初期之所以產值會是歷年來最高的,乃是因為產量的關係。而戰後初期雖然價格是最高的,但是產量卻不及 1931-33 年,所以雖然其產值高

---

28 為了把三種不同的變數畫在同一個圖上,我們把各變數化成為以1918年為100的指數,原始數量取自圖3-3的資料來源所列。

29 這是因為該些年發生嚴重的病蟲害及風暴,導致甘蔗欠收所致(盧守耕,1949,頁3)。

註解：所謂指數是把 1918 年的數字化成為 100，其他各年除以該年的數值。
資料來源：1945 年以前參考臺灣省行政長官公署，1946，頁 552；1946-1952 年
　　　　　參考臺灣省政府農林廳，1955，頁 70。

圖 3-3：1904-52 年臺灣甘蔗每公頃實質產值、
產量及每公斤價格的指數

於 1918-21 年，卻不遠如 1931-33 年那麼高，這與表 3-6 所示的每
單位土地農業收入的高低是相互符合的。以上的分析說明了蔗作
單位面積產量是影響每甲地產值的重要因素。

　　而稻作收入的變動趨勢及其影響因素則畫於圖 3-4 至圖 3-5。
從圖 3-4 可以看到，除了 1946 年之外，蓬萊米每單位土地的產
量歷年都大於在來米。蓬萊米每單位土地產量在 1931-32、1936-
37、1950-51 年分別是 44.98、45.79、40.69 公石，而在來米則在
1918-21、1931-32、1936-37、1950-51 年 分 別 是 30.75、39.10、
38.36、39.86 公石。可見各年蓬萊米的產量都高於在來米，特別
是在 1930 年代超過的程度更大，且蓬萊在 1930 年代達到最高，
而在來則在戰後初期與 1930 年代差不多，蓬萊米產量超過在來米

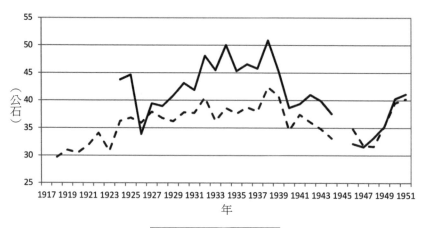

資料來源：同於圖 3-3。

圖 3-4：各種稻每公頃地年收穫量

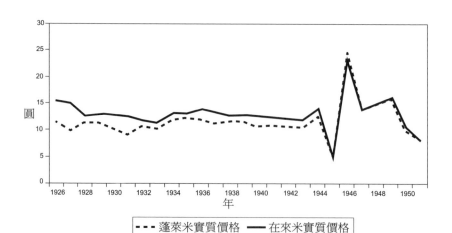

資料來源：同於圖 3-3。

圖 3-5：各種稻每公石實質價格

是促成 1930 年代以來稻作農家每甲地收入或前述每單位土地產值增高的重要因素之一。且我們也看到 1950-52 年雖然在來種的收穫量都高於戰前的年代，而蓬萊種則低於戰前的年代。

圖 3-5 的稻米實質價格資料顯示，日治時代無論哪一種稻米的價格都相當穩定，在 1931-32 及 1936-37 年間，在來每公石價格是 9.39 及 11.33 圓，而蓬萊則為 12.77 及 13.29 圓。雖然蓬萊的漲幅小於在來，可是無論哪一年蓬萊的價格都高於在來，而到了 1950-51 年兩稻種價格都大幅下滑到低於 9.5 元的水準。因為米價及產量同時從 1930 年代下滑，致使稻作每單位面積的產值在 1950-51 年大幅下滑到低於 1930 年代。[30]

因為蓬萊米的單位面積產量及價格都高於在來米，當愈來愈多農家選種蓬萊米時，農家的每甲地收入自然就會提升，因此蓬萊米是提升 1920 年代底以後米作農家所得的要因。而前面第 3.2 節的圖 3-1 顯示，戰前除少數年代之外，在絕大多數的時間當中，蓬萊米的種植比率都超過在來米。也就是說，1930 年代之所以米作農家每甲地收入會如此之高，主要是因為蓬萊米的引進及蓬萊米普及程度愈來愈高所致。

而圖 3-3 的資料顯示，蔗作每單位面積產值指數在 1918-21、1931-33、1950-51 年分別 127.39、470.70 及 344.28；產量指數則為 98.56、249.68、183.79；價格指數則為 131.85、187.31、197.75。可見 1931-33 年之所以產值會高於 1918-21 年的水準，乃是因為產量及價格同時都是最高所致。不過 1950-51 年的產值低

---

30 這個結論與我們之前表3-6所示不同，該表的資料顯示米作農家每甲地的實質收入1950-52年不只高於1918-21年，甚至大於1931-33年的水準。這可能是因為在求算表中的蓬萊及在來每甲地收穫量時需要確切知道種植蓬萊及在來之單、雙水田的比率，我們缺乏這方面的資料，因此假設蓬萊及在來單雙期水田比率相同，而這可能與調查資料上的農家所擁有的單、雙期水田及水旱田比率都不同所致。

於 1931-33 年，高於 1918-21 年，價格則高於戰前的兩個年代，可見該年產值之高低，主要是因為產量高低所致。總之，從以上的分析，我們得知 1930 年代蔗作產值之所以是歷年來最高的，主要也是因為每單位土地收穫量的關係較高所致。

從圖 3-3 可以看到，甘蔗每單位面積收穫量在 1920 年代初期以來就持續上揚，到 1939 年達到最高。何以甘蔗的產量會在 1920 年代初期以來持續上揚呢？這主要是因為新品種的出現與普及，這將在本章第 8 節再討論。

從本節的討論，我們看到臺灣在日治初期蔗作部門就已經出現綠色革命，朝向多肥技術發展，而 1920 年代下半期以後，稻作部門出現更大規模的這種農業技術的變革。這種變革雖然使得農業經營費大幅提高，但也促成每甲地農業收入持續上揚，在初期階段雖然農業收入提升的程度只是略微高於經營費，但是蔗作最晚在 1930 年代初期、稻作在 1930 年代下半期以後就大幅超過經營費，這樣促成了米作或蔗作農家每甲地農業所得在 1931-52 年間持續上揚。

7. 景氣波動對農家所得之影響

從第 3 節表 3-6，我們發現雖然 1931-33 年米作農家每甲地農業收入遠高於 1918-21 年，但是因為經營費提高的幅度卻超過 1918-21 年，因而使得每甲地農業所得相當接近於歷年來最低的 1918-21 年的水準。這段期間臺灣發生嚴重的經濟不景氣，這一節要探討這與經濟不景氣之間是否有關連，若有的話，其間的關係是什麼。

當經濟景氣時，可能百物價格齊飛，容易造成物價膨脹；而不景氣時，各種物品價格萎縮，易於促成物價緊縮。臺灣在

日治時代曾於 1916-20 年間出現物價膨脹的現象，在 1916-20 年間，若以 1936-37 年為基期，國內生產毛額平減指數上漲了 139.42% $\left(=\dfrac{143.08-59.76}{59.76}\right)$。主要原因是國際糖價的變動。當時糖業是臺灣最重要的產業。第一次世界大戰期間，因為歐洲甜菜糖減產，世界的砂糖供給量減少，糖價高漲，臺灣的新式製糖廠爭取此一絕佳時機，紛紛增產。甘蔗是製糖的主要原料，糖廠為了增加糖產量乃抬高甘蔗收購價格以鼓勵農民種蔗。影響所及，一般商品的價格也都上漲。

　　而在 1929-31 年發生世界性經濟大恐慌，日本也受到波及。在 1929-31 年的兩年之間，日本 GDP 平減指數從 108.0 下降為 86.9（1934-36 年指數 =100），下降幅度約為 20%。而若以 1936-37 年為基期，臺灣 GDP 平減指數在 1929-31 年間也從 91.10 下降到 59.45，下降幅度高達 35%。臺灣在該期間之所以 GDP 平減指數下滑，與其他地區是否相同，都是百物齊降所致呢？而這次經濟的蕭條對農家所得有何影響呢？

　　表 3-13 列出米、蔗價格及豆餅、勞動的價格。從該表首先可以看到，在 1929-31 年間米價確實大跌，從每公石 10.97 圓下跌為 6.38 圓，跌幅高達 41.84%。不過，同一段時間之內，蔗價卻只從每千公斤 9.89 圓下跌為 8.61 圓，跌幅只有 12.84% 而已（臺灣省行政長官公署，1946，頁 552）。可見，1930 年代初期臺灣經濟景況不佳，主要可能發生在米作部門。

　　經濟景氣的波動可能對產品價格及要素價格有不同的影響，若產品價格波動幅度大於要素價格，則如果農家使用各種要素的比率不變的話，在物價膨脹的時代，農家所得可能會上揚；相反地，在經濟萎縮的時代，農家的所得可能會下滑。不過，若景氣波動對各種要素價格影響不一的話，農家為節省成本，應該也會

表 3-13：各年米、蔗價及要素之間的相對價格

年	稻米（圓）	甘蔗（圓）	豆餅（圓）	工資（圓）	產品價格 / 豆餅		產品價格 / 工資	
	每公石	每千公斤	每百斤	每日	米	甘蔗	米	甘蔗
1916	5.07	5.09	3.79	0.47	1.34	1.34	10.87	10.90
1918	11.17	5.53	5.03	0.45	2.22	1.30	24.81	12.29
1920	12.48	9.07	7.63	1.13	1.63	1.19	11.01	8.01
1918-20 平均	12.84	7.08	8.00	0.83	1.61	0.89	15.52	8.55
1929	10.97	9.89	5.03	1.00	2.18	1.96	10.97	9.89
1931	6.38	8.61	2.87	0.70	2.23	3.00	9.09	12.26
1932	8.42	8.15	3.19	0.80	2.64	2.55	10.52	10.18
1933	8.32	5.49	3.95	0.80	2.11	1.39	10.40	6.86
1931-33 平均	7.40	8.38	3.03	0.75	2.44	2.76	9.85	11.15
1936-37 平均	12.60	7.50	5.76	0.80	2.19	1.30	15.75	9.38
變動率								
1916-20	146.02	78.40	101.28	142.86	22.23	-11.37	1.30	-26.54
1929-31	-41.81	-12.89	-43.04	-29.78	2.17	52.95	-17.13	24.05
1931-37	97.28	-12.83	100.78	-13.92	-1.69	-56.59	73.26	-23.49
1918/21-31/33	-38.82	4.72	-60.28	-10.32	54.03	151.12	-31.78	12.96
1931/33-37	70.28		89.93	6.51	-10.35		59.87	

註解：各年工資是由臺北、臺中、臺南三個市的簡單平均算出的；1931 年缺各
　　　市的工資，因此是以臺灣總督府殖產局（1931，1932a）所編《米生產費
　　　調查》上 1930 年及 1931 年的比率作為估計值，然後再以臺灣省行政長官
　　　公署（1946）上 1930 年的數值為基礎而估得的。空白處表示數字雖然可
　　　以算出來，但是因為不是文中所要討論的，所以沒列出結果。
資料來源：臺灣總督府民政部殖產局，1913，頁 177；臺灣總督府民政部殖產
　　　局，1920，頁 172；臺灣省行政長官公署，1946，頁 847、851、
　　　855、904；臺灣總督府殖產局，1931，頁 24；臺灣總督府殖產局，
　　　1932a，頁 16。

調整不同要素的使用量。

　　到底臺灣在戰前經濟景氣波動對農家要素價格、要素使用量及產品價格的影響如何，從而對所得有何影響呢？從表 3-13 的資料，可以看到米價、蔗價、豆餅價格及工資率，在經濟景氣狀況佳的 1916-20 年時，都呈現上升的趨勢，分別從 5.07 圓變為 12.48 圓，5.09 圓上升為 9.07 圓，3.79 圓變成 7.63 圓，以及 0.47 圓上提為 1.13 圓。

　　接著在經濟不景氣的 1929-31 年，則米、蔗、豆餅及勞動價格都呈現著下跌的趨勢，分別從 10.97 圓降為 6.38 圓；9.89 圓跌為 8.61 圓；5.03 圓減為 2.87 圓及 1.00 圓滑為 0.70 圓。而到經濟復甦的 1936-37 年則米價、豆餅及工資都轉而上升，分別升為 12.60 圓、5.76 圓及 0.80 圓；不過蔗價卻持續下滑到 7.50 圓。

　　米、蔗價相對於工資、豆餅價格變動的幅度不一致，因而造成相對價格的波動。在經濟景氣時的 1916-20 年代，米價、蔗價、豆餅價格及工資分別上揚了 146.02%、78.40%、101.28%、142.86%，可見兩種要素價格上漲幅度都小於米價，但都大於蔗價。這造成了表 3-13 的米價相對於豆餅價格及工資都上揚的，分別從 1.34 增為 1.63 及從 10.87 上揚為 11.01，蔗價相對於豆餅價格及工資則分別從 1.34 降為 1.19 及從 10.90 跌為 8.01。

　　接著在經濟不景氣的 1929-31 年間，米價、蔗價、豆餅價格、工資分別下滑了 41.81%、12.89%、43.04%、29.78%，可見豆餅價格下跌幅度大於米價，而工資卻小於米價，蔗價下滑的幅度則都小於豆餅價格及工資。這使得米價相對於豆餅價格上升，從 2.18 變為 2.23，而相對於工資則是下降的，從 10.97 減為 9.09；也使得蔗價相對於豆餅價格及工資都上升，分別從 0.89 及 3.00，升為 8.55 及 12.26。

　　而在以後復甦的 1931-37 年間，米價及豆餅價格都是攀升的，比率分別是 70.28% 及 89.93%，工資卻只上揚了 6.51%。蔗價卻是下跌的，跌幅為 12.83%。既然豆餅價格上升幅度較米價大，而工資較米價小，米價相對於豆餅價格也就從 2.23 下跌為 2.19，米價相對於工資則從 9.09 提高為 15.75；蔗價相對於豆餅價格及工資則分別從 3.00 及 12.26，下跌為 1.30 及 9.38。

　　綜合以上的分析，我們得到在經濟景氣狀況好的 1916-21 年，要素價格提升的幅度小於米價，但大於蔗價；而在景氣差的 1929-31 年，則米價下滑的速度雖然大於工資，但是卻小於豆餅；不過蔗價下降的幅度都小於要素價格。但在景氣復甦的 1931-37 年間，米價上升的速度雖然小於豆餅，但卻遠大於工資。

　　以上的分析說明了經濟景氣的波動使得要素價格波動的幅度都大於蔗價；不過米價則不一定，在經濟景氣的年代裡，米價上升的幅度大於要素價格，但在不景氣的年代裡，米價下滑的幅度不一定都大於要素價格。

　　在我們所關心的 1918-21、1931-33、1936-37 年，這三個期間要素價格相對於產品價格的變動趨勢如何呢？表 3-13 的資料顯示，從 1918-21 到 1931-33 年間，雖然各種產品及要素價格都下滑，可是米價下滑的速度（-38.82%）大於工資（-10.32%），但卻小於豆餅（-60.28%）；蔗價則反而是上揚的。接著在 1931-33 至 1936-37 年這段期間，米價上升的速度（70.28%）小於豆餅（89.93%），但卻大於工資（6.51%）。

　　可見，經濟從 1918-21 年的好景況到蕭條的 1930 年代初期，蔗價是上揚的，兩種要素價格卻都是下跌的，米價是下降的，但速度小於豆餅的速度，卻大於工資的降幅。不過，若再進一步計算這兩個期間相對價格的變動率，可以看到蔗價相對於豆餅價格

及工資分別上揚了 151.12% 及 12.96%。米價相對於豆餅價格上揚的幅度是 54.03%，而米價相對於工資下滑的速度為 31.78%。這可能是促成表 3-6 所示的 1918-21 到 1931-33 年間，稻米每甲地農業所得只從 275.90 圓提高到 281.94 圓；而蔗作卻從 193.99 圓增為 235.37 圓，提高的幅度大過於米作的理由之一。

而在 1931-33 年經濟不景氣到 1936-37 年經濟狀況正常的年代，米價上漲的速度小於豆餅，大於工資，但是大於工資的幅度卻遠超過小於豆餅的幅度。這可能就是何以 1931-33 至 1937 年間稻作農家每甲地農業所得上揚的理由所在。

在經濟從狀況好的 1918-21 年到蕭條的 1931-33 年，既然豆餅價格下滑的幅度超過工資下降的幅度，則農家是否多用肥料，少用勞動，以便降低經濟不景氣對於家庭所得可能造成的不良影響呢？下表列出 1918-21 到 1936-37 年間米作及 1918-21 到 1931-33 年間蔗作農場每甲地投入的勞動及肥料金額，把這些支出除上每日工資率及每斤豆餅價格，可以求算出每甲地所使用的各種投入的量。

從表 3-14，可以看到在 1918-21 到 1933 年之間，因為勞動工資下滑的速度不如豆餅價格，致使豆餅價格相對於工資來說是下滑的，從 0.0966 下降為 0.0403（或 0.0435）。為因應這種轉變，無論米作或蔗作農家都朝向多使用肥料，少使用勞動的方向進行，使得肥料相對於勞動的比率，從 5.04（或 8.31）調整為 26.07（或 31.41），因而使每甲地農業所得在此一期間仍得以上揚 2.19%。而在接續的 1936-37 年因為豆餅相對於工資又從 0.0403 上升到 0.0721，因而促使肥料相對於勞動量的比率下滑到 22.68。

這種肥料與勞動相對投入比率的變動是否完全是因為第 5 節討論的 1930 年代稻作部門加入了蓬萊米，使得米作農家在 1918-

表 3-14：1918-21 到 1936-37 年農家購入肥料相對於雇入勞動量

年	豆餅價格相對於工資	每甲地支出金額		要素使用量		肥料相對於勞動量比率
		肥料	勞動	肥料	勞動	
1918-21						
米作	0.0966	23.38	48.04	292.05	58.09	5.04
蔗作	0.0966	30.66	38.16	383.25	46.10	8.31
1931-33						
米作	0.0403	40.73	38.67	1344.00	51.56	26.07
蔗作	0.0435	47.55	34.90	1423.71	45.33	31.41
1936-37 米作	0.0721	86.47	52.87	1498.61	66.09	22.68

註解：肥料的使用量是把肥料支出金額除以豆餅價格而得到的。
資料來源：同於表 3-3 及表 3-13。

21 至 1931-32 年間施肥比率急速上揚，還是因為肥料價格相對於工資下降的關係呢？若要回答這個問題，可以經由比較傳統的在來及新引進的蓬萊之間的肥料勞動投入比率之相對的變化程度而得。若是兩稻種使用的肥料勞動比率都在 1930 年代初期上揚，則我們可以說可能是因為這個時代肥料價格相對於工資來說較便宜，以致於農家為了追求較大的利潤，而調整兩要素使用的相對比率。

比較表 3-15 所列兩種稻種在 1925-27 及 1929-31 年間所施用的肥料數量及勞動日數的比率，可以看到無論蓬萊或在來肥料勞動投入比率都在 1930 年代初期大幅增加，分別從 9.97 及 4.53 提高為 17.21 及 11.39，在來增加的幅度大於蓬萊。可見不只是蓬萊施用肥料相對於勞動比率大幅提高，在來的比率增高的幅度更大於蓬萊。由此我們可以推論，1930 年代初期以後米作農家之所以使用肥料相對於勞動提高了許多，不完全是因為稻種不同所致。

表 3-15：蓬萊米及在來米投入肥料及勞動之比率

年	肥料（斤）		勞動天數		肥料／勞動	
	蓬萊	在來	蓬萊	在來	蓬萊	在來
1925-27	1079.51	456.37	108.28	100.70	9.97	4.53
1929-31	1364.76	887.26	79.26	77.91	17.21	11.39

註解：同於表 3-14。
資料來源：臺灣總督府殖產局，1927a，頁 11-19；臺灣總督府殖產局，1927b，
　　　　　頁 9-16；1928a，頁 11-21；臺灣總督府殖產局，1928b，頁 11-18；臺
　　　　　灣總督府殖產局，1931，頁 4-15、30-39、46-53；臺灣總督府殖產局，
　　　　　1932a，頁 4-11；臺灣總督府殖產局，1931，頁 24；臺灣總督府殖產局，
　　　　　1932a，頁 16。

　　此外，也可以看看蔗作農家是否也有相同的變化型態，若有
的話，可以增強我們的推論。表 3-14 的資料顯示蔗作的肥料勞動
投入比率也從 1918-21 年的 8.85，增加到 1931-33 年的 31.41。既
然米、蔗兩部門都有相同的變化情況，我們推測，這可能部分是
因為 1930 年代初期的肥料價格較工資便宜，因而使得農家轉而使
用較多的肥料。

　　總之，以上分析說明了臺灣農家對市場價格反應靈敏的性格，
不僅降低了經濟不景氣對農家所得降低造成的傷害，也促成經濟
復甦對每甲地農業所得提升的助益。

8. 政府對農家所得的影響

　　前面我們提到稻作及蔗作新品種的加入，提升了農家的收入，
也提到蔗作在 1918-21 年購入肥料占總經營費的比率就已經相當
高了。這可能與政府的一些政策有關，以下我們接著要分析政府
哪些政策促成農家收入的提升與購入肥料量占總經營費比率之提

高，從而如何影響了農家的所得。

　　日治時代政府對農家所得的影響主要是透過以下幾個途徑：基礎設施的建立，促進交易，從而提升了所得、技術的開發、補貼政策及其他。而戰後初期國民政府實施的政策中影響農民所得最大的，主要是米穀政策及糖業政策。[31]

　　日治時代政府施政對日後臺灣影響最深遠的，應該是基礎設施的建立，這包括現代化交通的建設，降低了運輸成本，現代化貨幣制度及度量衡降低了度量成本，以及現代化財產權的建立降低了執行成本，因而促進了交易，提升了一般人民參與市場的程度。[32]

　　在技術的開發上，以甘蔗品種的更新及蓬萊米的引進與推廣最為重要；補貼政策則以灌溉設施的補助及施肥的獎勵為主；而其他如利用關稅提高其他國家的砂糖消費稅，確保臺糖在日本的市場，因而促進了臺灣甘蔗的需求。其中基礎設施的建立，促進交易，提高了農民參與市場的程度，這個課題將在第五章討論。而蓬萊米技術的開發與普及將在第六章深入探究。以下我們將只簡略地介紹甘蔗品種的開發、灌溉設施的補貼及肥料的獎勵這些措施如何提高農家的所得。

　　傳統農業也有新品種的引進，例如清治臺灣雙冬稻種的引進，不過傳統時代無專業的研發機構及人員，無法有效率地適時推出新品種，既然現代農業的研發人員與新技術使用人是不同的兩群人，就需要有專業的技術推廣機構與人員。

31　關於戰後初實施的米穀政策及糖業政策如何影響農民的所得，請參考吳若予，1992，頁68-76。

32　關於日治時代基礎設施的現代化，請參見葉淑貞，2009b，頁224-273。

　　工業方面的新技術之開發可以由私人來進行，政府給予專利權及創作版權，使創新者獲得超額獨占利潤，這就是社會給予發明創作者的報酬。農業技術的開發，難以利用專利權，以杜絕他人的仿冒，保障技術開發者的權利，因此常需政府出面負責，以便解決外部性的問題。日治時代新品種的開發就是由政府機構專責從事的，因此也有專門的技術推廣組織，負責教導農民如何使用新技術。

　　日治時代糖業技術的開發主要由臨時臺灣糖務局負責從事現代科學化的試驗及蔗苗之養成。1903 年在大目降設甘蔗試作場；又相繼於臺北、臺中、臺南、麻豆、及臺東設置苗圃；更於 1906 年設立糖業試驗場，以集中統轄糖業的一切試驗。政府機關積極的研究發展，迅速的促進了品種的更迭。從 1902 年開始，短短的四、五十年中，總共完成四次品種的更換。每當舊品種暴露缺點，新品種都能適時地出現。[33]

　　這四次甘蔗品種的更迭，分別是夏威夷玫瑰竹蔗、爪哇細莖種、爪哇大莖種及糖業試驗所育成品種的相繼引入。臺灣原本種植的竹蔗每甲收穫 45,000 斤，製糖率僅 7.5%，故每甲產糖量不過 3,375 斤而已。1896 年自夏威夷輸入玫瑰竹蔗，試種結果成績良好，乃不遺餘力地獎勵種植。到 1902 年該品種已成為栽培上之實用品種，到 1907 年其栽培面積占全蔗田之 53.3%，1912 年更高達 96%。該品種單位面積之蔗莖收穫量每甲高達 50,000 斤，製糖率增到 9.5%，每甲產糖量 4,750 斤。但是本品種對病蟲害及風害之抵抗力極弱，1911 年前後赤腐病、萎縮病漸次蔓延，又於 1911-12 年期遭遇三次大暴風，玫瑰竹蔗之弱點完全暴露出來（盧守耕，1949，頁 3）。

33　關於臺灣甘蔗品種的更迭，詳見臺灣總督府殖產局，1930c，頁42-43的介紹。

　　之後乃從爪哇引進爪哇細莖種，其中以 POJ161 最為普及。本品種抗萎縮病之能力特強，且耐風力強，病蟲害少，又能適應臺灣之風土氣候。其栽培面積在 1916-17 年期只占全臺蔗園之 10.4%，以後迅速增加，到 1924-25 年期已經增加到 86.3%，蔗莖收穫量增至每甲 60,000 斤，製糖率 10%，每甲產糖量 6,000 斤以上（盧守耕，1949，頁 4）。

　　接著，在 1917 年前後臺灣之細莖種受黃條病害相當嚴重，因為爪哇大莖種 POJ2725 抵抗這種病蟲害之能力特強，於是 1920 年開始獎勵大莖種之栽植，代替細莖種。該品種 1924-25 年栽培面積尚只有 0.3%，1928-29 年已達 45.9%，其後更發展至 1933-34 年期之 80.7%。每甲收穫量增加到 110,000 斤，製糖率高達 13%，每甲砂糖產量增加到 14,300 斤。臺灣在 1930 年代糖產之所以得以有驚人發展的局面，實應歸功於此品種之普及（盧守耕，1949，頁 4）。

　　自 1929 年爪哇、古巴、菲律賓各產糖國家禁止甘蔗品種之輸出，因此糖業試驗所更加強育種工作，決心自立更生。到 1934 年終於育成 F108 之優良實生種，不僅能適應全島之風土及具有 POJ2725 之優點，而且其抵抗病蟲害之之能力也相當強，且如果栽培條件良好，生育期約一年即可收穫，本品種因此迅速發展，1937-38 年期其栽培面積不過只占蔗園之 2.1%，但是到了 1939-40 年已達 30.4%，1943-44 年更高達 50%；該年爪哇大莖種 POJ2883 約占 30%，POJ2725 約占 15%（盧守耕，1949，頁 5）。

　　又利用新蔗苗配給制度及民營模範園之示範，積極推廣試驗成功的新品種。從 1903 年至 1925 年，總計無償配給蔗苗 24,600 萬株。每當舊品種收穫量降低之際，新品種適時推出之後，在短短數年之內，便幾乎得以完全取代舊的品種。在 1914-41 年間，

蔗苗養成所總共合計配給了 8 億多株的蔗苗（臺灣總督府殖產局，1943a，頁 133）。就是透過這種專業的研發機構及蔗苗配給制度，有效的開發新品種，並使新的蔗苗快速到達農民手中。

而收穫量較多的新品種需要多施肥，因此自家提供的有機肥不足以支應所需，就需要使用購入肥料。日治以前農家所使用的肥料以農家自己提供的有機肥為主，不用豆餅、綠肥、化學肥料。日治以後這幾種肥料的使用增加了，這些肥料中的豆餅以及化學肥料皆購入，所以來源充足。臺灣多肥的農業發展，就是從甘蔗開始的，而後才擴及到稻作。

日治以前臺灣農業幾乎是不施購入肥料，農民缺乏施肥觀念，即使是商業化程度較高的甘蔗作物，也幾乎無施用人造肥料或是綠肥，只用些粗糠、稻草、草木灰、燒土之類的肥料。因此總督府實施糖業政策的一個主要課題，就是要打破這種自給自足的施肥技術。這同時成為教導臺灣一般農民實行施肥農業的端緒（張漢裕，1984c，頁 380）。

一開始政府實施肥料的無償配給。「糖務局首先想鼓勵購買肥料，可是農家墨守舊慣，不懂肥料效果，不願花錢購買，因而糖務局自己購買適當的肥料，以一定的條件分配給蔗農，以促其覺醒。自 1903 年起開始並行現金補助，1904 年以後，由政府承擔進口、檢查以及分配等事務，以斡旋共同購買。自 1912 年則由製糖會社替蔗農作諸般的斡旋」（張漢裕，1984c，頁 380）。這樣臺灣總督府對於蔗農肥料的補助費在 1902-16 年間，總金額約為 412 萬圓（臺灣總督府殖產局，1943a，頁 131）。

多施肥就需要多灌溉，而一般較大型的水利灌溉設施需要較複雜的技術及巨額的資金，日治時代政府對水利事業的支配方式主要是透過技術方式及資金的介入。以嘉南大圳為例，該圳不

表 3-16：主要埤圳的政府補助

名稱	灌溉面積（甲）	工事費（圓）	國庫支出（圓）
荊仔埤圳	3923	240997	240997
獅仔頭圳	4322	743905	743905
后里圳	3246	995963	995963
桃園圳	22049	12180809	7501643
嘉南大圳	138622	47243097	26740000
宜蘭第二水利組合土地改良	3248	731954	364140
後村圳	3300	123688	61844
曹公圳	1724	437650	109250
吉野圳及其改良工事	1521	558416	558416
總計	181955	63256479	37316158

資料來源：臺灣總督府殖產局，1938d，頁 22-23。

只花了將近 5,000 萬圓，且因為技術的複雜及精密，其設計有必要更慎重研究，故從美國聘請該界權威做充分的檢討，結果經其指摘而變更工事的實行方法和一部分設計（張漢裕，1984c，頁367）。

而水利設施需要巨額資金的投入，故日治時代凡是大的水利設施幾無例外地都由政府支援。從上表臺灣幾個主要水利灌溉設施政府補助的比率，就可以看到政府在水利設施的資金上扮演的角色。表中的資料顯示這幾大設施總工事費約達 6,500 萬圓，其中國庫支出的比率高達 59%。

對於蔗園的灌溉設施，政府也提供補助金。在 1902-30 年間蔗園總灌溉面積有 190,388 甲，受到政府補助而完成的總共有 138,517 甲，占總灌溉面積大約 72.76%（臺灣總督府殖產局，

1943a，頁 130）。這些灌溉設施的工程費用總計約 585 萬圓，其中政府補助金約為 182 萬圓左右（臺灣總督府殖產局，1930c，頁27）。政府的這些措施促成了每甲地甘蔗收穫量的提升，但這個力量對臺灣甘蔗收穫量的提升助力有多大則難以量化，不過這個力量的貢獻應該不小，特別是甘蔗品種的養成及配給促成高收穫量新品種快速普及，貢獻應該更大。

　　戰後初期政府實施的米穀政策對農家所得的影響，除了降低米價，直接影響米作農家的所得之外，也可能透過影響商業化程度，間接改變農家的所得。[34] 從圖 3-5 可以看到 1950-51 年，稻米的實質價格，除了高於 1945 年這個非正常年代之外，低於日治時代的任何一年，因此而降低了米作農家的所得。

　　至於戰後初期的糖業政策則透過以下途徑影響農民的所得：（1）臺糖與蔗農之間的分糖率是不等價的，臺糖所分得之糖量遠高於製糖成本所可兌換的糖量。（2）臺糖向蔗農收購砂糖的價格，儘管是為保障農民之收益，但在考量財政處境及糖公司本身的財務狀況下，仍然是低估的（吳若予，1992，頁 75）。

　　至於戰後初期實施的三七五減租，可能降低了佃農地租的負擔，直接提高佃農的所得。也可能提高佃農的經營效率，間接提升佃農的所得。不過，葉淑貞（2013）的研究，卻發現戰後初期三七五減租對於佃農經營效率沒有顯著的影響。不過三七五減租也可能縮小了農家的經營面積，造成本章表 3-5、3-6 及 3-7 所示的戰後初期農家的耕地面積縮小很多，從而降低農家的所得。因此，該政策是否提高佃農的所得，還有待深入地研究。

---

34 關於戰後初期政府實施的米穀政策及該些政策對於商業化程度的影響，請參考本書第五章的介紹。

9. 可支配所得影響因素的迴歸分析

　　以上的分析只是理論上的分析，配合一些數字加以佐證而已，且未固定其他變數，因此無法得知各變數對可支配所得的影響力。為了要知道各變數的影響力，以下我們接著利用迴歸模型討論這個問題。迴歸模型設定如下：

$$\ell nY_d = \alpha_0 + \alpha_1 * \ell nA + \alpha_2 * \ell nPop + \alpha_3 * \ell nTax + \alpha_5 * cr$$
$$+ \beta_1 * dl_1 + \beta_2 * dl_2 + \beta_3 * dl_3 + \gamma_i * df_i + \lambda_1 * dc + \lambda_2 dt + \varepsilon \quad (3\text{-}7)$$

式中 ℓn 是自然對數，Y_d、A、Pop、Tax、cr 分別為每人可支配所得、耕地面積、家庭人口數、稅金、農家參與市場的程度，[35] dl_i 代表區域變數的虛擬變數，以東部地區為參考組，因此：

$$dl_1 = 1，代表北部地區$$
$$dl_2 = 1，代表中部地區$$
$$dl_3 = 1，代表南部地區$$

　　而 df_i 代表農家的身分，1918-21 年調查資料列有地主、自耕農、半自耕農及佃農，不過該年有些農家米販賣量超過產量，我們懷疑是因為這些農家中含有地主，因此第五章探討商業化程度，在計算米販賣比率時把這些農家去除。[36] 此處我們的迴歸模型中含有商業化程度這個變數，為了比較準確地計算出農家商業化程度，我們有也把這些農家去除。這些農家中有七戶是地主，其中

---

35 所謂市場參與程度請參考本書第五章的定義，該章論及商業化程度有按原始資料未調整及調整過的，而以下的迴歸分析所用的是經過調整的數據，至於調整哪些項目及如何調整，詳見第五章的討論。

36 這些農家的屬性，請參見表5-3。從該表可以看到其中有六戶是屬於地主，而該年米作農家只調查七戶地主。

只有一戶地主米販賣比率未超過 100%，而被保留下來。以下跑迴歸時，我們把這戶地主也去除。因此該年農家身分就有三種，亦即自耕農、半自耕農及佃農。而 1931-33 及 1950-52 年的調查對象也是這三種農家，不過 1936-37 年只調查自耕農及佃農兩種農家。迴歸模型以佃農為參考組，所以農家身分別的虛擬變數有兩個，分別是：

$$df_1 = 1，代表自耕農$$
$$df_2 = 1，代表半自耕農$$

dt 代表年代，$dt = 1$ 代表戰前，$dt = 0$ 則代表戰後。dc 代表農家主作別，若是米作則為 1，若是蔗作則為 0。式 3-7 中之所以加入 cr 這個變數，是因為政府的基礎設施提升了人民參與市場的程度，而戰後初期的米穀政策則降低了農家參與市場的程度，從而影響農家的可支配所得。因此本章用 cr 這個係數表徵商業化程度對可支配所得的影響之外，也用它來表徵基礎設施及米穀政策對家庭可支配所得的影響。

迴歸結果列於表 3-17。從表中的數字可以看到，每人可支配所得的影響因素以耕地面積及家庭人口數為最主要，這兩個變數的影響力都相當顯著，在 $\alpha = 1\%$ 時，仍然顯著地異於 0；其中耕地面積的影響力是正向的，而家庭人口數的影響則是負的。

稅額高低對於可支配所得，在顯著水準為 10% 之下，有顯著的影響，且是正向的，這與帝國主義論者所提出之殖民政府利用稅收壓低人民的可支配所得的論點相異。商業化程度對於可支配所得的影響確實是正向的，顯示商業化程度愈高的農家，其可支配所得也愈高。至於何以商業化程度愈高，所得也會愈高，這將在本書第五章探討商業化程度時再分析。

表 3-17：家庭可支配所得的決定因素

自變數	1918-52		1950-52	
	係數	t 值	係數	t 值
常數項	4.75	28.36 ***	5.10	26.88 ***
ℓnA	0.36	7.83 ***	0.28	6.28 ***
$\ell nPop$	-0.56	-10.65 ***	-0.57	-11.39 ***
$\ell nTax$	0.05	1.71 *	0.03	0.85
cr	0.01	4.36 ***	0.01	3.09 ***
dl_1	0.23	2.98 ***	0.07	0.68
dl_2	0.20	2.40 **	0.10	0.97
dl_3	0.03	0.36	-0.15	-1.52
df_1	0.22	3.46 ***	0.17	2.65 ***
df_2	0.05	1.10	0.09	1.89 *
dc	0.02	0.31	0.04	0.61
dt	-0.11	-2.26 **		
樣本數	502		321	
R^2	0.33		0.37	
$\bar{R}^2$	0.31		0.35	

資料來源：同於表 3-3。
註解：*、** 及 *** 分別代表顯著水準為 10%、5% 及 1% 之下異於 0。空白處表
　　　示因為只有一個年代，所以此處無時間虛擬變數這個項目。

　　區域因素的影響力，若固定所有其他變數，則北部及中部地區的可支配所得顯著地高於東部地區，南部地區與東部地區的差異則不顯著。而農家身分中，自耕農的可支配所得顯著地高於佃農，而半自耕農與佃農則無顯著的差異。而若固定其他變數，蔗

作農家可支配所得與米作農家無顯著的差異；且戰後初期每人可支配所得顯著地高於戰前。

可見，此處迴歸分析所得到的結果，與前幾節的分析所得到的結果有幾個不同之處。首先是戰後可支配所得顯著地高於戰前，這是因為此處固定了其他所有的變數，前幾節未固定其他變數。既然此處迴歸分析，我們發現耕地面積對每人可支配所得有顯著的正向影響，我們可以推論前幾節之所以得到戰後初期可支配所得低於戰前任何一年，確實是因為此一年代農家經營地面積太小，也可能是因為商業化程度較低所致。至於戰後初期商業化程度是否確實低於戰前，這將在第五章再討論。

此外，我們還發現蔗作農家可支配所得與米作農家無顯著差異，而在前幾節的討論中，我們卻發現戰前蔗作農家所得高於米作，戰後則相反。既然從前面的分析中，我們得到戰後初期蔗作的經營地面積大於米作，人口也小於米作，而從第五章的分析，我們也將看到蔗作的商業化程度高於米作，因此蔗作可支配所得之所以低於米作，可能不是迴歸模型所設定的因素造成的。這需要再進一步分析才能確知，由於篇幅所限，這個問題留到日後再回答。

至於若把關注時間放在戰後初期，則從表 3-16 可以看到耕地面積、家庭人口數、商業化程度及主作別對於可支配所得的影響力與整段期間相同；不過戰後初期各區域的可支配所得卻都轉為無顯著的差異，而自耕農及半自耕農的可支配所得也都顯著地高於佃農。既然整段期間半自耕農的可支配所得與佃農無顯著的差異，戰後初期卻轉為顯著地高於佃農，這是否隱含著戰後初期佃農的可支配所得相對於半耕農來說下滑了呢？由於篇幅所限，此處不再深入分析，待日後再繼續研究。

10. 小結

　　透過本章的分析，我們得到 1918-52 年間臺灣農家所得的變動有以下幾個重要的結論。首先是每人可支配所得在 1930 年代初期達到最高，而在戰後初期下滑到最低。影響所得高低的因素中以耕地面積、家庭人口數、農業技術的革新、經濟景氣與否、農家是否能夠適應經濟狀況而調整要素的使用及政府投入的助力等這些因素為主。

　　由於 1936-37 及 1950-52 年調查資料上的耕地面積縮小很多，我們重新估計發現 1950-52 年經濟調查上的數據應該是可信的，但 1936-37 年的耕地面積應該是低估了。本章重新估計該年的耕地面積，然後假設每甲地農業所得與經濟調查上相同，重新推估農業所得及非農業所得，結果得到雖然該年的每人可支配所得高於 1918-21 年，但仍然低於 1931-33 年的水準。這是因為 1931-33 年的非農業所得遠高於 1936-37 年所致，至於何以 1931-33 年的非農業所得會如此之高，這個問題日後應該繼續深入探究。

　　我們也得到日治時代因為綠色革命，使得每甲地農業收入大幅增加，這促成了每甲地農業所得的大幅提升。綠色革命雖然使得農業經營費也大幅上升，但農業收入上揚的幅度更大，因而促成每甲地農業所得持續上揚。在初期階段雖然農業收入提升的程度只是略微高於經營費，但是蔗作最晚在 1930 年代初期，而稻作在 1930 年代末期以後，每甲地農業收入就大幅超過經營費，這樣促成了米作或蔗作農家每甲地農業所得在 1931-52 年間持續上揚。

　　此外，雖然在 1930 年代初期，因為經濟不景氣，使米價下滑的幅度超過工資，但卻小於豆餅價格的下滑，農家乃多用肥料，少用勞動，抵銷這種不利，因此使得這個時代的每甲地農業所得

仍然略微高於之前經濟景氣的年代，因而削弱了不景氣對所得的影響。此外，農家也增加非農業所得，彌補了不景氣對所得的影響，更因而促成此一年代每人可支配所得成為歷年來最高的一年。

1930年代末期景氣的復甦，雖然使得每甲地農業所得大幅提升到高於此前任何一個時代，因而使得每人農業所得高於所有其他年代；但卻因為非農業所得遠低於1930年代初，因而每人可支配所得仍然低於1930年代初期。本章也以蔗作為例，說明了政府在品種改良與推廣及耕種方法革新上所扮演的角色，應該也是促成每甲地甘蔗收穫金額提升的要因之一。

而從迴歸分析中，我們發現影響每人可支配所得的因素，以經營地面積及家庭人口為最主要。而商業化程度愈高的農家，所得也愈高。此外，迴歸分析也讓我們得到若固定其他因素，則戰後初期的可支配所得顯著地高於戰前，這顯示戰後初期農家之所以平均每人可支配所得低於戰前，確實是因為當時經營地面積太小，也可能是因為商業化程度較低所致。

我們也發現若固定其他變數，則稅對可支配所得的影響是正向的，不過如果只討論戰後初期，則稅對可支配所得轉為無顯著的影響，可見戰前稅對可支配所得的影響是正向的。本章的迴歸分析也發現在1918-52年間，半自耕農的可支配所得與佃農無顯著的差異，但是戰後初期卻轉為顯著地高於佃農，這是否隱含著戰後初期佃農的可支配所得相對於半自耕農來說下滑了呢？

此外，若根據調查資料來看，本章也發現戰前蔗作農家平均每人可支配所得都高於米作農家，直到戰後初期才轉為低於米作。如果可支配所得的高低可以決定生活水準的話，那麼從本章所得到的結論，我們可以推論在戰前蔗作農家的生活水準可能一直都高於米作農家。

　　然而，柯志明所提的在 1925-39 年前段期間，臺灣農家生活水準之所以無法提高，乃是因為之前經濟發展主力之糖業部門的支配階級對農民之支配力量強大，而後一期間生活水準之所以得以提高，乃是因為此一時期促成經濟發展的米作部門之支配階級「土壟間」，對農民支配力量較弱所致。這樣的推論隱含了在 1925-39 年的前一段期間，農家平均生活水準之所以較低，乃是因為蔗作農家所得較低所致；而後一段期間農家平均生活水準之所以較高，則是因為米作農家所得提高所促成的。可見，本章最後這三個發現與前人的論述可能都有異。

第四章　農家儲蓄及消費水準之變遷

1. 前言

　　從前一章的分析中，我們得知臺灣農家的可支配所得在 1930 年代初期以前與日俱增，而後逐漸下滑。不過，可支配所得的水準未必代表實際的生活水準。因為人們可能被迫過於勞動或儲蓄，則福利會下降，但像國民所得這種指標所衡量結果反而會增加，因此所得無法反映過於勞動或儲蓄造成生活水準的低落。[1] 從此可知，即使在一個獨立的經濟社會，可支配所得也未必可以表徵一個地區人民的生活水準。不過，在一個獨立的地區，雖然過於儲蓄會使目前的生活水準下滑，但目前儲蓄傾向愈高，投資會愈多，因而未來的生活水準也會提升。

　　臺灣在日治時代是一個殖民地，一個殖民地經濟雖然成長了，但是人民的生活水準更不一定會提升。因為有不少學者認為一個帝國發展殖民地經濟的目的，是為了提升殖民地統治國人民（包括居住於統治國及殖民地區的統治國人民）之生活水準。雖然統治的帝國促進了殖民地經濟的發展，但為使發展的果實不為殖民地人民消耗掉，將會透過一些途徑以壓抑殖民地人民的需求，致使殖民地經濟雖然發展了，但人民的生活水準卻反而可能會惡化。許多學者因而認為統治國人民生活水準的提高，往往是以降低殖

---

1 關於這方面的討論，請見魏凱立，2000，頁27-28。

民地人民的生活水準為代價（Griffin and Gurley，1985），這類的論點一般被稱為帝國主義論。

持帝國主義論的學者從一些殖民地的經驗，發現殖民地原可用為內部使用之經濟剩餘常被統治國以下列直接或間接的方式剝奪。他們所提的直接剝奪途徑可歸納為二。一為將殖民地區經由出超而賺得的外匯，直接無償的匯回本國，以供本國人民使用。因此殖民地區儘管出口擴張了，經濟成長了，但是人民生活水準卻反而下降，此種剝削被 Bagchi（1982, p. 119）等人稱為「出口導向的剝削」。

這種剝削經常是藉由政府特許，而擁有獨占力量之統治國的公司來執行。這些公司運用其在殖民地區所擁有的獨占力量，賺取巨額的超額利潤，從而將這些巨額的利潤直接匯回本國。其間有名的例子有荷蘭在 1876-1880 年間，藉由在印尼之荷蘭東印度公司，剝取了此一期間印尼 6% 左右的財富（Griffin and Gurley，1985, p. 1108）。另外，英國在十八世紀中葉及十九世紀期間，從印度所獲取之資源約占印度此期間所得的 5% 至 6%（Bagchi, 1982）。另一直接剝削的途徑是由殖民地區之統治者直接取走原本可為殖民地區人民使用之資源，例如透過對殖民地區人民課徵高稅額。這些被取走的資源被用來從事與殖民地人民福利無關，甚至是降低殖民地人民福利之事業，例如用於增雇警察，以便加強對殖民地人民的控制（周憲文，1958，頁 307-310）。

而間接剝奪的方式，乃是透過殖民地區與統治國之間不平等的貿易條件，長期榨取殖民地的財富（Singer, 1950）（Perbisch, 1959），這被稱為「榨取效果」（Drain Effect）（Hou, 1965, pp. 93-94）。殖民地區一般生產較多的初級產品，並把這些產品的一大部分出口到統治國，並從統治國進口工業製造品。因為初級產

品之所得彈性較低，而工業製造品之所得彈性較高，所以長期間貿易條件將有惡化的趨勢，貿易條件的惡化使殖民地必須要以愈來愈多的出口品才能換回等量的進口品。

回應於述帝國主義論，有些學者也主張日治時代臺灣人民的消費水準並未伴隨著產出的快速成長而明顯大幅改善。生活水準改善緩慢乃是日本殖民政策的結果，殖民政府運用高稅收，[2] 並透過政府專賣，提高專賣物品的價格，或給予日本企業家專買制度，[3] 壓低這些企業家向殖民地人民購買原料的價格等方式，從而壓縮一般臺灣人民的消費水準。

其間被論述最多的就是臺灣總督府給予糖廠獨買甘蔗的權利，壓低了糖廠向蔗農收購甘蔗的價格，因而降低了蔗農的生活水準（涂照彥著，1975，李明峻譯，1991，頁 61、235-247；柯志明，2003，頁 109-121）。然而，我們在前一章的分析卻發現，日治時代蔗農的每人可支配所得與日俱增，且一直都高過米作農家，這種趨勢直到戰後初期才轉變。因此前述帝國主義論的這種說法似乎不適用於臺灣，除非蔗農的消費水準未隨著可支配所得的上升而增高。因此，我們這一章要分析蔗作農家及米作農家長期消費水準的變動趨勢為何。

曾對以上帝國主義論的主張提出嚴謹論述的人是 Ho（1968, 1978），他的論據之一是臺灣人民在 1930 年代糧食消費結構有惡質化的趨勢。人民從米消費所獲致的熱量下滑，其間部分由甘藷所填補。[4] 這是一個令人困惑的現象。

2　關於這一點，請參考葉淑貞1994b，頁494-496的介紹。

3　關於這一點，請參考葉淑貞1994b，頁496-497的介紹。

4　Ho（1968, 1978）運用總合資料，估計每人可用米量（availability of rice），估計方法為：

可用米量＝生產－耗損與腐敗－種子與飼料米－工業用－出口＋進口

日本一直以來都缺米，為此日治初期臺灣總督府就已經著手研發蓬萊米的栽種，但是成效一直不佳，直到 1920 年前夕，才在技術上有所突破。[5] 而日本在 1910 年代底因為米荒，米價高漲，在 1918 年引發了「城市米穀暴動」（Minami, 1986, p. 68）。為了紓解米荒，降低工人的工資，好有廉價的勞動力繼續發展工業，乃更加緊致力於殖民地米穀技術的開發，最後促成了臺灣在 1920 年代中期蓬萊米出現並普及的契機，且促成臺灣米穀產量的增加，因此 1930 年代臺灣人民米消費量未見增加或甚至下降是很奇怪的現象。

以下圖 4-1 標示出臺灣日治時代米穀的產量指數。從這個圖，可以看到若以 1936-37 年的產量為 100，則臺灣歷年的米穀生產指數從 1901 的 30 左右，持續上揚到 1903 的 40、1920 年的 50、1924 的 60；1930 年代初期短暫接近 80 之後，迅速接近，甚至超過 100；到 1940 年才又降低到 100 以下。因此可以說，整個臺灣

另外，Ho 也估計了平均每人從每日米及甘藷消費所得到的熱量。米消費所攝取之熱量係從可用米量之估計而求得，而甘藷消費所攝取熱量之估計方法則以文字說明。

年	每人每年可用之米量（公斤）	每日消費所獲取之卡洛里	
		米	甘藷
1910-14	133.7	1,319	89
1915-19	129.2	1,275	141
1920-24	131.2	1,295	213
1925-29	131.4	1,296	259
1930-34	115.3	1,137	303
1935-39	91.7	904	327
1940-44	108.7	1,074	265

5 關於蓬萊米技術的開發，請見本書第六章的分析。

日治時代在 1939 年以前，米穀產量持續地增加。

　　有些學者認為，為了不使增加的米產被殖民地人民消耗掉，政府乃運用稅收及專賣制度等手段壓低臺灣人民的實質所得，迫使臺灣人民在米產擴張及收入提高之下，卻因實質可支配所得之降低，只得減少米消費量，增加諸如甘藷等較劣等糧食品之消費，以彌補所需之熱量（Ho, 1968; Hayami and Ruttan, 1970, p. 570）。

　　「恩格爾法則」確實告訴我們，家庭消費支出結構可以傳達關於實質所得或生活水準變動的訊息，一個家庭消費的物品種類很多，有些屬於所得彈性較高者，有些物品之所得彈性較低。一般說來，糧食品之所得彈性較低，被服（服裝）、光熱、住居、

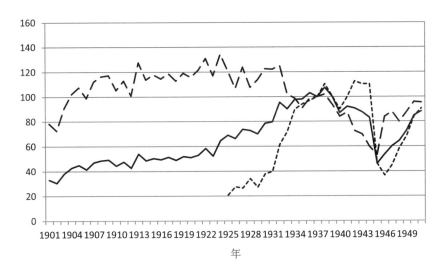

註解：所謂指數是以 1924 年為 100 求算而得。
資料來源：同於圖 3-2。

圖 4-1：臺灣水稻總產量指數

家具、菸酒等物品所得彈性較高。而臺灣人當時對糧食品的消費，應該喜歡米甚過於甘藷，故當時米的所得彈性可能高於甘藷，甘藷甚至可能是一種劣等品。果真如前述學者所提臺灣人民 1930 年代初期以來，消費較多的甘藷，較少的米的話，那麼臺灣人民 1930 年代以後糧食消費結構的改變，可能反應了實質可支配所得的降低。

矛盾的是，前一章我們提到在 1931-33 年臺灣農家平均每人可支配所得是歷年來最高的，即使 1936-37 年低於 1931-33 年，但仍高於 1918-21 年。米的所得彈性若是正的，且大過於甘藷，則米消費量增加的幅度在 1930 年代應該超過 1910 年代才對，而不是像本章註 4 的數據所顯示的那樣，米的消費量在 1930 年代初期以來就大幅下滑，甘藷的消費卻大幅上揚。此外，也有其他學者發現米消費量可能未見增加或甚至下跌，但是其他所得彈性可能比米還高的物品如菸、酒、鹽、鴉片（Ho, 1971），被服、紙張、腳踏車（Ho, 1978, pp. 98-99）等，其消費量或支出比例卻提高了。

這些矛盾的現象說明了以下幾個要點：

（1）如果前面所計算的可支配所得的數值是可信，且農家沒有過度儲蓄的話，則假若像有些學者所宣稱的那樣日治時代農民生水準是下滑的，這可能應該是 1930 年代中期以後的事情，而不是像 Samuel Ho 所提出的那樣，在 1930 年初期就開始了。

（2）若要用物品消費量對生活水準作論斷，必需觀察家庭的整個消費支出結構變化，不能只看糧食品或甘藷及米的消費量。

（3）實質所得水準變動同一幅度時，所得彈性相同的物品之消費量有不同幅度的改變，因為除了所得以外，尚有其他因素可以影響消費結構，其中價格結構、嗜好、或人口結構等，都是可

能的重要因素。

　　如果我們把生活水準定義為每人實質可支配所得或消費水準的話，那麼以上的分析說明了，有的指標可以反映生活水準，有的無法反映生活水準。既然這樣，本章重點之一在討論各指標對於生活水準的衡量，是否一致，若不一致，原因何在？本章也要探究米及甘藷消費量的影響因素，重點在於可支配所得是否是影響這兩項物品消費的要因？此外，也要分析影響家庭消費及儲蓄的因素有哪些？稅是否確實對家庭的消費有顯著的影響？若有的話，其影響是正向或是負向的呢？

　　雖然，張素梅及葉淑貞（1996，2001）已經有系統的分析過農家的消費結構及儲蓄行為，但張及葉文的重點不在於探究影響米及甘藷等物品消費量的因素這個問題，所以並未處理這個問題；他們的重點也不在於分析每人實質可支配所得與每人消費支出是否變化趨勢一致，不同的指標所反映的結果是否與每人實質可支配所得或實質消費支出相同等這些課題，而這些都是本章的分析重點。為此，本章第 2 節介紹儲蓄及消費的定義及可用的資料之後，第 3 節要重新推估日治時代農家的消費及儲蓄水準，重點在於檢視這一時期當農家面對可支配所得升或降時，消費水準是否也隨著同向變動呢？農家是為維持目前的生活水準，而犧牲了儲蓄；或為了儲蓄，而犧牲了目前的生活水準呢？

　　第 4 節接著要探究儲蓄及消費的影響因素有哪些。重點之一在於稅及農家身分別這些因素是否對儲蓄及消費有顯著的影響，其影響方向為何？這個研究結果可以讓我們驗證帝國主義論者提出之統治國政府利用高稅收壓低人們的生活水準這個看法，是否與臺灣的資料所顯示的一樣；而一般我們認為佃農的生活水準低於自耕農這種看法，是否得到實際資料的支持？

　　第 5 節要分析長期間糧食消費結構及支出結構是否有變動，若有的話，變動方向為何，是否與可支配所得及每人消費支出所呈現的結果一致等這些問題。然後要用迴歸模型，分析影響米及甘藷消費量的因素有哪些？是否完全是因為所得的變動所致？以驗證前述學者主張 1930 年代農家米相對於甘藷消費量減少是所得下滑促成的這種看法是否正確。

　　接著第 6 節要探討農家飲食費比率，亦即「恩格爾指數」，其變化趨勢是否可反映實質所得或消費支出的變化趨勢？若無法反映的話，原因何在？本節也要探詢飲食費及非飲食費支出的決定因素有哪些，以檢視飲食費及非飲食費的所得彈性是否與可支配所得及消費金額反應的事實一致。最後一節為本章的結論。

2. 相關文獻、定義及資料

　　關於農家消費及儲蓄水準的研究過去已有幾項成果，不過他們的重點與本章不完全相同，以下先要介紹過去前人的研究成果，從中引申出本章的重點。而儲蓄及消費與所得都有關，因此接著要說明這幾個變數之間的關係、介紹可用的資料有哪些、資料有何問題及本章如何處理這些問題。

2.1 相關的文獻

　　曾經探究過日治時代農家消費水準的學者有六位，亦即張漢裕（1955a）、Myers（1970）、Ho（1968, 1978）、Ho（1971）與張素梅及葉淑貞（2001），而曾經有系統分析過該時代農家儲蓄水準及儲蓄行為者，則只有張素梅及葉淑貞（1996）。在分析消費水準或消費行為時，張漢裕、Myers、張素梅及葉淑貞所使用的是橫斷面家戶資料；Ho（1968, 1978）及 Ho（1971）採用的是總合性（Aggregate）的時間序列資料。而在分析儲蓄行為時，張

素梅及葉淑貞（1996）使用的也是橫斷面資料。

　　日治時代並無家計方面的總合性資料，而在估計某農產品的總消費量時，通常利用本章註4所提的公式而估得的（葉淑貞，1994a，頁136）。在日治時代所編製的時間序列總合資料中，只有生產量和進、出口量有較完整的資料，其他項目的資料大多缺乏，因此要利用總合資料，需要做許多的假設，才能估得消費量。第二章提到若使用農家消費資料，直接估計家庭消費狀況，估計的過程無須過多的假設，可以免除估計的誤差，因此本章所使用的是農家消費及儲蓄的資料。

　　本章所使用的資料與張漢裕、Myers及張素梅及葉淑貞等人使用的是相同的資料，那為何本章還要使用相同的資料探討農家消費水準呢？這主要是因為關心的課題不同，或使用的分析方法不同所致。

　　誠如本書第一、二章及附錄所述，張漢裕是最早使用統計方法，探究日治時代農民生活水準的學者。他比較戰前1931-32、1936-37及1941-42年及戰後初期1950-51年飲食費、第一生活費及第二生活費占家庭總消費支出比率的變動，發現戰後初期飲食費及第一生活費的比率都較高於戰前，而第二生活費比率卻都小於戰前。從此，他下結論：臺灣在戰前的1931-42年農家的生活水準並不低於戰後初期。可見，張漢裕討論的重點在於比較1931-42及1950-51年農家的生活水準，而他所用的指標主要有飲食費、第一生活費及第二生活費占總消費支出的比率。

　　但是，若要以飲食費、第一生活費及第二生活費比率衡量家庭生活水準的長期變化趨勢，可能必須考慮不同物品價格變動的幅度是否一致，如果不一致，可能無法反應出家庭生活水準的變遷，例如戰後初期農家面對的米價相對於其他物品價格而言可能

較低,農家對米這一類的糧食支出比率可能較低,因而促使戰後初期的飲食費比率較低,但這可能只是飲食費支出金額下降的幅度超過總消費金額下滑的幅度而已,未必反映農家的可支配所得或是消費水準提高了。

此外,張漢裕並沒有探討各種消費支出的影響因素為何,直到 1970 年,Myers 才利用迴歸模型分析農家的消費水準受到哪些因素的影響。不過,他的模型中只包含了總支出與家庭人口數這兩個因素,且他的模型混合了 1931-32 及 1936-37 年兩個調查的資料。而農家消費水準除了受到這兩個因素的影響之外,也可能受到這兩個不同年代各物品價格的變動所影響。[6]

張素梅及葉淑貞(2001)一文彌補了以上所提的各項缺失,除了探討各不同時期農家糧食支出、第一生活費及第二生活費的比率,也以迴歸模型分析農家八大消費項目的影響因素,且迴歸模型也加入其他可能影響各項消費支出的家庭特性因素,例如農家人口數、農家有無 1-7、8-14 歲小孩、農家的種作別、農家的身分別及繳納的稅金。不過,張及葉文的主旨在分析農家消費結構的影響因素,重點不是在討論農家的消費結構可否反映所得的變化趨勢,也不在於探究農家米及甘藷消費的決定因素,且張及葉文只探討各類物品消費的決定因素,並未分析家庭消費支出的影響因素。這些課題成為本章關注的重點。而且,以上各文獻除了張漢裕之外,沒有人探討戰後初期農家的消費狀況。因此,本章要把時間往後延伸到戰後初期。

至於農家儲蓄這個課題,過去張素梅及葉淑貞(1996)也已經有系統地探討過,不過他們探討的重點在於日治時代,涵蓋的

---

6 關於這些討論請參考張素梅及葉淑貞,2001。

時間為 1918-37 年，並未討論戰後初期的狀況。為了與消費的討論時間一致，本章在討論儲蓄水準及儲蓄行為時，分析時間也將延長到戰後初期的 1950-52 年。

2.2 定義

本章的重點在於分析農家的消費及儲蓄，這兩項都是所得的一部分，其間的關係如下所示：

$$Y_d = Y - Tax \qquad (4\text{-}1)$$
$$= C + S \qquad (4\text{-}2)$$

式 4-2 把可支配所得定義為消費及儲蓄，前一章註 3 提到各年農家經濟調查所含括的稅（Tax）範圍不同。[7]1931-33 年的調查報告把稅分成為三部分，分別納入於農業經營費、家事及農業家事以外這三個項目之下；而 1936-37 年的調查則分成兩部分，亦即農業經營費及家事這兩個項下。1918-21 及 1950-52 年的調查報告中都沒有農業家事以外的生產活動，且家庭消費支出當中沒有稅這個項目。而 1936-37 及 1941-42 年的米作農家消費支出調查則有稅這個項目。前一章在計算可支配所得時，假設 1918-21 及 1951-52 年農家不用繳納所得稅，因此家庭所得與可支配所得相同，本章仍然立基於這個相同的假設。[8]

至於儲蓄的定義如下所示：

$$S = Y_d - C \qquad (4\text{-}3)$$

---

7 日治時代的統計資料把農家繳納的稅、農會費、水租及土地整理組合費合稱為諸負擔，不過諸負擔以稅為最重要，因此本書把諸負擔稱為稅。

8 至於根據式4-1，1931-33及1936-37年這兩個年代的Tax，只包含對家事（家計）方面所課的部分，因為其他部分的稅已經含於經營費之中。

　　家計費包含有經常家計費及臨時家計費，不過本文的消費只含有經常家計費。[9]而平均儲蓄傾向（APS）及平均消費傾向（APC）則定義如下：

$$APS = \frac{S}{Y_d} \qquad\qquad (4\text{-}4)$$

$$APC = \frac{C}{Y_d} \qquad\qquad (4\text{-}5)$$

　　本章第 3 節將利用式 4-3 計算農家的儲蓄額，並利用式 4-4 及 4-5 求算平均儲蓄傾向及平均消費傾向。

2.3 資料來源

　　本章所使用之農家消費方面的資料，除了前章提到的 1918 年以來的幾次農家經濟調查之外，還有兩次專為米作農家消費而進行的調查，都稱為「米作農家生計費調查」。這兩次調查分別進行於 1936-37 年及 1941-42 年，可見這兩份調查的前一份與前一章表 3-1 所列的第五次米作農家經濟調查的時間完全相同，只是米作農家經濟調查除了調查農家消費狀況外，也調查生產狀況，而農家生計費調查則只調查農家的消費狀況（臺灣總督府殖產局，1938e，1943b）。

　　1936-37 年的《米作農家家計費調查》與《農家經濟調查（米作農家）》的對象都是米作農家，且調查時間完全相同，不過家計費調查的樣本數較多，共有 189 戶。本章在計算該年的儲蓄時，雖然只能使用樣本數為 22 戶的經濟調查，但是在計算各種消費的數據時，將合併使用這兩份調查。這樣，本章用以分析農家消

---

9 日治時代稱家計費為生計費。

費狀況的年代有 1918-21、1931-33、1936-37、1941-42 及 1950-52 年。樣本數除了 1918-21、1931-33 及 1950-52 年與前一章相同外，1936-37 及 1941-42 年各有 211 以及 202 戶。

農家的儲蓄既然是所得減去消費，必須要有所得及消費的資料，才能得知儲蓄額之高低。既然如前一章所論，在 1952 年以前，臺灣農家經濟比較完備的調查只有四次 1918-21、1931-33、1936-37 及 1951-52 年，因此以下在分析儲蓄時，討論的期間也就限於這四個年代。

如同第 2.1 節所述，在分析日治時代家庭消費水準時，分析者曾使用過兩類資料，亦即橫斷面的家戶資料與總合性的時間序列資料，而在分析儲蓄水準時只用過橫斷面的調查資料。第二章提到若使用家戶資料，直接估計家庭的消費狀況，估計的過程無須過多的假設，可以免除估計的誤差，因此本章所使用的也是農家家庭層級之消費及儲蓄的資料。

此外，儲蓄行為、消費行為或生活水準往往受到所得以外之諸多家庭特性因素的影響，這些特性必須從家戶資料中去搜尋，總合資料難以透漏相關的訊息。不過，橫斷面資料所傳達的只是某特定年代的狀況，無法表現不同時代的變遷情況。然而，如上所述，臺灣總督府殖產局曾在 1910 年代底以後的不同時間，對農家的家計費及經濟狀況所進行過數次的調查，這些調查既可以傳達家庭特性因素，又可以顯示不同時代的變遷（張素梅及葉淑貞，2001，頁 417）。基於以上這些理由，本章也將利用這些調查資料，以家戶作為分析的基本單位，觀察不同期間農家儲蓄水準、消費水準、糧食消費結構、家庭消費結構的變化。

但是使用家庭橫斷面資料也有一個缺陷，就是這類資料通常不提供價格的資料，因此若要探討價格對各類物品消費的影響時，

必須求於其他的來源。我們以下在分析各家庭所面臨的米價及甘藷價格時，假設每農家所面臨的價格都與各州廳的平均價格相同，因此可以使用戰前殖產局及戰後臺灣省政府農林廳所編的農業年報中各州廳或縣市的產地價格作為每戶農家所面臨的市場價格。何以我們不用零售價格或批發價格，而用產地價格呢？這主要是因為農家消費的米及甘藷絕大部分都是自家提供的，這將於第五節再介紹。

前面第三章提到日治時代殖產局在 1918-21、1931-33、1936-37 年，做過三次農家經濟調查，這三次的調查都包含有農家的收入、經營費及家計費。從這些資料中，除了可計算出農家的可支配所得之外，也可求算農家的儲蓄及消費水準。而在 1936-37 與 1941-42 年，殖產局又專門針對米作農家家計費進行過兩次調查。既然 1918-21 及 1931-33 年缺乏專門性的家計費調查，為了將觀察時間儘量往前延伸，本章乃採用經濟調查中的家計費資料。而 1950-52 年臺灣省政府農林廳也仿效日治時代的農家經濟調查，針對稻作、蔗作及雜作農家進行過相同的調查。

本章在估計各年儲蓄額及探究影響儲蓄的因素時，主要使用的是四次的農家經濟調查資料，而在估計消費支出及探詢消費支出的影響因素時，除了使用這幾份經濟資料之外，也要利用另外兩份生計費調查資料。

2.4 資料的處理

農家的消費支出有經常費，也有臨時費，而經常費又分成第一生活費及第二生活費。1918-21 年家計費只有生活費及臨時費，其中的生活費含有食費、被服費、住居費、薪炭點燈費及什器雜費等五項；而臨時費則有冠婚、葬祭、醫藥及其他等四項。其他的報告的分類都相當一致，第一生活費含有飲食、被服、光熱、

住居及家具什器費等四項，第二生活費則有修養、教育、交際、稅等諸負擔、嗜好、娛樂、保健衛生、冠婚葬祭及其他等各項。

我們把 1918-21 年的調查與其他調查對比，發現該次調查報告上所謂的生活費是其他報告中的第一生活費，而臨時費則是其他報告中的第二生活費；而其他五份報告則有經常費及臨時費，不過只有生計費調查這兩份有臨時費之細項，其他三份只有總金額。為了統一起見，本章的家計費只含有第一生活費及第二生活費，也就是只有經常費。

不過，1918-21 年的家計費不包含教育費，教育費列在現金支出這個大項之下。[10] 以下的家庭消費總支出中，1918-21 年包含生活費、臨時費及教育費，而其他三個年分則含有第一生活費及第二生活費。雖然 1936-37 年生計費調查的樣本數較多，有 189 戶，但這份調查只有家庭消費狀況，沒有家庭的生產狀況，無法求算出可支配所得及儲蓄，因此凡是分析中需要用到可支配所得的地方，都只能使用樣本數只有 22 戶的經濟調查。[11] 不過，在求算家庭消費的任何相關數據時，將合併兩份調查報告。

在前一章的估計中，我們把該年的可支配所得往上調整，所以本章的儲蓄及消費金額也要調整。雖然每人可支配所得往上調整到介於 115.08 及 118.00 圓之間，但是因為可支配所得只是根據經濟調查報告進行的調整，而每戶消費金額則是聯合該年兩份家計費調查而進行的，所以調整的比率有所不同。調整的步驟及方式如下：（1）先把估得之每人可支配所得 118 圓，乘以合併該年

---

10 現金支出除了經營費之外，還有生活費、臨時費及教育費三項。

11 何以在分析消費及儲蓄的決定因素時，只能夠用樣本數只有22戶的經濟調查，乃是因為這兩個變數的決定因素中都有可支配所得，而只有經濟調查所提供的資料才能求出可支配所得。

兩份報告之平均人口數 9.7299，得到合併兩份報告後，估計之總
可支配所得 1148.20 圓。（2）把這個數額，除以第三章按經濟調
查報告原始資料求算出來的 1078.12 圓，得到 1.065。（3）再把
經濟調查上消費支出費的 865.6082 圓乘以 1.065，得到 921.8727
圓，以這個數值作為每戶平均消費金額之估計值。（4）接著把
921.8727 圓，除以兩份家計資料合併之後的平均每戶消費金額
899.01607 圓，得到 1.026。（5）最後再把各細項家計費支出乘上
1.026，便可得到各項家計費的估計值。

3. 儲蓄及消費的變動

　　第三章除了利用原始資料計算農家可支配所得之外，也重新
推估米作農家的可支配所得，結果發現這兩個序列的結果不一致，
主要是因為原始資料 1936-37 年的樣本數太少，調查所得到的數
據可能不具代表性。然而，無論是從原始資料或重新推估而得的
結果，我們發現在 1918-52 年之間，農家平均每人實質所得先在
1933 年以前呈現著上升的趨勢，但到了 1936-37 年及其後則轉為
下滑的趨勢。本節首先要檢視消費水準是否與所得呈現著相同的
變化趨勢，其次要探討當可支配所得下跌時，農家是犧牲儲蓄，
以維持消費水準，或犧牲消費，以維持儲蓄水平；最後要計算並
討論儲蓄及消費傾向。

3.1 每戶及每人消費及儲蓄

　　從表 4-1 所列的數值，可以看到在 1918-52 年間，米作農家
每人消費依序是 1931-33 年的 100.38 圓、1941-42 年的 99.76 圓、
1936-37 年的 94.75 圓、1918-21 年的 80.02 圓以及 1950-52 年的
78.17 圓。而蔗作農家則依序是 1931-33 年的 104.61、1918-21 年

表 4-1：1918-52 年臺灣農家的消費及儲蓄水準

年	可支配所得		消費			儲蓄		
	每戶 （圓或元）	每人 （圓或元）	每戶 （圓或元）	每人 （圓或元）	$\frac{C}{Y_d}$ （%）	每戶 （圓或元）	每人 （圓或元）	$\frac{S}{Y_d}$ （%）
1918-21								
米作	1190.40	113.85	836.64	80.02	70.28	353.76	33.83	29.72
蔗作	969.64	136.19	651.43	91.49	67.18	318.21	44.69	32.82
全體	1131.06	119.86	786.87	83.11	69.57	344.21	36.75	30.43
1931-33								
米作	1286.71	137.76	937.56	100.38	72.86	349.16	37.38	27.14
蔗作	1871.69	166.91	1173.17	104.61	62.30	698.53	62.29	37.32
全體	1496.71	148.22	1022.14	101.90	68.29	474.57	47.40	31.98
1936-37 米作	1148.20	118.00	921.87	94.75	80.29	226.33	23.25	19.71
1918-37 平均								
米作	1208.48	123.41	898.71	92.85	74.37	309.75	31.53	25.63
蔗作	1420.67	151.58	912.30	99.45	64.22	508.39	53.49	35.78
全體	1258.71	128.91	910.32	94.37	72.32	348.37	36.07	27.68
1942 米作			967.63	99.76				
1950-52								
米作	976.82	99.47	767.64	78.17	78.59	209.18	21.30	21.41
蔗作	890.01	95.19	642.13	68.68	72.15	247.88	26.51	27.58
全體	966	98.94	752.14	76.99	77.81	214.01	21.95	22.19

註解：本表中 1936-37 年的數字是估計而得的，估計方法請見第 2.4 節的介紹。
　　　所謂平均消費傾向及平均儲蓄傾向，是指所有農家平均消費或平均儲蓄
　　　除以平均可支配所得。原始資料家計費中含有稅，該表把稅從家計費中剔
　　　除。
資料來源：臺灣總督府殖產局，1923；1934b；1936；1938a；1938e，頁 18、26、
　　　34、44、52、60；1943b，頁 6、14、20、26、32、40、46、52、58；
　　　臺灣省政府農林廳，1952a；1953a。平減指數同於表 3-3。

的 91.49 圓及 1950-52 年的 68.68 圓。可見,每人消費支出金額與第三章所得到的每人可支配所得的排序完全一致,都是在 1931-33 年達到最高,其次依序是 1941-42、1936-37、1918-21、1950-52 年。

　　每人儲蓄最高出現在 1931-33 年,其中米作及蔗作分別是 37.38 及 62.29 圓;接著是 1918-21 年的 33.83 及 44.69 圓;1936-37 年米作的 23.25 圓,最後則是 1950-52 年的 21.30 及 26.51 圓。可見,每人儲蓄的排序與消費及可支配所得不太一致,主要的不一致發生在 1918-21 及 1936-37 年這兩年的排序上,1936-37 年的儲蓄低於 1918-21 年,而消費及可支配所得則高於 1918-21 年。

　　至於消費及儲蓄變動幅度各如何呢?從表 4-1 的資料計算可以得到,米作農家每人消費提高的速度,在可支配所得上揚的 1918-21 至 1931-33 年間為 25.44%,快過於每人儲蓄幅度的 10.49%;接著若略過 1936-37 年不論,比較 1931-33 到 1950-52 年間,這段可支配所得下滑時代,消費及儲蓄的變動幅度,發現消費下滑了 22.13%,儲蓄跌落了 43.02%。由此可見,消費上揚的速度快過於儲蓄變動的程度,但是下滑的速度卻小於儲蓄。

　　蔗作農家每人儲蓄及消費,也與可支配所得變動方向相同。在 1918-33 年,當可支配所得上揚的年代裡,消費及儲蓄的增高率分別是 14.34% 及 39.38%;而 1933-52 年,當可支配所得下滑之時,消費及儲蓄的下跌率分別是 34.35% 及 57.44%。

　　可見農家儲蓄及消費變動的方向雖然都相同,但兩者在上揚或下滑時,變動速度快慢卻不同。當兩者都上升時,蔗作農家儲蓄比消費變動速度慢,而米作家農家則較快;相反地,當兩者都下跌時,兩種農家儲蓄萎縮的速度都快過於消費。

3.2 平均儲蓄傾向及消費傾向

至於農家平均每一圓所得如何分配於儲蓄及消費呢？從表 4-1 可以看到，農家平均消費傾向高低依序是 1936-37 年米作的 80.29%、1950-52 年米作的 78.59%、1931-33 年米作的 72.86%、1950-52 年蔗作的 72.15%、1918-21 年米作的 70.28、1918-21 年蔗作的 67.18%，最後是 1931-33 年蔗作的 62.30%。這說明了無論哪一年米作農家的消費傾向都高於蔗作農家，其間差距最大出現在 1931-33 年，高達 10.56 個百分點；最小則發生於 1918-21 年，只有 3.10 個百分點。

雖然臺灣在戰前蔗作農家的所得高於米作農家，但消費傾向卻低於米作農家，特別是 1931-33 年更是跌到歷年來最低。這是由於該年蔗作農家的可支配所得是歷年來最高，並非因為消費金額太低所致。該年蔗作農家無論是每戶或每人的消費金額及儲蓄金額都是歷年來所有各種主作農家中最高的，其中的消費金額分別高達 1173.17 及 104.61 圓，而儲蓄金額則分別是 698.53 圓及 62.29 圓。

又，米作農家在 1918-21 年的儲蓄傾向最高，高達 29.72%，高於其他年代。其他年代依次是 1930-33 年為 27.14%，1950-52 年為 21.40%，而 1936-37 年最低，只有 19.71%。蔗作農家的儲蓄傾向 1918-21、1931-33 及 1950-52 年分別為 33.83%、37.32% 及 27.58%。可見，在所有的年代當中，蔗作農家的儲蓄傾向都高於米作農家。至於戰前三段期間的平均儲蓄傾向，兩種農家分別是 25.63% 及 35.78%，而全體農家則為 27.68%。可見戰前全體農家平均 1 圓所得，儲存起來的金額高達 0.28 圓左右；高於戰後初期 1950-52 年的 0.22 圓的水準。戰前的平均儲蓄傾向不只高於戰後

初期農家的水準，也高於 1976 年全臺平均水準的 15.7%（張素梅，1986）。

3.3 結語

從本節的分析，我們得到以下關於儲蓄及消費金額上幾個發現。第一，無論儲蓄或消費金額都在 1931-33 年達到最高，而在 1950-52 年降至最低，這與可支配所得的排序都相同。第二，農家在戰前的時代，為了維持日益上升的生活水準，當可支配所得在 1936-37 年下滑時，農家犧牲了儲蓄，使得儲蓄降至低於 1918-21 年的水準，但消費卻高於 1918-21 年的水準。

第三，戰前農家的平均儲蓄傾向高於戰後初期平均消費傾向則低於戰後初期。第四，從農家消費及儲蓄上升及下滑幅度不同，我們發現米作農家在所得上升的時代，消費上揚的速度快過於儲蓄；而當所得下跌時，消費下滑的速度慢於儲蓄。

4. 儲蓄及消費的影響因素

既然消費及儲蓄都與可支配所得呈現著相同的變化趨勢，那麼當其他因素固定時，可支配所得對儲蓄及消費的影響如何呢？除了可支配所得之外，還有哪些因素也顯著地影響消費及儲蓄呢？稅是否確實如帝國主義論者所提的那樣降低了家庭消費及儲蓄呢？以下我們用迴歸分析探詢哪些因素決定農家之消費及儲蓄金額，以便回答以上所提的種種問題。

4.1 消費

首先設定模型如下：

$$\ell nTE = \alpha_0 + \alpha_1 * \ell nY_d + \alpha_2 * \ell nA + \alpha_3 * \ell nTax + \alpha_4 * \ell nPop \\ + \beta_1 * dl_1 + \beta_2 * dl_2 + \beta_3 * dl_3 + \gamma_i * df_i + \lambda * dc + \varepsilon \qquad (4\text{-}6)$$

式中 ℓn 是自然對數，TE、Y_d、A、Tax、Pop 及 dc 分別為家庭總消費支出、可支配所得、耕地面積、稅金、依壯年計算的人口數及農家主作別。

每個農家消費支出的多少與消費能力有關，壯年人的消費量較小孩及老年人多，因此我們必須有農家年齡結構的資料，以便把人口換算成依壯年消費能力計算的數值。日治時代臺灣總督府殖產局（1922b）曾做過一次農家食糧消費調查，在這個調查的凡例中，提到該報告是以下列方式算出成年人一人消費量：

$$10 \text{ 歲以上} = 1.00$$
$$5\text{-}10 \text{ 歲} = 0.60$$
$$5 \text{ 歲以下} = 0.10[12]$$

雖然這份調查上所提出的換算比率是日治時代的臺灣，但是因為 1931-33 年及 1936-37 年《農家經濟調查》上所列年齡的組別與這個分法不同，所以無法利用這個資料來換算人口數字。[13]臺灣省政府在 1967 年提出不同年齡人的消費能力換算成為成年人的比率，這個比率為 Lau、Lin and Yotopoulos（1978）利用，換算標準如下：

1 個 15-60 歲之間的人口 = 1 單位。
1 個女人 = 0.8 單位。
1 個 15 歲以下的人口 = 0.55 單位。
1 個 60 歲以上的老人 = 0.95 單位。

12　臺灣總督府殖產局，1922b，凡例。

13　根據該兩份調查報告，農家人口分布組距如下：1-7、8-14、15-25、26-40、41-60、61歲以上（臺灣總督府殖產局，1934b，頁35、75、115；臺灣總督府殖產局，1938a，頁11）。

　　以下我們就利用這個換算比率，求出這四個樣本各年齡別的人口數。而 1941-42 年的調查缺這項資料，因此這兩年全體農家的迴歸分析，只能納入未調整的全家總人口數。代表區域變數的虛擬變數，所代表的意義與第三章的式 3-7 相同。dl_i 代表農家的身分，其中的 1931-33、1936-37 及 1950-52 年所代表的意義與第三章式 3-7 相同，而 1941-42 年只調查自耕農及佃農，因此該年模型中就只有 df，其中 $df = 1$ 代表自耕農，而 $df = 0$ 代表佃農；1918-21 年調查資料列有地主、自耕農、半自耕農及佃農，因此農家身分就有三個虛擬變數，分別是 $df_1 = 1$ 代表地主，$df_2 = 1$ 代表自耕農，$df_3 = 3$ 代表半自耕農，也就是無論有幾種農家，我們也是都以佃農作為參考組。

　　迴歸結果列於表 4-2。該表 1936-37 年有兩欄，1936-37a 及 1936-37b。1936-37a 取自於農家經濟調查，雖然樣本數只有 22 個，但從該調查可以求出家庭可支配所得。而 1936-37b 則把經濟調查與家計費調查合併，家計調查沒有可支配所得的調查，所以合併的這個樣本無法含納可支配所得。

　　從表 4-2 的數據，可以看出以下幾個要點：（1）我們模型的 R^2 及 $\overline{R}^2$ 各年分別是 1918-21 年為 0.67 及 0.63；1931-33 年 0.77 及 0.73；1936-37a 為 0.93 及 0.88；1936-37b 為 0.77 及 0.76；1941-42 年為 0.48 及 0.46；1950-52 年為 0.70 與 0.69。可見 R^2 介於 0.48-0.93 之間，而 $\overline{R}^2$ 則介於 0.46 與 0.88 之間。（2）常數項都顯著地大於 0，表示當其他變數，例如所得為 0 的情況下，家庭消費支出都是正值，這時可能要靠舉債或過去的儲蓄度日。

　　（3）可支配所得對於消費支出的影響都是正向，且顯著的大於 0，且其異於 0 的顯著水準只有在 1931-33 年為 10% 之外，其他年代都高達 1%。這顯示可支配所得愈高的農家，其消費支出也

表 4-2：每戶消費支出的迴歸結果

	1918-21		1931-33		1936-37a	
	係數	t 值	係數	t 值	係數	t 值
常數項	2.71	5.48 ***	4.01	13.50 ***	1.64	1.96 **
ℓnY_d	0.49	6.03 ***	0.09	1.72 *	0.58	3.83 ***
ℓnA	0.12	1.18	0.24	0.01	-0.17	-1.49
$\ell nTax$			0.23	3.56 ***	0.09	1.74 *
$\ell nPop$	0.28	2.82 ***	0.43	4.45 ***	0.54	4.58 ***
dl_1	0.03	0.21	0.09	0.80	0.15	1.40
dl_2	-0.03	-0.15	0.02	0.19	-0.13	-1.22
dl_3	-0.11	-0.73	-0.04	-0.38	-0.11	-0.99
df_1	-0.10	-0.41	0.05	0.60		
df_2	-0.10	-0.51	-0.10	-1.36		
df_3	0.04	0.18				
df					-0.14	-1.36
dc	0.05	0.52	0.06	0.72		
樣本數	93		78		22	
R^2	0.67		0.77		0.93	
$\bar{R}^2$	0.63		0.73		0.88	

	1936-37b		1941-42		1950-52	
	係數	t 值	係數	t 值	係數	t 值
常數項	4.95	62.60 ***	5.36	30.56 ***	2.44	10.87 ***
ℓnY_d					0.51	14.01 ***
ℓnA	0.03	0.85	0.19	4.06 ***	0.001	0.05
$\ell nTax$	0.10	4.86 ***	0.29	7.71 ***		
$\ell nPop$	0.72	19.74 ***	0.02	0.60	0.29	7.57 ***
dl_1	0.08	1.57	0.04	0.40	0.04	0.70
dl_2	0.08	1.52	0.10	1.49	-0.02	-0.25
dl_3	0.08	1.48	-0.09	-1.51	-0.004	-0.06
df_1					0.04	1.21
df_2					0.02	0.58
df	0.03	1.11	-0.09	-1.80 *		
dc					0.11	2.75 ***
樣本數	211		202		321	
R^2	0.77		0.48		0.70	
$\bar{R}^2$	0.76		0.46		0.69	

資料來源：同於表 4-1。

註解：*、** 及 *** 分別代表顯著水準為 10%、5% 及 1% 之下異於 0。

顯著地愈多。（4）家庭人口數若換算為壯年人數，則對消費支出的影響都是正向的，且在顯著水準為 1% 之下，仍然異於 0；不過在缺乏換算壯年人資料的 1941-42 年，家庭總人口數對於消費支出的影響不顯著。

（5）耕地面積大小對於消費支出的影響，除了 1936-37a 這一年之外，其他都是正向的，且該因素對消費支出的影響力，在 1941-42 年是顯著地異於 0。這顯示耕地面積愈多，雖然可能愈需要較辛勤工作，因此需要的消費支出較多，但除此之外，其他都不顯著。（6）稅對於家庭消費支出的影響都是正向的，且都顯著地大於 0。這與帝國主義論者所述的政府利用苛稅，降低人民消費水準的論點不同。（7）區域因素對消費支出都無顯著的影響，可見在其他因素固定之下，各地區的消費水準都無顯著的差異。（8）農家身分別對消費支出除了在 1941-42 年之外，其他年代都無顯著的影響，而該年佃農的消費水準顯著地高於自耕農。可見，一般我們認為佃農生活水準低於其他種類農家的看法，得不到實際資料的支持。

（9）蔗作農家的消費水準在戰前與稻作農家無顯著的差異，不過當其因素都固定之下，戰後初期卻轉為顯著地低於稻作農家。可見無論在所得及其他因素是否固定之下，蔗作農家的消費支出都低於稻作農家。

以上的分析說明迴歸結果顯示可支配所得、稅及人口數這幾個因素，是影響家庭消費支出的較重要變數。此外，我們也得到幾個與我們一般認為的影響方向不同的變數。（1）稅額：帝國主義論者認為政府利用高租稅壓抑人民的消費水準，也就是說稅愈高消費支出會愈低；不過我們卻發現納稅額與消費支出高低的變動是同向的。（2）區域因素：一般認為東部地區居民生活水準較

西部低，然而我們卻發現各年各地區的消費支出都無顯著的差異。
（3）一般認為佃農的生活水準低於其他身分的農家，但是迴歸
分析卻顯示大多數年代佃農與其他身分農家的生活水準相當，而
1941-42 年佃農生活水準反而顯著地高於自耕農。

4.2 儲蓄

至於影響儲蓄的因素有哪些呢？這些因素的影響方向與我們
一般的認識是否相同呢？以下繼續利用迴歸分析探究這些問題。
迴歸模型設定如下：

$$S = \alpha_0 + \alpha_1 * \ell n Y_d + \alpha_2 * \ell n A + \alpha_3 * \ell n Tax + \alpha_4 * \ell n Pop$$
$$+ \beta_1 * dl_1 + \beta_2 * dl_2 + \beta_3 * dl_3 + \gamma_i * df_i + \lambda * dc + \varepsilon \qquad (4\text{-}7)$$

式中 S 為農家的儲蓄金額，其他變數的意義則與式 4-6 相同。[14] 迴
歸結果列於表 4-3。

從表 4-3，我們得到以下的發現：（1）各迴歸式的模型的 R^2
及 $\overline{R}^2$ 各年分別是 1918-21 年為 0.54 及 0.49；1931-33 年 0.66 及
0.61；1936-37 年為 0.85 及 0.75；而 1950-52 年則為 0.53 及 0.52。
（2）可支配所得也都是各年儲蓄的重要決定因素，在顯著水準為
1% 之下，其影響力都是顯著的正向。（3）耕地面積除了在 1936-
37 年具有顯著的正向影響之外，其他年代都無顯著的影響。（4）
稅額對於儲蓄除了在 1936-37 年有負向的顯著影響之外，其他年
代都無顯著的影響。（5）人口數對儲蓄的影響力，大都相當顯
著，且在有顯著影響的年代都是負向的。（6）各年各區域變數對
儲蓄金額大都無顯著的影響。（7）農家身分別對儲蓄的影響除了

---

14 何以此處我們迴歸式的應變數不取自然對數呢？那是因為有些農家儲蓄是負的，無法取
　自然對數。

表 4-3：每戶儲蓄金額的迴歸結果

自變數	1918-21		1931-33		1936-37		1950-52	
	係數	t 值	係數	t 值	係數	t 值	係數	t 值
常數項	-4057.21	-7.23 ***	-2377.34	-7.33 ***	-1692.24	-1.98 **	-2739.85	-14.72 ***
ℓnY_d	680.28	7.32 ***	404.32	6.84 ***	342.08	2.20 **	487.7171	16.23 ***
ℓnA	92.90	0.84	-125.83	-1.25	291.51	2.47 **	18.61	0.82
$\ell nTax$			69.67	0.99	-93.42	-1.68 *		
$\ell nPop$	-335.59	-2.99 ***	121.39	1.16	-349.27	-2.87 ***	-161.39	-5.12 ***
dl_1	-63.29	-0.33	-123.77	-0.98	-31.69	-0.29	-28.09	-0.53
dl_2	-14.30	-0.07	-121.06	-0.86	201.29	1.88 *	30.55	0.54
dl_3	21.81	0.12	-79.93	-0.70	146.66	1.34	32.42	0.60
df_1	382.97	0.69	-75.34	-0.75			-20.40	-0.81
df_2	156.68	0.69	-71.34	-0.05			-12.45	-0.52
df_3	45.43	0.20						
df					235.26	2.26 **		
dc	-2.22	-0.02	-129.66	-1.53			-60.64	-1.88 *
樣本數	93		78		22		321	
R^2	0.54		0.66		0.85		0.53	
$\bar{R}^2$	0.49		0.61		0.75		0.52	

註解：*、**、*** 分別表示在 α =10%、5% 及 1% 下，係數顯著的異於 0。
資料來源：同於表 4-1。

1936-37 年是顯著的之外，其他年代也都無顯著的影響，且該年自
耕農的儲蓄顯著地高於佃農。最後，米作農家在 1950-52 年的儲
蓄顯著地低於蔗作農家，其他年代則與蔗作農家無顯著的差異。

4.3 結語

　　從以上的分析，我們得到臺灣在 1918-52 年間影響農家消費
及儲蓄的因素有以下幾項：（1）可支配所得對消費及儲蓄都有顯

著的正向影響，顯示當可支配所得提高時，農家的消費及儲蓄也都會提升。（2）稅額高低對農家消費的影響是正向的，且其影響力都是顯著的；但對儲蓄除了 1936-37 年是顯著的負向之外，其他年代則無著的影響。（3）農家身分對儲蓄或消費的影響，除了對 1941-42 年的消費支出之外，絕大多數都不顯著；且佃農的消費未必低於自耕農；不過，佃農的儲蓄在 1936-37 年顯著地低於自耕農，其他年代則無顯著的差異。（4）除了 1950-52 年之外，主作別對農家消費及儲蓄無顯著的影響，而 1950-52 年米作農家的消費顯著地大於，但儲蓄卻顯著地低於蔗作農家。（5）不同區域的消費支出及儲蓄大都無顯著的差異。

5. 糧食消費結構的變遷及其影響因素

第 1 節提到臺灣在 1930 年代米產快速增加之際，每人米消費量卻下降了，甘藷消費量卻提高，若從熱量來看 1910-14、1915-19、1920-24、1925-29、1930-34、1935-39、1940-44 年這七個期間，甘藷相對於米的比率分別是 0.0675、0.1106、0.1645、0.1998、0.2665、0.3617 及 0.1536。從這個數字可以看到，臺灣從 1910 年代下半期以來糧食結構就一直呈現著惡化的趨勢，直到 1940-44 年情況才有改善。1930 年代臺灣米產擴張相當快速，米消費量的降低是因為出口大幅擴張所致。如同第 1 節所言，有人因而提出這是因為殖民政府利用一些手段，壓低人民可支配所得，造成生活水準下跌所致。

然而，本章第 3 節的分析卻發現臺灣農家在 1930 年代初期消費支出是上提的，直到 1930 年代下半期以後才轉而略為下降，因此我們質疑前人的看法。本節接著要分析 1930 年代以來，臺灣糧食消費結構是否有惡質化的趨勢，且這是否真的反映臺灣人民

1930 年代以後實質可支配所得下降。

　　理論上說來，農家是否消費一種物品及消費量的多寡，除了決定於所得的高低之外，也決定於該物價格及其他相關物品價格的高低。以下我們首先要探究的問題是，1930 年代以來農家的糧食消費當中甘藷消費是否確實日益增加，而米消費卻日益減少。而影響各項目消費支出之高低，除了所得高低之外，短期間也與價格等因素有關係。因此以下也要分析各期間米及甘藷價格的變動如何，是否與消費量呈現著相反的變化趨勢。最後本節也要利用迴歸分析探究農家所得及面臨的價格對米及甘藷消費量的影響哪一項是顯著的，以回答決定糧食消費結構的因素有哪些。

　　各年糧食消費結構相關資料列於表 4-4，這個表只提供 1931-33、1936-37 及 1950-52 年的數據，因為原始資料只有這三年有農家各種糧食消費的金額。該表把糧食分成為米、甘藷及其他，其他項目包括了豬肉、魚、蔬菜及調味料等等項目。下面的迴歸分析將指出在 1931-52 年間，臺灣農家消費米的所得彈性較甘藷要來得高，此處我們假設其他項目的所得彈性又高於米。也就是說，當所得下跌時，其他項目的消費會下跌最多，米其次，而甘藷下滑最少；而當所得上提時，其他項目的消費會增加最多，米其次，而甘藷提高最少。

　　從表 4-4，我們發現 1931-52 年間，每人花費在米的金額，米作農家都高於蔗作農家。而米作農家以 1936-37 年最高，高達 30.11 圓；1931-33 年略微低於 1936-37 年，為 28.00 圓；最低是 1950-52 年，只有 23.01 圓。蔗作農家每人米支出金額，1931-33 年也高於 1950-52 年，分別是 26.39 及 16.59 圓。可見，無論哪一年米作農家米的消費支出都是較高的，且無論米作或蔗作，戰後初期米消費金額都是最低的，特別是是蔗作更是低到只有 16.59

表 4-4：臺灣農家糧食結構的變遷

年	各項糧食每人實質金額（圓或元）				占總糧食費之百分比		
	米	甘藷	其他	甘藷／米	米	甘藷	其他
1931-33							
米作	28.00	2.18	23.43	0.0779	52.23	4.07	43.70
蔗作	26.39	2.16	25.03	0.0818	49.25	4.03	46.72
1936-37 米作	30.11	2.55	17.55	0.0847	59.97	5.08	34.95
1950-52							
米作	23.01	1.46	18.02	0.0635	54.15	3.44	42.41
蔗作	16.59	2.81	16.30	0.1714	46.47	7.92	45.61

資料來源：同於表 4-1。

圓，而其他年代各種主作農家的米支出金額都在 26 圓以上。

　　表中的資料顯示米作農家 1931-33、1936-37 及 1950-52 年甘藷相對於米支出金額比率，分別是 0.0779、0.0847、0.0635，而蔗作農家則分別是 0.0818 及 0.1714。可見，米作農家的甘藷及米的相對消費支出比率在 1930 年代是確實上升的，且都高於戰後初期。蔗作農家則在 1950-52 年較高，而 1931-33 年則較低。

　　但這是否表示 1930 年代米作農家的糧食消費結構確實較戰後初期惡化了呢？如果接著再檢視每種糧食的支出金額，可以發現 1936-37 年不只是甘藷支出金額最高，米的支出金額也是最高的，該年米及甘藷的支出金額，分別是 30.11 及 2.55 圓。不過，戰後初期米作及蔗作甘藷的消費支出相差很大，米作是歷年來最低的，只有 1.46 圓；但是蔗作卻高達 2.81 圓，是歷年來最高的；相反地，米支出金額兩種農家都是歷年來最低的。

　　以上的分析說明了從糧食支出金額來看的話，1936-37 年農家糧食消費結構有惡化現象的說法可能不適切，因為該年米及甘藷消費支出金額都上揚，且甘藷與米支出比率與 1931-33 年相當。而若從消費支出金額來看，在 1931-52 年間臺灣糧食的惡質化應該是出現在戰後初期的 1950-52 年，而不是戰前的 1930 年代。

　　上一小節提到 1950-52 年無論米作或蔗作的每人消費水準都是最低的，而 1931-33 年則是最高的，此處我們卻發現 1936-37 年米作農家米的消費金額是最高的，1950-52 年則都為最低，而 1931-33 年則略微低於 1936-37 年。因此，可以看到不同種類的糧食支出金額，無法反映出可支配所得或是每人消費水準的變動趨勢。

　　接著要檢視米及甘藷消費支出占總糧食支出的比率變化情形。表4-4 的數據顯示米作農家各年米支出比率，1931-33 年最低，只有 52.23%；1936-37 年最高，高達 59.97%；戰後初期則轉而降為 54.15%。而甘藷支出占糧食支出的比率 1950-52 年最低，只有 3.44%；1931-33 年次之，為 4.07%；而 1936-37 年最高，達 5.08%。蔗作農家米支出比率，1931-33 年為 49.25%，高於 1950-52 年的 46.47%；而甘藷支出比率 1931-33 年為 4.03%，1950-52 年則為 7.92%。既然從米及甘藷支出比率來看，1936-37 年米及甘藷支出比率都是最高的，因此若是從支出比率來看的話，1930 年代糧食支出惡質化也不成立。

　　那麼，若進一步求算各種糧食的消費量，是否可以證實前人所謂的糧食消費結構惡質化的論點呢？以下接著要利用表4-4 的各年米及甘藷的消費支出金額，配合米及甘藷的產地價格，求出米及甘藷消費量，以便查看臺灣農民是否在 1931-33 到 1936-37 年

間就已經消費較少的米、較多的甘藷呢？[15] 結果列於表 4-5。

表 4-5：各年米及甘藷消費量與價格

年	每人糧食消費量			名目價格		
	米（公石）	甘藷（斤）	米／甘藷	米（公石）	甘藷（百斤）	米／甘藷
1931-33						
米作	2.73	196	0.0139	6.92	0.73	9.48
蔗作	2.47	201	0.0123	7.13	0.72	9.90
1936-37						
米作	2.31	251	0.0092	12.64	1.05	12.04
1950-52						
米作	3.27	177	0.0185	73.69	9.04	8.15
蔗作	2.04	370	0.0055	98.77	9.46	10.44

註解：把各農家所在州廳產地價格作為各農家面臨的價格，然後再求算所有農
　　　家價格的平均數。而所謂米消費量及甘藷消費量都是消費金額除以上述
　　　的價格，從此得到全家之消費量，再除以人口數。至於為何要使用這種
　　　價格計算方式，乃是為了配合下面的迴歸分析。因此米消費量與葉淑貞，
　　　2012b，頁 213 不同；該文是以壯年人口計算而得的，且該文中米價計算
　　　方式是把全臺米穀的價值除以產量而得到的。
資料來源：米作及甘藷價格分別得自於臺灣總督府殖產局，1932b，頁 25、42；
　　　　　1933，頁 25、42；1934e，頁 27、42；1938b，頁 29、44；臺灣省政府
　　　　　農林廳，1951c，頁 39、56；1952b，頁 45、62；1953b，頁 44、62。

---

15 用以求算米及甘藷消費量的價格都是產地價格，因為臺灣無論米作及蔗作農家所消費
　的米及甘藷中，自家生產的比率都相當高。其中米作農家1931-33、1936-37及1950-52年消
　費米中自家生產的比率分別是80.95%、65.83%%及94.76%，蔗作農家則分別是81.40%
　及90.00%（見本書第五章表5-18）；而米作農家消費甘藷中自家生產的，各年依序是
　86.94%、88.93%及77.34%；蔗作農家則分別是80.23%及92.33%。

　　從該表的資料，可以看到在 1931-33、1936-37 及 1950-52 年間，臺灣米作農家平均每人消費的米量分別為 2.73、2.31 及 3.27 公石，而甘藷消費量則為 196、251 及 177 斤。這樣的數據確實顯示出米作農家每人米消費量在 1936-37 年是最低的；1950-52 年是最高的，1931-33 年則介於其間。而每人甘藷的消費量則與米消費量呈現著相反的變化趨勢，在 1950-52 年達到最低，1936-37 年則是最高。可見，各年米及甘藷消費量有一增一減的現象；且若從消費量來看，臺灣米作農家糧食惡質化的現象確實出現在戰前的 1936-37 年。

　　至於蔗作農家糧食消費結構的變化趨勢是否與米作農家相同呢？從表 4-5 的資料可以看到，蔗作農家平均每人米消費量從 1931-33 年的 2.47 公石，降為 1950-52 年的 2.04 公石；而甘藷消費量則相反，從 1931-33 年的 201 斤，大幅提升為 1950-52 年的 370 斤。可見，蔗作農家與米作農家的變化趨勢不同，戰後初期米消費量較少，而甘藷消費量卻較多。可見，無論是米作或蔗作農家每人的米及甘藷消費量都是一增一減的，而這可能是因為米及甘藷是替代品。

　　從以上的討論，我們也發現米作農家米的消費量與消費支出的變化趨勢不一致，消費支出金額依序是 1936-37、1931-33、1950-52 年；而消費量卻依序為 1950-52、1931-33、1936-37 年。此外，無論糧食消費支出金額及數量的變化趨勢都與每人實質消費支出及每人可支配所得的變化趨勢不一致。表 4-1 指出臺灣在 1918-52 年間每人可支配所得及消費支出在 1931-33 年達到最高，以後依次是 1936-37、1918-21 及 1950-52 年；可是米作農家的糧食消費結構卻是 1950-52 年為最優質，而 1936-37 年是最劣質；蔗作農家則相反，1931-33 年較 1950-52 年優質。從此，我們可以推

得影響糧食消費支出結構的因素，除所得或總消費支出之外，可能還有其他因素，價格可能是其中一個重要因素。

我們如果檢視表 4-5 各種農家面對的米價及甘藷相對價格，可以發現米作農家 1931-33 年為 9.48，1936-37 年為 12.04，1950-52 年則為 8.15；蔗作農家則相反，1931-33 年為 9.90，1950-52 年則為 10.44。從此，我們得到米作農家面對的米及甘藷的相對價格，在 1936-37 年最高，而 1950-52 年最低。這個趨勢與米的消費量呈現著相反的趨勢，這三年米作農家米及甘藷相對的消費量分別是 0.0139、0.0092 及 0.0185。

可見，在 1936-37 年，當米價相對於甘藷價格達到最高時，農家消費的米量相對於甘藷來說是最少的；相反地，在 1950-52 年當米價相對於甘藷價格達最低時，農家消費的米相對於甘藷來說是最多的。而蔗作農家也出現相同的情況，亦即在 1931-33 年米及甘藷相對價格低於 1950-52 年，這兩年的數值分別是 9.90 及 10.44；而米及甘藷的相對消費量也出現了相反的變化趨勢，分別是 0.0123 及 0.0055。

消費量與價格變化趨勢相反，這與經濟理論所預示的結果相同，但卻與所得變化趨勢不完全一致。若從這個指標來看，我們推論臺灣在戰前到戰後初期農家糧食結構的變化趨勢，可能與價格也有關係，不完全決定於所得的變動。不過平均數提供的是沒有固定其他變數之下，兩群體之間的概況。如果固定其他變數，則價格及可支配所得分別對米及甘藷消費量的影響如何，這是本章所關心的另一個重要的問題。以下我們要利用迴歸模型，分析可支配所得高低及米與甘藷相對價格這兩個因素對於米及甘藷消費量的影響力各如何，以便回答到底臺灣 1930 年代之後農家消費米量的減少，是因為所得降低所致，還是因為面對價格上升，農

家理性的反應。模型設定如下：

$$lnQ = \alpha_0 + \alpha_1 * lnY_d + \alpha_2 * ln(P_r/P_{sp}) + \alpha_3 * lnA + \alpha_4 * lnTax$$
$$+ \alpha_5 * lnPop + \beta_1 * dl_1 + \beta_2 * dl_2 + \beta_3 * dl_3 + \gamma_1 * df_1$$
$$+ \gamma_2 * df_2 + \lambda * dc + \varepsilon \qquad\qquad\qquad (4\text{-}8)$$

式中的 Q 及 P_r/P_{sp} 分別表示稻米或甘藷消費量及米價（P_r）與甘藷價格（P_{sp}）的相對價格，其他的變數則與式 4-6 相同。模型當中的價格並非是每一農家所面對的價格，原始資料未提供每個農家所面臨之市場價格的任何訊息。關於產地價格，只有一些資料有這個資料，例如農業年報及總督府統計書，而這些資料都只有各州廳的平均價格。因此為了分析價格對米及甘藷消費量的影響，我們假設住在同一州廳的所有農家都面臨相同的價格。

米消費量決定因素的迴歸結果列於表 4-6，而甘藷則列於表 4-7。從表 4-6 可以看到米消費量的影響因素有：（1）可支配所得對米消費量的影響只有在 1930-32 及 1950-52 是顯著的正向，而在 1931-33 年是負向的，且在顯著水準為 10% 之下是顯著的。這顯示該年所得愈高，消費的米量會愈少，這是個奇怪的現象，何以會這樣？有待日後再深入分析。

（2）米與甘藷的相對價格對米消費量的影響都是負向的，且其影響力對 1931-33 及 1950-52 年是顯著的。（3）家庭繳納稅額對米消費量的影響都是正向，不過在 1931-33 年是顯著，而 1936-37 年則轉為不顯著。（4）至於區域變數，在戰前都不顯著，但戰後無論北、中、南部地區都顯著地小於東部地區。

（5）壯年計算的人口數對米消費量的影響都是顯著的正向，這表示家庭壯年計算的人口數愈多，米消費量就愈多。（6）耕地面積對米消費量的影響只有在 1950-52 年才是顯著的，且是正向

表 4-6：農家米消費量的迴歸結果

自變數	1931-33		1936-37		1950-52	
	係數	t 值	係數	t 值	係數	t 值
常數項	3.07	3.16 ***	1.30	0.31	1.42	3.17 ***
$\ell n Y_d$	-0.13	-1.79 *	-0.05	-0.18	0.27	5.69 ***
$\ell n(P_r/P_{sp})$	-0.60	-1.73 *	-0.21	-0.13	-0.37	-3.06 ***
$\ell n A$	-0.02	-0.21	-0.25	-0.19	0.14	3.94 ***
$\ell n Tax$	0.19	2.20 **	0.10	0.97		
$\ell n Pop$	0.99	8.01 ***	1.35	5.91 ***	0.47	9.78 ***
dl_1	0.44	0.29	0.18	0.38	-0.30	-3.33 ***
dl_2	-0.21	-1.14	-0.10	-0.52	-0.30	-3.48 ***
dl_3	-0.17	-0.94	-0.32	-0.65	-0.61	-7.32 ***
df_1	0.11	0.92			-0.01	-0.17
df_2	0.03	0.29			-0.01	-0.34
df			-0.08	-0.39		
dc	-0.13	-0.99			0.30	5.97 ***
樣本數	78		22		321	
R^2	0.68		0.84		0.71	
$\bar{R}^2$	0.62		0.72		0.70	

註解：*、**、*** 分別表示在 α =10%、5% 及 1% 下，係數是顯著的異於 0。
資料來源：同於表 4-1 及 4-5。

的，顯示耕地面積愈大，家庭消費的米量愈多。

（7）農家的身分別對於米消費量都無顯著的影響。（8）作物別對米消費量的影響在戰前 1931-33 年無顯著的影響，不過在戰後初期卻有顯著的影響，且在固定所有其他變數之後，米作消費的米量大於蔗作農家。

　　從以上的分析，我們可以歸納出人口數、米及甘藷的相對價格、可支配所得、稅、耕地面積、南部地區及作物別等這些因素都曾經是影響米消費量的顯著因素。可見，米消費量確實受到米及甘藷相對價格的影響，且米價相對越高，則米消費量就越少，這符合經濟理論上所說的米與甘藷是替代品。

　　那麼甘藷消費量是受到哪些因素的影響呢？從表 4-7 所列的數據，無論是戰前或戰後區域因素都是重要的決定因素，其中無論哪一年北部都顯著地大於東部地區，而中部地區則在 1931-33 及 1950-52 年也都大於東部地區，只有在 1936-37 年才顯著地小於東部地區；而南部地區與東部地區的差異，只有在 1950-52 年才是顯著。

　　米及甘藷的相對價格在戰前對於甘藷消費量的影響都是顯著的正向，不過 1950-52 年，雖然也是正向的，但卻變得不顯著；這與前面米消費量的迴歸結果是負的相吻合，從此我們可以推得甘藷確實是米的替代品。

　　而家庭壯年計算的人口數甘藷消費量的影響也是正的，不過只對 1950-52 年的影響是顯著的。其他的因素，諸如可支配所得、耕地面積、稅額高低、作物別及農家身分等這些因素對於甘藷消費量皆無顯著的影響。又如果從各迴歸式的 R^2 及 $\overline{R}^2$，可以看到以上這些解釋變數對於甘藷消費量的解釋能力，都低於戰前或戰後的米消費量，特別是戰後初期更是低到不及 0.10。這顯示戰後初期應該還有其他更重要的因素影響甘藷的消費量。不過，這些因素並未顯示在農家經濟調查報告的資料中。

　　綜合以上的分析，我們可以歸納出以下幾項關於米及甘藷消費量決定因素的要點。第一，對於米及甘藷同時都有顯著影響的

表 4-7：農家甘藷消費量的迴歸結果

自變數	1931-33		1936-37		1950-52	
	係數	t 值	係數	t 值	係數	t 值
常數項	-24.00	-2.17 **	-131.30	-2.25 *	-6.52	-1.02
$\ell n Y_d$	-0.23	-0.29	-1.57	-0.38	-0.17	-0.26
$\ell n(P_r/P_{sp})$	7.79	2.00 **	52.72	2.30 **	2.39	1.40
ℓnA	-0.22	-0.16	0.75	0.24	0.19	0.39
$\ell n Tax$	0.23	0.23	-0.66	-0.46		
$\ell n Pop$	1.10	0.78	3.15	0.99	1.18	1.72 *
dl_1	4.21	2.43 **	11.85	1.76 *	2.50	1.91 **
dl_2	4.78	2.25 **	-8.48	-3.06 ***	2.73	2.15 **
dl_3	3.04	1.50	10.32	1.53	2.86	2.33 **
df_1	-1.43	-1.06			-0.58	-1.07
df_2	-0.09	-0.08			-0.18	-0.35
df			1.08	0.39		
dc	0.09	0.06			-1.09	-1.50
樣本數	78		22		321	
R^2	0.36		0.60		0.07	
$\bar{R}^2$	0.25		0.30		0.04	

註解：*、**、*** 分別表示在 α =10%、5% 及 1% 下，係數是顯著的異於 0。
資料來源：同於表 4-1 及 4-5。

因素，除了 1950-52 年的區域因與人口，以及 1931-33 年的米及甘藷相對價格之外，沒有其他的變數在任何一年同時都對米及甘藷都有顯著的影響。第二，若固定其他因素，則戰後初期米作農家米的消費量顯著地大於蔗作農家；而該年北、中、南部地區米的

消費量顯著地低於、但甘藷卻是顯著地高於東部地區。第三,可支配所得除了對 1931-33 年及 1950-52 年的米消費量有顯著的影響之外,對於各年的甘藷及其他年代的米都無顯著的影響。

第四,米及甘藷的相對價格對於戰前的甘藷都有顯著的正向影響,顯示米價相對於甘藷價格愈高時,甘藷的消費量愈多,而對於 1931-33 及 1950-52 年米消費量的影響是顯著的負向,顯示米及甘藷確實是替代品。第五,以壯年人計算的家庭人口數的多少,對於各年米及 1950-52 年甘藷消費量都有顯著的正向影響。第六,稅額高低及農家身分別,除了稅對於 1931-33 年的米有顯著正向影響之外,這兩個變數對於米及甘藷大都無顯著的影響。這說明政府利用高稅收壓低農民米消費量這種看法可能不正確。而佃農的生活水準較低,因此消費較多的甘藷或較少的米這個論點可能也有問題。

此外,結合表 4-6 及 4-7,進一步比較米及甘藷的所得彈性,以便檢視臺灣在當時是否如本章第 1、2 節所言,米大於甘藷。各年兩者的大小分別是 1931-33 年的 -0.13 及 -0.23;1937 年的 -0.05 及 -1.57;1050-52 年的 0.27 及 -0.17。可見,在當時無論哪一年,米消費的所得彈性確實都大於甘藷的所得彈性。

6. 恩格爾係數及所得彈性

恩格爾係數也是衡量生活水準如何的一個指標,這個指數是 1875 年 Ernst Engel 所提出的,他認為人們隨著所得的增加,飲食費支出占所得的比率會跟著降低。因此,當一個群體或一個地區所得愈高時,則其糧食消費支出的比率會愈低,反之亦反。

以下這一節接著要討論在臺灣 1918-52 年間,隨著時間的經過,恩格爾係數的變化是否與每人消費金額及每人可支配所得所

顯示出的生活水準的變遷一致，若不一致，是什麼因素促成的呢？其次也要分析可能比米更為農家所喜好之物品的非糧食類這個項目的長期的變化趨勢如何，是否與可支配所得或每人消費金額的變化趨勢一致。我們最後也要利用迴歸分析探詢農家糧食與非糧食支出受到哪些因素的影響，重點在於可支配所得對於這兩類物品消費支出的影響如何，並且要檢視糧食類支出的所得彈性是否低於非糧食類支出的所得彈性。

6.1 恩格爾係數的變化

從以上的分析，我們得到日治時代農家糧食消費結構在 1930 年代確實有惡化的現象，不過所得並非影響米及甘藷消費量的因素。米及甘藷都是日治時代人民消費的最重要糧食品，既然恩格爾係數是糧食支出占所得的比率，以下要檢視恩格爾係數所反應的訊息是否與農家生活水準的變動趨勢一致，若不一致的話，為什麼會這樣。

我們首先要利用下表的資料，檢視在 1918-52 年間臺灣農家恩格爾係數的變動如何。如果在各物的價格結構都相同之下，恩格爾係數可以作為生活程度的一個指標，因此首先我們要看同一年米作及蔗作恩格爾係數的高低。以下的恩格爾係數是糧食支出相對於總消費支出的比率，而不是占所得高低的比率，這是因為 1936-37 及 1941-42 年的家計調查缺少所得的數據，而我們從 1918-21、1931-33、1936-37 及 1950-52 年的農家經濟調查，求算出可支配所得與消費支出的相關係數依次是 0.77、0.88、0.86 及 0.72，因此這兩個變數之間相關程度不低，特別是在 1930 年代。

表 4-8 的數據顯示，米作及蔗作在各年的恩格爾係數分別是 1918-21 年為 63.80 及 50.55；1931-33 年為 52.20 及 49.13；1951-52 年則為 54.36 及 52.41；而 1936-37 及 1941-42 年米作的恩格爾

係數分別為 52.93 及 52.60。可見，若把表 4-8 的恩格爾係數與表 4-1 每人消費金額或是可支配所得高低的排序相比，可以發現這兩序列數值所呈現同一年米作及蔗作農家的生活水準的事實只有在戰前是相同的；但是戰後初期卻不同。若比較不同年代這兩序列的數值高低的排序，可以發現只有 1918-21 與 1950-52 年的米作，這兩序列數值所反映出來的訊息都不同。

　　首先分析為何戰後初期米作及蔗作農家恩格爾係數所傳遞生

表 4-8：歷年的恩格爾係數

| 年 | 飲食費 | | 非飲食費 | |
	金額（圓或元）	百分比	金額（圓或元）	百分比
1918-21				
米作	51.05	63.80	28.97	36.20
蔗作	46.25	50.55	45.24	49.45
全體	49.76	59.88	33.35	40.12
1931-33				
米作	53.92	52.20	46.46	47.80
蔗作	52.79	49.13	51.82	50.87
全體	53.47	50.94	48.43	49.06
1936-37 米作	50.20	52.93	44.65	47.07
1941-42 米作	53.00	52.60	45.29	47.40
1950-52				
米作	42.49	54.36	36.27	45.64
蔗作	35.70	52.41	32.42	48.02
全體	41.65	54.12	35.32	45.90

資料來源：同於表 4-1。

活水準的高低與可支配所得及每人消費支出金額不符呢？這可能是因為蔗作農家所面對的米相對於甘藷價格遠高於米作農家，兩種農家面臨的相對價格分別是 8.15 及 10.44（表 4-5）或 9.43 及 9.55（表 4-9），可見無論哪一序列的相對價格都顯示蔗作農家面臨的米價相對於甘藷價格都高於米作農家。蔗農乃以較多的甘藷替代米，蔗作農家這兩項每人的消費量分別是 2.04 公石及 370 斤，而米作農家則分別為 3.27 公石及 177 斤，因此米支出金額相對於甘藷支出金額只有 5.90，遠低於米作農家的 15.76。也就是說，這可能是因為兩種農家面對不同糧食品的相對價格不同，從而調整不同糧食消費品的消費量，因此而使得米作及蔗作農家米及甘藷支出占總支出的比率為 31.31% 及 28.48% 所致。

接著要分析為何 1918-21 及 1950-52 年米作農家兩序列數值所傳遞的生活水準的訊息不同？既然如表 4-4 所示，農家米及甘藷消費支出金額占糧食總支出比率最高，而此處所謂的恩格爾係數是指糧食支出占總家計費的比率，因此我們可以使用兩個時期的米價及甘藷價格相對於其他物品價格的變動趨勢，來檢視我們先前提出不同時期各物品價格變化幅度不一致，可能造成恩格爾係數與每人消費支出所傳遞的訊息不一致的這個推測是否正確。

至於其他物品琳瑯滿目，為數眾多，難以找到少數幾項有代表性的物品，以下將利用 GDP 平減指數來替代其他物品價格平均值的變化趨勢。也就是說，可以利用米及甘藷實質價格的變動趨勢，衡量米及甘藷相對於其他物品價格的變化趨勢。

從表 4-9 的資料可以看到，1918-21 及 1950-51 年米作農家米及甘藷價格都大幅上揚分別從 12.84 及 1.43 圓，提高到 73.56 及 7.80 圓；不過戰後初期百物價格也都提高，平減指數從 123.72% 上揚到 1050.79%。可見，其他物品價格提高的幅度超過米及甘藷的價

格，因此而使得其實質價格都下滑，分別從 10.38 及 1.16 圓下跌到 7.00 及 0.74 圓。由於米價及甘藷價格下滑的幅度超過其他物品價格下滑的幅度，因而使得實質消費支出下滑，米及甘藷支出占總支出的幅度也下滑。

　　以上的分析說明了若要以恩格爾係數比較不同時期相同群體農家或同一個時期不同群體農家的生活水準，條件必須要不同時

表 4-9：米及甘藷名目及實質價格

年	名目價格（圓或元）		平減指數	實質價格（圓或元）	
	米（公石）	甘藷（百斤）	（%）	米（公石）	甘藷（百斤）
1918-21	12.84	1.43	123.72	10.38	1.16
1931-33					
米作	6.93	0.68	66.30	10.45	1.03
蔗作	7.39	0.75	69.45	10.64	1.08
1936-37 米作	12.60	0.90	100.00	12.60	0.90
1941-42 米作	16.52	1.41	142.31	11.61	0.99
1950-52					
米作	73.56	7.80	1050.79	7.00	0.74
蔗作	97.15	10.13	1211.36	8.02	0.84

註解：米及甘藷價格不同於表 4-5，乃是因為此處含有 1918-21 年的部分，而該些年沒有各州廳的資料，為了統一起見，本表中各年的價格是以全島的產值除以產量而得到的；平減指數同於表 4-1。

資料來源：米參見臺灣省行政長官公署，1946，頁 544-545，547-548；甘藷產量戰前各年參見臺灣總督官房調查課，1919，頁 368-369；1921，頁 378-379；1922，頁 346-347；1923，頁 302-303；1933，頁 326-327；1934，頁 336-337；1935， 頁 344-345；1938， 頁 240-242；1939， 頁 218-219；1943，頁 184-185；1944，頁 268-269；各年的收穫值參見臺灣省行政長官公署，1946，頁 536；而戰後則同於表 4-5 的臺灣省政府農林廳，1953b。

期同一群農家或同一個時期不同群體農家之間所面對各物品的相對價格變化幅度不大，才能反映出不同時期或不同群體之間的消費水準之差異。

6.2 糧食及非糧食支出的所得彈性

既然糧食支出及非糧食支出比率與消費支出及可支配所得所反映的農家生活水準的變遷不完全一致，以下我們接著要討論當固定其他因素時，這兩個變數的值與每人消費或所得所反映的生活水準的變遷是否一致。迴歸模型設定如下：

$$\ell nFEXP = \alpha_0 + \alpha_1 * \ell nY_d + \alpha_2 * \ell nA + \alpha_3 * \ell nTax + \alpha_4 * \ell nPop$$
$$+ \beta_1 * dl_1 + \beta_2 * dl_2 + \beta_3 * dl_3 + \gamma_i * df_i + \lambda * dc + \varepsilon \qquad (4\text{-}9)$$

$$\ell nNFEXP = \alpha_0 + \alpha_1 * \ell nY_d + \alpha_2 * \ell nA + \alpha_3 * \ell nTax + \alpha_4 * \ell nPop$$
$$+ \beta_1 * dl_1 + \beta_2 * dl_2 + \beta_3 * dl_3 + \gamma_i * df_i + \lambda * dc + \varepsilon \qquad (4\text{-}10)$$

式中 *FEXP* 及 *NFEXP* 分別代表飲食費支出及非飲食費支出，其他變數則與式 4-6 至式 4-8 相同。其中式 4-9 的 α_1 可以視作是糧食支出的所得彈性，而式 4-10 的 α_1 則為非糧食支出的所得彈性。一般說來，恩格爾法則也可以利用糧食的所得彈性來衡量。以下我們以迴歸模型來衡量糧食支出的所得彈性及非糧食支出的所得彈性，探究其值隨著時間的經過如何變動。迴歸結果列在表 4-10 及 4-11。

從這兩個表可以看到，糧食支出的所得彈性的數值分別是 1918-21 年的 0.37、1931-33 年的 0.04、1936-37 年的 0.34、1950-52 年的 0.33，且除了 1931-33 年之外，都顯著地異於於 0。糧食支出的所得彈性所顯示的生活水準高低的順序與每人所得或每人消費金額的排序不完全一致，但卻與恩格爾係數的排序相同。每

表 4-10：每戶糧食支出金額之迴歸結果

自變數	1918-21		1931-33		1936-37		1950-52	
	係數	t 值	係數	t 值	係數	t 值	係數	t 值
常數項	2.86	5.51 ***	3.91	12.56 ***	2.00	1.81 *	3.01	11.16 ***
$\ell n Y_d$	0.37	4.28 ***	0.04	0.65	0.33	1.67 *	0.33	7.44 ***
$\ell n A$	0.19	1.84 *	0.12	1.25	-0.28	-1.86 *	0.10	2.93 ***
$\ell n Tax$			0.16	2.41 **	0.05	0.68		
$\ell n Pop$	0.26	2.49 **	0.67	6.82 ***	0.96	6.15 ***	0.37	8.03 ***
dl_1	0.24	1.39	0.14	1.18	0.35	2.46 **	-0.09	-1.19
dl_2	0.15	0.85	-0.11	-0.08	-0.11	-0.79	-0.15	-1.82 *
dl_3	-0.05	-0.33	0.03	0.25	-0.10	-0.70	-0.26	-3.36 ***
df_1	-0.42	-1.57	0.03	0.36			0.02	0.63
df_2	-0.11	-0.52	-0.09	-1.19			-0.002	-0.05
df_3	-0.06	-0.29						
df					-0.20	-1.45		
dc	0.24	011	0.07	0.83			0.12	2.57 **
樣本數	93		78		22		321	
R^2	0.64		0.71		0.90		0.61	
$\bar{R}^2$	0.59		0.66		0.84		0.60	

註解：*、**、*** 分別表示在 α =10%、5% 及 1% 下，係數顯著的異於 0。
資料來源：同於表 4-1。

人可支配所得或每人消費支出的排序依次是 1931-33、1936-37、1918-21 及 1950-52 年，恩格爾係數的排序由小到大依序是 1931-33、1936-37、1950-52 及 1918-21 年，而糧食支出的所得彈性的高低順序卻是 1918-21、1950-52、1936-37、1931-33 年。

非糧食支出的所得彈性的數值則為 1918-21 年的 0.68、1931-33 年的 0.17、1936-37 年的 0.86 及 1950-52 年的 0.67。雖然非糧食支出的所得彈性與消費支出及可支配所得沒有一定的關係，但

表 4-11：每戶非糧食支出金額之迴歸結果

自變數	1918-21		1931-33		1936-37		1950-52	
	係數	t 值	係數	t 值	係數	t 值	係數	t 值
常數項	0.67	0.80	2.97	6.36 ***	-0.35	-0.26	0.41	0.41
ℓnY_d	0.68	4.90 ***	0.17	2.06 **	0.86	3.61 **	0.67	10.16 ***
ℓnA	0.03	0.21	0.36	2.55 **	-0.10	-0.54	-0.06	-1.16
$\ell nTax$			0.33	3.29 ***	0.15	1.76 *		
$\ell nPop$	0.30	1.78 *	0.17	1.13	0.13	0.70	0.16	2.38 **
dl_1	-0.37	-1.30	0.01	0.04	-0.03	-0.21	0.28	2.37 **
dl_2	-0.24	-0.83	0.08	0.42	-0.20	-1.20	0.22	1.83 *
dl_3	-0.20	-0.77	-0.09	-0.58	-0.11	-0.66	0.35	2.98 ***
df_1	0.12	0.28	0.04	0.25			0.06	1.17
df_2	-0.31	-0.92	-0.14	-1.17			0.04	0.79
df_3	-0.05	-0.14						
df					-0.11	-0.66		
dc	-0.07	-0.40	0.11	0.94			0.18	2.53 **
樣本數	93		78		22		321	
R^2	0.51		0.67		0.86		0.45	
$\bar{R}^2$	0.45		0.62		0.77		0.43	

註解：*、**、*** 分別表示在 α =10%、5% 及 1% 下，係數顯著的異於 0。
資料來源：同於表 4-1。

是各年非糧食支出的所得彈性確實都大於糧食支出的所得彈性。

　　此外，米作農家與蔗作農家糧食支出的所得彈性無論戰前及戰後都無顯著的差異，但非糧食支出的所得彈性，戰後卻是米作顯著地高於蔗作。又，耕地面積愈大的農家，1918-21 及 1950-52 年的糧食支出愈多；而在 1936-37 年則顯著地愈少，可見耕地面積大小對於農家糧食消費支出的影響方向不定。耕地面積對於非糧食支出的影響在 1931-33 年是顯著的正向；除了該年之外，這

個因素其他年代都對非糧食支出無顯著的影響。

壯年換算的人口數對糧食支出及非糧食支出的影響,前者都是正的,且顯著的;而後者則只在 1918-21 及 1950-52 年有顯著的正向影響。而稅對糧食支出在 1931-33 年是顯著的正向,但 1936-37 年則影響不顯著,但對非糧食支出卻都有顯著的正向影響。

除此之外,農家身分別對糧食支出及非糧食支出都無顯著的影響,而區域別對於糧食支出及戰前的非糧食支出也都無顯著的影響;不過,戰後初期各區域變數都對非糧食支出則都有顯著的影響,各地區的支出都大於東部地區。

6.3 結語

從本節的分析我們可以歸納出以下幾個要點。第一,若要以恩格爾係數衡量家庭生活水準長期的變遷或比較不同群體之間生活水準的高低,必須要不同群體或不同時代不同物品價格的結構變化不大,才會與消費支出所傳遞的訊息一致。第二,糧食支出的所得彈性所顯示的生活水準高低的順序與每人所得或每人消費金額的排序不完全一致,但卻與恩格爾係數的排序相同。這顯示糧食支出的所得彈性可能與恩格爾係數相同,都面臨相同的問題,那就是會受到糧食與其他物品相對價格的影響。最後一點就是各年非糧食支出的所得彈性確實都大於糧食支出的所得彈性。

7. 小結

經由本章的分析,我們得到以下的結論。首先我們發現無論每人儲蓄或每人消費金額都與前一章所估計的可支配所得的排序一致,高低依序是 1931-33、1936-37、1918-21 及 1950-52 年。米作農家在所得上揚的時代,消費上提的速度快過於儲蓄;所得下

滑的年代，消費下滑的速度慢於儲蓄。這似乎顯示米作農家有由儉入奢易，由奢返儉難的現象。

　　本章也分別利用敘述性統計及迴歸模型，分析消費支出、儲蓄、糧食消費結構、糧食支出及非糧食支出的一些相關問題。在糧食消費結構的分析中，我們發現：如果從糧食支出金額來看，1930年代糧食消費結構並未惡質化，但是如果從糧食消費量來看，在1930年代底農民的糧食消費結構確實有惡質化的現象。

　　又，本章也得到恩格爾係數及糧食的所得彈性可能都會受到不同物品價格結構的影響，因此若要以這兩種係數比較不同時期相同群體農家或是相同時期不同群體農家的生活水準，必須要不同時期同一群農家或同一個時期不同群體農家之間所面對各物品的相對價格變化幅度不大，才能反映出不同時期或不同群體之間的消費水準之差異。

　　至於各因素如何影響消費支出、儲蓄金額、米消費量、甘藷消費量、糧食支出及非糧食支出金額呢？我們得到以下的結論：（1）可支配所得對消費支出及儲蓄金額的影響都是顯著的正向；對米消費量只有在1950-52年是顯著的正的，相反地，在1930-33年卻是負的影響；對甘藷的消費量則都無顯著的影響；對糧食支出及非糧食支出的影響也都是顯著的正向。既然可支配所得未必影響米及甘藷消費量，因此前人所謂臺灣在1930年代糧食消費結構的惡化，反映了人民所得下滑這個論點可能有問題。同時，米及甘藷的消費量結構的變遷，應該與兩物品相對價格的變動也有關。當米價相對於甘藷價格上升時，則農家消費較多的甘藷，以取代米，可見米及甘藷是消費上的替代品。

　　（2）家庭壯年人口換算的人數對於消費支出、米消費量、糧食支出及非糧食支出是正向的，且在大多數年代裡這種影響是顯

著的。相反地,對於儲蓄的影響則都是顯著的負向。(3)稅額對於消費支出的影響都是顯著的正向,對儲蓄的影響只有在 1936-37 有顯著的負向影響;對米及甘藷消費量大都無顯著的影響;而對於糧食支出只有在 1931-33 年有正向的顯著影響;而對於非糧食支出則在 1930 年代影響力是顯著的正向。可見,前人所謂政府利用稅收壓低人民的消費這個論點可能也值得商榷。

(4)耕地面積的大小對每戶糧食支出有較顯著的影響之外,在大多數年代都無顯著的影響。(5)農家身分別只對於 1941-42 年的消費支出有顯著的影響,且其影響的型態是佃農大於自耕農;而對於儲蓄也只有 1936-37 年有顯著的影響,其影響力則是佃農小於自耕農。

(6)不同地區的消費支出、儲蓄及戰前米消費量大都無顯著的差異;而戰後初期農家的米消費量各地區都顯著地低於東部地區;相反地,各地區甘藷的消費量無論戰前或戰後初期,大多都顯著地高於東部地區。而對於糧食及非糧食支出也都只有在戰後初期有顯著的影響,而其影響方向為各地糧食支出大都低於東部地區;相反地,非糧食支出則大都顯著地高於東部地區。

此外,本章發現糧食支出所得彈性高低的排序與恩格爾係數排序完全一致,但與每人消費金額或是可支配所得的排序不完全一致。而各年非糧食支出的所得彈性都大於糧食支出的所得彈性,這顯示所得越高,非糧食品支出增加的幅度可能超過糧食品支出增加的幅度。

本章還發現若從不同生活水準的指標來看,各年每人可支配所得與消費金額高低之排序完全一致,雖然糧食支出彈性與恩格爾係數之高低排序大致上是一致的,但是後兩項指標卻與前兩項之標排序不一致。可見,恩格爾係數及糧食品支出所得彈性容易

受到物品價格結構的影響，在物品價格波動較劇烈時，可能比較無法代表生活水準。

　　總之，從本章的研究我們得到以下幾個與前人論述不同的觀點。第一，臺灣的例子無法支持帝國主義論者所謂統治國以高稅收壓低殖民地人民的生活水準這個論點。第二，糧食消費結構的變化與可支配所得的高低關係不大。第三，農家身分對米、甘藷、糧食支出及非糧食支出都無顯著的影響，而且佃農的消費水準未必低於自耕農。第四，東部地區的生活水準未必低於其他地區。

第三部分
市場與農家經濟

第五章　農家商業化程度的變遷

1. 前言

　　日治時代臺灣由於現代化交通系統、度量衡、貨幣制度的建立，及現代化私有財產權的確立及執行，使得交易成本降低，因而強化了人們參與市場的程度，促成商業化程度的提升。[1] 許多低所得國家大多都有高度的自我消費，這說明了市場擴張的程度是刺激生產的要因。本書第三章的迴歸分析也發現，無論在 1918-52 年或在戰後初期，臺灣農家商業化程度愈高的家庭，平均每人可支配所得也愈高。

　　而若從長期的角度來看，日治時代每人實質國內生產毛額年平均成長率為 1.91%（吳聰敏，1991，頁 159）。然而，戰後初期經濟成長率大幅下滑，根據吳聰敏（1991，頁 165-168）的估計，在 1910-45 年之間，平均每人實質 GDP 在 1939 年達到最高，為 225.18 圓，最低發生在 1945 年，只有 45.33 圓；而次低發生在 1913 年，為 119.20 圓，因為 1945 年是戰爭末期，屬於異常的年分。我們可以說日治時代從 1910 年以後，平均每人 GDP 最低發生在 1913 年。但是戰後在 1946-52 年之間，只有在 1949 年高於 1913 年的水準，其他年代都低於 1913 年的水準。

1　本文中的商業化程度是泛指參與市場活動的程度。

　　若前述許多低所得國家的經驗在臺灣也發生，那麼可能戰後初期直到 1952 年商業化程度應該都低於 1910 年以來的日治時代，且日治時代的商業化程度應該是與日俱增的。到底日治時代的商業化程度有何變遷？ 1950-52 年商業化程度究竟是高於或低於日治時代？商業化程度為何會有這樣的變遷呢？除了戰爭對經濟的破壞之外，是否政府的某些政策也促成這樣的結果？這些都是本章關注的問題。

　　本章利用下一節所提出的式 5-1 到 5-5，計算出臺灣 1918-52 年之間農家商業化的程度，結果列於表 5-1。從表 5-1 可以看到幾個突出的現象：一、總商業化程度雖然一開始是上升的，但到了 1936-37 年卻轉而下降；[2] 二、戰後初期無論是作物販賣比率、市場收入比率、現金家計費比率、市場總支出比率及總商業化程度都大幅下滑；三、雖然，戰後初期任何其他商業化相關的項目都遠低於日治時代，但是市場投入比率卻高於 1918-21 年，可見 1918-21 年市場投入比率之低。

　　商業化程度對於所得水準及所得分配都有影響。而對於這個問題，文獻上有所謂悲觀及樂觀兩派不同的看法。有些學者從實證研究發現，技術及商業化刺激農業成長，改進就業機會及擴張糧食的供給，所有這些都是衝散貧窮的有效辦法。同時，商業化會因為比較利益，而促進專業化及規模經濟，終而提高所得（Binswanger and Joachim von Braun, 1991, p. 57）。

　　而對於商業化與經濟發展之間的關係持悲觀論點的人，認為商業化及技術改變的力量會相互作用，或甚至引來制度及市場

2　為與商業化程度這個名稱區分開來，本書所謂總商業化程度，是指全體抽樣農家從市場購入的投入、市場家計費支出以及提供到市場出售之產出的比率。因為1937年的調查對象只有米作農家，因此該年的總商業化程度只含有米作農家的部分而已。

表 5-1：農家商業化程度的變遷（％）

年	農作物販售	市場收入	市場投入	現金家計費	市場總支出	總商業化程度
1918-21	56.48	60.75	48.06	65.20	54.73	57.18
1931-33	60.77	66.33	54.66	69.41	59.96	62.82
1936-37	54.20	55.97	53.80	71.67	59.59	58.06
1950-52	45.35	49.63	51.67	49.87	50.79	50.23

註解：各項目的意義請見下一節式 5-1 到式 5-5 的定義及文中的說明。
資料來源：臺灣總督府殖產局，1920a，頁 12- 20；臺灣總督府殖產局，1923，
　　　　　頁 30-38、50-53、60-63、70-73；臺灣總督府殖產局，1934b，頁 62-
　　　　　65、103-105、145-147；臺灣總督府殖產局，1934c，頁 51-53；臺灣
　　　　　總督府殖產局，1936，頁 31-33；臺灣總督府殖產局，1938a，頁 39-
　　　　　43；臺灣省政府農林廳，1952a，頁 244、250-251、256-257、262-
　　　　　263、270-271、274-275、280-281、286-287、292-293、298-299、304-
　　　　　305、310-311、316、322、328、334、340、346、352、358、364、
　　　　　370、376、382、388-435、436、442、448、454、460、466、472、
　　　　　478、484、490、496、502、578、584、590、594；臺灣省政府農林廳，
　　　　　1953a，頁 62-122。

的失敗，對於窮人會有不良的影響。持這派論點的人認為窮人在
實際世界中無法獲得利益，甚至會因為技術改變或商業化程度提
高而受損。然而在這些結果發生的地方，有些文獻發現幾乎都
是因為缺乏彈性的需求，或不利的制度所造成（Binswanger and
Joachim von Braun, 1991, p. 57）。

　　雖然商業化程度對於經濟社會有如此重大的影響，但是臺灣
歷史上商業化程度的水準及其變遷為何，卻鮮少有人研究。目前
為止，只有川野重任（1941，林英彥譯，1969）、柯志明（2003）
及 Myers（1972, pp. 173-191）對日治時代農業的商業化或農家的
商業化程度有所著墨。

　　川野重任在其《日據時代臺灣米穀經濟論》中，提到 1936 年農家現金家計費支出的比率、1935 年及 1936-38 年米販賣率（川野重任，1941；林英彥譯，1969，頁 111、113、125），但是他在計算米販賣比率時，假設農家消費的米皆為自產，因此是低估。[3]即使低估，但根據他的估計，臺灣米販賣比率仍然非常高，從 1935 年的 62.57%，提升到 1936-38 年的 73.84%。

　　柯志明（1990，頁 24-26；2003，頁 60-63）估計了 1905-39 年間臺灣米的銷售比率，1918、1934、1936-37 年米作農家家計費中現金支出的比率，以及 1918、1934、1936-37 年米作與蔗作農家食物支出的百分比與 1918、1934 年農家肥料自給率。可見，柯志明並未全盤探討不同年度當中，各種農家及全體農家商業化的程度。

　　而 Myers（1972）則未計算任何商業化程度的數據，因為該文的目的是要檢驗當中國及臺灣的農家開始生產及擴大其市場銷售量時的經濟行為。因此該文隱含的假設是隨時間經過，臺灣農家商業化程度不斷提升，故其重點不是探討商業化程度的變遷。

　　既然研究上缺乏對商業化程度全盤的估計與探討，因此本章要分析 1918-52 年間臺灣農家商業化程度的高低，從中指出幾個突出的現象，並分析這些現象隱含的意義為何。首先，在下一節要先定義何謂商業化程度及本章使用的主要資料；然後，第 3 節介紹 1918-52 年的各種商業化程度相關指標的變化趨勢，並分析其所含的意義；第 4 節則探究農家主作不同如何影響商業化程度；第 5 節要分析技術轉變如何影響商業化程度；繼而在第 6 節討論

3　根據川野重任的估計，1936年家計費中現金支出比率，自耕農為57.83%，佃農為53.64%；1935年米販賣比率臺北州為56.72%、新竹州為47.10%、臺中州為80.86%、臺南州73.03%、高雄州為55.16%；而1936-38年全臺米販賣比率平均高達73.84%。

政府政策如何影響商業化程度；最後一節為本章的結論。

　　我們這裡要強調的是，農家商業化程度的變遷並不代表全臺商業化程度的變遷，因為當一個社會朝著製造業與服務業發展時，商業化程度必然與日俱增，因此本章所討論的只能代表農家商業化程度的變遷。即使討論集中在農家商業化程度的大小，但也未必能真正代表整個農家商業化程度的變遷。這牽涉到不同作物農家的商業化程度不同，例如茶作及蔗作農家的作物絕大部分供販售，因此商業化程度應該高於稻作農家。雖然，臺灣蓬萊米引進之後，有不少農家為增加收益，賣出高價蓬萊米，買進在來米，甚或自食蕃薯等雜糧，因而提升了米作農家的商業化程度。[4]不過，米作農家的商業化程度應該仍然低於蔗作及茶作農家。

　　既然如此，計算的結果就會受到各種農家樣本所占比率高低的影響。因此，除了全體農家商業化程度的變化趨勢之外，本章也將分別探討米作、蔗作、茶作等各種農家商業化程度的變化情況，以求深入了解臺灣在 1918-52 年間農家商業化程度的變遷。

2. 商業化的意義、衡量指標與資料來源

　　商業化程度的指標牽涉到商業化的意義，本章所謂商業化的程度是指農家參與市場活動的程度。其程度如何與農家從事哪些經濟活動有關，因此以下要說明農家參與的市場活動有哪些，然後再從農家的市場活動中定義商業化的意義，從而就能明白商業化程度的衡量方法，最後再說明本章使用的主要資料有哪些，這些資料有何特性。

4　因為篇幅所限，本書不探討這個問題，這個問題留待以後再深入探討。

2.1 農家參與市場活動程度的衡量

Joachim von Braun、Bouis 與 Kennedy（1994, pp. 11-12）曾從產業別定義農業的商業化程度，然而一個農家除了從事農業生產活動之外，也有其他的經濟活動。農家同時是生產者，也是消費者。當農家扮演生產者角色時，他需要雇入或是購入生產要素，以便生產農產品，然後出售農產品，獲取主要的收入。除此之外，農家也出售生產要素，而獲得部分收入。然後又利用所獲得的收入購進消費品，以維持生計。可見，一個農家同時扮演要素投入及生活用品的買者，而且他也出售其產品或生產要素。因此，農家商業化程度與農業商業化程度是不同的。

一個農家從以下幾個途徑獲得收入：

1. 農產品。
2. 非農業生產活動，例如離農的非農就業，或是其他手工業的生產活動。

而農家產出的出路有：

1. 銷售到市場。
2. 留供自我消費。
3. 留供自我使用，例如作為種子或者是飼料。

農家收入的分配方式則有：

1. 儲蓄起來。
2. 購買消費品、勞務。
3. 雇入勞動或購入其他投入要素。

農家除了雇入勞動、租入土地或購入其他投入之外，自己也提供一部分的生產要素於生產活動，其中最重要的就是自家的勞動、自用的土地及自給肥料。

　　簡而言之，商業化程度是指參與市場的程度。那麼一個農家在市場中，可以扮演買方的角色，也可以扮演賣方的角色。當他扮演賣方的角色時，其經濟活動有以下幾項：

1. 出售其產品。
2. 受雇勞動。
3. 租出土地。

　　因此，從收入面來看，農家商業化程度是指他出售產品、受雇勞動、租出土地之收入占總收入的比率。而當這個農家扮演買方的角色，則其經濟活動有下面幾項：

1. 雇入勞動。
2. 租進土地。
3. 購入其他生產要素作為生產的投入。
4. 購買消費品，作為家庭維生之用。

是故，從支出面來看，農家商業化的程度是指從市場雇入勞動、購入其他投入、租入土地與買入消費品的支出占總支出的比率。

　　從以上農家的經濟活動，可以得知農家的商業化程度或參與市場程度，可用以下的數學式子來表示：[5]

$$農家產出面的商業化 = \frac{在市場上銷售的農產品}{農家農產品的總生產} \quad （5\text{-}1）$$

$$農家收入面的商業化 = \frac{市場上販售物品與其他市場上獲得的收入}{農家總收入} \quad （5\text{-}2）$$

5　此處我們的定義與Joachim von Braun, Bouis and Kennedy（1994, pp. 11-12）不同，Joachim von Braun, Bouis and Kennedy所定義的是針對農業別的商業化，而我們指的是農家的商業化。

$$農家投入面的商業化 = \frac{在市場上獲得的投入}{農家的總投入} \qquad (5\text{-}3)$$

$$農家生活面的商業化 = \frac{在市場上獲得的消費品或現金家計費}{農家的總消費或總家計費} \qquad (5\text{-}4)$$

$$農家總商業化的程度 = \frac{從市場上獲得收入 + 從市場獲得的投入 + 現金家計費}{總收支} \qquad (5\text{-}5)$$

式 5-1 至式 5-5 分別就是表 5-1 的作物販賣比率、市場收入比率、市場投入比率、現金家計費比率及總商業化程度。而表 5-1 所謂的市場總支出比率，是指市場總投入加上從市場獲得的消費品占總投入加上總家計費的比率。

何以上面一直都用「市場收入」或「市場投入」，而不用「現金收入」或「現金經營費」，這是因為在本章所關心的期間，臺灣農家在雇入勞動時，除了支付現金工資之外，有時還會給食物及其他現物，因而雇入勞動所支付的工資不等於現金工資；同時在租入土地時除了支付現金地租之外，也支付實物地租，因此支付給租進來土地的地租也不等於現金地租。關於這個問題，下一小節將會詳細說明。同理為何使用「市場收入」，而不使用「現金收入」，乃是因為農家外雇其勞動或出租土地，可能獲得實物工資或實物地租。

2.2 資料來源

既然農家的商業化程度是指農家經濟活動中參與市場活動的部分，因此我們需要的資料就含括有收入及支出等方面的訊息。所謂支出，包括投入要素成本及維持生活的家計費，因此若有投入費及家計費等資料，也可分別算出農家在支出面的市場活動如何。第三章提到日治時代曾做過五次農家經濟調查，戰後初期在1950-52 年也做過一次農家經濟調查，但是如果要利用這些資料分

析商業化程度的變遷，有一些問題須待解決。以下我們先介紹這些資料的特性，以便從中了解這些資料所存在的問題。

日治時代在 1899 年進行第一次的農家經濟調查，然而，這份報告書中所舉農家的經濟調查，並無統一的格式，也不是所有農家收支調查項目都相同（臺灣總督府民政部殖產課，1899，頁185-208）。它雖然對於了解農家的所得有幫助，但是對於商業化程度的研究幫助不大。

接著，臺灣總督府殖產局針對 1918 年以來兩、三年間的農家經濟進行過兩次調查，第一次調查進行於 1918-19 年間（臺灣總督府殖產局，1920a，頁 1）；第二次進行於 1918-21 年之間（臺灣總督府殖產局，1923，頁 1）。前一次的調查人員與後一次大致上差不多，接受調查的農家應該也有許多是重複的。[6]

這兩次調查項目稍嫌粗略，例如 1918-21 年的報告有幾項缺失：第一，只有現金收支的項目，缺乏總收入與總支出，因為缺少農家總收入，只能靠推導求得。[7] 第二，該年的家計費底下只有食費、被服費、住居費等等這些大項目的總支出，無現金支出及現物支出項目，更無細項的支出，因此缺農家消費米量的紀錄，無法算出農家消費米中有多少是購買進來的。且資料只提供現金收支的項目，並未像後來其他的調查報告那樣，將支出分成經營費及生活費。雖然在農業經營費一表中，提供了各種要素之雇入或購入的支出金額，但是若將農業經營費中雇入或購入部分相加，再與現金收支表中農業生產費相比，金額又不符合。

---

6 緒言列有農家的資料，雖然沒有名字，但是從農家所在地、種族、自小作別、調查開始時期及備註等內容看來，許多農家是重複的。

7 調查報告上只給了農業總生產及包含農作物、勞動報酬、地租及其他各種現金收入，本書把農業總生產加上農作物以外的其他的現金收入，作為農家的總收入。

　　第三，該年次報告上的經營費只有農業經營費這個項目，無農業以外其他生產活動的費用。但是在比較農家的經營成效時，卻將農業經營費與農家所得比較，不知道是否這個時代農家只從事農業，無其他副業的生產活動，抑或農家雖有從事副業，但調查對象不從事副業。總之，1918-21 年的這份較大規模的調查與後面的幾次相比簡略了許多。

　　至於 1918-19 年的調查項目，比 1918-21 年的調查更加簡略，只有農家總生產、現金生產、農家經營費、現金經營費、家計費及現金家計費這些大項目的資料。雖然從這些資料可以算出農家商業化程度，但是缺乏各種作物的收入及生活費當中細項資料，例如米或飲食費的資料。在 1918-19 年調查報告的緒言中，提到這次調查只是一個概要的調查，而 1919-21 年的調查除了擴充農家數目之外，也加入各經濟方面的調查，因此可以說 1918-19 年的調查只是一個預備調查而已。是故，本章只使用 1918-21 年的資料作為該時期的分析基礎。

　　這些資料原本的目的是為了了解農家的經濟狀況，農家經濟如果只是狹義的定義為農家的收支，則這些資料可以說大致上算是相當完整的。然而，如果要用來分析商業化的程度，就存在一些問題。其中，最嚴重的問題有五個：第一，不同次調查，對於勞動費所含括範圍不一致的現象；第二，歷次的調查都只調查租入地的租金，且把租入地的實物租金稱為現物，而把租入地的貨幣租金稱為現金；第三，1918-21 年及 1931-33 年的調查，對茶作農家生產之茶的販賣處理方式不同；第四，戰後初期蔗農甘蔗市場收入部分有問題；最後，1918-21 年有些農家米的販賣量超過米的生產量。

　　關於勞動這一項，如果我們仔細察看調查項目的名稱，可以發現 1918-21 年調查報告上的家族一表中列有雇入費用一項，而這個項目與農業經營費一表中勞力費欄內的雇入與自給中的雇入相同。可見，該年勞力經營費中的雇入費用是付給市場雇進來的勞動費用，因此該年的調查報告在農業經營費中的勞力費項下才會冠以自給與雇入。

　　然而，在其他三個年次的調查報告中，勞力費項下則冠以現物及現金兩個項目，而且這些報告都說明了所謂勞力費是指對於農業經營需要雇入勞動的一切支出，也就是支付給季節雇、臨時雇及請負（承包）勞動者的現金、現物、食費及付給年雇者的現金。由此可以得知 1918-21 年以外其他年次的報告中，勞力費的現金與現物都是付給雇入勞動者，只不過現物指的是實物工資的部分。

表 5-2：雇入勞動或現金工資及繳納實物地租之比率（％）

年	雇入勞動或現金工資比率					繳納實物地租之比率				
	米作	蔗作	茶作	雜作	全體	米作	蔗作	茶作	雜作	全體
1918-21	30.11	31.05	35.44	14.08	29.60	90.91	51.44	0.00	0.00	80.42
1931-33	89.30	98.40	81.97		93.58	77.93	14.38	7.35		45.70
1936-37	84.81				84.81	77.93				77.93
1950-52	97.55	100.00		99.77	98.04	95.70	74.96		67.60	92.36

註解：1918-21 年的勞動是雇入勞動，而其他年代則指的是現金工資。
資料來源：臺灣總督府殖產局，1923，頁 34-36、52-53、62-63；臺灣總督府殖產局，1934b，頁 51-52、91-92、133-134；臺灣總督府殖產局，1934c，頁 39；臺灣總督府殖產局，1936，頁 19-20；臺灣總督府殖產局，1938a，頁 27-28；臺灣省政府農林廳，1952a，頁 318、320、324、326、330、332、336、338、342、344、348、350、354、356、360、362、366、368、372、374、378、380、384、386、586、588；臺灣省政府農林廳，1953a，頁 80-97。

　　既然，除了 1918-21 年的調查之外，其他年分的調查中勞力費都未包含家庭所提供的部分，可以預見的是，如果直接從調查報告上計算 1931-33 年以後的現金工資占總工資的比率，必然高於 1918-21 年雇入勞動工資占總工資的比率甚多。從表 5-2 可以看出勞動費中雇入比率在 1918-21 年只有 29.60%，但是在 1931-33 年現金工資卻跳到 93.58%；以後仍然都相當高，到 1950-52 年更是高達 98.04%。可見，1931-33 年以後，勞動費中現金比率之所以突然大幅高升，乃是因為定義不同所致。也就是說，1918-21 年的雇入勞動工資不等於 1931-33 年以後的現金工資。

　　從上面的描述，我們知道即使是 1918-21 年勞動費中的雇入部分，也並非就是現金工資的部分。這主要是因為農場的經營者除了支付現金給雇進來的勞動者之外，通常也提供一些食物及其他物品給這些勞動者。這就是為什麼我們在上一小節講到農業經營費時，都用市場投入，而不用現金經營費這類用語的意義所在。這也說明了，為何日治時代各種作物農場的經濟調查報告，都將勞動分為自給與雇入，[8] 而不是以現金工資及現物工資來區分工資所得。

　　不過，本章所謂商業化程度並非指現金收支的比率，而是指參與市場的程度，所以要使用的是雇入勞動，不是現金工資。既然，商業化程度指的是參與市場的程度，故自家提供的生產要素就不是從市場雇入或購進。因此必須估計或設算自家提供的生產要素報酬，例如自給勞動的工資，同時要把原始資料上的現金及現物工資相加，才是支付給雇入勞動的總工資，這樣才能比較準

8　這些調查報告的內容見諸於臺灣總督府殖產局進行的農作物經濟調查，這些調查分別收　入農業基本調查書第11、13、16、19的稻作；第14、18的甘藷；第15、20的茶；第17、21的養　豬；第22、23、36及36別冊的甘蔗；第24的香蕉及第12的苧麻。關於這些調查書的內容及　標題，請參見吳聰敏、葉淑貞、古慧雯，2004。

確的估算出商業化程度的數值。

　　但是，即使解決了勞力費的問題之後，還有一個資料上最大的問題，那就是土地的使用成本。土地的使用成本一般稱之為地租，日治時代將佃農支付給地主的土地使用費稱為「小作料」，而將自用耕地的設算地租稱為「土地資本利子」。日治時代米作的地租大都以實物繳納，故米作的地租中，實物部分特別高。例如 1950-52 年高達 95.70% 的米作農家以實物納租；而最低出現在 1931-33 年，但也高達 77.93%（表 5-2）。

　　歷次的農家經濟調查都只列出租入地之地租，未曾估計自作農之設算地租。即使 1918-21 年的調查對於勞動有設算自家提供的勞動，但也未估計自有土地的使用成本。如果要估計自有地的設算地租，必須有地價與利息的資料。但是調查報告上缺乏這些相關的資料，因此難以正確設算出自有地的地租。為了要比較正確的掌握商業化程度的變遷，必須要估計自有地的租金，並重新計算租入地之租金。

　　這幾份調查報告還有一項前後資料處理不一致的問題，那就是茶作農家作為茶葉加工的毛茶的處理及蔗作農家甘蔗的處理。[9] 在 1918-21 年的報告中，茶的產值包括了從生茶葉到粗製茶的總價值，但是 1931-33 年的報告中，卻將農產品中的生茶葉分為現金及現物兩部分。其中，所謂現金是指出售的生茶葉，而所謂現物指的是自家提供的生茶葉作為家庭內粗製茶加工原料的部分。在商業化程度的計算中，我們不能把自家提供的生茶葉視為留供

9　製茶分為粗製及精製兩個階段，生茶葉俗稱為茶菜或是茶菁，採摘之後，必須即時著手製造。所謂著手製造就是把摘採的茶菁，使之發酵，或不經發酵，便行乾燥。這叫作粗茶或是毛茶，不足供飲用。第二步就是精製成為包種茶或是烏龍茶。參見張我軍，1949，頁3；張佩英，1949，頁27-30。

自我使用的產物,而必須將之視為粗製茶附加價值的一部分,而歸入作物販賣這個項目中才對。

甘蔗的處理也有與生茶處理類似的問題。戰前蔗農把全部的甘蔗都賣給糖廠,因此甘蔗的現金收入都高達 100%,戰後初期實施分糖制,蔗農把甘蔗給糖廠製造成砂糖,然後得到一部分的砂糖。這部分砂糖如何計入蔗作農家的經濟調查呢?經濟調查報告中蔗作農家的收入並沒有砂糖這個項目的收入,可是戰後初期蔗作農家甘蔗的現金收入卻只有 68.36%,因此我們懷疑事實上甘蔗現物收入當中含括一部分的砂糖。蔗作農家賣給糖廠,但在調查報告上以現物收入為名計入農家收入中的這部分,就好像 1931-33 年作為加工的生茶葉也是以現物收入為名計入農家收入一樣。

此外,1918-21 年的資料還有兩個嚴重的問題。其中之一就是米作農家當中有許多米的販賣量超過米的產量。在 68 個調查農家當中,有 12 個米販售比率超過 100%,超過最多的甚至販售比率高達 913%,而次高的也有 441%。其他的三個調查年次都無此一問題,在 1936-37 年的調查農家當中,米販售比率最高為 94.62%,而 1931-33 年最高也只有 88% 而已。

調查報告上說明凡是販售量超過產量者代表農家收到一部分的稻穀地租,我們把這 12 家的米穀販售比率及農家屬性列於表 5-3,發現其中有 6 家確實是地主,而這 6 家中有 5 家的米販售比率確實都是最高的。而其他的 6 家不是自耕農,就是半自耕農,其米販售比率雖然沒有那麼高,但也都超過 100%。因此我們推測這 6 家地主可能都有部分土地出租給人,因而獲得地租稻穀,否則米販售量不可能超過產量。其他年代的調查都無這種現象發生,這可能是因為其他年代調查的都無地主家庭。為了與其他年代一致起見,我們在計算市場收入及作物販賣比率時,把這 12 家剔除。

表 5-3：1918-21 年米販賣量超過產量的農家

農家編號	農家屬性	販賣量占產量的比率（%）	農家編號	農家屬性	販賣量占產量的比率（%）
27	地主	177	39	地主	913
32	地主	188	41	自小作	133
33	自作	164	46	自作	157
35	地主	100	53	地主	217
36	地主	441	55	自小作	112
37	自作	100	61	自小作	119

資料來源：臺灣總督府殖產局，1923，頁 5、26-28。

　　另外一個問題，就是調查報告所提供的現金經營費，與我們將各項經營費中現金細項加總的結果不一致。調查報告上所列現金農業經營費的項目分別有以下幾項：種苗費、肥料費、畜產費、勞力費、製茶費、公課及負擔、地租等細項。這幾項無論哪幾項相加都不等於現金項下的「農業生產費」。[10] 因此本章使用各細項加總的經營費。

　　總之，若比較這幾次調查報告的內容，可以發現這幾次報告內容或有詳略的不同，但是調查的理念都差不多，都是為了全盤理解農家的收入與支出而作的調查。以下表 5-4 列了本章分析所需要的資料中，歷次農家經濟調查報告中有調查缺乏及有問題的部分。

---

10 其中有一戶米作農家現金項下的農業生產費高達21,097.12圓，但是各細項加總卻只有4,410.94圓而已。我們一開始懷疑差距可能是來自勞力費的雇入中，有一部分是以實物支付，但是該戶的勞動雇入總金額卻只有665圓，所以這個差距不可能源自於勞力費。

表 5-4：歷次調查報告有或無調查的項目

商業化程度相關的項目	1918-19	1918-21	1931-33	1936-37	1950-52
收入面					
農家總收入	X	X	V	V	V
農業總收入	V	V	V	V	V
米的生產額	X	V^S	V	V	V
米販賣收入	X	V$^\#$	V	V	V
現金總收入	V	V	V	V	V
生茶的價值	X	X	V	X	X
茶加工的價值	X	X	V	X	X
粗製茶的總價值	X	V	V$^\#$	X	X
甘蔗的收入	V	V	V	X	V
甘蔗販賣的收入	V	V	V	X	V$^\#$
生產支出面					
農家經營費	X	X	V	V	V
農業經營費	V	V$^\#$	V	V	V
自家勞動費	V	V	X	X	X
雇入勞動費	V	V	V	V	V
自家肥料費	X	V	V	V	V
購入肥料費	V	V	V	V	V
自有土地費	X	X	X	X	X
租入土地費	X	V	V	V	V
消費面					
家計費	V	V	V	V	V
米自家消費量	X	X	V	V	V
米的購入量	X	X	V	V	V
其他					
依年齡分布的人口數目	X	V*	V	V	V
自有地面積	V	X	V	V	V
經營地面積	V	V	V	V	V
租入地面積	V^S	X	V	V	V

註解：V：有調查；X：無調查；V^S：缺這個項目，但是可以計算出來；V*：雖
　　　然缺乏依年齡分布的家庭人口數，但是卻有依壯年者能力換算的家族數；
　　　V$^\#$：雖有這個項目，但是金額有問題，詳見上文之討論。

資料來源：同於表 5-1。

3. 商業化程度的變遷

上一節提到若要使用這些資料計算並分析臺灣農家商業化程度的變遷，至少有五個問題須待解決。本節首先要處理這些須待解決的問題，再論述全體農家商業化程度的變遷，從中指出幾個與我們一般認識不同的變化趨勢。

3.1 問題資料的估計與處理

從上一節的分析，我們知道若要使用調查資料計算商業化程度，至少有五個問題須待解決：（1）要估計 1931-33、1936-37、1950-52 年的自給勞動，並計算雇入勞動金額；（2）要估計所有年代之自有土地的設算租金，並計算租入地之租金；（3）要將1931-33 年自家生產的生茶視為粗製茶的附加價值，而加入出售到市場之物品的現金收入中；（4）要重新估算 1950-52 年蔗作農家的甘蔗販賣金額；（5）重新估算 1918-21 年的米販賣金額。本小節將依次介紹我們如何估計自有勞動及估計自有土地之租金、有無包含這兩部分估計值對農家市場投入、市場總支出及總商業化程度的影響，有無將自家生產的生茶視為販賣作物、有無調整1950-52 年蔗作農家的甘蔗販賣金額及有無調整 1918-21 年的米販賣金額，對於作物販賣比率、市場收入比率及總商業化程度的影響有多大。

我們估計自給勞動的方法是分別以鄰近年代的農場經營費資料中自給、雇入勞動工資的比率，作為估計的基礎。例如，以1930 年二期稻作及 1931 年一期稻作的平均、[11]1926-27 年及 1935-

---

11　1930年二期作非本章討論的期間，為何會以1930年二期作及1931年一期作自給工資占雇入工資比率的平均數，估計1931-33年米作農家的自給勞動？這主要是因為一、二期作自給與雇入勞動比率差距甚大，例如該兩期分別是2.09及1.60。參見臺灣總督府殖產局，1931，頁2；臺灣總督府殖產局，1932a，頁2。

36 年的蔗作平均、[12]1926-27 年的茶作農場的比率，[13] 估計 1931-33 年的米作、蔗作、茶作自給勞動工資的估計值。再以 1950 年二期及 1951 年一期稻作的比率估得 1950-52 年的米作農家；以 1918-21 年雜作的自給勞動工資占雇入勞動工資的比率，估計 1950-52 年雜作的自給勞動工資；並以 1950-52 年蔗作農場的比率估計同年蔗作農家自給勞動工資與雇入勞動工資的比率。[14]

至於 1936-37 年因為缺乏農場資料，無法直接估計該年米作的自給勞動工資金額，我們採用 1925 年二期作與 1931 年一期作這六年之間的自給、雇入勞動工資比率的變動率，估計 1931 年到 1936-37 年這六年間自給雇入勞動工資的比率，而間接求得 1936-37 年稻作農家的自給勞動。[15]

除了自給勞動工資需要估計之外，雇入勞動之工資也不等於現金工資，必須把現金工資及現物工資相加，才是支付給雇入勞動的工資總額。而關於土地的使用費，除了估計自有地的租金外，也要計算租入地租金。既然調查報告上的地租分為現物及現金，而這兩種支出都是付給租進來土地的成本，因此要納入商業化程度計算之租入土地的成本，應該是現物地租及現金地租的總和才對。

在自有地租金的設算方法上，本章利用調查報告上自有水、

---

12 1926-27年的蔗作，可以參考臺灣總督府殖產局，1929a，頁82-135。而1935-36年的蔗作，請參考臺灣總督府殖產局，1938c，頁10-14。

13 請參考臺灣總督府殖產局，1929c，頁58-97。

14 各年各種作物的自給工資占雇入工資的比率分別如下：1930-31年米作為1.84；1926-27年茶作為0.98；1927年及1936年蔗作平均為0.95；1950-52年米作為1.0639；1950-52蔗作為0.61；1918-21年的雜作為6.1025。

15 1925年二期作自給及雇入工資比率是1.71，1931一期作為1.60，因此求得1937年的比率為1.49。

旱田面積之和乘上每甲租入田地平均分攤的現物及現金租金，得到估計的自有地地租。這樣的估計有一個最大的問題，那就是不區分水、旱田，而把水田與旱田加總的問題，因為旱田的地租一般遠低於水田（葉淑貞，2001，頁121）。但是調查報告上沒有水、旱田分開的租入與自有土地地租的數據，這是不得已之下的權宜之計。

　　要做這樣的估計，必須要有租入地與自有地的資料，歷年的農家經濟調查報告除了1918-21年之外，其他報告上都有這些土地的資料，而1918-21年的報告卻只有耕地面積與種植面積這兩項資料。雖然1918-19年的報告上有經營地面積及自有耕地面積，從中可以求得租入土地的面積，但是因為1918-19年的調查資料上純粹佃農比率太少，[16] 算出的全體農家平均自有地面積太大，[17] 以致於該年支付給市場購入要素的比率太低。[18] 因此，本章用以下的步驟設算1918-21年自有地面積與自有地租金：

1. 估計1918-21年農家租進來之耕地面積：比對1918-19年與1918-21年的調查農家，把相同的部分挑出來，然後再利用1918-19年的資料算出這些農家租進來的土地面積。

---

16 該年接受調查的農家當中，純粹佃耕及半自耕農占全體調查農家的比率，分別只有2.94%及27.94%；而該年全臺灣的純粹佃農及半自耕農戶占所有農戶比率，各是40.77%及28.94%（參見臺灣省行政長官公署統計室編，1946，頁514）。1918-21年調查農家的佃耕地占經營地的比率只有15.44%，而若與1931-33、1936-37、1950-52年比較可以發現，這些年平均每戶農家佃耕地占經營地的比率是1931-33年米作、蔗作、茶作分別為50.27%、59.08%、59.78%；1936-37年米作農家平均每戶農家佃耕地占經營地的比率則是46.26%；而1950-52年米作、雜作及蔗作則分別是48.52%、67.55%與48.78%，都明顯大於1918-19年的水準。

17 該年米作農家、蔗作農家、茶作農家及雜作農家自有地分別是佃耕地的3.32、4.10、11.85、6.22倍。

18 根據我們以上所介紹的估計方法，求算出來1918-21年的市場投入比率只有33.42%而已，其他年代至少都在50%以上。

2. 挑出 1918-19 年與 1918-21 年都調查的農家，再利用 1918-21 年的資料，求算這些農家支付的地租。

3. 把步驟 2 的地租除以步驟 1 估計的租入地面積，得到 1918-21 年每甲地租。

4. 假設 1918-21 年及 1931-33 年各種調查農家自有地占總經營地的比率相同。利用 1931-33 年的米作、茶作及蔗作的自有地占總經營地的比率，乘上 1918-21 年米作、茶作及蔗作的總經營地面積，得到 1918-21 年的米作、茶作及蔗作的自有地的面積（表 5-6）。

5. 把步驟 3 所得到的每甲租入地之地租，乘上步驟 4 所得到之估計的自有地面積，獲得 1918-21 年米作、蔗作、茶作自有地之設算租金。

6. 假設 1918-21 年及 1950-52 年雜作農家自有地面積與總經營地面積比率相同，利用 1950-52 年雜作農家自有地占總經營地之比率，估計 1918-21 年的雜作農家自有地面積。並利用步驟 2 所估得之雜作農家每甲地租金乘上估計之自有地面積，得到 1918-21 年雜作農家自有地之設算租金。

7. 把利用上述估得之各種農家自有地租金乘上各種農家調查數之比率，得到 1918-21 年全體農家之自有地設算租金。

利用以上步驟估得的自有地面積及自有地租金之數值列於表 5-5。在表 5-5 的數字當中，1931-33 年的米作實質自有地設算租金每甲地為 198.80 圓，大約是 1918-21 年 171.09 圓的 1.16 倍。然而，該年蔗作卻高達 144.54 圓，大約是 1918-21 年 31.36 圓的 4.61 倍，這可能是因為 1931-33 年米作及蔗作的產值都提高所致，特別是蔗作更是大幅提高。而這是因為第三章所論述的 1931-33 年

表 5-5：每戶之自有地面積及估算之設算租金

年	自有地面積（甲）					每甲地自有地實質設算租金（圓或元）				
	米作	蔗作	茶作	雜作	全體	米作	蔗作	茶作	雜作	全體
1918-21	1.80	1.52	1.90	0.65	1.59	171.09	31.36	23.47	77.65	126.46
1931-33	1.63	2.44	2.45		1.98	198.80	144.54	45.41		162.77
1936-37	1.36				1.36	336.14				336.14
1950-52	1.03	1.31		0.60	1.10	116.24	70.27		63.20	107.74

註解：1918-21 年自有地面積及所有自有地設算租金的估計，見上文；其他年代
　　　的自有地面積則從原始資料中求得。
資料來源：臺灣總督府殖產局，1934b，頁 34、76、116；臺灣總督府殖產局，
　　　　　1934c，頁 22；臺灣總督府殖產局，1936，頁 4；臺灣總督府殖產局，
　　　　　1938a，頁 2；臺灣省政府農林廳，1952a，頁 2、8、14、20、27、
　　　　　33、39、45、51、57、63、69；臺灣省政府農林廳，1953a，頁 3、9、
　　　　　15、85、91、97。

蓬萊米普及與甘蔗新品種的產量都較多，因而產值較高所致。

　　1931-33 年平均每公頃甘蔗實質產值高達 749.03 圓，而 1918-
21 年則只有 160.72 圓（臺灣省行政長官公署統計室，1946，頁
552），1931-33 年的產值大約是 1918-21 年的 4.66 倍。而 1931-33
年稻作每公頃每期作產值為 254.55 圓，為 1918-21 年 182.73 圓的
1.39 倍所致。可見，雖然不同主作農家土地的生產力提高的幅度
與每甲地租金提高的幅度不同，但是地租的變動卻都與產值的變
動方向相同。

　　表 5-1 所列的數據就是經過以上調整之後的數值。若加上所
估計的工資與設算租金，對於市場投入比率及市場總支出比率的
影響有多大呢？有無加上這部分調整的市場投入比率及市場總支
出比率，列在圖 5-1 及 5-2。從圖 5-1 可以看到 1931-33 及 1936-
37 年調整後的市場投入比率較低，但是另外兩年則相反，其中以

1918-21 年高出較多，高達 3.91%， 1950-52 年則只高出 1.23%。
相反地，1931-33 及 1936-37 年調整之前大約是 65% 及 58% 左右，
但是調整之後，則下降到只有 55% 及 54% 左右。而圖 5-1 及 5-2
顯示市場總支出比率與市場投入比率的變化型態是相同的。

接著討論 1918-21 年及 1931-33 年茶作農家資料的問題及其
對農家作物販賣、市場收入及總商業化程度的影響。如果我們
剖析茶作農家作物販賣的情況，會發現這兩年分調查報告對於
農家作物販賣的處理方式不同。1931-33 年茶作農家的收入，除
了茶之外，還有農產加工這一項。而 1918-21 年茶作農家生產物
的販賣只有茶一項，未有農產加工這一項。由表 5-6 可以看到，
這兩個年代茶收入占總收入的比率差異相當大，1918-21 年高達
44.26%，而 1931-33 年則只有 18.11%。

我們懷疑 1918-21 年的茶是包括生茶價值在內的粗製茶，不
是指生茶，而 1931-33 年則只有生茶部分。這是因為 1918-21 年的
農家經營費中有一項製茶費，這項製茶費的內容是什麼呢？該年
調查表解說一節中，對於農業經營費中製茶費的解說中提到（臺
灣總督府殖產局，1923，頁 1），主要是製茶使用的薪炭部分。
從此，可以推斷 1918-21 年作物販賣中的茶，指的應該是包含生
茶價值之經過加工後的粗製茶價值。

然而，1931-33 年調查報告上的農家收入，除了茶一項之外，
還有農產加工收入一項。何謂農產加工收入呢？報告上說明這一
項主要指的是自家生產物的加工收入，是以粗製茶為主的收入。
因此，如果像 1918-21 年的處理方式，粗製茶的總價值應該是生
茶加上農產加工的合計才對，而 1931-33 年這部分金額的比率應
該高達 58.97%。其中生茶的部分是 18.11%，而農產加工部分是
40.87%（表 5-6）。至於占總收入 18.11% 的生茶收入中，有 17%

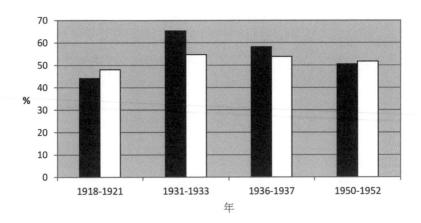

■原始資料（未調整）□加上勞動及土地的調整

資料來源：同於表 5-1。

圖 5-1：有無調整勞動及土地之市場投入比率

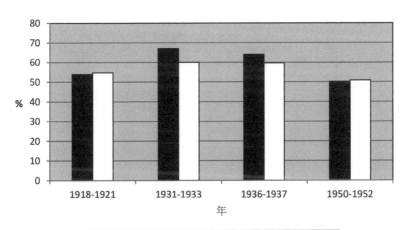

■原始資料（未調整）□加上勞動及土地的調整

資料來源：同於表 5-1。

圖 5-2：有無調整勞動及土地之市場總支出比率

是農家自家生產,作為粗製茶加工的原料,調查資料將之歸為現物收入,剩下 1.11% 的生茶是提供到市場販售的部分,而另外那 17% 的農家生產供自家加工之生茶的金額高達 227.36 圓。

表 5-6:茶作農家作物販賣組成分子

組成分子	1918-21	1931-33
總販賣比率	70.31	50.91
茶收入占總收入	44.26	18.11
茶販賣占總收入	44.26	1.11
米收入占總收入	23.06	11.12
米販賣占總收入	3.59	5.76
其他耕種收入占總收入	6.26	10.56
其他耕種收入販賣占總收入	2.89	1.65
農產加工收入占總收入	*	40.87
農產加工販賣占總收入	*	38.78

註解:1918-21 年販賣比率的算法若按照 $\sum_{i=1,n} \sum_{j=1,m} X_{ij} / \sum_{i=1,n} \sum_{j=1,m} Y_{ij}$,式中 i 為作物種類,j 為農家番號,X 為各作物販賣金額,而 Y 則為各種作物總產額,得到 80%。然而表中的數字是直接從各農家作物的市場收入求得的。* 見內文說明。

資料來源:臺灣總督府殖產局,1923,頁 58-59;臺灣總督府殖產局,1934c,頁 32-35。

　　既然兩次調查報告上對於茶收入的定義如此的不同,如果我們要將這兩年關於茶收入的定義整理成相同,則 1931-33 年茶作農家的作物販賣比率及市場收入比率應該要加上這 17% 才對。也就是說,應該把 1931-33 年農家使用自家提供的生茶都當成粗製茶的原料,而將它加入生產物的附加價值當中,然後再計算茶作農家作物販賣的比率,則可以得到 1931-33 年作物販賣的比率高達 67.91%(=50.91+18.11-1.11),這樣該年茶作農家的作物販

賣比率就相當接近於 1918-21 年的 70.31%。而茶作農家總收入
中的市場收入加入 227.36 圓這個金額，所求出的現金比率高達
69.35%，與 1918-21 年的 73.56% 也比較接近。總商業化程度則高
達 63.97%，超過 1918-21 年的 61.63% 的水準。

　　從圖 5-3 可以看到 1931-1933 年茶作農家未加上自家提供生
茶葉，則作物販賣比率、市場收入比率及總商業化程度，分別是
50.91%、54.56% 及 53.56%。不只都遠小於加入自家提供生茶的
作物販賣比率（67.91%）、市場收入比率（69.35%）及總商業化
程度（63.97%），而且也遠不及 1918-21 年的水準，該年各項數
值依次為 70.31%、73.56%、61.63%。調整後的作物販賣比率多了
17% 之外，市場收入比率也多 14.79%。可見，兩個年次之所以市

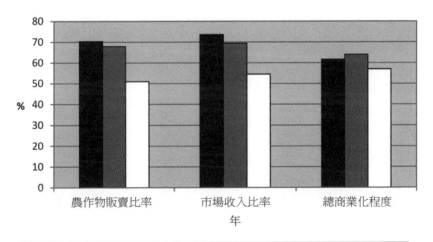

資料來源：同於表 5-1。

圖 5-3：有無調整生茶葉之茶作農家的商業化程度

場收入及作物販賣比率相差那麼多，乃是對於製茶價值的處理方式不同所致。

　　甘蔗販賣收入問題的處理比較簡單，我們按照 1918-21 及 1931-33 年的情況，假設 1950-52 年蔗作農家把所有甘蔗都出售。因此只要把農家的作物販賣、從市場獲得的收入加上甘蔗的現物收入就可以了。圖 5-4 列出原始資料與重新計算的各年蔗作農家作物販賣比率、市場收入及總商業化程度。該圖所謂調整過的就是把作物販賣市場收入及市場總收支加上甘蔗現物收入的金額，這個金額是 1,474.73 元。

　　從該圖可以看到 1950-52 年未調整與調整後之作物販賣比率從 48.72% 上提至 58.18%；市場收入比率則從 52.76 變為 61.37%；總商業化程度則從 54.35% 躍升為 58.72%。雖然比較接

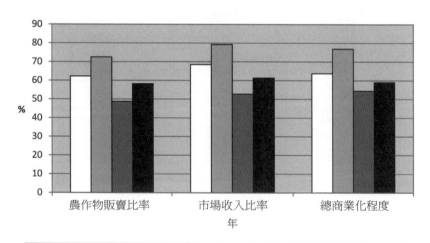

圖 5-4：有無調整甘蔗現物收入之蔗作農家的商業化程度

近其他年代，但是仍然都低於其他年代，而根本原因在於其他作物販賣及現金家計費比率太低所致。至於 1950-52 年蔗作農家甘蔗以外的其他作物販賣及現金家計費比率為何會如此低呢？是什麼因素促成這種結果，這將在第 6 節再深入分析。

　　至於 1918-21 年米販賣問題的處理，我們把米販賣比率超過100% 的家庭剔除。這樣重新估得的米作農家及全體農家的米販賣比率、市場收入比率及總商業化程度，分別如圖 5-5 及 5-6 所示，圖中所謂「調整過」的是指重新估算而求得的結果。從該圖可以看到該年調整的作物販賣比率、市場收入比率及總商業化程度，都低於從原始資料求得的結果。其中，全體農家調整後的作物販賣比率較未調整者低了 2.45%，而這個作物販賣的減少使得市場收入比率下滑了 3.78%，但使總商業化程度下跌了 2.23%。

　　經過以上這五項調整之後，全體農家總商業化程度有何變動呢？從圖 5-7 可以看到加入這些調整之後與都未調整前相比，

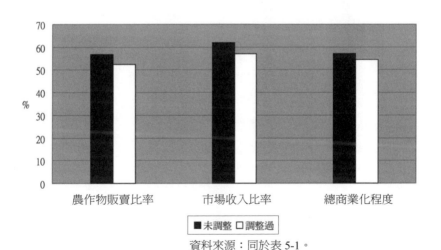

資料來源：同於表 5-1。

圖 5-5：1918-21 年有無調整米販賣之米作農家商業化程度

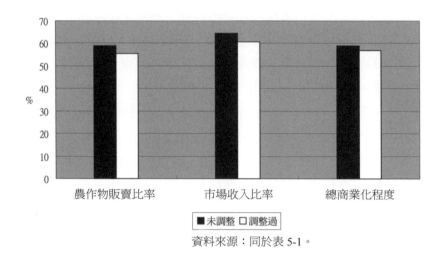

資料來源：同於表 5-1。

圖 5-6：1918-21 年有無調整米販賣之全體農家商業化程度

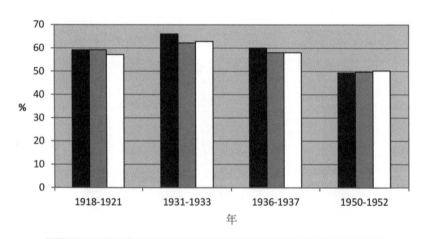

資料來源：同於表 5-1。

圖 5-7：有無各種調整之全體農家總商業化程度

1950-52 年的數值差不多，在 49.32%-50.23% 之間。然而，1918-21 年加入五項調整的水準為 57.18%，低於未加入這四項調整的 59.18%；但是只加入土地及勞動的調整的數值與未加入這些調整的數值差不多，都是在 59% 左右。1931-33 年及 1936-37 年的數值有比較明顯的差異。加入五項調整、只有加上勞動與土地之調整及都未調整的數值，1931-33 年分別是 62.82%、62.20% 及 66.00%。而 1936-37 年則調整後的數值為 58.06%，低於調整前的 60.05%。

3.2 商業化程度的變遷

經過以上的調整，全體農家商業化程度就如表 5-1 所列。從表 5-1 的數據，可以看到從日治時代到戰後初期總商業化程度在 1931-33 年達到極大。從 1918-21 年大約 57.18%，大幅上升到 1931-33 年的 62.82%，接著在 1936-37 年又下滑到 58.06% 左右，最後在戰後初期的 1950-52 年更是大幅下滑，是歷年的最低，只有 50.23%。

而如同第三章表 3-1 所示，1936-37 年的樣本只有米作農家，因此表 5-1 該年的總商業化程度只包括米作農家而已。我們假設該年包括其他主作農家的總商業化程度相對於米作的比率與其他年代差不多，因此可以使用其他年代的米作農家的總商業化程度相對於所有農家總商業化程度比率與該年米作總商業程度之間的關係，推估該年全體農家的總商業程度。[19] 不過，本小節我們仍然

---

19 從調查資料可以得到1918-21及1931-33年米作農家的總商業化程度相對於全體農家的總商業化程度，分別是0.97及0.90。可見這個比率是下跌的，因此如果1936-37年的趨勢與此相同的話，則若1936-37年米作農家的總商業化程度高於其他年代的話，全體農家的總商業化程度相對於米作農家總商業化程度，會高於1918-21及1931-33年的水準，那麼1936-37年全體農家的總商業程度應該更高於我們所假設的水準。不過，當然這是在前述的假設成立之下，才是正確的。

以表 5-1 所計算出的結果加以探討；而在下一節再集中於各年米作的探討。

　　從表 5-1 所列之商業化程度的數值，可以得出三個特點：（1）總商業化程度在 1931-33 年達到最高，以後就持續下降。（2）戰前 1936-37 年的總商業化程度低於 1931-33 年的水準，這似乎與我們一般的認識不一致。下一節我們將探究為何 1936-37 年的總商業化程度低於 1931-33 年。（3）戰後初期總商業化程度大幅降低了，低於戰前任何一個年次，第 6 節將分析為何戰後初期總商業化程度會如此低。

　　再細看表 5-1 之商業化程度的兩個構成分子，收入及支出，可以發現有以下幾個特點：（1）市場收入比率的變動趨勢與總商業化程度不完全相同，在這四個期間，前者依次分別是 60.75%、66.33%、55.97%、49.63%；而後者則分別是 57.18%、62.82%、58.06%、50.23%。可見，市場收入比率及總商業化程度雖然都在 1931-33 年達到最高，但是 1936-37 年的市場收入比率遠低於 1918-21 年，不過該年總商業化程度仍然大於 1918-21 年。（2）戰前市場總支出與市場收入的變動趨勢不同，總支出比率呈現著一路上升的趨勢，以 1918-21 年為最低，只有 54.73% 左右，1931-33 及 1936-37 年相當都在 60% 左右。（3）戰後無論是總收入及總支出中來自市場的部分，都低於戰前任何一個年次。

　　我們把總支出分為家計費及經營費。所謂的家計費指的是消費支出，而經營費則是農家對生產要素的支出。從表 5-1 可以看到，家計費中現金支出的比率各年分別是 65.20%、69.41%、71.67%、及 49.87%，而從市場購入要素之比率則分別是 48.06%、54.66%、53.80% 及 51.67%。這些數字顯示：（1）在戰前市場投入、現金家計費、市場總支出的比率，都是以 1918-21 年為最低，

現金家計費則以 1936-37 年最高;其他兩項則 1931-33 年略微高於
1936-37 年;而且在戰前,現金家計費無論哪一年都是所有商業化
細項中最高的,直到戰後初期才轉而低於市場投入比率。(2)雖
然,戰後初期市場總支出低於戰前任何一個年次;而其中的家計
費比率,也低於戰前任何一個時期;然而市場投入比率卻高於戰
前 1918-21 年。由此可見,1918-21 年市場投入比率之低。本章第
5 節要分析是什麼原因促使日治時代 1918-21 年市場投入比率偏
低,這個現象有何意涵。

　　而從表 5-1,我們發現在收入面中,市場收入的比率在 1918-
21 年與 1931-33 年分別是 60.75% 及 66.33%,1936-37 年急速下跌
到只有 56%;最後在 1950-52 年更大幅下滑到只有 49.63%。可見
戰前 1936-37 年市場收入比率為最低。農家最重要的收入來自於
作物,作物販賣比率從 1918-21 年的 56.48% 上升到 1931-33 年的
60.77%;之後在 1936-37 年又大幅下降到只有 54.20%,戰後更大
跌到只有 45.35% 而已,低於日治時代任何一個時期的水準。

　　可見,戰前作物販賣比率的變化趨勢與市場收入比率的變化
是一致的,1936-37 年作物販賣比率略微低於 1918-21 年的水準,
不過該年現金收入比率卻遠低於 1918-21 年。下一節將探究何以
1936-37 年市場收入及作物販賣比率都低於 1918-21 及 1931-33 年
的水準;第 6 節則將究明何以戰後初期作物販賣比率及市場收入
比率低於戰前任何一個時期。

　　從表 5-1 也可以發現,除了 1950-52 年之外,家計費中現金
支出的比率都高於任何其他項目,可見農家相當依賴市場維持生
計。然而,戰後初期一般農家參與市場的程度都大大地降低,無
論在支出面或在收入面,依賴市場的程度都遠低於日治時代。

4. 主作不同對農家商業化程度的影響

　　從上一節的分析中，我們發現日治時代在 1936-37 年作物販賣比率及市場收入比率都是戰前最低的，現金家計費則是歷年來最高的，而其他項目雖然都高於 1918-21 年，卻仍然都低於 1931-33 年的水準。為何 1936-37 年作物販賣比率及市場收入的比率會下跌的如此嚴重呢？

　　市場收入比率與作物販賣比率有關，作物販賣比率又與農家所種的作物有關。戰前稻米是一般家庭消費最重要的物品之一，米作農家可能將一大部分的米留供自我消費，因此米作農家作物販賣的比率、市場收入比率，甚至是總商業化程度，必定都低於其他農家。相反地，如果是蔗作農家或是茶作農家，則以甘蔗及茶為主作，所種的作物主要提供到市場，因此這些農家作物販賣比率必定高於米作農家。然而，如果是雜作農家，則種的作物有多種，分別有甘藷、落花生、甘蔗、蔬菜、豆類、粟、水陸稻。這些作物有的供農家自我消費之用，有的則提供到市場販賣，因此作物販賣比率高低不一定。可見，1936-37 年的作物販賣及現金收入之所以都低於 1918-32 年，可能是因為該年樣本只有米作農家的緣故。

　　從圖 5-8 及 5-9 可以看到不同作物農家之作物販賣及市場收入比率在 1918-21 年以茶作農家最高，1931-33 及 1950-52 年都以蔗作為最高，而米作都是最低的。米作農家之所以作物販賣比率及市場收入比率都低於其他農家，是因為米作農家以米產為主，而其米販賣的比率較其他主作農家主要作物的販賣比率低所致。

　　如果從調查資料上計算，可以得到米作農家米產值占農業總產值的比率，在戰前最低出現在 1918-21 年，為 65.67%，最高發

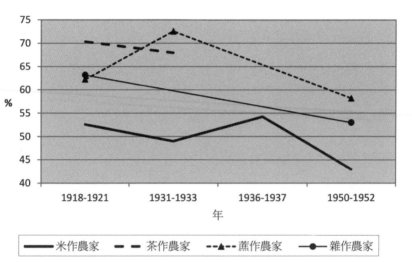

資料來源：同於表 5-1。

圖 5-8：各種主作農家作物販賣比率

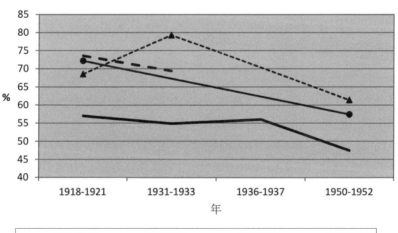

資料來源：同於表 5-1。

圖 5-9：各種主作農家市場收入之比率

生在 1931-33 年,高達 81.98%;戰後也有 71.87%。而米作農家主作販賣的比率卻都低於其他主作的販賣比率。米作農家米販賣比率最高發生在 1936-37 年,但也只有 60.64%。茶作農家茶販賣比率最低發生在 1931-33 年,但也高達 96.47%,1918-21 年更是高達 100%。蔗作農家生產的蔗作,無論在 1918-21、1931-33 或 1950-52 年,全部都是提供到市場販賣。[20] 可見,米作農家主作販賣比率確實都低於其他種類農家的主作販賣比率。

如果再看圖 5-10 的家計費比率,可看到米作農家也都是最低的。米作農家現金家計費比率為何會是最低?這是因為農家的家計費中有一大部分是米的消費,而米作農家自我消費的米比率高於其他農家之故。從表 5-7,可以發現 1931-33 年米作農家消費的米中,屬於自我消費的比率高達 77.83%,蔗作農家為 74.45%,茶作農家只有 15.95%;1950-52 年米作農家更是高達 95%、蔗作農家為 89.30%,而雜作農家則為 64.65%。可見,米作農家米自我消費的比率確實高於其他農家,這應該是米作農家現金家計費比較低的一大因素。[21]

此外,圖5-11 顯示米作農家市場投入比率雖然低於蔗作農家,但大致上都高於其他主作農家。該圖也顯示米作農家的市場投入比率在 1918-21 年以後大幅上升,從 1918-21 年不及 45% 上升到 1936-37 年的 53.80%,戰後初期雖然又回跌,但仍然高於 1918-21 年。蔗作農家 1950-52 年市場投入比率雖然仍然低於 1931-33 年,但卻高於 1918-21 年。雜作農家市場投入戰後初期也高於 1918-21 年的水準,這兩年分別是 31.07% 及 39.56%。也就是說,戰後初

---

20 以上資料來源同於表5-7。

21 根據張素梅、葉淑貞(2001,頁425)的估計,臺灣日治時代飲食費比率占農家總消費支出的比率,在1918-42年之間大約平均為48.69%。

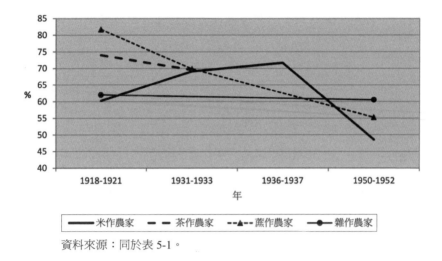

資料來源：同於表 5-1。

圖 5-10：各種主作農家現金家計費的比率

期無論哪一種主作農家的市場投入比率都高於 1918-21 年，而其他項目則都是最低的。可見，1918-21 年投入比率之低也是商業化程度變遷的一個特色，何以 1918-21 年農家的市場投入比率會如此低呢？這是下一節討論的重點。

　　結合圖 5-9 及 5-12，可以推得米作農家之所以在 1936-37 年總商業化程度上升，乃是因為市場收入比率下滑對總商業化程度的影響小於市場支出比率上升的影響所致。同時，從圖 5-13 也可以看到米作農家在 1918-21 年及 1931-33 年總商業化程度都不如 1936-37 年。

　　那麼，表 5-1 的資料之所以顯示 1936-37 年市場收入比率、作物販賣比率及總商業化程度都低於 1918-21 年及 1931-33 年的水準，應該與農家種的主要作物有關，因為該年的調查資料只調查了米作農家而已。

表 5-7　各年次稻米販賣占總產量及自我消費占總消費之比率（％）

農家類別	1918-21	1931-33		1936-37		1950-52	
	販賣	販賣	自我消費	販賣	自我消費	販賣	自我消費
米作農家	49.97	51.40	77.83	60.64	62.71	38.89	94.77
蔗作農家	59.87	51.62	74.45			35.70	89.30
茶作農家	15.57	23.88	15.95				
雜作農家	75.00					47.48	64.65
全體農家	66.00	51.00	72.50	63.19	62.71	38.85	93.25

資料來源：販賣，參見自臺灣總督府殖產局，1923，頁 28-30、48、58；臺灣總
　　　　督府殖產局，1934b，頁 44、86、126；臺灣總督府殖產局，1934c，
　　　　頁 32、46；臺灣總督府殖產局，1936，頁 14、26；臺灣總督府殖產
　　　　局，1938a，頁 22、34；臺灣省政府農林廳，1952a，頁 245、251、
　　　　257、263、269、275、281、287、293、299、305、311、437、443、
　　　　449、455、461、467、473、479、485、491、497、503；臺灣省政府
　　　　農林廳，1953a，頁 63、69、75、111、117 及 123。而自我消費，則
　　　　參見臺灣總督府殖產局，1934b，頁 58、98、140；臺灣總督府殖產局，
　　　　1934c，頁 46；臺灣總督府殖產局，1936，頁 26；臺灣總督府殖產
　　　　局，1938a，頁 34；臺灣省政府農林廳，1952a，頁 437、443、449、
　　　　455、461、467、473、479、485、491、497、503；臺灣省政府農林廳，
　　　　1953a，頁 63、69、75、111、117、123。

　　為了統一比較的基準，以下進行不同年代米作農家之總商
業化程度及其他市場參與項目比率的討論。從圖 5-14，可以發現
在日治時代米作農家的總商業化程度持續上升，從 1918-21 年的
54.71% 上升到 1931-33 年的 56.49%，最後又在 1936-37 年持續增
加到 58.06%。

　　而若比較米作農家各年作物販賣比率及市場收入比率，我們
也發現雖然 1931-33 年作物販賣比率遠低於 1936-37 年的水準，分
別是 48.98% 及 54.20%；市場收入比率只略微低於 1936-37 年，
分別是 54.87% 及 55.97%。這顯然與作物販賣比率關係不很大，

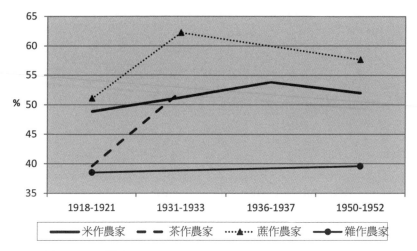

資料來源：同於表 5-1。

圖 5-11：各種主作農家市場投入之比率

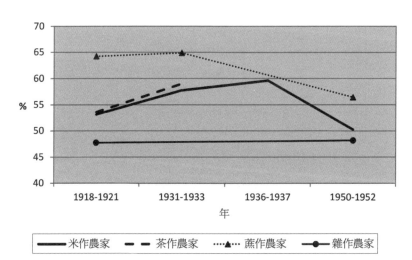

資料來源：同於表 5-1。

圖 5-12：各種主作農家市場總支出之比率

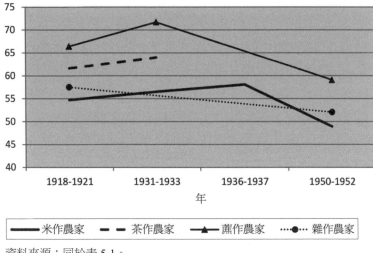

資料來源：同於表 5-1。

圖 5-13：各種主作農家總商業化程度

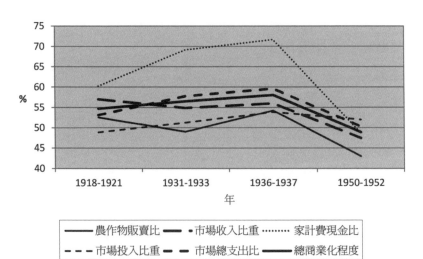

資料來源：同於表 5-1。

圖 5-14：米作農家商業化程度的各項指標

應該是第三章所發現的 1931-33 年非農業收入遠高於 1936-37 年的水準，而非農業收入都是與市場收入有關。為了證實這個推測，我們求出 1931-33 及 1936-37 年非農業中的實質現金收入，分別是 380.33 及 133.67 圓，占農家總收入的比率分別是 14.42% 及 5.62%。因此，該兩年作物販賣比率與市場收入比率差距之所以不同，主要是因為非農業所得所致。

各年米作農家市場總支出比率分別是 53.13%、57.74% 及 59.59%；市場收入比率則依次為 56.99%、54.87% 及 55.97%。雖然 1918-21 年米作農家的市場收入仍然是最高的，不過從此可以推得全體農家總商業化程度之所以在 1936-37 年呈現下降的趨勢，主要是因為該年的樣本只包含米作農家，而其他兩個年分都還有其他作物的農家。從這裡我們也可以推論，米作農家總商業化程度低於其他作物之農家，主要是因為米作農家的作物販賣比率較低的緣故。

5. 農業技術變革對商業化程度的影響

以上的分析指出戰後初期所有主作農家，除了市場投入這個項目大過於戰前 1918-21 年的水準之外，其他項目都是最低的。本節要分析為何 1918-21 年的市場投入比會如此低，這意味著什麼？我們把重點放在米作及蔗作上，因為如第三章所述這兩種作物是臺灣戰後初期以前最重要的作物。

為了要比較 1918-21 及 1950-52 年農家投入面商業化程度的變遷，以下先討論 1918-52 年間米作及蔗作經營費的構成，以便分析臺灣農業技術是否有明顯的轉變。接著再從中找出造成 1918-21 及 1950-52 年這兩個年期市場支出差異的因素主要是哪些，最後再從這些分子當中探究造成這種差異的原因所在。

5.1 農家經營費的組成

表 5-8 列出各項經營費占總經營費的比率。從中可看到，在 1918-52 年間，無論米作或蔗作農家，經營費都以地租、肥料、勞動及畜產為最重要，這四項合計占總經營費的的比率大致上都在 80% 以上。以下我們就討論各年這四項投入比率的變動情形。

這四項經營費當中，無論米作或蔗作的肥料投入都持續上升，從 1918-21 年的 10.75% 及 18.11%，上提到 1931-33 年的 14.19% 及 19.28%；接著又在 1936-37 年繼續上揚到 15.30%（只有米作）；最後在 1950-52 年更增加到 18.52% 及 24.40%。肥料投入持續上提，使其重要性逐漸提升，特別是戰後初期更躍升至超過勞動，僅次於地租。因此其與勞動的差距逐漸縮小，差距分別從 1918-21 年的 21.77% 及 27.95%，下滑到 1931-33 年的 14.00% 及 2.77%；然後又縮小為 1936-37 年的 5.44%；最後更在戰後初期轉為低於肥料，差距變為負的，為 -3.59%-5.88%。

地租這個項目，米作及蔗作分別是 1918-21 年的 38.16% 及

表 5-8：農家各種要素投入占總經營費之比率（%）

項目	1918-21		1931-33		1936-37	1950-52	
	米作	蔗作	米作	蔗作	米作	米作	蔗作
肥料	10.75	18.11	14.19	19.28	15.30	18.52	24.40
勞動	32.52	46.06	28.19	22.05	20.74	14.93	14.57
地租	38.16	13.13	30.25	31.97	44.91	31.15	25.68
畜產	7.29	8.12	8.32	5.32	6.69	16.16	15.16
四項合計	88.72	85.42	80.95	78.62	87.64	80.38	79.81

資料來源：同於表 5-1。

13.13%；1931-33 年的 30.25% 及 31.97%；1936-37 年的 44.91%（只有米作）；1950-52 年的 31.15% 及 25.68%。可見，除了 1918-21 年的蔗作之外，地租都是最重要的項目，且除了 1931-33 年之外，各年米作農家地租費用都高於蔗作。不過，地租比率的變化卻無一定的趨勢。

勞動比率以 1918-21 年為最高，分別是 32.52% 及 46.06%。其次是 1931-33 年，分別是 28.19% 以及 22.05%；1936-37 年的 20.74%；最後是 1950-52 年的 14.93% 及 14.57%。可見與肥料的變化趨勢相反，勞動的比率持續下跌。畜產費戰前大致上都在 5%-9% 之間波動，不過，戰後初期卻大幅提高到 16.16% 及 15.16%，使其重要性超過勞動投入；同時無論哪一年，蔗作畜產費用比率都低於米作。

從以上的分析，我們可以歸納出幾個關於農家經營費的要點。第一，臺灣農業技術無論是米作或是蔗作都變得愈來愈肥料密集。第二，1918-21 年的蔗作地租很低，不過該年的米作及其他年代兩種主作農家地租都是最高的，特別是米作在 1936-37 年更是高達 44.91%。第三，戰後初期畜產的重要性大幅提高。以上這三點都是需要進一步討論的問題。

至於這些投入要素當中得自於市場的比率高低如何呢？表 5-9 計算了這四種投入獲自於市場部分占總經營費的比率。從表中的數據，我們可以看到各種購入要素支出占總經營費比率排序有以下幾個特點：（1）1918-21 年米作購入肥料比率略微高於畜產，是不太重要的項目。但是蔗作的購入肥料卻位居第二位，僅次於地租。（2）1930 年代購入肥料的重要性持續提升，1931-33 年蔗作的購入肥料已經轉而高於雇入勞動，1936-37 年米作購入肥料比率也轉而高於雇入勞動，且這種趨勢戰後初期仍然繼續維持著。

表 5-9：農家各種購入要素支出占總經營費之比率（%）

項目	1918-21		1931-33		1936-37	1950-52	
	米作	蔗作	米作	蔗作	米作	米作	蔗作
肥料	5.42	11.35	9.34	15.15	11.55	9.58	12.70
勞動	9.79	14.30	9.92	11.30	8.33	7.23	9.05
地租	19.18	7.85	15.21	19.12	20.79	15.11	12.88
畜產	4.38	5.79	3.48	1.79	4.30	9.22	8.72
四項合計	38.77	39.29	37.79	47.30	44.97	41.63	43.35
市場投入比	48.85	51.08	51.22	62.22	53.80	51.29	56.63

資料來源：同於表 5-1。

雖然 1950-52 年米作及蔗作購入肥料分別低於 1936-37 與 1930-32 年的水準，但仍然高於 1918-21 年的水準。（3）戰後初期畜產市場投入比率大幅上揚，從戰前的不及 5.8% 提升到 8.72%-9.22%。（4）若把戰後初期與戰前 1918-21 年相比，戰後初期市場投入比率之所以較高，米作主要是因為肥料投入及畜產投入，而蔗作則是因為地租、畜產及肥料的關係。

5.2 技術的轉變對農家經營費的影響

從以上的分析，我們得知農家耕種技術愈來愈肥料密集，且蔗作肥料密集的技術可能在 1918-21 年以前就出現，稻作部門的技術轉變出現較晚，大致上在 1918-21 年以後才出現，農家使用的肥料愈來愈多，也促成購入肥料的增加，從而提升了整體市場投入比率的上揚。農家之所以對市場肥料的依賴加深，主要是因為耕作技術轉為多肥技術，而第三章提到臺灣多肥的耕作技術是從蔗作開始的，早在日治初期政府就已經開始鼓勵蔗農多施肥料。本小節將分析為何米作會出現這種技術轉變及為何蔗作技術轉變

出現較早。

比較表 5-8 及 5-9 可以看到，各年購入肥料占總肥料投入比率，米作分別從 1918-21 年的 50.42%，持續上揚到 1931-33 年的 65.82%，1936-37 年更提升到 75.49%，達到最高；不過，戰後初期卻下滑到只有 51.13%，只略微高於 1918-21 年的水準。蔗作則從 1918-21 年的 62.67% 上揚到 1931-33 年的 78.58%；戰後初期卻下滑到只有 52.05%，甚至不如 1918-21 年的水準。不過，無論哪一個時期至少都有一半以上的肥料購自市場。

甘蔗農場的成本結構如表 5-10 所示。表中的數據指出，1918-21 年蔗作農家與其他年次之蔗作農場的成本結構的變化趨勢不一致。該年工資占成本的比率相當高，達到 63.03%，而其他年次的

表 5-10：甘蔗農場的成本結構

年	工資（%）	肥料（%）	農具折舊（%）	水租（%）	其他（%）
1904-06	57.63	29.21			13.16
1914-16	48.83	38.16			13.00
1918-21	63.03	24.78	5.86		6.39
1927-28	45.89	38.07	1.62		14.42
1935-36	45.23	33.54	2.75		18.48
1950-52	39.07	33.35	5.33		22.06

註解：（1）1918-21 年是指蔗作農家，其他則是蔗作農場。（2）總成本並不包含地租或設算地租及土地稅，不包括的理由，參見葉淑貞，1997，頁 478 的討論。（3）空白處表示這些年原始資料缺乏這些數字，因此把它包含在其他項下。

資料來源：臺灣總督府農事試驗場，1906b，頁 45-59；臺灣總督府殖產局，1919，頁 11-15；臺灣總督府殖產局，1923，頁 52-53；臺灣總督府殖產局，1929b，頁 18-21；臺灣總督府殖產局，1938c，頁 10-15；臺灣省政府農林廳，1953c，頁 36-109。

蔗作農場工資成本比率都低於這個水準。

　　從甘蔗農場成本的長期變動趨勢，也可以看到工資成本持續下滑。而蔗作肥料占成本比率 1918-21 年也是最低的，低於25%；其他年次 1904-06 年最低，但也有 29.21%。這應該是因為1918-21 年的調查對象是蔗作農家，其他年代則是蔗作農場。若是這樣的話，其他作物例如稻作肥料成本占總成本的比率應該低於蔗作，這個問題將在後面再討論。

　　既然肥料投入比率愈來愈高，而勞動投入比率卻愈來愈低，因此蔗作的肥料密集度（肥料投入相對於勞動投入之比）當然就愈來愈高。表 5-11 顯示蔗作肥料密集度除了 1918-21 年之外，1914-16 年最低，但也有 0.51，其他年代大致上是持續上升的，戰後初期更提至最高，高達 0.85。而購入肥料及雇入勞動以 1918-21 年最低，分別只有 62.69% 及 31.05%。以後在 1927-28 年及 1935-36 年肥料密集度分別又攀升到 0.83 及 0.74；而購買肥料分別跳升92.53% 及 89.11%；雇入勞動則分別攀爬到 46.77% 及 59.70%。戰

表 5-11：蔗作農場購入肥料及雇入勞動之比率（%）

年	購入肥料占總肥料	雇入勞動占總勞動	肥料密集度
1904-06			0.51
1914-16			0.78
1918-21	62.69	31.06	0.39
1927-28	92.53	46.77	0.83
1935-36	89.11	59.70	0.74
1950-52	63.44	62.06	0.85

註解：1918-21 年是蔗作農家，而其他年代則是蔗作農場。
資料來源：同於表 5-10。

後初期雖然肥料密集度是歷年最高的，但是購入肥料比卻接近於最低；相反地，雇入勞動比則變為最高。可見，戰後初期肥料來源結構發生巨大的轉變，自給肥料重要性提高，購入肥料下跌。不過，勞動來源卻相反，自給勞動重要性下滑，而雇入勞動重要性上揚。

　　不過，若從表 5-9 及表 5-11，我們發現蔗作農家購入肥料比率都低於蔗作農場。若以 1950-52 年為例，前面提到該年蔗作農家購入肥料比率是 52.05%，而表 5-11 該年蔗作農場購入肥料比率卻高達 63.44%。雖然我們缺乏其他年代蔗作兩種不同樣本的購入肥料比率，但比較鄰近年代可以得到相同的結果，例如 1931-33 年蔗作農家購入肥料比率為 78.58%，但是表 5-11 卻顯示 1927-28 及 1935-36 年農場購入肥料都遠高於這個數字這應該也是表中 1918-21 年購入肥料比率遠低於戰前其他兩個時期的原因之一。這可能是因為蔗作農家除種植甘蔗之外，還種植其他一些使用肥料較少的作物，例如稻作。因為使用肥料多少不同，也就影響了購入肥料的比率。從調查資料可以求出，1918-21 年蔗作農家所種的稻、蔗比率只有 0.37，而戰後初期卻高達 1.51。至於戰後初期蔗作農家為何會生產較多的稻，下一節將會討論。

　　總之，以上的分析指出，臺灣蔗作至少在 1914-16 年開始就已經朝向肥料密集的技術發展。上面我們提到稻作農場施用的肥料可能少於蔗作農場，那麼稻作是否也與蔗作一樣歷經相同的變遷，朝向愈來愈肥料密集的耕種技術轉變呢？

　　如果我們比較表 5-8 肥料投入金額占總經營費的比率，可以看到稻作農家肥料投入比率從 1918-21 年的 10.75% 大幅上揚到 1931-33 年的 14.19%，最後更持續上揚到 1950-52 的 18.51%。蔗作農家雖然也是上升的，但卻只從 18.11% 上提到 1931-33 年的

19.28%，最後又上升到 24.40%。可見，雖然稻作農家施肥比率一直都少於蔗作農家，但技術的轉變，在 1930 年代可能甚過於蔗作農家。

為了證實這個推測，我們要檢視稻作農場的成本結構。從表 5-12 的數據，可以看到稻作農場使用的肥料，相對於勞動來說也愈來愈多。在 1916 以前，勞力費比率基本上超過 70%，雖然 1918-21 年勞力費降到只有 67.49%，但那是因為該年樣本是米作農家，米作農家除了種稻之外，還種其他需要勞動比率較少的非稻作物。相對的，肥料比率卻遠低於勞動費。肥料投入的比率在 1904-06 年時仍然很低，只有 15% 左右。以後持續上升，不過到 1918-21 年以前大致上一直都在 20% 以下。1925 年以後首次超越 25%，達到 27.20%；而 1926 年一期作上提到 33.16%；之後在 1935 年時超越 35%；最後在戰後初期 1951 年的一期作更達到 41.57%，是歷年來最高。

相對的，勞力費比率卻不斷下滑，1925 年已經滑落到 70% 以下，接著在 1929 年以後更跌到 60% 以下，最後在 1950 年以後只有不到 44% 的水準。因此，到了 1951 年肥料已經提升到與勞動相當的地位。也就是說，日治時代臺灣稻作農場的耕種技術在 1920 年代中期以後發生巨大的轉變，轉變的方向是肥料占農場總成本的比率愈來愈高，勞動投入的比率卻愈來愈低。

既然稻作農場的肥料投入相對於勞動愈來愈多，因此肥料相對於勞動的密集度就愈來愈大。從表 5-13 所列的資料可以看到，長期說來肥料密集度愈來愈高，尤其是在 1925-26 年以後。1910 年代以前只有 0.25 以下；但是到了 1925-26 年已經高達 0.43；之後，在 1929-30 年超過 0.5，而在 1950-51 年更是超過 0.90。

表 5-12：稻作農場的成本結構

期別	工資（％）	肥料（％）	農具折舊（％）	水租（％）	其他（％）
1904-06 兩期	74.11	15.25	4.43		6.21
1914-16 兩期	70.15	17.52	6.32		3.02
1918-21	67.49	22.31	6.67		3.44
1925 年二期作	64.36	27.20	3.29	1.84	3.83
1926 年一期作	60.32	33.16	2.73	1.91	3.11
1926 年二期作	67.02	27.03	2.88	1.73	3.57
1927 年一期作	65.11	28.35	2.90	1.87	4.21
1929 年二期作	59.41	30.69	5.35		4.55
1930 年一期作	56.87	32.92	4.28		5.93
1930 年二期作	63.29	26.88	5.86		3.97
1931 年一期作	57.64	30.59	6.12		5.65
1935 年一期作	57.99	36.54	2.57		2.90
1935 年二期作	55.64	38.40	2.71		3.25
1950 年二期作	45.23	36.95	7.61		10.31
1951 年一期作	42.50	41.57	5.83		10.10

註解：（1）總成本並不包含地租或設算地租及土地稅，不包括的理由同於表 5-10
註解第（2）點的說明。（2）1918-21 年是稻作農家，其他年分則是稻作
農場。（3）空白處表示這些年原始資料缺乏這些數字，因此把它包含在
其他項下。

資料來源：臺灣總督府農事試驗場，1906a，頁 193-215；臺灣總督府殖產局，
1919，頁 1-4；臺灣總督府殖產局，1923，頁 34-37；臺灣總督府殖產局，
1927a，頁 15-17、275-278；臺灣總督府殖產局，1927b，頁 13-16、
207-210；臺灣總督府殖產局，1928a，頁 17-20、281-284；臺灣總督
府殖產局，1928b，頁 15-18；臺灣總督府殖產局，1931，頁 2-15、
29-41、44-53；臺灣總督府殖產局，1932a，頁 2-11；臺灣總督府殖產局，
1935，頁 2-4；臺灣省政府農林廳，1951a，頁 39-117；臺灣省政府農
林廳，1951b，頁 39-117。

表 5-13：稻作農場的肥料密集度

年	在來米	蓬萊米	全體稻作
1904-06	0.2036	--	0.2036
1914-16	0.2498	--	0.2498
1918-21	0.3306	--	0.3306
1925-26	0.3359	0.5831	0.4276
1926-27	0.2836	0.4918	0.3557
1929-30	0.5048	0.5852	0.5497
1930-31	0.3746	0.5886	0.4763
1935	0.6162	0.6995	0.6598
1950-51	0.8772	0.9359	0.9071

註解：所謂肥料密集度是指肥料除以勞力的比率。1918-21年的數據指的是農家，
　　　其他年次則是指農場。
資料來源：同於表 5-12。

　　以上的分析說明了，與蔗作相同，日治時代稻作的技術也發
生巨大轉變，變得愈來愈肥料密集，不過這種技術的轉變較蔗作
出現的晚。那麼，稻作部門為何在 1920 年代中期以後會發生這種
技術的轉變？主要是因為蓬萊米的研發成功，並且愈來愈吸引農
家種植，以及蓬萊米多肥技術擴散到在來米部門的關係。[22] 蓬萊種
精耕細作的程度遠超過在來米種，根據筆者的計算，1935 年以前，
蓬萊米每甲地的勞動投入與肥料投入分別為在來米種的 1.01-1.23
倍與 1.17-2.14 倍（葉淑貞，2007，頁 173）。從表 5-13 也可以看
到，蓬萊米的肥料密集度高過於在來米，在來米的肥料密集度在
1930 年以前都在 0.5 以下，1930 年以後才提至 0.5 以上；蓬萊米
的肥料密集度則大都在 0.5 以上。而在 1935 年以後，蓬萊米與在

---

22 關於蓬萊米的引進、推廣過程及蓬萊米多肥技術如何擴散到在來米部門，請參考葉淑
　貞、張棋安，2004，頁97-141的討論。

來米肥料密集度方才接近。因此，兩稻種肥料密集度的差異程度
在 1935 年代初期以前相當大，1935 年以後轉而縮小了。

　　因為肥料投入的增加，因此必須仰賴購入肥料，所以稻作農
場的市場投入比率就不斷提高。臺灣人原來多只使用自給肥料，
這是因為肥料使用量還不多，自給即可以應付。[23] 在 1918-21 年蓬
萊米還未引進的年代，稻作農場市場購入的肥料比率依然不高，
但是以後由於蓬萊米的引進，從市場購入肥料的比率日益增加。
表 5-14 列了各年稻作農場購入肥料占總肥料的比率。表中的資料
顯示 1925 年購入肥料比率突然從 1918-21 年的 50.38% 大幅上升到
70.66%，以後在戰前就都維持在 70% 以上，有時甚至超過 80%。

　　日治時代蓬萊種使用購入肥料的比率都大於在來種，超過的
程度大約都在 9% 以上，有時甚至高達 28% 以上。可見，因為蓬
萊種是一種多肥作物，故肥料來源比較依賴外購。表 5-14 的數據
也顯示蓬萊米與在來米的購入肥料比率同時提升。在來米外購肥
料比率，在 1918-21 年為 50.38%，而在 1925 年度當蓬萊米開始推
廣之際，上升到 60% 左右；1929 年度再度明顯上攀到 78%。相對
地，蓬萊米從一開始普及的 1925 年度起，購入肥料比例就一直將
近 80%。直到戰後初期才轉而下滑，兩稻種都降至不及 43%。

　　蓬萊米除了需要多施肥及多灌溉，也需要較多的勞動，因此
雇入勞動亦隨之增加了，只不過增加的勞動量小於肥料，所以肥

---

23 關於臺灣農業施肥狀況，參見張漢裕，1984c，頁379-380。張漢裕曾經引述日治時代文
　獻，而說到：「日據以前臺灣幾乎是無肥狀態，農民缺乏施肥觀念，可說是採行掠奪農法
　的。即使是商品生產性質較高的甘蔗栽培，亦幾無施用人造肥料或綠肥，只用些粗糠、
　稻藁、草木灰、燒土之類以栽培雜草性的作物，好不容易繼續農業生產。」張漢裕此處所
　謂日據以前農家幾乎是無肥狀態，指的應該是無施用商品肥料，但是卻有自給肥料。施
　添福（1991，頁39-62）曾提到，清治時代臺灣米作農家雖無施用化學肥料，但卻大量使
　用傳統的自給肥料（堆肥）。

表 5-14：稻作購入肥料及雇入勞動比率（％）

期別	購入肥料占總肥料			雇入勞動占總勞動		
	在來種	蓬萊種	全體平均	在來種	蓬萊種	全體平均
1918-21	50.38	--	50.38	30.11	--	30.11
1925 年二期作	61.64	77.88	70.66	30.37	47.11	36.98
1926 年一期作	65.27	83.20	74.99	31.61	40.16	36.00
1926 年二期作	65.11	98.83	83.49	31.61	40.16	36.00
1927 年一期作	60.19	79.30	70.67	30.34	40.86	35.10
1929 年二期作	77.80	86.08	82.27	32.88	33.94	33.36
1930 年一期作	74.95	85.87	80.02	30.84	32.77	31.76
1930 年二期作	75.05	91.28	84.21	31.73	33.19	32.41
1931 年一期作	63.78	75.10	70.33	33.41	34.72	34.05
1950 年二期作	39.24	42.60	41.01	53.41	47.35	50.35
1951 年一期作	34.36	32.33	33.26	45.61	47.76	46.69

註解：1918-21 年是稻作農家，其他年分則是稻作農場。「--」表示還無此事件
　　　出現，因此無數字。
資料來源：臺灣總督府殖產局，1923，頁 34-36；臺灣總督府殖產局，1927a，
　　　　　頁 48-81；臺灣總督府殖產局，1927b，頁 46-69；臺灣總督府殖產
　　　　　局，1928a，頁 50-83；臺灣總督府殖產局，1928b，頁 50-73；臺灣
　　　　　總督府殖產局，1931，頁 2-15、29-41、44-53；臺灣總督府殖產局，
　　　　　1932a，頁 2-11。1950 及 1951 年，參見臺灣省政府農林廳，1951a，
　　　　　頁 39-117；臺灣省政府農林廳，1951b，頁 39-117。

料密集度才會大於在來米。[24] 因此，表 5-14 的資料顯示戰前蓬萊
米雇入勞動比率大於在來米，且戰前在來米雇入勞動比率相當穩
定，大致上在 31%-32% 之間，然而蓬萊米的比率波動幅度較大，

24 以1925年二期稻作為例，加以說明之。稻作需要整地、施肥、種植、中耕除草、灌溉排水、
　壓稻、收穫搬運、乾燥調製、稻草的處理及病蟲害預防驅除等等步驟。在這些工作中，蓬
　萊米需要的雇入勞動量相對於在來米的比率，以施肥為最高，高達4.12倍；而施肥需要的
　自給勞動，蓬萊米相對於在來米只有1.71倍。其他的工作除了壓稻之外，蓬萊米的雇入勞
　動上也都大於在來米。

約在 32%-47% 之間，直到戰後初期在來米雇入勞動比才轉而大於蓬萊米。

可見，戰前稻作農家市場投入占總投入比率之所以上升，主要是因為蓬萊種使用較多的購買肥料及雇入勞動所致。而 1918-21 年之所以市場投入比率如此之低，乃是因為此時蓬萊種尚未引進之故。

若比較表 5-14 稻作農場與表 5-11 蔗作農場的購入肥料及雇入勞動比率，也可看到蔗作農場都大於同年期的稻作。這應該是何以圖 5-11 各種作物農家市場投入比率蔗作遠高於稻作的主要理由之一。若再比較表 5-13 及表 5-11 的資料，可以看到蔗作肥料密集度超過同年期稻作甚多，蔗作農場肥料密集度分別從 1918-21 年的 0.39，上升到 1927-28 年的 0.83 及 1935-36 年的 0.69；而同年期稻作肥料密集度分別是 0.33、0.36 及 0.66。

以上的分析說明了，蔗作與稻作歷經相同的技術變革，也就是說都朝向較肥料密集，而且購入肥料及雇入勞動比率，1918-21 年都比往後的年代低很多。這是造成 1950-52 年市場經營費高於 1918-21 年的原因之一。

綜上所述臺灣農家市場購入要素比率的變動，農業技術的轉變是要因之一。臺灣農業技術無論稻作或蔗作都轉向愈來愈肥料密集，因此購入肥料比率就持續上升。蔗作是第二重要的作物，蔗作技術變革最晚在 1914-16 年就已經出現了。稻作是臺灣最重要的作物，到了 1925 年蓬萊米的推廣與普及，這個技術變遷所導致的結果更加深化了。也就是說，日治時代兩種最重要的作物都歷經了相同的技術變革，這說明了為何戰前從 1918 年以來，無論稻作或蔗作的農家市場投入比率在 1918-21 年都是最低的。

而戰後初期雖然購入肥料占總肥料的比率下滑，但因為肥料使用量大幅提升，使得兩主作農家的購入肥料支出占總經營費的比率仍然超過 1918-21 年的水準，特別是稻作農家超過 1918-21 年更多。

5.3 收穫量提升對經營費的影響

技術變遷不只帶來戰後初期購入肥料占總經營費比率的提高，也促成了收穫量的提升，從而影響了每甲地租金的高低。[25] 不過，農家總租金之高低決定於租入地之大小及每甲地租金之高低。每甲地租金則決定於收穫值的高低[26]，而收穫值等於價格乘上收穫量。農家除了種主作之外，也種其他附屬作物。而地租主要以主作為計算基準，因此以下我們先討論米作及蔗作每甲地收穫量、價格及收穫值，以便說明每甲地租金可能的變動方向，然後再分析 1918-21 及 1950-52 年農家租入地面積之大小。

相關資料列在表 5-15。從該表的數據，可以看到各年米作的收穫值分別是 1918-21 年的 318.64 圓，1931-33 年的 442.53 圓，1936-37 年的 526.83 圓及 1950-52 年的 285.48 元；蔗作則分別是 1918-21 年的 207.38 圓，1931-33 年的 766.30 圓及 1950-52 年的 560.48 元。可見米作 1918-21 年的收穫值大於 1950-52 年，而蔗作則相反，1950-52 年較大。這也反應在每甲地的租金上。1918-21 年米作每甲地租金為 171.09 圓，而蔗作為 31.36 圓；1931-33 年米作及蔗作分別是 198.80 及 144.54 圓；1936-37 年米作為 336.14 圓；而 1950-52 年米作及蔗作則分別為 116.24 元及 70.27 元。可見，租金的高低確實與收穫值大小的排序是一致的。

---

25 關於技術變遷如何提高農家的收穫量，請見本書第三章的分析。

26 至於地租高低與收穫量之間的關係，參見葉淑貞，2001或葉淑貞，2013，頁202-203的討論。

表 5-15：米作及蔗作每甲地實質收穫值及租金

項目	1918-21		1931-33		1936-37	1950-52	
	米作	蔗作	米作	蔗作	米作	米作	蔗作
收穫量（公石或公斤）	30.14	27867.66	39.78	695.80	41.81	39.65	51218.25
實質價格（圓或元）	10.48	0.0077	10.74	0.11	12.84	7.20	0.0116
實質收穫值（圓或元）	318.64	207.38	442.53	766.30	526.83	285.48	560.48
每甲地租金（圓或元）	171.09	31.36	198.80	144.54	336.14	116.24	70.27
租入地面積（甲）	1.82	2.19	1.65	3.63	1.36	1.06	1.32
租入地比率（%）	47.64	51.74	50.27	59.79	46.30	50.70	50.14
租入地總租金（圓或元）	311.38	68.68	318.73	505.35	458.79	123.21	95.57

註解：米作的收穫量單位是公石，而甘蔗則是公斤。
資料來源：同於圖 3-2 及 3-3。

　　不同年代租入地面積大小也不同。1918-21 年米作為 1.82 甲，
蔗作為 2.19 甲；1931-33 年米作及蔗作分別是 1.65 及 3.63 甲；
1936-37 年米作為 1.36 甲；而 1950-52 米作為 1.06 甲，蔗作則有
1.32 甲。因此 1918-21 年米作及蔗作總租金分別為 311.38 及 68.68
圓；1931-33 年則為 318.73 及 505.35 圓；1937 年米作為 458.79
圓；1950-52 年則分別是 123.21 及 95.57 圓。1918-21 年米作大過
於 1950-52 年，而蔗作則相反，小於 1950-52 年的水準。

　　以上的分析說明了 1950-52 年米作租入地之租金占總經營費
的比率為何會低於 1918-21 年，而蔗作為何會高於該年的水準。
既然綠色革命應該會提高收穫量，那麼為何 1950-52 年米作的收
穫值會小於 1918-21 年的水準，而蔗作則大於該年的水準呢？收
穫值等於收穫量乘上價格，以下我們接著分析臺灣這兩年這兩項
變數數值的變動情況。

　　表 5-15 的資料指出 1950-52 年的收穫量，無論米作或蔗作都高於 1918-21 年，這兩年米作分別是 30.14 及 39.65 公石，蔗作則分別是 27867.66 及 51218.25 公斤。既然 1950-52 年米作的收穫量大過於 1918-21 年，那麼收穫值之所以會小於 1918-21 年的水準，必定是因為該年米價太低所致。表中的資料確實傳遞了這樣的訊息。1950-52 年的實質米價每公石只有 7.20 圓，遠低於 1918-21 年的 10.48 圓，差距高達 31.30%。相反地，戰後初期蔗作不但收穫量高於 1918-21 年，價格也高於該年的水準。這就是何以 1918-21 年蔗作收穫值，以致每甲地地租會低於其他年代那麼多的理由。

　　以上的分析說明了，戰後初期米作租入地租金占總經營費比率之所以會低於 1918-21 年，是因為每甲地租金及租入地面積都小於該年所致。蔗作之所以租入地租金會高於 1918-21 年的水準，乃是因為每甲地租金超過的程度大於租入地面積小於的程度。而 1950-52 年米作及蔗作兩種作物的收穫量都超過 1918-21 年，不過卻因為稻米價格低於 1918-21 年，使得其收穫值低於 1918-21 年的水準。為何戰後初期的米價會如此低呢？米價的低落還透過何種途徑影響農家商業化的程度呢？這是下一節討論的重點。

5.4 戰後初期畜產費市場投入比率增高的原因

　　第 5.1 節指出戰後初期之所以市場投入費會高出 1918-21 年的另一個原因是該年畜產費的市場投入高於 1918-21 年所致，以下我們就來探究何以會出現這種情況。從表 5-8 及 5-9 可以算出，畜產市場投入占畜產總投入之比各年米作分別是 60.08%、33.65%、64.28% 及 57.05%；而蔗作則分別是 71.31%、41.38% 及 57.52%。可見，1918-21 年都是最高的，而 1950-52 年則低於 1918-21 年。但是因為 1918-21 年的總經營費高於 1950-52 年，所以該年畜產市

表 5-16：米作及蔗作實質養畜收入占總農業收入之比率

年	實質收入（圓）		占農業總收入（%）		養畜市場投入占養畜總投入（%）	
	米作	蔗作	米作	蔗作	米作	蔗作
1918-21	152.01	145.80	10.78	14.21	60.08	71.31
1931-33	243.03	200.75	11.16	6.15	33.65	41.38
1936-37	171.70		7.94		64.28	
1950-52	291.06	203.03	21.11	15.78	57.05	57.52

資料來源：同於表 5-1。

場投入占總經營費比率才會低於 1918-21 年的水準。[27]

　　養畜市場投入的高低與養畜收入的高低有關。從下表可以看到，各年畜產收入占總收入之比率之高低，米作是 1918-21 年的10.78%，1931-33 年的 11.16%，1936-37 年的 7.94% 及 1950-52 年的21.11%；而蔗作則是 1918-21 年的 14.21%，1931-33 年的 6.15%及 1950-52 年的 15.78%。可見戰後初期無論米作或蔗作，畜產收入占總收入之比都高於其他年代。因為收入增加，總投入費用及市場投入費用也隨之增加。

　　至於何以農家在戰後初期養畜收入比率會大幅提高呢？可能與耕地面積縮小有關，誠如第三章所討論的，米作農家耕地面積在 1918-33 年間持續下滑，從 1918-21 年的 3.62 甲下降到 1931-33年的 3.27 甲，然後又些微上揚到 1936-37 年的 3.29 甲，最後則大幅下滑到 1950-52 的 2.09 甲；蔗作農家耕地面積在戰後初期也大

[27] 1918-21年米作及蔗作農家的實質總經營費為1619.49及889.46圓，而1950-52年則為823.82及735.31元。

幅下滑，從戰前的 3.71-6.07 甲下跌到只有 2.63 甲。而養畜收入占總收入的比率，大致也呈現著相同的變化趨勢。因此，戰後初期農家養畜收入比之所以大幅提高，我們推測可能是因為當時農家耕地面積太小，農家為彌補耕種收入的減少，乃多養畜作為補貼。

6. 政府政策對農家商業化程度的影響

從前面幾節的分析，我們發現日治時代農家商業化程度日益提升，但到戰後初期卻轉為大幅下滑。本節接著要分析政府的政策如何影響農家參與市場的程度，重點在於，何以戰後初期農家的市場收入比率、作物販賣比率以及農家的現金家計費會都低於戰前。

在經濟發展的過程中，市場力量與政府各扮演不同的角色。雖然資源的配置可以依賴市場力量而決定，但政府需要建立降低交易成本的設施，諸如完善的交通建設、貨幣制度、維護財產權，以維護市場機能，保障交易的安全。此外，政府可能也需要投入資源於解決具有外部經濟的活動，例如參與農業技術的開發與推廣等工作。

日治時代政府對於市場經濟的維護就表現在這些地方。當時政府所建立的基礎設施降低了交易成本，並保障人民交易的安全，激勵農民參與市場的意願[28]。在日治初期政府就開始補助蔗農購買肥料，啟發農民使用購買肥料，因而促成了蔗作農家多施用購入肥料。我們在第三章表 3-12 就發現蔗作農場在日治初期施肥量就已經超出稻作相當多，直到 1930 年代中期以後才轉而少於稻作。這應該與政府的獎勵有關。

---

28 關於這些課題的探討，請參考葉淑，2009b，頁224-273的介紹。

　　在第三章我們也討論了政府如何促成甘蔗收穫量的提升，而在下一章我們將討論政府如何開發蓬萊米的技術，凡此種種都促進了農家單位面積產量的增高，從而導致農家作物販賣比率及市場收入比率的提高，最後促成商業化程度的上揚。雖然我們無法確知政府對農家商業化提升的助力有多大，但從以上的分析中，我們可以得知戰前政府的種種措施確實刺激了農家參與市場的意願，推升了商業化的程度。

　　相對於戰前，戰後初期政府實施管制經濟政策，政府不只直接參與企業的經營，也透過一些政策影響私人資源的配置。以參與企業經營為例，戰前政府所經營的專賣事業產值占工業總產值的百分比未曾超過 6.5%，但是戰後 1952 年的比率卻高達 55%（吳聰敏，1997，頁 521-554）；而公營事業的資本形成毛額占國內資本形成毛額的比值在 1951 年時為 43.1%，儘管以後逐年降低，但是在 1990 年仍高達 23.7%，約占了同時民營事業資本形成毛額的三分之一。這些資本投入所生產出來的產值占 GDP 的比率，在 1951 年時為 17.3%，而在 1990 年仍占了 12.7%（陳師孟等人，1991，頁 111）。可見，戰後初期的公營事業產值所占的比率遠高於戰前。若與同一時期世界各國相比，可以發現除共產主義國家之外，臺灣投資公營事業規模僅次於同時代仍具社會主義經濟傾向之印度、挪威等國（吳若予，1992，頁 4）。

　　而在農業方面，政府對於稻米及甘蔗市場都有干預。以下試以肥料換穀說明政府對農業市場的干預。戰後初期政府對米穀採行的干預，主要是透過田賦徵實、肥料換穀及餘糧收購這三種政策。其中的肥料換穀辦法於 1948 年 9 月實施，在這個政策下，臺灣省糧食局得以獨占肥料的生產、進口與配銷，且得以用比國際肥料價格高的價位，和農民的稻穀進行不等價的交換（古慧雯，

1996，頁 479）。而國家之所以能夠壓低米價，提高肥料價格，乃是透過公營的糧食局，以低於國際水準的價格，向農民徵購稻穀，再利用公營之中央信託局，以徵得之米穀出口日本，換取等質之化學肥料，最後賣給農民（吳若予，1992，頁 67-68）。

表 5-1 的資料說明 1950-52 年的作物販賣比率及市場收入比率都是 1918-52 年間最低的，本節就來探討政府政策如何促成這樣的狀況。

6.1 市場收入比率及作物販賣比率

米作農家最重要的收入來源是栽種的稻米，從表 5-17 可以看到各年米作農家稻米收入占總收入的比率分別依次是 65.67%、81.98%、79.17% 及 71.87%。米作農家以外的其他主作農家也種稻，但其他主作農家種稻比率遠低於稻作農家，因而其他主作農家米作收入占總收入比率遠不及米作農家。蔗作農家在 1918-21、1931-33 及 1950-52 年種稻收入占總收入的比率分別是 24.59%、23.62% 及 37.24%；而雜作農家在 1918-21 年只有 7.15%，1950-52 年卻提高到 38.50%。

從以上的分析，我們得知戰後初期米作農家種稻的比率雖然低於 1930 年代以來的戰前，但仍超過 70%，而蔗作或雜作等其他農家的種稻收入，相對於總收入來說，都比戰前增高了許多。不過從表 5-17 可以看到米作農家的米產量，1950-52 年低於戰前任何一個年代。米的總產量在 1950-52 年為 104.51 公石，而戰前最低發生在 1918-21 年，但也有 106.5 公石。至於平均每人產量則 1950-52 年只有 10.64 公石，雖然略微高於 1918-21 年的水準，但卻低於 1930 年代的產量，1930 年代平均每人產量分別是 1931-33 年的 17.19 公石及 1936-37 年的 12.57 公石。

表 5-17：稻米產量及販賣比率相關項目

年	稻米收入及產量						稻米收入占耕種總收入（％）	稻米現金收入占總現金收入（％）
	販賣		生產			販賣比率（％）		
	圓	公石	金額（圓）	總量（公石）	每人（公石）			
1918-21								
米作	643.93	53.22	1288.69	106.50	10.18	49.97	65.67	50.56
蔗作	190.60	14.84	312.39	24.30	3.43	61.06	24.59	9.75
雜作	34.69	2.90	46.26	3.82	0.52	75.00	7.15	5.28
全體	510.33	42.21	773.23	63.90	6.94	66.00	42.79	33.13
1931-33								
米作	506.48	60.95	985.46	118.59	17.19	51.40	81.98	71.60
蔗作	255.94	30.80	495.78	59.66	7.41	51.62	23.62	15.58
全體	367.84	44.27	721.55	86.79	12.05	51.00	51.48	32.81
1936-37								
米作	974.01	77.30	1606.24	127.48	12.57	60.64	79.17	81.25
全體	974.01	77.30	1606.24	127.48	12.57	60.64	79.17	81.25
1950-52								
米作	2989.60	40.64	7687.80	104.51	10.64	38.89	71.87	48.03
蔗作	1571.65	16.18	4402.91	45.32	4.85	35.70	37.24	20.69
雜作	1300.20	17.68	2738.15	37.22	4.09	47.48	38.50	24.35
全體	2724.19	36.42	7012.18	93.76	9.64	38.85	66.04	42.76

註解：米價是由各年總糙米產值除以該年的總糙米產量而得到，而 1950-52 年原
　　　始資料衡量單位是公斤，此處我們以 Ho, 1966, pp. 128-129 書中的公噸與
　　　臺灣總督府食糧局，1942，頁 2 中的石換算，求得一石等於 142.86 公斤，
　　　然後再以 1 石 =1.80391 公石，把米的容量石換算成為公石。各年蔗作都
　　　橫跨三年，計算價格時用三年的平均值，而蔗作以外的其他作物都只橫跨
　　　兩年，因此計算價格時只用兩年的平均值。

資料來源：各年米生產金額及販賣收入同於表 5-1；1936-37 年及該年以前的米價，
　　　　見臺灣省行政長官公署統計室編，1946，頁 544-548；1950-52 年的
　　　　總糙米產值及總糙米產量，參考臺灣省政府農林廳，1953b，頁 44；
　　　　重量與容量的換算，見臺灣總督府米穀局，1939，頁 154。

　　表 5-17 的資料也顯示，戰後初期無論哪一種農家米販賣比率都低於戰前。米作農家的米販賣比率從戰前至少都有 50%，降低到只有 38.89%。然而，雜作農家戰後初期每人產量有 4.09 公石，雖然高於戰前 1918-21 年的 0.52 公石，但是米的販賣比率卻從 1918-21 年的 75% 下滑到只有 47.48%。可見，雜作農家雖然戰後初期米產量增加，但是米販賣量卻是下降，米販賣比率才會大幅下滑。蔗作農家戰後初期米的販賣比率也大幅下滑，從戰前的 51.62%-61.06% 降到只有 35.70%。

　　米作農家米產總量的變化可能與耕作面積的大小有關，在 1931-33、1936-37 及 1950-52 年米作農家的耕作面積，分別是 3.28 甲、2.95 甲及 2.19 甲。而每甲地產量，分別是 36.16 公石、43.21 公石及 46.69 公石。[29] 可見，每單位面積產量與時俱增，但是卻因為耕作面積與日漸減，因而使得總產量也隨之不斷下跌。

　　以上的分析說明雖然相對於戰前來說，各種農家不管戰後初期米產量的變化趨勢如何不同，但是販賣比率卻都是下滑的。而且農家產米的去處發生結構性的轉變，提供到市場販賣米的比率都從戰前至少都有 50%，急遽下滑到不及 50%。

6.2 留供自我使用及現金家計費的比率

　　既然戰後初期所有農家米的販賣比率都下滑，而販賣比率的高低與其他各種用途比率高低有關，因此接著要分析的是農家米

---

[29] 此處每甲地米產量與表5-15不同，之所以不同理由是因為此處使用農家經濟調查報告上米產金額除上米價，得到每戶米產量，然後再除以經營地面積所得到的。而表5-15是直接利用《臺灣農業年報》上每甲產量，並假設水稻單期及雙期作田面積比率與全部田地相同而求出的。表5-15的數據中1931-33年較大，而1936-37及年1950-52的數值較小。顯示出可能原因之一是實際上1936-37及1950-52年水稻雙期作田面積的比率可能較大於全體田地所致。

的自我消費量及各種去處所占的比率。

　　農家生產的米除了銷售之外，還要留下一部分供自我消費，以維持生命；也必須留下一小部分，作為種子使用；米作的佃農，還需要以稻穀繳納地租；而戰後農家還必須要以米穀繳稅。[30] 表5-18 的資料顯示米作及蔗作農家在戰後初期每人米消費量都大幅增加，特別是米作農家更是從日治時代大約 2.78 公石提升到 4.53 公石；而米消費總量之所以增加，主要是因為自我消費米量從戰前的 1.83-2.38 公石，增加到 4.29 公石。不只是絕對的數量，自我消費占米總消費比率也是上升，米作從戰前的 65.83%-81.00%，大幅躍升到 94.76%；蔗作則從戰前的 81.40% 提升到 90.00%。相反地，市場購入的米消費量及比率都下跌了。

　　同時，戰後初期無論哪一種農家自我消費米占產量的百分比也是大幅增長，其中米作農家從戰前的 10.74%-13.84% 提高到 30.89%；蔗作農家則從戰前的 30.09% 上揚到 38.10%。以上的分析說明戰後初期農家之所以米販賣比率大幅下滑，主要原因是因為留供自我消費米大幅提升之故。除了留供自我消費之外，農家其他用途之米穀使用量占產量比率也占有相當的比重。其中尤以地租為最重要。

　　在戰後初期米作及蔗作農家的地租占了產量的15.02%-18.56%，稅則占了 3.57%-4.79%；戰前地租占產量的 10.18%-20.56%，且不以實物納稅（表 5-18）。從以上的分析，我們知道戰後初期之所以米穀銷售比率大幅下滑，主要是因為自我消費部分大幅增加所致。此外，戰後初期加了「田賦徵實」，如果把這部分數額加上銷售及自我消費比率，則戰後初期米作及蔗作的比率分別高

---

30 戰前農家都是以現金納稅，而戰後則改以稻穀繳納田賦稅，稱為田賦徵實（吳若予，1992，頁69）。

表 5-18：農家平均每人米產量的去處

年	壯年人口	每人消費 #			銷售之外的其它用途占總產量（%）				
		自我（公石）	購入（公石）	自我占總量（%）	自我消費	種子	地租	稅	其他
1931-33									
米作	6.90	2.38	0.56	80.95	13.84	2.17	16.69	0.00	15.91
蔗作	6.40	2.23	0.62	81.40	30.09		10.18	0.00	8.11*
全體	7.20	2.10	0.65	76.36	17.38	2.96	15.11	0.00	13.54*
1936-37									
米作	7.49	1.83	0.95	65.83	10.74	1.70	20.56	0.00	06.35
全體	7.49	1.83	0.95	65.83	10.74	1.70	20.56	0.00	06.35
1950-52									
米作	7.14	4.29	0.24	94.76	30.89	2.14	15.02	3.57	9.49
蔗作	6.83	2.64	0.29	90.00	38.10	*	18.56	4.79	2.86*
雜作	6.40	1.90	0.71	72.79	34.11	$	18.52	4.90	-5.01$
全體	7.04	3.96	0.22	94.74	30.04	*	15.37	3.64	12.06*

註解：米消費量都是將原始資料中的金額換算成為容量公石，換算的米價，若是
購入則使用在來白米零售價格，而若是自我消費則使用產地價格，此處米
消費量與表 4-5 不同，乃是因為使用的價格求算方式不同所致。至於為何
求算方式要不同，見表 4-5 的說明。#：按壯年計算的量。*：蔗作及雜作
等其他農家應該也留一小部分米作為種子使用，但因無資料，所以把這部
分納入於其他之中。$：雜作與蔗作相同，應該都保留一小部分稻穀作為
種子使用，但是卻無這部分的資料，所以與蔗作相同，把這部分納入於其
他之中。如果把實物地租及實物稅都算作稻的話，則其他項是負數。雖然
不正確，但是無法判斷有多少不是使用稻穀，所以保留原始資料的數據。
資料來源：米的產地價格同於表 5-17；零售價格則見臺灣省糧食局，1952，頁
195；米消費金額同於表 5-7。

達 73.35% 及 78.58%，超過戰前 1930 年代的水準。從此，我們可以說田賦徵實雖然不是戰後初期米穀銷售比率不如戰前的主要原因，但卻是原因之一。

那麼，雜作農家為何稻作收入占耕種總收入比率上升，但販賣比率卻大幅下滑呢？由於 1918-21 年無米消費的資料，無法直接討論戰後初期雜作農家自我消費米量的變動情形，但是若從 1950-52 年雜作農家自我消費米量與戰前其他農家米消費量比較，可以間接推得雜作農家米自我消費量之高低變動情況。該年雜作農家自我消費的米量占總米消費量的比率高達 72.79%，甚至高過 1936-37 年米作農家的 65.83%（表 5-18）。而且 1918-21 年雜作農家每人平均產米量只有 0.52 公石，因此即使全部都用為自我消費，也遠低於戰後初期 1.90 公石的自我消費的水準。

從表 5-18 也可以看到，戰後初期雜作農家米的自我消費量占總生產量的比率也高達 34.11%，高於戰前任何一個時代的米作及蔗作農家相當多。戰前最高是 1931-33 年的蔗作農家，但也只有 30.09% 而已，也高於同年代的米作農家，該年米作農家只有 30.89% 而已。因此，我們論斷 1950-52 年雜作農家之所以米收入占總收入比率上升，但是販賣比率卻下滑，最主要也是因為留供自我消費部分的增加。

而米購入比率的下滑，可以解釋多少現金家計費比率的下跌呢？表 5-19 列了米作及蔗作農家各種支出占總經常家計費的比率，從表中的數據可以看到，米作農家在 1931-33 到 1950-52 年間，以及 1936-37 到 1950-52 年間，米購入比率下跌的程度等於或是大過於第一生活費下滑的程度。

以上的分析說明了米作農家米購入比率的下滑，可以完全解

表 5-19：米作農家各種支出占總經常家計費的比率（%）

項目	1931-33	1936-37	1950-52	與 1950-52 之差	
				1931-33	1936-37
米作農家					
米購入	5.91	9.70	1.43	-4.48	-8.27
米總支出	26.64	30.86	27.31	0.67	3.55
第一生活費現金	30.66	41.20	26.16	-4.51	-6.56
第二生活費現金	30.17	28.90	22.43	-7.74	-11.78
經常家計費現金	60.83	66.92	48.58	-12.25	-18.34
蔗作農家					
米購入	5.96		2.34	-3.62	
米總支出	23.34		21.90	-1.44	
第一生活費現金	32.89		28.41	-4.48	
第二生活費現金	31.65		29.39	-2.26	
經常家計費現金	64.54		56.80	-7.74	
全體農家					
米購入	6.68	9.70	1.78	2.59	-3.98
米總支出	24.29	30.86	19.55	2.59	-3.98
第一生活費現金	32.08	41.20	26.83	-5.46	-14.58
第二生活費現金	30.78	28.90	23.29	-8.16	-6.28
經常家計費現金	62.86	66.92	50.11	-13.62	-17.68

資料來源：同於表 5-7。

釋 1931-33 至 1950-52 年之間第一生活費的下跌。如果比較現金經常家計費比率的變動與購入米比率的變動，可以看到從市場購入之米比率的變動，大約解釋了 37%（-4.48/-12.25）-45%（-8.27/-18.34）的現金家計經常費比率的變動。

而從蔗作農家各種支出占總經常家計費的比率，可以看到在 1931-33 到 1950-52 年間米購入比率下滑的程度略微低於第一生活費比率的變動，而若與經常家計費總現金比，則同一期間下滑的

程度,大約解釋了46.77%（-3.62/-7.74）的現金家計費比率的變動。可見,無論米作及蔗作米購入的比率都是現金家計費下滑的重要因素。

1950-52年農家留供自我消費米占米產量的比率,從戰前的30%以下提高到30%以上,這是因為農家人口增加了嗎?農家人口的多少與米留供自我消費的數量有關,而這牽涉到消費能力的問題,壯年人的消費量較小孩及老年人多。因此我們必須有農家年齡結構的資料,而日治時代只有1931-33及1936-37年這兩份調查報告有農家年齡結構資料。

利用第四章所提的標準,把農家人口換算成為壯年人口數,得到1950-52年米作、蔗作及雜作農家平均每戶依壯年換算的人口數分別為7.14、6.83及6.40人;1931-33年米作及蔗作農家則分別為6.9及7.20人,而1936-37年則為7.49（表5-18）。可見,雖然1950-52年的米作人口約略高於1931-33年,但卻低於1936-37年,而蔗作農家人口更是低於1931-33年。因此,1950-52年米自我消費比率之所以大幅提高,應該與農家人口的多寡關係不大。

6.3 銷售量與產量及出口之間的關係

上一節從農家米的去處,得到米銷售比率的下滑主要與自我消費比率的大幅上升有關。接著我們要看1950-52年全臺米產量的變化率及長期間臺灣米去處的變化,以便得知米販售比率的下滑是否與產量及出口比率的變化有關。

1950-52年平均米產量與前一年米產量相比,其間的成長率為10.75%,而與1946-50年相比則為10.79%,可見年產量的增長率與其他年的平均相當,無異常狀況。因此,該年米販售比率的下滑,應該與米生產狀況的變化無關。

接著要從全臺米的去處，討論農家米銷售比率與出口比率之間的關係。從總體的角度來看，全臺米的供應量應該是產量加上進口量，而米總供給的去處則可以分為三個部分，亦即農家消費、非農家消費及出口。這三個部分的占份列在圖5-15。

從圖5-15可以看到，米的去處在戰前1931-40年間以出口為最重要，占了大約38%-59%之間。而後持續下滑，在1941-43年仍然在25%以上，但是到了1946年以後，出口則大幅下滑到只有10%以下，在1950-52年則分別只有5.18%及8.81%而已。而農業部門的消費，在戰後大抵回升到1920年以前的水準，大致上是在55%-59%之間。臺灣內部非農業部門則大致上是在37%-41%之間，高於戰前任何一年，這部分是因為1948年以後百萬人

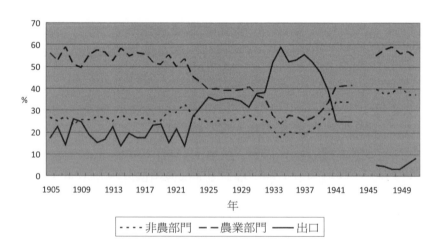

資料來源：米的出口量，參見臺灣省糧食局，1959，頁99；1946-51年的農家與非農家人口，參見臺灣省政府主計處，1952，頁9；日治時代農業人口與非農業人口，參見臺灣省行政長官公署統計室編，1946，頁513及頁76。

圖5-15：臺灣米的去處

從中國來臺的緣故。也就是說，出口比率的下滑由農業部門及非
農業部門的消費比率聯合填補的，特別是非農業部門的消費比率
上升更是快速。

臺灣米出口市場，以日本為最重要。在戰前出口到日本的米
占全臺總出口量的 95% 以上，而戰後在 1946-49 年間，出口到日
本的米降至 0，而到 1950 年才又恢復對日本的出口，且出口到日
本占總出口的 69.92%（臺灣省糧食局，1959，頁 99）。不過若從
圖 5-16，可以看到臺灣米出口到日本在 1938 年達到最高，而後

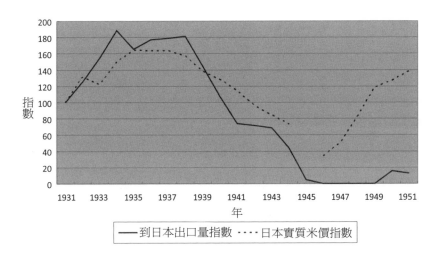

註解：所謂日本實質米價，是以名目價格除以各年的名目米價除以 GNP 平減指
　　　數而得。日本銀行統計局所編的日本 GNP 平減指數從 1931 年開始，而
　　　1945 年無資料。最後再將各年的實質米價及出口量化成為 1931 年為基期
　　　之指數。
資料來源：出口到日本比率及出口總量，參見臺灣省糧食局，1959，頁 99；日
　　　本 GNP 平減指數及白米批發價，均參見日本銀行統計局，1966，頁
　　　51、90。

圖 5-16：日本實質米價與臺灣出口到日本米指數

持續下降。若以 1931 年為 100，求算各年的出口到日本的指數，可以看到直到 1940 年出口指數都大於 100，以後持續下跌，但是直到戰前 1943 年仍然超過 68.68。不過，1944 年已經跌到 50 以下，只有 44.01；然而，1946-49 年更都無出口到日本的米；而到了 1950-52 年也分別只有 15.71 及 12.74。

可見，戰後初期米出口之所以大幅下滑，主要是因為日本市場的萎縮或是消失。既然，日本是臺灣最重要的米出口市場，我們接著要分析戰後初期日本米價的變動情形，以便了解是否因為日本米價下滑，所以銷售到日本的米才會下跌。圖 5-16 所繪的日本實質米價指數是以 1931 年為 100 而算得，從該圖可以看到日本實質米價指數，在戰後初期卻是持續上揚，從 1946 年的 34.58 攀升到 1950 年的 126.87 及 1951 年的 138.41，超越 1930 年代初期的水準。那麼，為何日本米價上揚之際，臺灣出口到日本的米卻是如此的少呢？可能是因為日本米價的上揚沒有傳遞給臺灣的米農，以便吸引臺灣農家銷售更多的米到日本。

6.4 戰後政府米穀政策與商業化程度的關係

戰後初期為何日本米價的上揚無法傳遞給農家，使農家銷售更多的米呢？這可能與當時所實施的米穀政策切斷了日本或國際米價與國內農家出售的米價有關。透過這些米穀政策，政府每年從農業部門汲取了大量的米穀。1950-52 年政府徵收的米穀占當年稻米總銷售量的比率高達 55.34% 及 53.56%，也就是說市場流通米一半以上是政府從米作農家所徵收而來（吳若予，1992，頁 70）。但政府公定的米價卻遠低於市場的米價，這個比率在 1949-51 年分別只有 0.40、0.71 及 0.77（劉偉志、柯志明，2002，頁 169）。[31]

---

31 原文中1951年一期作比值為0.69。

表 5-20：各年每公石在來米價格

年	糙米產地價格		白米零售價格（公石）		實質零售價格		零售價／產地價	
	（圓／公石）	實質米價	臺北	臺中	臺北	臺中	臺北	臺中
1931-32	6.93	10.34	9.58	9.38	14.41	14.17	1.39	1.37
1931-33	7.39	10.55	9.82	9.77	14.14	14.08	1.35	1.35
1936-37	12.60	12.60	14.41	14.41	14.41	14.41	1.14	1.14
1950-51	73.56	7.00	98.59	92.26	9.65	9.03	1.38	1.29
1950-52	97.15	8.02	118.79	114.03	9.90	9.45	1.23	1.18
1950-51 黑市價格	73.56	7.00	133.30	124.73	13.15	12.30	1.88	1.76
1950-52 黑市價格	97.15	8.02	155.19	148.81	13.09	12.65	1.63	1.58

註解：原始資料上的零售價格單位是公斤，本文將之換成公石，換算的比率參考
　　　臺灣總督府米穀局，1939，頁 154。1950-51 年黑市價格及 1950-52 年黑
　　　市價格是依照 1950、1951 及 1952 年官方價格是黑市價格的 0.71、0.77 及
　　　0.80 計算而得的，前面兩年參考劉偉志及柯志明，2002，頁 169；後者是
　　　筆者假設的。
資料來源：糙米產地價格同於表 5-17；零售價格則參見臺灣省糧食局，1959，
　　　頁 173。

　　從表 5-20 可以看到，在 1950-51 及 1950-52 年農家生產的米
販售價格每公石高達 73.56 及 97.15 元，遠高於 1931-32 年的 6.93
或 1931-33 年的 7.39 圓及 1936-37 年的 12.60 圓。那麼為什麼戰後
初期，農家銷售米的比率卻下滑呢？這可能是因為農家生產米的
名目販售價格雖然大幅上升，但上升的幅度卻較其他物價來得低。
我們以 GDP 平減指數把名目米價化成為實質米價，從表 5-20 可
以看到，糙米產地的實質價格確實大幅下滑，各年實質的米價，
戰前分別依次是 10.34 及 12.60 圓，戰後卻下滑到只有 7.15 或 8.02
圓。販售的米價下跌，農家生產米販售的比率因此較戰前任何一
個時期都要低。也就是說，雖然日本米價上揚，但是臺灣農家仍

然以較低的價錢出售米穀。

　　但是如果市場的零售米價也同幅度變動,則農家也可以從市場買進米來食用,為何要把自家生產的大部分米留供自我消費呢?除非市場的零售價格相對於產地價格提升了,否則一個理性的農家不會這麼做。表 5-20 列出臺北市及臺中市在來米的零售價格,我們看到戰後初期白米實質的零售價格是下滑,臺北地區從戰前大約 14.41 圓下降到只有 9.65 圓,而臺中地區則從 14.17-14.41 圓下降到只有 9.03 圓。從表中 1950-51 及 1950-52 年這兩列官定價格,可以看到戰後初期相對於產地價格而言,白米的實質零售價格確實比戰前 1936-37 年要來得高。在 1950-51 及 1950-52 年零售價格對於產地價格分別為 1.29-1.38 及 1.18-1.29,而 1936-37 年卻只介於 1.14 之間而已。可見,相對於 1936-37 年來說,戰後初期農家之所以自我消費米比率大幅提高,應該與當時市場的零售價格相對於產地價格,都較戰前任何時期來得高有關。因此,相對於戰前 1936-37 年來說,戰後初期米作農家比較不願意從市場買進米來食用。

　　然而,戰後初期白米零售價格相對於產地價格或接近或低於 1931-32(為 1.37-1.38)及 1931-33 年(為 1.35),但為何戰後初期農家自我消費的米量仍然高於該些年呢?這可能是表中的白米零售價資料取自糧食局的官方紀錄,而官方紀錄無法表現前述我們所提的黑市價格。如果我們以前述官方所定價格 1950-51 年分別只有市場價格的 0.71 及 0.77 的話,以這個比率調整為黑市價格,得到 1950-51 黑市價格及 1950-52 黑市價格的數據。若以戰後初期黑市零售價格及產地價格的比率與戰前比較,可以得到這個比率分別調高為 1950-51 年的 1.88 及 1.87 及 1950-52 年的 1.63 及 1.58,都高於戰前任何年代。

　　因此我們可以下結論說：戰後政府的米穀政策，一方面切斷了農家米銷售價格與市場價格之間的關係，使日本上揚的米價無法傳達給臺灣農家，造成農家販售的米價大幅下滑；另一方面卻又促成米穀黑市猖獗，致使米零售價格相對於產地價格遠高於戰前，最後導致農家提供較少的米到市場販售，留較多的米供自我消費。

7. 小結

　　本章分析 1918-52 年之間，臺灣全體農家商業化程度的變遷，並探究造成這些變遷的因素。筆者發現在這期間，臺灣農家商業化程度的變遷至少有以下幾個特點：（1）日治時代總商業化程度似以 1936-37 年為最低；（2）戰後初期的 1950-52 年，總商業化程度遠低於日治時代；（3）1918-21 年市場投入比率相當低，甚至低於 1950-52 年的水準，因此雖然在 1950-52 年，任何商業化相關的項目都急速下滑，但市場投入比率卻仍然高於 1918-21 年的水準。

　　1936-37 年總商業化程度之所以低於前兩個年代，乃是因為作物販賣比率過低，以致於市場收入比率偏低所致。該年作物販賣比率之所以是戰前最低，乃是因為該年的樣本只有米作農家，而米作農家的作物販賣比率，乃由於市場收入比率，都比其他作物農家要低所致。如果只討論米作農家，則 1936-37 年的總商業化程度卻是最高的。

　　此外，在探討 1918-21 年農家市場投入比率為何低於 1950-52 年時，本章發現米作主要是因為肥料投入及畜產投入，而蔗作則是因為地租、畜產及肥料的關係。兩種作物別農家 1950-52 年的購入肥料占總經營費的比率都大於 1918-21 年，這是因為臺灣農

業技術在當時發生巨大的轉變，朝向多肥技術發展，因此需要愈來愈多的外購肥料，特別是稻作農家，1950-52 年外購肥料投入更是超過 1918-21 年甚多。蔗作農家的外購肥料投入 1950-52 年雖然也高於 1918-21 年，但兩年的差距不多。

　　而為何米作及蔗作會有這樣的差異呢？這主要是在 1918-21 年臺灣仍未出現需要較多肥料的蓬萊米，而蔗作多肥技術的引進早於稻作，因此從有資料的 1918-21 年開始，蔗作農家的肥料投入就都超過稻作，直到 1935 年以後這種局面才改變。可見，蔗作與稻作歷經相同的技術變革，都朝向多肥技術發展，因此購入肥料比率就持續上升。直到戰後初期可能因為購入肥料的缺乏，蔗作農家購入肥料占總肥料之比率才轉而下滑。不過，無論米作或蔗作，購入肥料金額占總經營費的比率仍然都高於 1918-21 年的水準。

　　既然多肥技術是為了提高產量，產量提升後，如果產值也隨之增高，地租應該也會水漲船高才對，那麼為何 1950-52 年米作農家地租占總經營費的比率會低於 1918-21 年呢？主要是因為該年米價太低，以致於雖然米產量提升了，但增加的幅度卻小於米價下滑的幅度。而戰後初期蔗價及甘蔗的單位面積產量都高過 1918-21 年甚多，產值高出該年甚多，因此蔗作租入地地租占總經營費比率也就高出該年甚多。

　　同時造成戰後初期米作及蔗作市場投入比率都超過 1918-21 年的因素，還有畜產投入這一項。這可能是因為戰後初期農家耕地面積縮小許多，為了彌補耕作收入的下滑，乃多養畜以補貼家用，以致於養畜收入占總收入的比增加了，連帶地也促成養畜支出占總支出比及養畜市場投入占總經營費比都提升了。

　　至於為何 1950-52 年作物販賣、市場收入及家計費現金比率
會低於日治時代的任何一個年期，可能與戰後初期政府的米穀收
購政策有關。戰後初期政府向農家收購米穀的價格相對於白米黑
市價格遠低於戰前。這解釋了農家為何出售較少的米，而增加留
供自我消費的米，也解釋了為何戰後初期米作農家地租占總經營
費的比率會低於 1918-21 年。

　　藉此本章歸納出，政府的政策可能造成商業化程度急速大幅
下滑，而這可能進一步間接促成當時國民所得成長率的下滑。與
此相對，戰前政府對於基礎設施的建立、技術的革新及種種維護
市場的措施，則是提升當時臺灣農家商業化程度，從而提升國民
所得的要因之一。

　　總之，本章發現影響 1918-52 年間臺灣農家商業化程度的因
素至少有農家種植的主作不同、技術因素及政府政策所致。

第六章　蓬萊種稻作普及之因素

1. 前言

　　第三到五章都提到 1920 年代中期蓬萊米普及對農家經濟的影響，本章我們要探討蓬萊米為何在 1920 年代中期以後迅速地普及。1960 年代以來，許多亞洲國家紛紛經歷了一場綠色革命。大規模的水利建設、高收穫量品種作物的引進與推廣、新式耕種技術與化學肥料的使用，使得這些國家的農業生產大增，達到了提升國民所得，緩和人口成長壓力的作用。

　　臺灣是亞洲少數幾個在二十世紀前半就已歷經綠色革命的地區。在西方殖民時代，許多亞洲國家雖然能夠大量地生產某些現金作物，如橡膠、甘蔗等，但在糧食生產上，卻始終趕不上人口的快速增長。臺灣並非如此。由於農業生產技術及水利建設上不斷地進步革新，糧食生產不但能滿足島內的需求，稻米更大量出口至日本，紓解日本因工業化而造成的糧食不足。

　　在臺灣綠色革命的歷程中，蓬萊米的引進與推廣具有重大的意義。川野重任（1941，林英彥譯，1969）曾經觀察到，1922-38 年臺灣的稻米生產量中，蓬萊米以外的稻米產量變化不大，但因為蓬萊米的生產逐年增長，使得 1938 年臺灣的稻米產量較 1922 年時增加了將近一倍。Carr and Myers（1973）對蓬萊米的引進與推廣進行成本效益分析，估算臺灣總督府在開發蓬萊米上所投入

的研究費用，以及蓬萊米推廣後所產生的增產效益，發現蓬萊米的引進為經濟社會帶來了高達 65,000,000 圓以上的利益。這些數據顯示，蓬萊米的引進與推廣對臺灣農業的發展居功厥偉。

但這樣巨額的社會利益是如何實現的呢？蓬萊米經由怎樣的過程才普及於農村，成為農民普遍種植的作物呢？什麼因素吸引農民改種蓬萊米，使得蓬萊米取代在來米，推動了蓬萊米的普及呢？解答這些問題，將有助於我們了解日治時代蓬萊米推廣與普及的全貌，以及其對經濟社會造成的影響，因此本章要探討這些課題。

往昔的文獻對上述課題曾有或詳或略的討論。川野重任（1941，林英彥譯，1969）、張漢裕（1984c）、Carr and Myers（1973）等都提到，蓬萊擁有較在來高的單位面積產量，同時蓬萊的利潤也比在來高，因而吸引了農民改種蓬萊米，促成了蓬萊米的普及。這些文獻也都提及蓬萊較在來使用更多的肥料，以及蓬萊米的市場價格比在來米高，認為這些因素造成蓬萊與在來在產量及利潤上的不同，從而影響了農民種植蓬萊米或在來米的選擇。大體而言，上述文獻對蓬萊米推廣普及的分析較為片面，雖然提出許多蓬萊與在來的不同之處，但卻欠缺整體性的探討，以致於未能充分釐清兩稻種間不同的特點與其產量、利潤的聯繫關係。例如蓬萊的單位面積產量較在來高，但其單位面積要素投入卻也較高，只憑單位面積產量高，並不足以論斷蓬萊米具有生產技術上的優勢，從而也難以判斷蓬萊米相對於在來米的高利潤，到底是來自生產上的優勢，還是蓬萊米在市場上的高價。

本章將以一個整體的架構來分析蓬萊米的引進與推廣，比較蓬萊與在來在生產技術的異同，釐清其對產量、利潤的影響，進而找出促成蓬萊取代在來，並迅速普及的因素。

　　農業技術革新的採用（adoption）已經吸引了無數的發展經濟學者的注意。Feder, Just and Zilberman（1985）對於發展中國家之農業創新的採行進行過研究，並導覽了許多相關的研究。他們指出如果以觀察到的採用比率來衡量的話，許多新技術的介紹只獲得部分的成功。針對此一問題，傳統的看法認為技術及品種的革新之所以無法被快速採行牽涉到許多因素，諸如信用（credit）的缺乏、對於信息接觸之限制、趨避風險、不適當的農場規模、誘因不足、農場的租佃關係、人力資本的不足、鬆弛勞動力之措施不足，種子、化學肥料、水等補助因素雜亂無章，以及交通等社會基本設施之不足（Feder et al, 1985, p. 255）。

　　許多發展計畫已經解除以上諸因素中的一些部分，例如透過介紹提供信用的設施與訊息、有秩序地提供必要的及輔助性的生產要素、社會基本設施的投資、市場網路的建構等等。人們希望這些限制的消除不只是帶來改善措施（improved practices）之被採行，而且也帶來作物組合的改變，且預期後者將更增加平均農場所得。但這些預期卻只有部分被實現。過去的經驗顯示，快速且一致地採行農業技術創新者很少。在許多情況之下，新技術的採行行為隨著不同社會經濟群體及時間而相異。一些創新被廣泛地接受，但另一些則只被很少群體的農民所接受（Feder et al, 1985, p. 255-256）。

　　然而，在美國卻曾出現引起很大農業革命之新品種的開發與推廣，亦即雜種玉米（hybrid corn）。雜種玉米引入美國農業是在二十世紀之初，但是它第一次被應用到顯著的商業規模是在1930年代。從那時起，它就快速地傳播到整個玉米地帶及美國的其他地方。然而其發展卻有明顯的地理差異，資料顯示雜種玉米並非快速地被每個地方所接受。而對於美國雜種玉米有過深入研究的

學者 Grilliches（1957, 1958, 1980）在 1957 年的一篇文章中，就是探討為何會有這種區域接受的差異。

　　研究的結果發現雜種玉米在某些特定地區發展上的遲延及種子生產者進入該些地區的遲延，是因為利潤不同所致。根據他的研究，美國農夫是否採行此一新品種，是理性的決定，只要是從創新所得到的利潤大且很明顯的地方，這個改變就會很快。例如，愛荷華只花了四年的時間，種植比率就從 10% 急速上升到 90%。而在那些獲利率比較低的地區，雜種玉米的傳播速度就慢得多了。因此，Grilliches 最後下結論：「整個說來，考慮不確定性以及知識的擴散並非立即等這些事實，農民的行為與利潤極大的行為是一致的。」

　　臺灣人民追求利潤的傾向亦極濃厚。關於這一點文獻上有不少記載，例如臺灣總督府殖產局（1941b，頁 23）所編的《臺灣の農業》一書提出：「本島人均是自古遷居至本島的漢民族，具有高超的農業技術、勤奮的性格、強烈的謀利心。本島農業之所以能以稻米為首，積極種植甘蔗、香蕉、鳳梨等商品農作物，除了因為自然環境優越外，多是由於農民這種強烈的營利心理。」

　　更早的記載則有清領臺灣的初期，地方志即載有臺灣地區人民在糖價上漲時，即種蔗不種稻的情形，而不理會當時米產的不足，充分地展現了「追求利潤」的傾向。所謂「舊歲種蔗，已三倍於往昔，今歲種蔗竟十倍於舊年」（林滿紅，1997，頁 11）。清末開港以後，樟腦的製造變成有利可圖，許多人轉而從事樟腦的製造，文獻對此也有深刻的描繪：「村人業樟腦者，起山寮，作土竈，偵樟腦堅光微臭者，削令成片。今錐刀之末，民爭恐後，牛山濯濯，頓改舊觀」（林滿紅，1997，頁 13）。

因此，我們判斷蓬萊米之所以能快速傳播，必定也與其利潤較高有關。如果農民是理性的，則要選擇種植蓬萊米或在來米，需視蓬萊與在來相對利潤的高低而定，因此利潤必然是影響蓬萊米普及快慢的重要原因。利潤與產出有關，產出的多寡又決定於生產技術的型態，因此欲明瞭造成蓬萊米普及的根本原因，必須從比較蓬萊與在來的生產技術著手。但利潤水準的高低，並不全然決定於生產技術與產量多寡，產品的市場價格及生產成本之高低等因素也是決定利潤的重要因素。因此要明瞭利潤的高低是來自生產技術、產量多寡等供給面因素，或是市場價格等需求面因素，必須分析蓬萊與在來利潤的組成結構。

除了平均報酬的高低，新品種作物能否為農民所接受，風險也扮演了重要角色。許多地區在推廣新作物時，都曾出現農民不熟悉新作物的栽培方法，使得種植新作物的產量與利潤波動劇烈，降低了農民種植新作物的意願，延遲了新作物的普及速度。然而過去的文獻對於蓬萊與在來的相對風險程度，卻是甚少著墨。在這方面，本章也希望能加以探討，增進我們對蓬萊米推廣與普及的了解。

在資料上，戰前的部分，我們主要採用的是農業基本調查書中的四次稻作經濟調查以及兩次的米生產費調查。前四次調查進行的時間是 1925 年的二期作、1926 年的一期作、1926 年的二期作、以及 1927 年的一期作。在這四次稻作的調查，樣本數原本總共有 363 個，有問題的樣本數總共有 89 個。剔除這 89 個樣本，就只剩下 274 個樣本。這 89 個樣本所存在的問題共有四類。前三類的問題可參考葉淑貞（1997，頁 479-480）的介紹，第四類問題是其中的兩次關於二期作的調查中，有些樣本並非屬於蓬萊與在來米種，而是屬於丸糯的品種等其他品種。我們把這部分樣本去

除之後，就只剩下 274 個樣本點。其中在來種有 171 個樣本點，而蓬萊種共有 103 個樣本點。

　　至於兩次的米生產費調查主要是為了解蓬萊與在來生產費用之差異所進行的調查，調查進行的時間是 1930 年的二期作與 1931 的一期作。其中 1931 年的調查又附了 1929 年二期作、1930 年一期作、以及 1930 年二期作的資料。所以我們又有 1929 年二期作至 1931 年一期作等四期作的資料。不過，所附的資料卻都缺乏土地面積的資料，也就是說 1929 年二期作以及 1930 年的一期作都只有單位面積的產量及各種成本的資料。而且，既然是為了解生產費用，因此也就忽略了生產要素投入量的調查，而只調查生產要素的費用。例如調查報告之中就缺乏勞動數量，而只有所付出的工資，也無各種肥料之數量及價格的資料。是故，在估計生產函數時，我們無法採用這兩次的調查。但是在討論收益以及成本的章節，這些資料還是可以使用的。在這四次的調查中，總共調查了 311 個樣本，其中蓬萊米作的樣本數共有 125 個，在來米作的樣本數則有 140 個，而丸糯米作則共有 46 個。本章也只採用蓬萊米作與在來米作，是故總共只採用 265 個樣本。

　　至於戰後初期的資料，我們採用的是臺灣省政府農林廳對 1950 年二期作及 1951 年一期作所進行的兩次大規模調查。這兩次的調查名稱皆為「稻穀生產收支經濟調查」，調查的內容與 1925-27 年的調查基本上是大同小異的。這兩次的調查都只查計蓬萊及在來兩稻種，總共觀察了 1,000 戶農家，也就是說每次的調查樣本數分別都有 500 戶。然而在 1951 年的調查當中有三戶農家的稻穀被害程度超過 50%，調查報告書中說明了調查結果不能作為標準，因此未報告其調查結果。所以 1951 年本文所採用的樣本數就有 497 戶。在這 997 戶的調查之中，蓬萊米作 498 戶，而在來米

作則有 499 戶。

　　本章架構如下：第 2 節簡介蓬萊米普及的歷程；第 3 節比較蓬萊與在來的生產技術型態；第 4 節探討蓬萊與在來產出及利潤的平均水準與分散程度，並比較長期產出的成長趨勢與波動程度，藉以明瞭促使蓬萊米取代在來米而快速普及的原因；第 5 節分析蓬萊米優勢力量的根源，討論市場因素及政府的技術研發如何促成蓬萊米的出現與普及；第 6 節則為結論。

2. 蓬萊米快速普及

　　日治時代臺灣的稻作農業有了長足的發展，產量增加、品質提升、生產力亦與日俱增，除了滿足島內的消費需求外，更外銷日本，成為臺灣重要的出口商品。在諸多改良稻作生產的措施中，最重要的莫過於是蓬萊米的引進與推廣。

　　臺灣原本並不存在蓬萊米，日治之前臺灣本地所種植的稻米，主要是隨著漢人移民，由中國大陸攜帶而來的品種（末永仁，1938，頁 2）。這些稻米的種類繁雜、特性不一，且因各地風土氣候有所不同，栽培方法亦存在著或多或少的差異。但大體而言，它們在生物特性上與中國的稻米較為接近，且其栽培方法亦大多沿襲傳統中國的稻作技術。

　　蓬萊米則大不相同。所謂「蓬萊米」，是指在臺灣栽培的日本內地稻種以及以此為基礎而育成的稻種，所生產出來的米。它原稱「內地米」，1926 年臺灣總督伊澤多喜男為其重新命名為蓬萊米（末永仁，1927，頁 3）。就稻種間類緣（affinity）的親疏遠近來分類的話，蓬萊米屬於日本型稻（粳型稻），而在來米則屬印度型稻（秈型稻），兩者分屬不同類型，彼此的親緣關係並不

相近，在植物外觀、生理特性上也大異其趣。[1] 此外，蓬萊米與在
來米固有的生長環境亦不相同。蓬萊米原產於日本，適宜在溫帶
的氣候環境下種植，驟爾移植於亞熱帶的臺灣，往往因為氣候差
異太大，使得稻禾生長受到影響，因而收穫不佳。反觀在來米，
經過數百年在臺灣的栽培繁殖，不但稻種已馴化於本地的風土氣
候，更在既有的地理條件下，發展出一套成熟的耕作技術。這種
種的不同，都凸顯了要在臺灣引進並栽培蓬萊米，並不是件容易
的事。

　　早在日治初期，臺灣總督府便已開始評估在臺灣種植日本
內地稻種的可行性，有組織有系統的試驗研究，最早更可追溯至
1899 年（末永仁，1938，頁 7）。當時臺灣總督府農業試驗場陸
續由日本各地移入一些稻種，加以試作，發覺成績不差，從而認
為前途有望。此後，臺北廳農會亦在士林、板橋、新莊等地陸續
試作日本內地稻種，但成果不佳，時有出穗不齊、蒙受鳥害，甚
而收穫全無的情形（末永仁，1927）。這使得臺北農會放棄在平
地試作內地種米，轉而選擇氣候接近日本的淡水、金包里、小基
隆、竹子湖等氣溫低的臺地，募集希望試作的農家，進行一年一
回作田的試作（末永仁，1938，頁 7）。同時期其他各地的試作
亦出現了與臺北類似的情形，結果不良，前途黯淡。這樣的結果，
使得一般人普遍認為內地米並不適合在平地種植，而應在氣候狀
況接近日本的低溫臺地種植，才能有較好的收成。基於這樣的想
法，此後內地米的栽培亦因而局限於北部高地，無甚開展。

---

1 稻米依其外觀型態、生理性狀等特徵相似與否，可判別不同稻種間類緣的親疏遠近。類
　緣相近者，雜交所得的稻種稔實度高，反之則低。由類緣的親疏，可把稻種分為日本型及
　印度型兩類，這兩類的稻種在外觀及生理上有較大的差異，且雜交所得的稻種稔實度極
　低。這也是為何臺灣無法以原有的在來米培育出與日本內地稻種相似的稻米，而必須引進
　蓬萊米的理由。關於稻種間的類緣及其分類等，請參見盧守耕（1958）第九章。

　　這種情況，一直延續到 1920 年代初期，才有極大的轉變。長期的試驗研究，累積了豐富的經驗與知識，使得蓬萊米適當的栽培方法，逐漸為世人所明瞭。加以彼時蓬萊米價高昂，種植蓬萊米的利潤甚為可觀，遂吸引了愈來愈多的農民放棄舊有的在來米，改種新種的蓬萊米。從此以後，蓬萊米便在臺灣快速地普及開來。1922 年以前，蓬萊米的種植面積尚不滿 500 甲，至 1930 年時卻已擴增至 135,226 甲，1935 年時更達到 295,811 甲，超越在來米的種植面積，成為栽培最廣的稻種。爾後更繼續擴張，在日治末期達到最高峰。1944 年時，蓬萊米種植面積已有 413,257 甲，占全體稻作種植面積的 66.73%。[2]

　　隨著蓬萊米普及，在來米迅速被其取代，蓬萊米的種植面積日益擴大，而在來米則逐漸減少，兩者幾乎呈現了同步一進一退的狀態。附表 6-1 列有蓬萊米與在來米歷年種植面積變化的情形。表中的數據顯示，當蓬萊米的種植面積增加時，在來米的面積便相應地減少，而當蓬萊米的面積減少時，在來米的面積卻又隨之增加。從 1921 到 1945 年，二十五年的時光裡，只有七年不曾出現這種一進一退的現象。[3] 而在這二十五年裡，蓬萊米面積增加、在來米面積減少的時候占了絕大多數，尤其在 1930 年代，蓬萊米的生產技術漸趨成熟，種植面積也不再出現 1920 年代末期那種上下起伏的狀態，呈現了蓬萊米穩定成長、在來米漸趨萎縮的趨勢。在 1921-45 年間，蓬萊米的種植面積平均每年增加 11,053.56 甲，在來米每年減少 7,266.99 甲，蓬萊米增加的種植面積有 65.74% 是來自在來米面積的減少。這凸顯了蓬萊米與在來米在生產上，具有很強的替代關係。可見蓬萊米的普及，不單單只是新作物的擴

2　蓬萊米歷年的種植面積，請參見附表6-1。

3　這七年是1921、1922、1930、1931、1937、1938及1940年，蓬萊米與在來米詳細的種植面積資料，請參見附表6-1。

散，還是一個以新作物取代舊作物的歷程。

　　整個蓬萊米推廣與普及的過程，可用三個特徵來概括，那就是從高山下平地、從北部至南部，以及從一期作到二期作。1920年代前，由於受到早期平地試作失敗經驗的影響，大部分的研究者與農民都認為低溫的高地才是蓬萊米最適合的生長環境，因此並不預期在平地上栽種蓬萊米能得到良好的收穫。於是蓬萊米僅僅種植於高地，面積極小，占所有稻作種植面積的比例不到 1%。1910 年代末期，人們逐漸發覺栽種地勢的高低與收成好壞並無絕對的關聯，即使是在平地種植蓬萊米，也可能會有好收成。1920年代初，蓬萊米才開始由高地擴張至平地栽培，種植面積亦隨之大幅增加。1922 年全島蓬萊米種植面積共 416 甲，[4] 當中平地栽培不過數十甲而已 （末永仁，1938，頁 9），然而 1923 年時全島蓬萊米種植面積則一躍為 2,483 甲，1924 年再大幅提升至 25,076 甲。隨著在平地上的栽種成功，蓬萊米得以走出高地，在一般的地理條件下種植，開啟了往後日漸普及的契機。

　　1920 年代以前蓬萊米的種植，都是一年一回作，沒有複種，且都是第一期作，而無第二期作的栽培。之所以如此，是因為尚不明瞭蓬萊米生長發育的過程與時節溫度等自然條件的關係。基於在來米的種植經驗，較早生的第一期作品種若在第二期作的季節栽種，往往會太過早熟致使收成欠佳，而蓬萊米又是比第一期作在來米更為早生的品種，這使得大多數人認為若將蓬萊米種植於第二期作，將無法得到良好成績。因此從初期的試作開始，便排除了在第二期作種植蓬萊米，而只進行第一期作的試種。

---

4 這個數字是根據末永仁（1938，頁9），與本書附表6-1所列數據不同。末永仁並未說明著作中的資料來源，但經核對後，我們發覺末永仁的資料與臺中州農事試驗場（1927，頁2-3）相吻合，推測末永仁的資料來自該書。而附表6-1該年的資料，取自於臺灣省行政長官公署，1946，頁203。

這種情形，也是到了 1920 年代初期才開始有所轉變。蓬萊米生育狀況與氣象上的關係逐漸為人所了解，使得蓬萊米得以在第二期作種植，於是才開始有第二期作蓬萊米的出現。1922 年以前，蓬萊米全為第一期作，沒有第二期作的栽培，1923 年開始有第二期作，種植面積僅 227 甲，1924 年大幅上升為 10,900 甲，此後除了在 1926 年減少了 565 甲、1929 年減少了 3,758 甲之外，每年第二期作的種植面積都在持續增加，到了 1939 年後甚至比第一期作還多（見附表 6-2）。

以地域而言，蓬萊米在北部的推廣早於南部，並由北部逐漸向南部及東部擴張。早期試作失敗的經驗，使人們大多認為氣候溫暖的南部並不適宜種植蓬萊米，因此在 1921 年以前，所有的蓬萊米栽培，都只在臺北州進行，其餘各州則全無種植。1922 年新竹與臺中開始栽種，惟面積甚小，分別只有 14 甲與 2 甲而已。1923 年南部的臺南、高雄以及東部的花蓮才開始種植，面積約在 3 至 4 甲左右。臺東則遲至 1924 年，才開始有面積 11 甲的種植（臺中州立農事試驗場，1927，頁 2-3）。

前述係就蓬萊米在各州開始栽培的時間早晚而言。若就蓬萊米在各州的普及程度來看，[5] 一樣可以發現北部及中部的普及程度高於南部與東部，而且達成相同普及程度的時間也較早。表 6-1 列出各州蓬萊米占水稻種植面積百分比的五年平均數，顯示在 1920 年代前半，蓬萊米在中、北部就已有一定的種植比例。在臺北州，蓬萊米占全部水稻種植面積的比例為 7.33%，比其他州廳都高。新竹州雖然較低，也有 3.85%，而臺中州則介於臺北州與新竹州之間，種植比例為 5.74%。1920 年代後半，蓬萊米在中、北部地區大為擴張，臺北州、新竹州、臺中州的種植比例在此時

---

5 我們以每個州廳的蓬萊米占該州廳全部水稻種植面積的比例，衡量該地蓬萊米的普及程度。

表 6-1：各州、廳蓬萊米占水稻種植面積比率（%）

年	臺北州	新竹州	臺中州	臺南州	高雄州	臺東廳	花蓮港廳
1921-1925	7.33	3.85	5.74	0.31	0.07	0.26	0.35
1926-1930	27.77	25.94	31.68	9.80	2.46	0.67	8.25
1931-1935	35.07	39.28	53.58	27.56	15.69	10.48	27.69
1936-1940	50.81	58.40	60.07	36.26	32.21	43.84	45.12

資料來源：1925 年以前之蓬萊米見臺中州立農事試驗場，1927，頁 2-3；1926-
37 年見臺灣總督官房統計課，1928-39；1938-40 年見臺灣總督府官
房企畫部，1940-42。

都超過 25%，尤其是臺中州更達 31.68%，超過臺北州及新竹州，
使臺中州成為全島蓬萊米普及程度最高的區域。

　　1930 年代，蓬萊米在中、北部依然延續之前的普及態勢，但
臺北、新竹、臺中三州的擴張速度略有不同。臺北州在 1930 年代
前半出現了短暫停滯的現象，普及的速度不如 1920 年代時快速，
但到了 1930 年代後半擴張速度又再變快，使得蓬萊米在臺北州
的種植比例超過 50%。臺中州與臺北州恰好相反，在 1930 年代
前期普及得較快，該州蓬萊米種植比例在 1930 年代前期就達到
50% 以上，直到 1930 年代後期才有減緩的趨勢。新竹州的狀況
介於臺北州與臺中州之間，在整個 1930 年代都呈現穩定快速的
普及狀態，使得該州蓬萊米的種植比例在 1930 年代後半也達到
50% 以上。

　　南部與東部的情形卻大不相同。1920 年代前半，蓬萊米在南
部、東部幾乎是全無，臺南、高雄、臺東、花蓮等地的種植比例
均不到 1%。1920 年代後半，蓬萊米在南部與東部的種植比例稍
有增加，但直到 1930 年，都仍在 10% 以下，顯示 1920 年代後半

期蓬萊米在南、東部的推廣，不過才在起步的階段而已。1930 年代前期，蓬萊米逐漸在南、東部有較大幅度的發展。其中，臺南與花蓮的普及程度較高雄及臺東為高，但比例亦僅有 28% 左右。也就是說，臺南、花蓮在 1930 年代前半期的普及程度，與中、北部在 1920 年代的狀況相當。1930 年代後期，蓬萊米在高雄與臺東也逐漸推廣開來。不過直到 1940 年，南、東部各州的蓬萊米種植比例都未達 50%，嚴格說來不能算是真正地達到了蓬萊米的普及。

迄 1930 年代底為止，在每個時期裡，中、北部三個州蓬萊米的種植比例都比南部二州及東部二廳來得高。而以達到相同普及率的早晚來說，南、東部也較中、北部為遲，從表 6-1 可以看到，南、東部似乎落後了中、北部五年左右的時間。總之，在同樣的年代裡，蓬萊米在中、北部的普及率超過南、東部，因而在達成一定普及程度上，中、北部亦早於南、東部。

以上便是蓬萊米大致的推廣狀況。看到這樣的態勢，不禁令人產生了許多疑問。為何蓬萊米在 1920 年代前無甚發展，1920 年後卻能走出北部高地，迅速普及於全島呢？蓬萊米既然與在來米在栽種生長上如此不同，致使蓬萊米難以種植於臺灣，當初又是如何克服這些困難，讓蓬萊米得以在 1920 年代初開始推廣開來呢？又為何不是更早或更晚的時代，而偏偏是 1920 年代初期呢？更重要的是，蓬萊米為何能取代在來米，成為臺灣稻作農業中最重要的作物呢？作為一項新作物，什麼原因能讓蓬萊米如此吸引農民，致使農民願意放棄熟悉的在來米，去改種陌生的蓬萊米呢？

1920 年代初期蓬萊米下平地時，種植比例尚不滿 1%，到了 1935 年卻已達 43.59%，超過了在來米的 37.58%，取代在來米的地位，成為臺灣稻田中栽種最多的米種。1940 年時蓬萊米種植面

積比例更達 50.73%，臺灣的稻田中已有一半以上的面積栽種蓬萊米。短短二十年的時光，蓬萊米取代在來米，成為臺灣稻作農業中最重要的作物，這迅速普及的背後，又潛藏著什麼樣的推動力量呢？凡此種種，都是本章想要解答的問題。

在下面的章節中，我們將從生產經營的角度切入，比較蓬萊米農家與在來米農家的生產技術，藉此明瞭種植不同米種的農家在生產型態上的差異，以及其對產出及利潤等的影響。從中我們將能了解引致一般農家改種蓬萊米的經濟誘因，並明白促成蓬萊米快速普及的種種因素。最後，我們也要探究蓬萊米技術的開發過程及市場對於蓬萊米的需求來自何處。

3. 技術型態的比較

新品種作物的引進與推廣，往往使得農業生產發生大幅改觀。新品種的栽種技術異於舊品種，農民若改種新品種，耕種方法必須改弦更張，種植時節可能也要改變。各種生產要素的投入可能須要重新搭配，在生產過程中可能要運用不同的技巧。種植新品種可能改變農民的收益，農民可能因為新品種的高收穫量或高價位而獲利，也可能因為不諳栽培方法，使得收成不佳，進而蒙受虧損。

生產技術的差異不僅使新舊品種的生產過程呈現不同的面貌，可能也使新品種的利潤高於舊品種，進而改變了農民的選擇，因而取代了舊品種。在臺灣稻作的演進史上，新品種時有出現，逐漸取代舊品種。[6] 日治時代蓬萊種的引進，可以說是改變臺灣農

---

6 清代臺灣在1752年(乾隆十七年)於今日之潮州、萬巒、屏東、九如地區，成功栽培一種稱為「雙冬」的早稻品種。有些地區便開始採行複種制度。「雙冬」稱呼之由來為：「俗呼穀熟曰冬，有早冬、晚冬兩熟，曰雙冬」(周憲文，1980，頁231)

業風貌的最大因素之一，所造成的影響也是最久遠的。在耕作技術上，蓬萊種與在來種相差甚大，例如在幼苗的選擇與肥料的施用上都有相當的差異。

不同品種耕種技術的差異會體現在投入與產出的關係上，從而農民在栽植不同品種時也會採用不同的投入組合。本節比較蓬萊種與在來種生產技術的型態，以幫助我們了解蓬萊米普及的原因。首先界定「生產技術」一詞的意義，並簡略介紹稻作的生產技術；進而依次比較兩稻種的生產函數、規模報酬、產量彈性、要素密集度。

3.1 生產技術的意義

本章所謂某產品的生產技術是指在生產的過程，投入的要素與產出的之間的一種轉換關係。在農作物生長期中，對其所施予的種種栽培、照料手段，即是此項農產品的生產技術。水稻的栽培生產，大致上可分為秧田與本田兩個階段。在秧田階段，農民以培育適宜移植於本田的秧苗為目的，在耕種的田地中選定一小塊地，作為育秧用的秧田，經過耕鋤整平後，將已浸泡萌芽的種子播種於其上，並在以後秧苗發育期間進行灌溉、除草、驅蟲等工作，以便養成健康的稻苗，以利移植於本田後的生長。秧苗長成後，將之拔取，插秧移植於本田之上。

本田在插秧之前需先行整地，之中包括翻耕、灌水、碎土、粗耖精耙、施肥等作業，使土壤鬆軟、空氣流通，以利於將來稻根吸收養分。插秧的時機、方法及移植於本田之上的疏密，因稻種不同而相異。蓬萊種引進後，因其生長特性不同於在來種，插秧時機、方法亦產生了很大的改變。

插秧後，稻禾在本田中逐漸成長茁壯，農民在此期間必須按

時灌溉排水，並進行三至四次的中耕。中耕時，水田排水成淺水狀態，翻轉稻根旁田地土壤，使之膨鬆，導溫熱氧氣於土中，幫助稻根蔓生，促進稻禾生長；同時亦行除草，拔除田中雜草，使之不致攘奪稻禾的養分，有時中耕也配合施肥一起進行，提供稻禾生育後半期所需的養分。稻穀成熟後，必須予以收割、脫粒並曬乾，然後始能將稻穀販賣，完成一個期作別稻作的生產過程（磯永吉，1944）。

　　因此，水稻栽培從播種到收穫各個階段的作業，無一不為其生產技術的一部分。舉凡播種的厚薄、育秧時日的長短、插秧時機的早晚、插秧的疏密、整地的耕鋤深淺、施肥的時機、次數及施肥量的多寡、稻田中湛水深淺與稻禾生育期間的配合等，都是水稻生產技術的一部分。這些作業技巧的改良精進，都能使稻穀的收成提高，在同樣多的要素投入下，獲得更多的稻穀產出。也就是說，改變了原有要素投入與產品產出間的轉換關係。

　　生產過程中各個階段作業技巧的改變就是生產技術的改變，這些改變將影響新舊品種的利潤。生產技術的改變將體現在要素投入與產品產出間轉換關係的改變之上，從而生產要素對產出的貢獻或規模報酬等都可能發生改變。掌握這些因素，將有助於我們比較或了解新舊品種利潤的變化。

3.2 生產函數的比較

　　經濟學家常以生產函數來表示生產過程中要素投入與產品產出間的轉換關係，也就是生產技術。不同的生產技術，將表現在生產函數型態上的相異，以及生產函數中參數大小的不同。因此，若要了解蓬萊米和在來米生產技術的不同之處，最直接的辦法就是估計他們的生產函數，並加以比較。在我們所使用的資料裡，

有 1925 年二期作、1926 年一期作、1926 年二期作、1927 年一期作、1950 年二期作及 1951 年一期作這六期稻作的個體農場的調查資料，可以讓我們估計兩稻種的生產函數。

　　生產函數是要素投入與產品產出間的轉換關係，因此若要估計蓬萊米與在來米的生產函數，首先必須找出生產這兩種稻米所使用的要素投入。在估計生產函數時我們選擇勞動（L）、肥料（F）、土地（A）以及農具（K）作為估計水稻生產函數時的要素投入，而以水稻生產的主產物稻穀（Q）作為產出。[7]

　　首先決定生產函數的型態。在稻米生產上，各種要素投入與稻穀產出間的轉換關係可能相當複雜，先驗上我們並無法知道確切的函數型態是什麼。實證上，一般多假設生產函數為 Cobb-Douglas 或 Translog 型式。Cobb-Douglas 函數雖然簡潔，但隱含的假設卻很強烈。它假設不同要素投入水準的產量彈性都相同。Translog 函數則不具備如此嚴苛的假設條件，可以包含要素產量彈性隨要素投入量不同而變動的情況。為了容納較多的可能性，使估計更一般化，我們假設蓬萊米及在來米的生產函數為 Translog 型式。迴歸模型設定為：

$$\ell n Q_j = \beta_0 + \beta_1 \ell n L_j + \beta_2 \ell n F_j + \beta_3 \ell n A_j + \beta_4 \ell n K_j$$
$$+ \frac{1}{2}[\beta_{11}(\ell n L_j)^2 + \beta_{22}(\ell n F_j)^2 + \beta_{33}(\ell n A_j)^2 + \beta_{44}(\ell n K_j)^2$$
$$+ \beta_{12}\ell n L_j \ell n F_j + \beta_{13}\ell n L_j \ell n A_j + \beta_{14}\ell n L_j \ell n K_j$$
$$+ \beta_{23}\ell n F_j \ell n A_j + \beta_{24}\ell n F_j \ell n K_j + \beta_{34}\ell n A_j \ell n K_j + \varepsilon_j \qquad （6\text{-}1）$$

式中 j 代第 j 個農場 Q_j、L_j、F_j、A_j、K_j 則分別代農場 j 的稻穀產量和勞動、肥料、土地與農具投入。

7　至於為何選取這四種要素作為生產函數的投入，請見葉淑貞，1997，頁480。

在用以估計生產函數的六期稻作的投入產出資料，我們合併 1925 年第二期作與 1926 年第一期作為 1925-26 年，1926 年第二期作與 1927 年第一期作為 1926-27 年，1950 年第二期作與 1951 年第一期作為 1950-51 年。根據上述方法，以普通最小平方法（OLS）分別估計這三個年度蓬萊米與在來米的生產函數。估計結果列於附表 6-3。利用這些結果，以下將比較兩種稻種函數係數、規模報酬、產量彈性的異同。首先檢定蓬萊米與在來米的生產函數是否顯著不同，虛無假設（H_0）與對立假設（H_1）設定如下：

H_0：蓬萊米與在來米的生產函數相同
H_1：H_0 不為真 　　　　　　　　　　　　　　　　（6-2）

Chow Test 可以檢定上述的假設，檢定統計量為：[8]

$$\frac{[\sum e^2 - (\sum e_c^2 + \sum e_p^2)]/K}{(\sum e_c^2 + \sum e_p^2)/n_c + n_p - 2K} \qquad (6\text{-}3)$$

若 H_0 為真，則式（6-3）的統計量呈 F 分配，兩個自由度分別是 $v_1 = K$ 以及 $v_2 = (n_c + n_p - 2K)$。

根據上述方法檢定 1925-26、1926-27 及 1950-51 年蓬萊米與在來米生產函數是否相同，得到的檢定統計值分別是 1.7765、0.9938 和 2.8761，而在顯著水準 0.05 下拒絕 H_0 的臨界值分別是 1.7627、1.7591 和 1.6664。因此，在 1925-26 和 1950-51 年中，H_0 將被拒絕，顯示兩稻種的生產函數有顯著的差異。而在 1926-27 年，H_0 不能被拒絕，顯示兩稻種的生產函數並無顯著差異。但我

---

8 式中 $\sum e_c^2$ 及 $\sum e_p^2$ 分別是估計在來米與蓬萊米生產函數時所得的殘差平方和，$\sum e^2$ 則是混合兩種米種估計生產函數時的殘差平方和，n_c 及 n_p 為估計在來米即蓬萊米生產函數時的樣本數，而 K=15 則為生產函數中的參數個數。

們也發覺，1925-26 年的檢定統計值為 1.7765，並未超出拒絕 H_0 的臨界值 1.7627 太多。若改以較高的顯著水準，例如 0.01 來進行檢定，將會獲得接受 H_0 的結論。所以，我們大概可以說，戰前蓬萊米與在來米的生產函數相差不多，而戰後則明顯地有所不同。

3.3 產量彈性與規模報酬之比較

從式（6-1），可推導出各生產要素的產量彈性如下：

$$EQ_L = \beta_1 + \beta_{11}\ell nL_j + \beta_{12}\ell nF_j + \beta_{13}\ell nA_j + \beta_{14}\ell nK_j$$
$$EQ_F = \beta_2 + \beta_{12}\ell nL_j + \beta_{22}\ell nF_j + \beta_{23}\ell nA_j + \beta_{24}\ell nK_j$$
$$EQ_A = \beta_3 + \beta_{13}\ell nL_j + \beta_{23}\ell nF_j + \beta_{33}\ell nA_j + \beta_{34}\ell nK_j$$
$$EQ_K = \beta_4 + \beta_{14}\ell nL_j + \beta_{24}\ell nF_j + \beta_{34}\ell nA_j + \beta_{44}\ell nK_j \quad （6\text{-}4）$$

其中 EQ_L、EQ_F、EQ_A、EQ_K 分別為勞動、肥料、土地、農具的產量彈性。

將之前得到的生產函數各係數的估計值以及農場的要素投入代入式 6-4，可估算出各要素的產量彈性，估計結果列在表 6-2。從產量彈性值的符號，我們可以判斷各生產要素邊際產出值的符號。表 6-2 的資料顯示，在大部分的年度裡，各生產要素的產量彈性都顯著地異於 0，且其值為正。這表示增加各生產要素的投入，將有增加產出的效果。唯一的例外是 1925-26 年的蓬萊米，其勞動產量彈性顯著為負。

在估計農業的生產函數時，不乏有要素產量彈性為負的例子。例如 Sharif and Dar（1996）估計 1981-82 年孟加拉的稻作生產函數時，便出現勞動產量彈性為負的情況，惟其並不顯著。而我們不但得到負的勞動產量彈性，而且還顯著。這樣的結果可能是在估計生產函數時忽略了某生產要素（例如水和水利設備）；或是

表 6-2：稻作生產投入之產量彈性與規模報酬

樣本組	勞動	肥料	土地	農具	規模報酬
在來米					
1925-26					
平均值	0.1426	0.0588	0.6756	0.1679	1.0449
標準差	0.2026	0.0765	0.1281	0.2237	
t 值	6.5651	7.1693	49.1926	7.0007	
1926-27					
平均值	0.1106	0.0992	0.6320	0.1743	1.0161
標準差	0.1602	0.0352	0.2859	0.1867	
t 值	6.3275	25.8291	20.2602	8.5564	
1950-51					
平均值	0.0351	0.2178	0.6621	0.0215	0.9365
標準差	0.0894	0.0467	0.1259	0.0196	
t 值	8.7264	101.6985	116.8857	24.3807	
蓬萊米					
1925-26					
平均值	-0.1008	0.2864	0.5641	0.1604	0.9101
標準差	0.1314	0.2993	0.4905	0.1588	
t 值	-5.3148	6.6296	7.9678	6.9980	
1926-27					
平均值	0.0996	0.1710	0.5511	0.1397	0.9614
標準差	0.0779	0.1230	0.2546	0.0742	
t 值	9.4821	10.3103	16.0529	13.9628	
1950-51					
平均值	0.0320	0.2506	0.5919	0.0502	0.9247
標準差	0.0587	0.0935	0.1179	0.0439	
t 值	12.1042	59.5104	111.4700	25.3900	

註解：空白處表示無此項目。

註解資料來源：附表 6-3。

因為同時合併第一、二期稻作為同一年度進行估計，未考慮不同的生長季節可能造成生產函數相異。至於確切的原因為何，則有待進一步的研究。

從各要素之產量彈性可以計算出規模報酬係數值，從而得知規模報酬的型態。表 6-2 的資料顯示在來的規模報酬呈現著持續下降的型態，從 1.0449 跌到 1.0161 再降至 0.9365。也就是說，在來的生產技術在戰前接近於固定規模報酬，但戰後轉為規模報酬遞減的型態。蓬萊的規模報酬先在戰前呈遞增，戰後轉為遞減；係數值從 0.9101 上升到 0.9614，然後轉而下降至 0.9247。

蓬萊的規模報酬值一直都小於 1，顯示當所有的生產要素都增加一倍時，產出的增加卻小於 1 倍。同時，蓬萊的規模報酬值一直都小於在來，表示當所有的生產要素都增加同倍數時，在來產出的增加倍數超過蓬萊。這似乎與我們一般的認識不一致。我們通常認為新品種的技術較優異，從而以為新品種的產量高於舊品種。如果所謂技術較優異是指規模報酬，那麼從它引進一直到 1950 年代初期，蓬萊種並不符合此一認識。

不過，兩者的差距卻逐漸地縮小。其差距從 1925-26 年的 0.1348，下降至 1926-27 年的 0.0548，進而在 1950-51 年又縮小為 0.0118。所以，到了戰後初期，兩者已經相當接近了。如果這樣的趨勢一直演變下去，可能 1950-51 年以後，蓬萊種的規模報酬係數將轉而高於在來種。那麼為何在 1950-51 年以前，雖然蓬萊種的規模報酬低於在來種時，蓬萊種卻能取代在來種，快速普及？我們將在往後的章節裡，陸續回答此一問題。

從各個生產要素的產量彈性值之差異，可以看到各因素對產出增多的貢獻不相同。在戰前，在來各生產要素的產量彈性大小依序是土地、農具、勞動、肥料；而在戰後轉變為土地、肥料、勞動、農具。蓬萊則無論在戰前或戰後順序一直都是土地、肥料、農具、勞動。對兩種稻種來說，土地都是最重要的生產要素，產量彈性都在 0.50 以上。但相對而言，土地對在來米的重要性比對蓬萊米來得高。在來米的土地產量彈性約在 0.63-0.68，而蓬萊米則約在 0.55-0.60 之間。

肥料對兩種稻種增產的重要性有顯著的不同。它對蓬萊米增產的貢獻一直都僅次於土地，產量彈性大致上在 0.17-0.29 之間。然而它對在來米增產的貢獻，在戰前卻居最末位，彈性值只有 0.06-0.10，大約只是蓬萊的三分之一而已；不過，在 1950-51 年其值大幅上升到 0.22，與蓬萊的數值相當接近了，重要性也提升到第二位。

所以在 1920 年代，肥料對蓬萊增產的貢獻遠高於對在來的貢獻；然而在戰後，由於它對在來增產的貢獻力提升，拉近了它對兩稻種增產的貢獻力。葉淑貞（1998）曾觀察到 1930 年之後，在來的栽種技術發生了明顯的變革，其肥料密集度大幅提升。這和技術的革新與產量彈性的大幅提升可能有關，果真如此，則在來之肥料產量彈性的這種巨幅提升，可能早在 1930 年代初期便已出現了。

如上所述，在戰前肥料與勞動對兩稻種增產的貢獻順序不同；不僅如此，相對於土地與農具，兩稻種的肥料產量彈性或勞動產量彈性的數值差異也都相當大。不過，到 1950-51 年，兩稻種四種生產要素的產量彈性都變得比較接近了。

3.4 投入組合的比較

投入產出關係的差異可能造成兩稻種所使用的投入組合不同，本小節進而從投入組合來比較兩稻種的技術型態。

如前一章表 5-13 所述，表 6-3 的資料顯示蓬萊的肥料密集度在戰前相當穩定，大致都維持在 0.5-0.6 之間；而戰後的 1950-51 年卻突然跳躍至 0.94。在來的肥料密集度則一直都低於蓬萊，在 1926-27 年以前低於 0.34，大約只有蓬萊的 58%；但是在 1929-30 年，大幅提升至 0.5，因而接近於蓬萊的 0.59；1950-51 年再度跳

表 6-3：蓬萊米與在來米每甲土地的要素投入

年	實質勞動費			實質肥料支出		
	在來米	蓬萊米	差異率（%）	在來米	蓬萊米	差異率（%）
1904-06	19.23	--	--	5.4285	--	--
1925-26	12.56	15.46	23.09	4.2187	9.0141	113.67
1926-27	14.72	18.00	22.28	4.1749	8.8518	112.02
1929-30	16.88	16.97	0.53	8.5217	9.9314	16.54
1930-31	21.25	21.62	1.74	7.9608	12.7264	59.86
1950-51	20.81	21.34	2.55	18.2551	19.9718	9.40
年	肥料對勞動費比例			實質調整成本		
	在來米	蓬萊米	差異率（%）	在來米	蓬萊米	差異率（%）
1904-06	0.2823	--	--	25.85	--	--
1925-26	0.3359	0.5831	73.59	18.79	26.38	40.39
1926-27	0.2836	0.4918	73.41	21.13	29.23	38.35
1929-30	0.5048	0.5852	15.93	28.12	30.07	6.96
1930-31	0.3746	0.5886	57.13	33.11	38.10	15.08
1950-51	0.8772	0.9359	6.69	47.18	49.82	5.59

註解：實質勞動費、實質肥料支出及實質調整成本皆是以百斤稻穀價格平減名目值而算出；差異率是指蓬萊米的數值比在來米多出百分之多少。

資料來源：同於表 5-12。

至 0.88，與蓬萊的 0.94 還是相當接近。

可見蓬萊的肥料密集度原本超過在來甚多，到 1929-30 年以後，此種差異才突然消弭。在 1929-30 與 1950-51 年，兩稻種肥料密集度差異的消弭是透過不同的力量達成的。1929-30 年密集度的拉近乃是在來的大幅提升而促成；在 1930-31 年以前，蓬萊一直都相當穩定，而在來卻在 1929-30 年大幅提升，因此兩稻種的肥料密集度也就在該年以後轉而接近。在戰後的 1950-51 年，當蓬萊大幅跳升時，在來也呈現相同的變化，所以兩稻種的肥料密集度才能繼續維持接近的局面。

那麼，上述之肥料密集度的變化是如何發生的呢？為了解此一問題，以下進而分別檢閱工資支出與肥料支出的變動。為了進行不同時間的比較，我們以每百斤稻穀的價格[9]把名目支出平減為實質支出。計算的結果顯示蓬萊的勞動與肥料費都高於在來，尤其是在 1929-30 年以前。兩品種的勞動費都呈增加之勢，不過在來的增加速度快於蓬萊。在來從 12.56 圓增到 21.25 圓，蓬萊則從 15.46 圓增到 21.62 圓。所以，兩者的差異率原本高達 20% 以上，但 1929-30 年以後便縮至 2.55% 以內。

肥料費的差異程度比勞力費大很多。在 1925-26 與 1926-27 年，差異率超過 100%。雖然，勞動費的差異幅度也是在這兩年度達到最高，但是其間的差異率未達 25%。1929-30 年以後，與勞力費的變動相同，兩品種的肥料費差異幅度也大幅縮小。其差異程度突然從 1926 年度的 112.02%，縮為 1929-30 年的 16.54%；雖然在 1930-31 年又漲為 60%；但是在 1950 年度更縮為 10% 以下。

---

9 百斤稻穀價格是百斤蓬萊稻穀價格與百斤在來稻穀價格的平均數。

　　1929-30 年肥料費差異率的縮小，起因在於在來肥料投入的大幅增漲。在來的每甲肥料投入費在 1926-27 年以前相當穩定，大致維持在 4-5.5 圓之間；可是在 1929-30 年，突然提高到 8.52 圓，1930-31 年仍然維持在此一高水準，1950-51 年更是跳躍至 18 圓。相反地，蓬萊的肥料費在戰前相當穩定，在 1929-30 年以前維持在 9-10 圓之間，1930-31 年提高到 13 圓，一直到 1950-51 年才與在來一樣大幅上漲到 20 圓。1929-30 年以後發生於在來的此種耕種技術變革，是促成兩稻種肥料投入差異率縮小的原由。所以，在來的耕作技術在 1929-30 年以後發生巨大的轉變，從而與蓬萊之間的技術差異逐漸消弭。到了 1950-51 年，兩稻種的每甲土地各種因素的投入費都相當接近了：實質勞動費都是 21 圓；實質肥料支出費分別是 18 與 20 圓。

　　從以上的討論，我們得知蓬萊肥料密集度之所以高過在來，主要是肥料投入較多所致。而 1929-30 年的在來或 1950-51 年的兩稻種之肥料密集度之所以大幅提升，也是肥料投入驟然巨幅跳升所致。若從兩稻種的因素投入來看，蓬萊的耕種技術較在來多肥；在來的耕種在 1930 年代以後也轉為多肥技術；戰後雖然缺肥，但 1950 年兩稻種所投入的肥料費用卻都巨幅提升。[10]

---

10 關於1929年以後在來米肥料用量的大幅增長，是否因為有多肥型的新品種發展出來？經查相關文獻例如《臺灣の米》（臺灣總督府殖產局，1938d）、《產米改良の增殖》（臺灣總督府殖產局，1930b）以及《臺灣農事報》內相關文章，皆未提到在來米在這段時間內有新品種發展出來。如果沒有新品種發展出來，為何會在1929年以後成為多肥的作物？可能是因為購買肥料的使用的關係，也就是說肥料來源充足的關係。因為從1929年以後，在來米的使用肥料當中，有很大的比率是購買肥料。關於此一問題，未來若能找到更多的資料，應該再加以補強。

3.5 蓬萊生產技術的擴散

1930 年代在來耕種技術的變革，應該是蓬萊生產技術擴散的結果。如上一章所述，臺灣在日治初期稻作的施肥量不高，而且使用的主要是自給肥料，外購肥料所占比例很低。而如上節所述，直到 1926-27 年，在來每甲地的肥料支出費還大約只有蓬萊的一半。表 6-4 的資料也顯示，在 1926-27 年以前，蓬萊每斤稻穀所施自給肥料與在來所差不大，但是購入肥料卻是在來的 2.72-2.94 倍。直到 1929-30 年，在來無論每甲地肥料支出費（表 6-3）或每斤稻穀用肥量（表 6-4）大幅上提，因而接近於蓬萊的水準。

在來施肥量的增加主要來自於外購肥料。根據葉淑貞（1998）的估計，在 1904-06 年，在來米所使用的購入肥料只占 7%。不過，如表 5-14 所示，在 1925-26 年當蓬萊米開始推廣之際，此一比例已經上升到 60% 左右；1929-30 年再度明顯上攀到 78%。相對地，蓬萊從剛開始普及的 1925-26 年起，購入肥料比例一直都超過 80%。表 6-4 的資料也顯示，在 1929 年度，在來購入肥料量每甲從 458 斤提高為 1,432 斤；每斤稻穀施用肥料從 0.1009 斤增為 0.2958 斤。然而，自給肥料每甲卻只從 9,547 斤變為 12,497 斤；每斤稻穀施用量則從 2.0172 斤微增到 2.5816 斤。

相對地，蓬萊無論購入肥料量或自給肥料量的變化都不大。因此，蓬萊購入肥料相對於在來的比例就從 1926-27 年以前的 3 左右，驟然下降到 1929-30 年的 1.3 以下，戰後初期大致就維持於 1 左右。然而，蓬萊自給肥料相對於在來的比例卻小於購入肥料比例甚多，在 1925-26 年只有 1 左右，以後更下降到 1 以下，直到 1950-51 年才又恢復到 1925-26 年的比例。

可見，相對於蓬萊，在來的耕種技術原本屬於少肥式，而且

表 6-4：兩期稻作使用肥料情況

A：價格					
年	肥料（圓或元／斤）		購入肥料相對價格		
	購入	自給	自給肥料	在來米	蓬萊米
1925-26	0.0699	0.0021	33.3140	0.9983	0.7765
1926-27	0.0677	0.0021	31.9936	1.1278	0.8459
1929-30	0.0559	0.0019	30.0809	1.1188	0.7991
1930-31	0.0448	0.0016	27.2003	1.4942	1.1207
1950-51	0.7252	0.0413	17.5428	1.7688	1.7267
B：每甲肥料使用量（斤）					
年	購入量			自給量	
	在來米	蓬萊米		在來米	蓬萊米
1925-26	531.60	1654.77		10931.01	12351.61
1926-27	458.26	1395.91		9574.13	9252.62
1929-30	1432.06	1798.71		12496.92	8808.07
1930-31	961.48	1727.55		9265.69	9635.84
1950-51	776.14	826.58		23182.81	25779.01
C：每斤稻穀肥料使用量（斤）					
年	稻穀產量		購入肥料		自給肥料
	在來米	蓬萊米	在來米	蓬萊米	在來米	蓬萊米
1925-26	4427.17	4682.86	0.1201	0.3534	2.4691	2.6376
1926-27	4543.67	5079.03	0.1009	0.2748	2.1071	1.8217
1929-30	4840.77	5431.49	0.2958	0.3312	2.5816	1.6217
1930-31	4878.64	5360.02	0.1971	0.3223	1.8992	1.7977
1950-51	4863.70	5226.94	0.1596	0.1581	4.7665	4.9320

註解：購入肥料價格是大豆油粕、硫酸銨、調合肥料的價格加權平均數；自給肥
　　　料價格是綠肥、堆肥、人糞肥的價格加權平均數；全部肥料價格是以上六
　　　種肥料價格的加權平均數。權數是各種肥料的價值比例。各種肥料使用量
　　　是以其價值除上加權平均價格求得。
資料來源：葉淑貞，1998。

施用肥料以自給為多。但是 1929-30 年以後也變為多肥式的技術，而施肥的增加主要來自於外購。所以，無論從施肥量以及肥料來源結構來看，從 1929-30 年起，在來的耕種技術都趨向於蓬萊的型態，而這應該是蓬萊生產技術擴散的結果。

　　但是，1950-51 年兩稻種用肥的增加原因卻不明。1950-51 年購入肥料支出金額占總肥料支出金額的比例一反常態地轉而下降。從第五章表 5-14 可以看到，在戰前，此一比例一直在提升，到了 1930 年代已經高達 70%-80%，但是 1950-51 年卻又降到不及 50% 的程度。到底該年度發生了什麼事情，導致這樣的轉變？

　　從表 6-4，可以發現與 1930 年代相比，1950-51 年無論每甲地或每斤稻穀使用的購入肥料量都減少了，但是自給肥料用量卻都增加了。不過，無論購入肥料的價格或自給肥料的價格都大幅上漲，而且其漲幅都超過稻穀價格，所以肥料價格相對於稻穀價格也就大幅提升（表 6-4）。此外，購入肥料的價格相對於自給肥料卻下降甚多，從 1930-31 的 27.20 大滑至 17.54（表 6-4）。在這種情況下，為何肥料用量會大幅增漲？而且增加的來源竟然是自給肥料？是否資料本身有問題？還是當時購入肥料的來源不足，而其價格又受到人為的管制，[11] 未反應出市場供應量的不足？凡此種種問題都還有待進一步的探究。

3.6 結語

　　從本節的分析當中，我們發現無論從規模報酬、產量彈性、投入組合、投入量來看，在 1926 年度以前，蓬萊與在來的技術型態都有明顯的分歧。蓬萊的規模報酬小於在來；肥料的產量彈性較大；而勞動的產量彈性較小；肥料的投入量較多；肥料的因素

11　關於價格的管制有肥料換穀制度，而該制度的實施參見古慧雯，1996。

密集度較高；肥料的來源以外購較多。1929 年度以後，兩者的技術型態已逐漸接近，而到了 1950 年度幾乎相當接近了。1929 年度以後兩者技術之逐漸接近，根源可能在於在來肥料用量的大幅提升，而這應該是蓬萊生產技術擴散的結果。

4. 蓬萊米與在來米產出與利潤之比較

　　一般認為蓬萊米既然能夠取代在來米而普及，則其在生產技術上必然較在來米優越，能夠以較少的投入生產出較多的稻米。然而從上一節的分析中，我們發現兩個可能與此先入為主的認識相反的事實。第一，蓬萊的規模報酬小於在來；第二，蓬萊的成本高於在來。那麼，為何蓬萊會取代在來而普及呢？農家之所以會選某品種，可能是因為該品種的利潤比較高。根據一般的觀察，不少地區所栽種的新品種，其收穫量雖然較高，但卻比較不穩定。由於農家的性格往往有趨避風險的傾向，收穫量的不穩定往往導致新品種推廣的不易。臺灣日治時代蓬萊米卻能快速普及，是否它的產出或利潤比在來高？或比在來穩定？這是本節所要討論的主旨。

4.1 平均水準的比較──橫斷面資料

　　既然蓬萊每甲地所投入的肥料及勞動都高於在來，那麼它之所以會普及，是否因為它的利潤較高呢？而如果它的利潤較高，必定是因為收益較高。倘若收益較高，是產量還是價格促成呢？我們一般的印象總認為蓬萊的收穫量比在來高，這樣的認識是否正確？或是在何種情況下才正確、何種情況下就不正確？這是本小節所要討論的主旨。

表 6-5：蓬萊米與在來米平均產出與利潤比較

項目	在來米	蓬萊米	差異率（%）	t 值
每甲產量（斤）				
1925-26	4422.12	4874.56	10.23	2.445**
1926-27	4547.02	5034.09	10.71	2.536**
1929-30	4836.06	5440.50	12.50	2.765**
1930-31	4878.64	5360.02	9.87	2.455**
1950-51	4863.44	5225.87	7.45	3.498**
每圓成本產量（斤）				
1925-26	259.66	203.39	-21.67	-4.364**
1926-27	230.48	179.84	-21.97	-5.367**
1929-30	177.28	185.58	4.68	1.050
1930-31	151.27	141.11	-6.71	-1.836*
1950-51	106.46	108.57	1.98	1.357
每圓成本利潤（圓）				
1925-26	1.36	1.36	0.10	0.010
1926-27	1.00	1.19	18.36	1.802*
1929-30	0.56	1.11	97.59	6.372**
1930-31	0.34	0.59	76.14	4.413**
1950-51	0.05	0.09	100.22	3.184**
百斤稻穀價格（圓）				
1925-26	7.13	9.09	27.52	10.866**
1926-27	5.79	8.03	38.70	19.533**
1929-30	5.19	6.69	28.83	15.496**
1930-31	3.25	4.14	27.35	19.258**
1950-51	41.19	42.11	2.25	4.615**
技術效率				
1925-26	0.8047	0.8293	3.06	1.1961
1926-27	0.8149	0.8371	2.72	1.2965
1950-51	0.9116	0.9187	0.78	4.4341**

註解：差異率是指蓬萊米的平均數較在來米高出百分比之多少，* 及 ** 分別表示顯著水準為 10% 及 5% 時，蓬萊米的平均數顯著地異於在來米的平均數。檢定平均數前，已先檢定兩米種的變異數是否相等，變異數的檢定結果見表 6-6。

資料來源：同表 6-3。

4.1.1 收穫量的比較

首先討論每甲地收穫量（以下簡稱為收穫量）。從表 6-5 所列的資料，可看到蓬萊每甲地的產量一直都超過在來。蓬萊的產量除了 1925-26 年之外，都在 5,000 斤以上；在來的產量則都在 4,900 斤以下。進一步檢定這種差異是否顯著，虛無假設與對立假設設定如下：

$$H_0 : \mu(yield_p) = \mu(yield_c)$$
$$H_1 : \mu(yield_p) \neq \mu(yield_c)$$

其中 $\mu(yield_p)$ 及 $\mu(yield_c)$ 分別代表蓬萊米（p）與在來米（c）的平均收穫量（$yield$）。從表 6-5 的 t 值可看到，無論哪一年蓬萊的收穫量都顯著地高於在來。

在變化趨勢上，兩品種也有明顯的差異。在來的收穫量在 1926-27 年以前，大致維持於 4,500 斤左右；1929-30 年相應於肥料投入的增加，收穫量也大幅提高至 4,836 斤以上；以後就一直維持於此一水準；不過，1950-51 年有略降之勢。反之，蓬萊的收穫量從 1925-26 年的 4,875 斤持續提高至 1929-30 年的 5,441 斤；之後轉而持續下跌，1950-51 年降到 5,226 斤。所以，兩者的差異比例也就呈現著倒 V 型：1925-26 年其值為 10.23%；1929-30 年達最高，為 12.50%；以後持續縮小，1950-51 年的差距率為 7.45%。差異率的變動間接告訴我們，在 1929-30 年以前，蓬萊收穫量的提高比在來快速；但在 1930-31 年以後則呈相反的趨勢。

綜合以上收穫量與前一節投入成本的分析，我們發現：（1）蓬萊的生產成本雖然超過在來，可是它的收穫量較高；然而 1930 年代以後，蓬萊的此種優勢逐漸減弱。（2）相應於 1929-30 年肥料投入的增加，在來收穫量也大幅提高。（3）1950-51 年兩稻種的肥料投入金額也都大幅提高，但兩者的收穫量卻都未相應提高。

這可能是因為該年使用之肥料結構發生明顯改變所致。如上一節所述，該年的自給肥料雖然增加，但購入肥料卻大幅減少。如果自給肥料的生產力比購入肥料低，肥料總量儘管大幅增加，但收穫量可能無法相應提高。

　　既然在每一甲地上，蓬萊的收穫量與投入成本都超過在來，那麼蓬萊多產的特性，是否是較多的投入所促成的？以下我們比較每投入 1 圓成本，兩品種所獲致的收穫量孰高孰低，以究明該問題。從表 6-5 的資料可以看到，兩品種每圓成本所獲致之產量（以下簡稱為每圓成本產量），在 1925-26、1926-27、1930-31 年，蓬萊小於在來；而在 1929-30 與 1930-31 年，則蓬萊大於在來。其間的差異幅度，在 1925-26 與 1926-27 年高達 -22%；不過，1929-30 年以後逐漸縮小分別只有 4.68、-6.71、1.98。所以在 1950-51 年，兩品種每圓成本產量已經非常接近，分別是 106.46 斤與 108.57 斤。

　　不過，在這些年裡，只有最初兩個年期的差異率是顯著的。在蓬萊每圓成本產量低於在來的三個年期中的 1925-26 與 1926-27 年，兩者的差異在顯著水準為 5% 時是顯著的；而 1930-31 年兩者的差異在顯著水準為 5% 時變成不顯著，但在 10% 時還是顯著的。反之，在蓬萊高於在來的兩個年度（1929-30 與 1950-51 年），兩者的差異即使在 10% 的顯著水準下，都不顯著。以上的分析說明：如果從每圓成本所獲致的產量來看，蓬萊不如在來；不過，1930 年以後此種不利的形勢已漸改觀。

　　收穫量可以分解為每甲地成本以及每圓成本產量兩部分，從而可以進一步理出兩稻種每圓成本產量變化的根源所在。

$$\frac{Q}{A} = \frac{C'}{A}\frac{Q}{C'}$$

$$\frac{Q}{C'} = \frac{\dfrac{Q}{A}}{\dfrac{C'}{A}}$$

（6-5）

上式 Q、A、C' 分別代表產量、土地面積、調整成本。[12] 表 6-5 列出了每單位成本的產量（Q/C'），而每甲地的成本（C'/A）則已呈現在表 6-3。[13]

　　結合兩表中的這兩個組成分子，可以看到雖然在所有的年代裡，蓬萊收穫量（Q/A）都高於在來，但是在 1925-26、1926-27、1930-31 年，蓬萊成本（C'/A）高過在來的比率（40.39%、38.35%、15.08%），超過收穫量高過在來的比率（10.23%、10.71%、9.87%），所以蓬萊每圓成本的產量（Q/C'）就小於在來。反之，在 1929-30 與 1950-51 年，蓬萊成本高過在來的比率（6.96%、5.59%）低於收穫量高過在來的比率（12.5%、7.45%），所以蓬萊每圓成本的產量就大於在來。此外，1930 年以後，兩品種每圓成本產出之所以漸趨一致，乃是收穫量與每甲地投入成本兩個因素同時作用的結果。

4.1.2 利潤的比較

　　既然投入相同的成本，從蓬萊所獲致的產量低於在來，那麼為何還會有許多農家改種蓬萊呢？既然 1930 年以後，兩品種每圓成本產出漸趨一致，那麼為何在 1930 年代，蓬萊種植面積的擴張是從犧牲在來的種植而來的？是否因為蓬萊在價格上的優勢超過

---

12 調整成本的定義如下：$C' = C - Rent - Tax$
　　式中 C' 為調整成本，C 為總成本，$Rent$ 為地租，Tax 代表稅賦。之所以採用調整成本乃是因為設算地租資料的不可靠，詳見葉淑貞（1997）的討論。

13 本節的成本係經百斤稻穀平減過的實質成本。

產量上的不利，以致其利潤仍然高過在來？

從以下的式子，可以把兩品種每圓成本所獲致之利潤（以下簡稱為每圓成本利潤）的差值，分解為價格以及每圓成本產量乘積的差值。

$$
\left(\frac{\pi'}{C'}\right)_p - \left(\frac{\pi'}{C'}\right)_c = \left(\frac{R}{C'}\right)_p - \left(\frac{R}{C'}\right)_c
$$

$$
= P_p*\left(\frac{Q}{C'}\right)_p - P_c*\left(\frac{Q}{C'}\right)_c
$$

（6-6）

上式的 R、P、π' 代表收益、價格、調整利潤。[14] 式 6-6 告訴我們當蓬萊的 Q/C' 小於在來時，唯有其價格超過在來至某一水準時，每圓成本收益（R/C'）與每圓成本調整利潤（π'/C'）才可能超過在來。

表 6-5 列有兩品種每圓成本利潤及百斤稻穀價格。蓬萊每百斤的價格在戰前從 9.09 圓持續下滑至 4.14 圓，而在 1950-51 年則驟然飛升至 42.11 圓。在來價格的變動趨勢與蓬萊完全一致；不過，其水準則都低於蓬萊：從 7.13 圓持續跌落至 3.25 圓，然後在 1950-51 年驟升到 41.19 圓。兩品種價格的差異程度在戰前相當穩定，除了 1926 年度之外，都維持於 27%-29% 之間；但是在 1950 年度，驟然縮小至 2.25%。

比較每圓成本產量的差異率與價格的差異率，可以發現蓬萊價格高過在來的程度，無論在哪一年度，都超過每圓成本產量低於在來的差異率。蓬萊價格高過在來的比率依時分別是：

14　調整利潤定義如下：

$\pi' = R - C'$

式中 π' 為調整利潤，R 為收益，C' 為調整成本。採用調整利潤的理由同註12。本章以下皆以調整利潤衡量蓬萊與在來的利潤之高低。

27.52%、38.70%、28.83%、27.35%、2.25%；而其每圓成本產量超過在來的比率依時分別是：-21.67%、-21.97%、4.68%、-6.71%、1.98%。這樣的變化促成了蓬萊利潤上的優勢；而在 1930 年以後，蓬萊在產量上的不利漸消失時，在價格上的優勢力卻依然不變，所以利潤上的優勢就愈高升。

表 6-5 的資料顯示，無論投入每圓成本於蓬萊或在來，所能獲致的利潤都持續在下降。蓬萊的利潤從 1.36 圓，依時降為 1.19、1.11、0.59、0.09；所以到了 1950-51 年，利潤已經微乎其微。相同地，在來的利潤從 1.36 圓降為 1.00、0.56、0.34、0.05 圓；與蓬萊相比，在來下降更迅速；到了 1950-51 年，更比蓬萊微薄。兩稻種每圓成本所獲致之利潤，在 1925-26 年時相當，都是 1.36 圓；可是，往後蓬萊的利潤就都超過在來，而且差距持續擴大，尤其是 1929-30 年以後，其間的差距更擴大到 98%、76%、100%。這應該是 1930 年以後，蓬萊取代在來，快速普及的主要因素之一。

4.1.3 效率的比較

利潤的高低與技術效率有關，所謂技術效率是指在某一技術之下，使用某一組合的投入所獲得的產量，相對於該組合投入之最大產量的比率。本小節接著要比較兩稻種技術效率的高低，除了可以更深入探究兩稻種利潤差異與效率之間的關係之外，更可以窺測臺灣農家是否能夠有效率地掌握新品種的種植技術。

由於新品種要求不同或較精細的技術，種植該些品種的農場在技術的使用上可能較無效率，而且農場間效率的差異程度也可能比較劇烈。某些地區的實證研究結果已經證實此一論點。以孟加拉共和國為例，該國政府自 1960 年代便開始積極推廣新品種，迄 1982 年已歷經二十多年。根據 Sharif and Dar（1996）的研究，該國在 1981-82 年，新品種的平均技術效率仍低於傳統品種，新

品種的平均效率程度只有大約 74.1%，而在來種平均效率程度約為 85.7%-92.2%。那麼臺灣的情況如何呢？本小節的研究結果可以回答此一問題。

理論上說來，兩個使用同樣生產技術且投入相同要素組合的生產者，應該會生產出同樣多的產品。但實際上，或許因為對生產過程中的耕種作業技巧不熟練，或是不甚了解該如何進行各種生產作業，使用相同生產技術以及要素投入的生產者，往往無法生產出相同多的產品。在相同的生產技術下，能以等量的要素投入生產愈多的產品，其使用生產技術的效率程度愈高，反之則愈低。若生產者的生產點落於生產邊界上，則其技術效率值為100%；反之，若生產者的生產點位於生產邊界之內，則不具備完全的技術效率，其技術效率值小於 100%。

以下採用隨機性邊界（Stochastic Frontier）法估計技術效率值。隨機性生產邊界模型認為農家的實際產出（Q）之所以偏離生產函數（$f(X)$），乃同時肇因於自然條件等農家無法控制之隨機性因素，與經營不善等農家可以控制的不效率因素。在隨機性生產邊界模型中，Q、$f(X)$ 與各誤差項之間的關係可設定如下：

$$Q = f(X)e^{\varepsilon}$$
$$= f(X)e^{(v-u)}$$

我們假設 v 和 u 具有如下的機率分配：

$$v \sim N(0, \sigma_v^2)$$
$$u \sim N^+(0, \sigma_u^2)$$

v 屬於常態分配，其值可為正或為負，用以代表稻作生產中自然天候等農場經營者無法控制的隨機性因素；u 則屬於半常態分配，

其值必為正,用以代表經營良善與否等農家可以控制的技術不效率因素。

根據此一估計方法,農家 *j* 的技術效率,即 *TE_j* 可以定義為:[15]

$$TE_j = e^{-\hat{u}_j} = Q_j/\hat{Q}_j e^{v_j} \qquad (6\text{-}7)$$

Q_j 為農家 *j* 某一投入組合下的實際產出,$\hat{Q}_j$ 為相同投入下最有效率的產出。TE_j 之值介於 0 與 1 之間。當 $TE_j = 1$ 時,農家 *j* 具有 100% 的技術效率;反之,若 $TE_j = 0$,則代農家 *j* 的效率程度是 0%。

表 6-5 列有兩稻種的技術效率值。表中的數值顯示兩稻種的技術效率程度都隨著時間提高。提高的幅度在 1925-26 到 1926-27 年之間比較不顯著:在來從 0.80 提高到 0.81,增加率只有 1.26%;蓬萊從 0.83 升到 0.84,提升率只有 0.94%。然而 1926-27 到 1950-51 年間,提升的幅度就很明顯:在來從 0.81 提高到 0.91,增加率高達 12.34%;蓬萊從 0.84 升到 0.92,提升率高達 9.52%。

從以上陳述的數值也可以發現,蓬萊的技術效率值一直都高於在來。不過,兩者的差異率一直在縮小,從 3.06% 縮為 2.72%,最後又縮為 0.78%。所以到了 1950-51 年,種植兩稻種之農場的技術效率程度已經非常接近了。雖然如此,各農場之間效率分散程度在前兩個年度比較大,而在 1950 年度分散程度很小。所以在 5% 的顯著水準下,前兩個年度農場平均效率程度的差異反而不顯著;反之,在 1950 年度卻是顯著的。

以上的分析結果說明幾個重要的事實:(1)臺灣新品種栽種者的技術效率比舊品種來得高,而且在一開始推廣之際,新品種的種植者就能有效率地掌握好新的技術。這與前述孟加拉的情

---

15 關於此一估計方法,請參考葉淑貞,1997或葉淑貞,2013,頁236-237、310-311的介紹。

況不一樣。（2）蓬萊種植者技術效率超過在來，顯示蓬萊利潤之所以高於在來，一部分是技術效率因素促成的。（3）根據前述，1950-51 年兩稻種的利潤都大幅下降，但本節卻發現該年度技術效率程度明顯的提升。這顯示利潤的下降應該是配置效率下降所造成的，[16]而這是否與購買肥料的不足以及價格受到管制有關？這些問題有待將來再繼續深入分析。

4.2 穩定性的比較——橫斷面資料

雖然前節的分析指出，蓬萊的平均收穫量、利潤及技術效率都比在來高；不過，農家可能也傾向於趨避風險，也追求利潤的穩定，可能也希望選擇技術效率較穩定的品種，這樣新品種就未必較舊品種優勢。由於要求不同或較精細的技術，新品種的平均收穫量或利潤雖然較高，但可能較不穩定。臺灣在蓬萊種推廣之初，由於與過去用肥習慣的不同，有些農家未能掌握適當的施肥量，致使稻穀罹患稻熱病。[17]某些地區的實證研究也發現，種植新品種的農場，其技術效率較分散。若以前節所提孟加拉國為例，該國政府自 1960 年代便開始積極推廣新品種，迄 1982 年已歷經了二十多年的時間，但是新品種技術效率的分散程度仍甚於舊品種。[18]

臺灣蓬萊種快速普及並取代在來種，除了利潤或收穫量的平均水準較高之外，是否也因為利潤或收穫量較穩定呢？收穫量穩定與否，一方面可能與農家技術使用是否純熟有關，另一方面也可能與品種本身是否容易受自然因素的影響有關。本小節利用不同農家之間的橫斷面資料，比較兩稻種農場的產量、利潤、技術

---

16 關於配置效率的定義請參考葉淑貞，2003，頁312。

17 關於稻熱病請參考本章第5節的介紹。

18 技術效率的標準差，新品種為0.152，在來種為0.027-0.045。

效率的穩定性，以便回答各種相關問題。

用以衡量分散程度的指標是標準差與差異係數，所謂差異係數乃是標準差除以平均數之值；我們也用變異數檢定分散程度是否顯著地不同。虛無假設及對立假設分別設定如下：

$$H_0 : \sigma^2(X_p) = \sigma^2(X_c)$$
$$H_1 : \sigma^2(X_p) \neq \sigma^2(X_c)$$

檢定統計量為 s_p^2 / s_c^2，s_p^2 與 s_c^2 分別是蓬萊與在來的樣本變異數。各種相關的數值彙整於表 6-6。

從表中所列的標準差之值以及變異數差值（亦即表中的 F 值）的顯著性來看，在大部分年度裡，蓬萊的分散程度大於在來；而且在這些年代，有不少時間兩者變異數之差是顯著的。例如收穫量的標準差除了 1926-27 年之外，蓬萊都大於在來，而且在 1930-31 與 1950-51 年，其變異數之差是顯著的。雖然有少部分年代，蓬萊的分散程度小於在來，但是其間變異數之差卻多屬不顯著；例如 1926-27 年的收穫量、每圓成本之利潤、以及技術效率標準差或變異數之差異便呈現此種型態。

不過，由於蓬萊的平均數較大，所以再用差異係數，進一步作為分析的依據。我們看到無論哪一個項目的差異係數，蓬萊都有小於在來的年度。其中，每甲產量是 1926-27 與 1929-30 年；每圓成本產量是 1925-26、1926-27、1930-31 年；每圓成本利潤除 1925-26 年之外的所有年度；技術效率是 1926-27 年，蓬萊都小於在來。所以如果從差異係數來看，蓬萊未必較在來不穩定。其中，尤其是蓬萊的利潤，在多數年度裡更是比在來穩定得多。蓬萊每圓成本利潤之差異係數，除了在 1925-26 年稍微高於在來之外（分

表 6-6：蓬萊米與在來米產出分散程度之比較

項目	在來米		蓬萊米		差異率	F 值
	標準差	差異係數	標準差	差異係數	（%）	
每甲產量						
1925-26	997.11	0.2255	1128.27	0.2315	2.66	1.280
1926-27	1196.90	0.2632	1002.77	0.1992	-24.32	0.702
1929-30	1176.22	0.2432	1306.53	0.2401	-1.27	1.234
1930-31	926.41	0.1899	1303.19	0.2431	28.01	1.979**
1950-51	1433.62	0.2948	1815.18	0.3473	17.81	1.603**
每圓成本產出						
1925-26	88.71	0.3416	62.96	0.3095	-9.40	0.504**
1926-27	72.65	0.3152	42.15	0.2344	-24.99	0.337**
1929-30	38.58	0.2176	49.49	0.2667	22.56	1.646**
1930-31	35.53	0.2349	27.99	0.1984	-15.54	0.621
1950-51	22.95	0.2156	25.96	0.2391	10.90	1.279**
每圓成本利潤						
1925-26	0.7552	0.5562	0.7730	0.5688	2.27	1.048
1926-27	0.6286	0.6266	0.5502	0.4634	-25.57	0.766
1929-30	0.3779	0.6748	0.5632	0.5090	-24.57	2.221**
1930-31	0.3385	1.0033	0.3393	0.5709	-43.10	1.005
1950-51	0.2083	4.4892	0.2508	2.6997	-39.86	1.450**
技術效率						
1925-26	0.0950	0.1181	0.1238	0.1493	26.42	1.698**
1926-27	0.1057	0.1297	0.0869	0.1038	-19.97	0.676
1950-51	0.0240	0.0263	0.0265	0.0288	9.51	1.219**

註解：差異率是指蓬萊米的差異係數較在來米高出百分之多少，** 同於表 6-5。
資料來源：同於表 6-3。

別是 0.5563 與 0.5688），其他每一年度都遠遠地低於在來：其間低小的幅度依序高達 26.01%、24.47%、43.31%、40%。

綜合本節分散程度與上一節平均水準的討論，我們得到：（1）蓬萊的收穫量以及技術效率程度都高於在來，但是其分散程度卻未必較在來大。（2）在 1925-26、1926-27、1930-31 年，雖然蓬萊的每圓成本產出顯著地低於在來，但是其分散程度卻小於在來。（3）每圓成本利潤，蓬萊不僅平均水準遠高於在來，其分散程度卻遠低於在來。

4.3 收穫量的時間序列變化

從第 3 節的分析，我們看到無論在來或蓬萊的技術型態，隨著時間的演進都發生或多或少的變革。那麼其技術的變革是否帶來產出的提高？是否使得產出愈來愈穩定呢？而蓬萊與在來技術的提升對產出增長的作用何者較快？這些問題是本小節討論的要點。由於缺乏投入及成本的時間序列資料，無法估計時間序列的利潤以及技術效率值，以下只能分析（每甲地）收穫量的變動情況。

表 6-7 呈現了不同階段兩品種收穫量的平均水準、變動率、波動程度。我們以 1914、1924、1931 作為分界點，把戰前分成四個階段。時間序列的分期方式對估計結果有重大影響。Alauddin and Tisdell（1988）在研究新技術是否造成孟加拉的農業生產不穩定時，認為將產出的時間序列任意地分期，往往使得估計結果產生改變，從而歸結出不同的結論。因此，我們有必要解釋本小節的分期方法。

本小節的分期，主要立基於以下三個考量：（1）重大事件的發生與否；（2）蓬萊米的普及程度；（3）收穫量的變化情形。

蓬萊種在臺灣出現並非始於 1914 年，早在 1899 年臺灣總督府農事試驗場便已開始有計畫的試種。惟此時的蓬萊種栽培皆為試驗性質，試種主要都在農事試驗場內進行，並未推廣至一般農民，因而也缺乏種植面積及產量等相關資料的記載。直到 1912 年，臺北廳農會開始在廳內某些高地勸導農民試作，才開始有蓬萊種栽培上的相關調查資料，但產量的資料卻一直到 1914 年才有完整的記載。因此，我們以 1914 年為分界，將之前的 1901-13 年劃分為一段期間，在這段期間裡，只有在來米的資料，所以只能討論在來米的狀況。

　　在 1914-23 年，蓬萊米的栽培地區主要在北部的高地，直到 1924 年才開始走向平地，也擴散到中南部。在這段時間，蓬萊米的種植技術尚處於摸索的階段，各地的栽培成果差異頗大，有的成績不錯，有的則收穫甚差。同時在這段期間，蓬萊的種植面積占稻作種植面積的比例微小，一直都在 1% 以下，直至 1924 年才一舉上升至 4.58%（附表 6-1）。在 1914-23 年這段期間，蓬萊處於實驗階段，在來處於成熟階段；獨立出此一階段，可以比較處在不同成熟期之兩品種的狀況。而且，在這段期間，種植地只限於臺北地區；獨立出這個階段，也可以去除地區特性的影響。

　　從 1924 年開始，蓬萊占稻作種植面積的比例出現短暫的急速上升，1926 年後告停滯，1930 年後才又再度恢復急速的擴張。在 1926 年達到了 20% 以上後，直到 1930 年之間出現了短暫停滯的現象，種植面積比例一直維持在 20% 上下，之後才又開始急速地上升（附表 6-1）。在 1924-30 年間，蓬萊米開始在臺灣推廣開來，但在逐漸普及之過程中，一些生產上的問題也浮現出來，例如蓬萊米的抗病力弱，1926 年時大幅歉收；又如農民不了解施肥的方法，曾有農民過量施用肥料，引發稻熱病的出現。這些隨著

蓬萊米逐漸普及而浮現的問題，反映在蓬萊米種植面積比例的停滯，同時也促使了相關機構加緊研究，以期改善這些問題。因此，1924-30 年可說是蓬萊米的初期推廣階段，我們將其劃分出來，有別於之前的實驗階段，以及之後的成熟階段。

1930 年代是蓬萊米生產漸趨成熟的時代。蓬萊米的種植面積比例持續上升，至 1939 年已達 49%。與此同時，其收穫量也出現了一個持續提升的趨勢。由此觀之，1930 年代似乎是蓬萊米發展上的一個重要時代。我們將 1931-39 年劃為一期，比較這個時期蓬萊與在來收穫量的變動情況。此外，為了了解戰前與戰後是否有所不同，我們也估計 1950-60 年這段期間的情形，與前述各段期間做個比較。

在平均收穫量上，時間序列資料與前一小節橫斷面資料所顯示的情況一樣，無論在那一個時段，平均每年的收穫量，蓬萊都大於在來。蓬萊的年平均收穫量都超過 3,000 斤；但是在來戰前都在 3,000 斤以下，直到戰後才提至 3,457 斤。[19] 而在成長速度上，兩個稻種的收穫量長期都呈增長趨勢。不過，在戰前的 1914-39 年的整段期間，蓬萊的平均年成長率為 0.95%，低於在來的 1.36%；但在戰後兩者趨於一致，分別是 2.74% 與 2.64%。

在來在戰前的四個階段中，以 1930 年代成長最為快速，成長率為 1.96%，是其他三個期間的好幾倍。這與前節橫斷面資料所顯示之 1930 年代在來收穫量的大幅提升是一致的，而這可能與前幾節所談到之在來的技術變革有關。受到蓬萊多肥技術的影響，在來的耕作技術在 1930 年代，也開始朝向此種型態的發展。

---

19 此處的產量是指已經去殼的稻米，而前節橫斷面分析的產量是指尚未去殼的稻穀，所以收穫量才會有相當的差異。

　　蓬萊的平均收穫量一直都超過在來，而它的成長速度雖然在戰前的整段期間比在來慢，但是事實上在 1930 年以後已經趕上在來了。蓬萊收穫量的成長速度在最初的一、二十年，起伏相當大：從 1914-23 年這個試作階段的 5.06%，下滑至 1924-30 年的 -0.63%；1930 年代才又恢復為向上增長的趨勢，成長率為 1.75%。1930 年代乃至於戰後的 1950 年代，蓬萊與在來的成長速度已經趨向於一致了。

　　在進一步討論兩種稻種單位面積收穫量長短期變化之後，可以發現兩稻種收穫量雖然長期都在提升，但短期間卻都有不同的波動程度。以在來而言，除了在 1940 年代前半有明顯的下降趨勢外，長期收穫量緩緩提升，而且起伏程度不大。但蓬萊則大不相同，1925 年之前起伏劇烈，之後才有明顯上升之勢。1940 年代初期，蓬萊米的收穫量大幅下降，直至 1946 年後才又逐漸上升。在這個時期，蓬萊米的變化與在來米相似（圖 6-1）。

　　整體而言，不論是蓬萊或在來，短期間收穫量有時上升有時下降。以下比較兩稻種收穫量的波動程度。我們把上升或下降的趨勢分離出來，只專注於偏離趨勢的波動。首先分別估計四個期間蓬萊和在來收穫量的成長趨勢線，然後以實際收穫量偏離成長趨勢線的距離衡量生產上的波動程度。收穫量的長期趨勢設定如下：

$$lnY_t = a + bt + \mu_t$$

其中 Y_t 為 t 期的收穫量；μ_t 為隨機干擾項，其平均數為 0，變異數為某常數 s^2；$b = d(lnY_t)/dt = dY_t/Y_t$，代表收穫量的平均成長率。

　　估計上式，可得到 b 的估計值 $\hat{b}$，以及每一年收穫量對數值的預測值 $ln\hat{Y}_t$。每年實際收穫量偏離成長趨勢線的距離為：

資料來源：1921 年以前之蓬萊米依據臺中州立農事試驗場，1927，頁 2-3；
1901-45 年之在來米及 1922-45 年之蓬萊米依據臺灣省行政長官公署，
1946，頁 203；1945 年以後的資料依據臺灣省政府農林廳，1947-
50；1951c；1952b；1953b；1954；1955；1956-61。

圖 6-1：蓬萊米及在來米每甲地每期作平均收穫量

$$\left| \ln Y_t - \ln \hat{Y}_t \right| = \left| \Delta \ln Y_t \right|$$

以每年收穫量的實際值偏離其預測值的距離平均，衡量整段期間
收穫量的平均波動程度：

$$\frac{1}{n} \sum \left| \ln Y_t - \ln \hat{Y}_t \right| \qquad (6-8)$$

以下將以式 6-8 計算蓬萊與在來在各個期間的波動程度，結
果列於表 6-7 分散程度那一欄。表 6-7 顯示，蓬萊的收穫量偏離趨
勢的程度在 0.02%-0.12% 之間，在來則在 0.015%-0.047% 之間。
在戰前的三個階段，蓬萊收穫量的波動程度都較在來大，所以蓬

表 6-7：蓬萊米及在來米的收穫量比較

年	平均收穫量（斤）		收穫量成長率（%）		分散程度（%）		
	在來	蓬萊	在來	蓬萊	在來	蓬萊	在來／蓬萊
1901-13	217.80	--	0.54	--	0.0468	--	--
1914-39	2638.19	3314.15	1.36	0.95	0.0337	0.1125	3.3383
1914-23	2333.20	3262.35	0.58	5.06	0.0296	0.1233	4.1655
1924-30	2677.91	3021.42	0.08	-0.63	0.0153	0.0709	4.6340
1931-39	2946.19	3599.37	1.96	1.75	0.0289	0.0455	1.5744
1950-60	3456.38	3781.13	2.74	2.64	0.0261	0.0212	0.8123

資料來源：同於附表 6-1。

萊波動幅度相對於在來而言就都大於 1。直到戰後的 1950 年代，蓬萊收穫量的波動程度才轉而小於在來，其相對於在來的波動幅度才小於 1。

　　雖然蓬萊收穫量的波動較在來大，但是幅度一直在縮小。試作階段的 1914-23 年波動最激烈，偏離趨勢值的程度高達 0.12%；在接續之初期推廣階段的 1924-30 年，已經大幅下降至 0.07%；接著在成熟階段的 1930 年代，再度滑落至 0.046%；後在 1950 年代，更跌降到 0.02%。可見，在每一階段，蓬萊收穫量都持續且急速地趨向穩定。

　　相反地，在來的波動程度，雖然在 1924-30 年以前也持續縮小，1931 年以後轉而擴大，戰後 1950 年代雖然有縮小，但縮小幅度很小，遠不如蓬萊。由於兩品種波動幅度的這些差異，導致蓬萊的波動程度在 1930 年以前高達在來的 4-5 倍；但是到 1930 年代，已不及在來的 1.6 倍了；到了 1950 年代，更只是在來的 0.81 而已。

　　綜上所述，我們大致可得到如下的結論：（1）蓬萊的平均

收穫量一直都超過在來，但是它在生產上的波動程度也比在來大，尤其是在試作階段，起伏更大。（2）不過，從它開始推廣的1920年代中期以後，便突然快速地穩定下來，以後一直在穩定中發展。

4.4 結語

從本節的分析，我們除了究明第 3 節所提的幾個問題之外，還發現了蓬萊相對於在來的優勢所在。在第 3 節的分析中，我們發現蓬萊與在來技術型態的歧異，在 1929-30 年以後逐漸消弭，到了 1950-51 年已經相當接近了。這種技術型態的趨於一致，也體現在本節所探討的每甲產量與每圓成本產量的指標上，兩稻種的這兩項產量也在 1929-30 年以後漸趨一致。

與在來相比，蓬萊在每圓成本產出上處於較不利的地位，而這方面的不利卻在 1929-30 年以後逐漸消失。雖然如此，蓬萊的每圓成本利潤卻在 1929-30 年以後，驟然且大幅地超過在來。這是因為蓬萊在產出的不利漸消弭，但在價格的優勢卻維持著不墜的地位。蓬萊每圓成本產出的不利來自於每甲土地的投入成本上，如果不是因為收穫量的優勢，則此項不利因素將更強。

簡而言之，蓬萊的優勢在於每甲地的收穫量以及價格兩個因素。其中，收穫量上的優勢，無論橫斷面或時間序列資料，都傳達相同的結論。第一，就平均水準而言，蓬萊顯著地高於在來。第二，就穩定性而言，蓬萊從開始推廣的 1920 年代中期以後，便突然快速地穩定下來，以後一直在穩定中發展。這表示農民種植蓬萊的技術快速趨於成熟，使得產量在短時間內變得相當穩定，風險因而快速減小。這應該也是促進蓬萊快速普及的重要因素。蓬萊的優勢還不只在平均利潤水準上，它在利潤的穩定性上，也優於在來。此外，本節所發現之蓬萊的每圓成本產出不如在來，

應該也呼應了第 3 節所提之蓬萊的規模報酬小於在來，而蓬萊價格的有利因素應該也彌補了規模報酬的不利因素。

　　蓬萊種植者的技術效率，在一開始推廣之際便超過在來。顯示在開始推廣時，新品種的種植者就能有效率地掌握好新的技術。這與不少國家的情況很不一樣。同時，蓬萊種植者的平均技術效率程度與時增進，而技術的分散程度卻與時縮減。這顯示農家對新技術的掌握愈來愈純熟，且彼此之間的技術使用能力差異愈來愈小。此外，我們也發現，1950-51 年兩稻種的利潤都大幅下降，但該年度兩品種的技術效率程度卻明顯提升。這顯示利潤的下降似乎是配置效率下降所造成的，而這可能與價格不當的管制有關。

5. 蓬萊米優勢力量的根源

　　上一節的分析指出蓬萊米相對於在來米的優勢條件在於價格以及收穫量上。價格因素來自需求面的力量，而收穫量則來自於技術的研發。本節將進一步討論促成蓬萊米優勢的力量，亦即需求面的市場因素及技術的研發過程。此外，我們也發現蓬萊種植者對新技術的掌握愈來愈純熟，且彼此之間的技術使用能力差異愈來愈小。透過本節的討論，也可以明瞭這些成果是如何達成的。

5.1 市場結構

　　蓬萊原本不僅被認為只能栽種於高地低溫地帶，而且因為收穫量不穩定，被認為是冒險的作物，栽種面積一直都只限於北部的山區。一直到 1922 年栽種地只有 416 甲，其中平地只有數十甲（末永仁，1938，頁 9）。後來因為米價上的優勢以及日本市場的開拓，因而有些農家也開始自發地在平地栽種。

相關文獻都提到，1918 年以後臺灣米與內地米價格的差距一直拉大。臺灣米相對於內地米的價格從該年的 83.5% 一直下滑，至 1922 年已經降到 50.5% 而已（見表 6-8）。價格上至少具有 50% 的優勢，使得有些收穫量低於在來米 30% 的地區也開始種植蓬萊米（末永仁，1938，頁 9）。又在 1922 年臺灣產內地米首度出口到日本時，就受到當地消費者的歡迎，臺灣的米商也極力勸誘農家栽種。

表 6-8：臺灣米與內地米價格比較

年	內地米（圓／石）	臺灣米（圓／石）	臺灣米相對價格（％）
1918	32.75	27.34	83.5
1919	45.99	37.21	80.9
1920	44.63	29.9	67
1921	30.79	18.54	60.2
1922	35.15	17.86	50.3

資料來源：末永仁，1938，頁 8。

從圖 6-2 的臺、日時間序列米價資料，也可以看到臺灣的蓬萊米價格超過在來米價格。兩者的差異率，在 1931 年以前都在 15% 以上，[20] 而在這段期間的大部分年分裡，差異率都超過 25%，其中的 1924、1927、1931 年更在 30% 以上。直到 1930 年代的下半期，兩者的差異才逐漸消弭，其中有些年分的差異率縮小到 5% 以下。相應於蓬萊米價格的優勢，蓬萊米在臺灣稻米的總產出以及總出口的地位也日益提升。

---

20 所謂差異率是指蓬萊米相對於在來米而言。

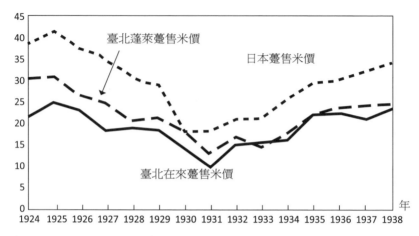

資料來源：日本米價依據日本銀行統計局，1966；臺灣米價依據臺灣省行政長官
　　　　　公署，表319。

圖 6-2：臺灣米價與日本米價

　　臺灣在清朝就有大量的餘米可供出口，不過資料不全，無法
估計出確實的出口量。[21] 日治時代有相當齊全的貿易資料，可以計
算米的出口量與市場。根據這些資料，二十世紀初期臺米出口量
大約占了生產量的 15% 左右。而在往後的年代裡，出口的比率愈
來愈高。在 1906-23 年間，已有不少年分超過 20%，1924 年以後
更暴漲至 30% 以上。從此以後不斷攀升，而且有階段性跳升的趨
勢：1924-32 年間，在 30%-40%；1933-39 年，則都超過 40%；其
中的 1934、1936、1937 年，甚至有一半以上的米產係供出口。

---

21 雖然1860年代以後有《海關年報》記載物品的進出口，但是該資料只記錄經由海關出入
　的部分。不過，根據林文凱（2012，頁107）的估計，當時米的出口量在1756、1810、1833、
　1860及1893年，分別是100、179、183、213及134萬石。

　　雖然在二十世紀初期，大部分的出口米依然是銷售到中國，然而很快地，出口市場便轉向日本。在 1902 年以前，移出量還不及輸出量。[22] 以 1900-02 年為例，移出分別是 9,736、100,147 及 158,995 石；輸出則為 323,424、169,502 及、269,580 石（臺灣總督府殖產局，1942b）。但是在 1903 年，移出突然大幅增到 484,305 石，輸出則驟減為 108,629 石（臺灣總督府殖產局，1942b），兩市場的相對重要地位也就在該年替換。此後移出比例日益提升，輸出比例卻每況愈下。而在 1906 年以後，日本已經成為臺灣米的唯一出口市場。因此，在蓬萊米尚未引進之前，日本已是臺灣稻米的重要市場。此時，日本向臺灣購買的米絕大部分是在來米。

　　蓬萊米推廣並普及以後，臺灣米的出口比率快速且持續地跳升。這是因為蓬萊普及之後，臺灣產米愈來愈多來自蓬萊；而產出的蓬萊絕大多數供應出口；而幾乎全部的出口是銷售到日本。從表 6-9 可以看到，蓬萊產出占稻米產出之比例，在 1929 年還不及 20%；但在 1932 年已達 33%；1933 年以後超過 40%；1937 年以後更躍過 50% 以上；到了 1941 年則高達 57%。在 1938 年以前，這些產出之中，有 80% 左右是供應出口，而幾乎 100% 的出口則都運銷日本。直到戰爭時代的 1939 年後，出口的比率才逐年大幅下降。

　　相對地，在來的產量占米總量的比例卻日益縮小，而且絕大多數的在來轉而供應島內的消費。表中的資料顯示，在 1931 年以前還有一半以上的產米屬於在來，但此後便快速縮減，1934 年後已降到 40% 以下。而在這些產出中，運銷國外的部分，從有資料

---

22 所謂移出是指臺灣運銷到日本帝國其他地區的出口，而所謂輸出是指臺灣銷售到日本帝國以外其他的國家。

表 6-9：蓬萊米與在來米的出口

年	在來米			蓬萊米		
	產量 / 米總產量	移出 / 產量	總出口 / 產量	產量 / 米總產量	移出 / 產量	總出口 / 產量
1929	0.6206	0.0785	0.0785	0.1999	0.8109	0.8109
1930	0.5883	0.0809	0.0809	0.2451	0.5925	0.5925
1931	0.5777	0.0995	0.0995	0.2552	0.8371	0.8371
1932	0.4948	0.0770	0.0770	0.3288	0.7510	0.7510
1933	0.4317	0.0550	0.0550	0.4097	0.8401	0.8409
1934	0.3847	0.1005	0.1006	0.4716	0.8964	0.8975
1935	0.3526	0.0491	0.0491	0.4929	0.7900	0.7902
1936	0.3663	0.0315	0.0315	0.4854	0.7828	0.7828
1937	0.3834	0.0487	0.0487	0.5180	0.7847	0.7848
1938	0.3677	0.0361	0.0414	0.5375	0.7687	0.7795
1939	0.3626	0.0519	0.0523	0.5241	0.6158	0.6335
1940	0.3763	0.0801	0.0807	0.5449	0.4520	0.4739
1941	0.3686	0.0906	0.0913	0.5684	0.3157	0.3221

資料來源：臺灣總督府殖產局，1942b。

可查的 1929 年開始便多不及 10%，有些年分更在 5% 以下。

　　兩種稻米市場的分離性也反應在價格上面。以躉售價格作為指標，在 1924-38 年間，臺灣蓬萊米與日本米的相關係數高達 0.95；但是蓬萊米與在來米的相關係數，以及在來米與日本米的相關係數則都只有 0.89 而已。可見，蓬萊米的價格與日本米市高度緊密相關。

5.2 技術研發

　　上一節的分析指出蓬萊米的收穫量高於在來米，而且蓬萊種植者對新技術的掌握愈來愈純熟，種植者之間技術使用能力的差

異程度也愈來愈小。這些成果是技術研發與推廣所帶來的，本小節討論蓬萊的技術研發如何獲致這些成果。

5.2.1 初期的試作

臺灣蓬萊的栽培始於 1896 年臺灣總督府的殖產部，[23] 而有組織有系統的研究則始自 1899 年。該年總督府農業試驗場從日本九州支場移入 10 個品種，[24] 以後又數次從日本各地移入不少新品種，加以試作。[25]

除了繼續進行試驗以外，該場又從 1907 年開始委託臺北農會，在士林與板橋等地試作神力等 6 種；1908 年也在新莊地區設立試作地。試作結果雖有生育良好者，但不佳的情況也相當多，甚至也有因為出穗不齊及蒙受鳥害，因而全年無穫者（末永仁，1927）。這樣的結果使得臺北農會斷了平地試作之念，從 1911 年開始轉而選擇氣候接近於日本之淡水、金包里、小基隆、竹子湖等低溫的高臺地，並募集有意試作者，進行一年一回的試作（末永仁，1938，頁 7）。

農會為了得到良好的成績，進行不少努力，例如共同育秧、肥料補助、技術指導，確實得到了一些成效。根據臺灣總督府在 1912、1913、1915 年對試作者所做的收穫量調查，除了錫口之外，內地種的試作成績都超過臺灣種（增田朋來，1929a，頁 546）。其中，小基隆在 1912 年，內地種超過臺灣種的幅度高達 60%，而

---

23 試作地在總務長官官邸之前的水田。

24 許多著作都說神力外9品種，但不明白其語意。經參閱末永仁（1938，頁7），該年移入之品種有神力、都、江戶、中村、穗增、巾著、三石、白玉、今長者、竹成等10品種。所以可能先前移入之品種只有神力種，而該年又加入神力以外的其他9個品種。

25 例如在1900年，從福岡縣移入左萬作與白道海2品種，從鹿兒島縣移入金玉、白藤、竹成撰3品種。（末永仁，1938，頁7）。

在士林與金包里等地，差距也有 30% 以上。試作農家原本在 1912 年只有 20 人，1914 年卻一躍而為 109 人，1916 年又增為 121 人；試作面積也從 4.75 甲，先擴大為 25.34 甲之後再增到 67.25 甲（增田朋來，1929a，頁 542）。

臺灣總督府農業試驗場也在 1908 及 1911 年，分別分發種子給臺中及其他地區所屬之農會及篤實農家試作。農家的試作陷入與臺北平地同樣的不良結果，特別是南部地方的種植也有不出穗的情況。中、南部地區的試作也就無法推向農家，一直只限於農會的農場。

蓬萊米初期的試作成績為何如此不佳呢？因為在初期試作時大致採用在來種的栽培方法，一直到 1910 年代底以後，才開發出能夠在臺灣普及的種植技術。新的技術促成蓬萊種向平地發展；向中南部乃至東部擴散；從第一期作物變成兩期作物；並成為肥料密集的作物。這些成果使得蓬萊的栽培面積大幅快速擴張，收穫量提升並穩定化。

按在來種的栽培理法，蓬萊種應該屬於第一期作，且以北部的高地為適種地。在 1920 年代初期以前，蓬萊種的栽種也就一直局限於北部的高地，而且都只有一期的收穫。關於期作別，若從栽培季節來分，從晚冬到春期播種者為第一期作；晚春到初夏播種者為中間作；夏期播種者為第二期作。不同期作使用的種子不同，因此有所謂的一期作品種、二期作品種、更有中間作品種。在臺灣米種改良事業之初，在來品種總數有 1,197 種。經過淘汰後，減為 390 種，其中比較重要者有 175 種。[26]

---

26 這175種，按期作別可分類為：

期作別	粳	糯	合計
第一	57	15	72

　　這樣的期作品種乃是自然淘汰的結果，而不同期作品種的耕種方法也有很大的差異。一般說來，如果全部品種都在第一期作同時種植，中間作品種與第二期作品種都會比第一期作品種晚生。臺灣在來水稻大多從華南輸入，少數從南洋進來。不管從何而來，原本並未區分是第一期作種、第二期作種、或是中間種，而是混合在一起，在有水利之便的地方，一到作物種植期，便同時播種插秧。結果出現了很妙的現象：有的到 6 至 7 月間便可收穫；有的要到 9 到 10 月間才能收穫；有很多甚至延到年終 11 月間還未能收穫。

　　7 月收穫後氣溫還很熱，後半年田地原本還可利用，現在卻因為有些還不能收穫，田地不得不閒置。得到此一教訓，隔年乃於年初便用前年 7 月得到的收穫種類，播種育苗。從而，這些秧苗便屬同一期作種，在 4、50 日到 60 日之間全部都可育成。在 7 月後，為了再進行另一期作，乃進行秧苗的準備。當時是暑熱之際，秧苗的成長也較快，30-40 日後便可種植。結果使用 6 到 7 月收穫的種類育苗，稻穗出得早，所以收穫成績不良。相反地，如果採用前年 11 月收穫的晚生種育苗，就會有相當長的生育期，收穫量也就比較多。因而，按生長季節的不同，種植的種類也就必須有所不同，從而不同期作的種類也就被分開。

　　又同期作的品種，在北部比在南部早生，基於同樣的理由，若把南部的品種栽種於北部，大體上都甚為晚生。在施肥方面，前期作品種的施肥效果充分；晚期作品種施肥過多，不僅收穫時

第二	41	16	57
中間	14	4	18
陸稻	19	9	28

資料來源：磯永吉，1925，頁390。

間較遲，而且收穫量也較差，結果第二期作自然就成為無肥耕作。以上所述經驗乃是多年的反覆進行，歷經多次失敗與成功，自然淘汰加上人為淘汰，才區別出第一期作、中間作、第二期作品種，也才發展出各期作的耕作方法（磯永吉，1925，第三節）。[27]

按照在來種這樣的栽種法理，第一期作品種若種植於第二期作，將會較早出穗，無法獲得好成績。移植來臺灣的蓬萊種，在日本向來都屬於第一期作中的最早生品種，按以上自然淘汰法則，在初期試作期間，它被視為既不能在中間作栽培，更不適於在第二期作種植。一直到 1922 年，此一觀念都還未破除，故實際應用上也一直都只在第一期作期間栽種。一直到 1923 年才出現很少量的土地，栽培第二期作蓬萊種。

蓬萊種的生長溫度比在來種低。臺灣北部比南部氣溫低，較南部接近於日本的生長環境。從生長的氣溫需接近於原產地日本的想法來判斷臺灣各地的適種性，中部不及北部，南部不及中部。基於上述的自然淘汰法則，再加上中、南部的試作成績確實不好，一般就認為蓬萊種只適種於北部，而不適於在中、南部栽種。在本章第二節的討論中，我們看到北部蓬萊米的栽種始於 1912 年，種植面積在 1923 年便超過千甲；而新竹與臺中則遲至 1922 年才開始，不過 1924 年也超過千甲。然而，臺南與高雄則遲至 1923 年才開始栽種。當 1925 年臺南達到千甲之際，臺北、新竹、臺中各州都已超過兩萬甲；而高雄則至 1926 年還未及千甲。

5.2.2 技術突破之一：幼嫩強健秧苗之使用

若將臺灣初期試種的蓬萊種與日本栽培的水稻比較，有出穗太早、草丈低因而穗小、分蘖少、[28] 出穗不齊等四大缺陷（末永仁，

---

27 當時磯永吉擔任總督府中央研究所技師。

28 蘖是樹木被砍去後所生的小芽。

1927，頁 4）。[29]臺中州農事試驗場發現採用幼嫩強健之秧苗，可以延長生育期間，從而得以同時解決這些缺點。

蓬萊種試作初期盡量採用在來種的栽種方法。在育苗期間方面，在來種的第一期作約需 55-56 至 65-66 日，第二期作 35-36 至 45-46 日。在來種比蓬萊種顯著地晚生，而在來種的第二期作比第一期作的生育期間短。像在來種這樣的晚生種，在短期間要能有收穫，變通的方法就是延長育苗期間，縮短插秧到出穗的期間，此種作法對第二期作更屬必要。是故，促進第二期作出穗的方法就是延長育秧期間，並且不施肥料。如果把這種耕種方法原封不動地應用於早生的蓬萊種，就會出現種植後沒多久便出穗，長出矮小稻稈的結果，甚至 15-16 日便出穗，因而只結實 15-16 粒者（磯永吉，1925，第三節）。

由於在適種初期大多採用在來種的種植方法，因此在當時蓬萊種的育苗期間，第一期作約 60 日，第二期作約 30 日。而在栽培上，同時出現了稻穗早熟、草丈低因而穗小、分蘗少、出穗不齊的問題，從而導致收穫量相當不穩定（末永仁，1938，頁 8）。尤其在中、南部及北部平地的試作成績都不佳，蓬萊種乃被視為北部的專屬產物，特別是山間高地的作物。後來在 1919-22，臺中州農事試驗場的試驗，發現若將育苗期間縮短為第一期作 30 日、第二期作 17 日，可以緩和以上四個缺點。[30]

該結果的發布鼓舞了各地農事試驗場轉向該方面的研究。研究的結果顯示採用幼嫩強健的秧苗，確實可以延長出穗期間，進

---

29 當時磯永吉擔任中央研究所農業部種藝科科長，而末永仁則擔任臺中州立農事試驗場場長。

30 此一研究結果由該場第一代場長磯永吉博士發表，磯永吉博士1938年時任職臺北帝大教授（末永仁，1938，頁11）。

而使草丈變高，稻穗變長，分糵增多，出穗齊一。若僅採用幼嫩秧苗容易陷於軟弱，在插秧之際導致種植傷害；而所謂的強大秧苗又容易陷於過熟，所以須要既幼嫩又強健的秧苗。這樣的試驗結果說明，縮短育苗期間之所以能夠延長出穗期間，乃在於秧苗的發育情況，而不只是在於育秧日數。根據臺中農事試驗場的試驗，此一研究結果的應用，使蓬萊種克服了收穫量不穩定與收穫低於在來種（約少了 20%-30%）的缺點，變成收穫量多的安全作物（末永仁，1938）。

然而，該些試驗結果所帶來的意義，不僅在於提高並穩定了蓬萊種的收穫量，更重要的是改變了研究實驗的方向。過去，各地試驗場都只從試驗上所得到稻穀的外觀及收穫量，直接判斷蓬萊種是否適種，從而判定蓬萊種不適宜在中、南部種植（磯永吉，1925，頁 35）。如今，秧苗性質與收穫量之關係的研究結果，促使各地試驗場的研究轉為稻的成長狀況，及成長狀況與氣象間的關係等生理性質的方向，從而開發出合於各地的種植方法。磯永吉（1925，頁 35）曾在 1925 時感慨地說，若在十年前便能從這些生理性質方面去進行試驗，就不會有中、南部地區是否適種的問題。

往後蓬萊種的育苗期間大致上是：第一期作約 25-26 到 30 日，按地方而有更長的，但是不超過 40 日；第二期作大約 10 至 15-16 日，長者不超過 20 日。而秧苗的長度大約五吋是最適宜的。這些研究使各地得以尋找出合於各地種植之秧苗性質的育秧日數，促成蓬萊米種植之推向中、南部，甚至東部地區。根據磯永吉的判斷，如果在一開始試驗方向就抓準，很可能十年前蓬萊種的推廣便已經改觀了。

5.2.3 技術突破之二：合宜的栽培季節

蓬萊種的生育狀況與氣象關係相當密切。從插秧到稻穗成形的期間，如果氣溫呈逐漸上升之勢，則到達高溫時，草桿將能長到合宜的長度；反之，在相同溫度插秧，之後溫度若呈下降之勢，則草桿無法充分成長。然而，氣溫低時，分蘗卻會變多；氣溫高時，分蘗會減少。也就是說，分蘗多寡和氣溫的關係正好與草丈長短和氣溫的關係相反。所以必須找到合宜的栽種季節，並搭配適當的耕種方法，既能使草丈長到理想的長度，又能使分蘗不會減少。

雖然臺灣與日本氣候與氣溫有顯著的差異，但是對於生育期間不長的稻作，只要臺灣有年中氣溫變化狀態近似於日本稻作栽培期間之氣溫時期，則若能選取適當的栽培期間，臺灣的蓬萊種應該可以獲有與日本相差不大的成績（增田朋來，1929b，頁653）。蓬萊種在臺灣原本只是第一期作的單期作物，而後由於氣溫與生育狀況關係之掌握，得以選取適當的栽培季節，因此也可以在第二期栽種，成為一年兩期的作物。

蓬萊種在日本，第二期作一般是7月下旬種植，10月底收穫。而在臺灣一年中最高溫在7月中旬，此後氣溫漸次下降。如果在臺灣也是在7月中種植，就會有草桿短的結果（因為氣溫下降）。為了避免此一缺陷，必須於6月中種植，利用其後溫度上升的一段期間。而一般第一期作是春季最寒之際，所以晚春是比較合宜的種植時節，但是如此多少會導致分蘗變少的結果，所以就必需密植，以補救分蘗少的缺失。同時因為此後的氣溫上升相當快，為了延長種植到出穗的日數，就須要強健的幼苗。

也就是說，在臺灣蓬萊種的適種期間，第一期作在晚春，第二期作在初夏。由於生育狀況與氣溫關係的該些研究，使得蓬萊

種得以在第二期作季節栽種，成為一年兩期的作物。不過，其栽培季節與在來種或日本的稻作都有所不同，若要在同一塊田上種植兩期的蓬萊種，必須善加組合栽培季節。必須 6 月中便提早完成第一期作的收穫，且接著提早種植第二期作。

5.2.4 技術突破之三：地勢高低的關係

內地種原本是在溫度比較低的地方被馴化，故若要在臺灣栽種，在較低涼的地方勢必收穫會比較好。在臺北州試作時，一般都認為在低溫高地種植，是最安全的策略。

臺灣總督府農事試驗場從 1912 年開始，委託臺北廳農會指導廳內農家試作，並對試作情況進行調查。調查項目有地勢高低、種別（內地種或臺灣種）、一步株數[31]、收穫時的桿長及穗數、草量及穀量等。增田朋來（1929a）發表的〈初期內地種水稻試作（一）〉一文，利用 1912-15 年的調查結果，討論地勢高低與收穫量之間的關係。[32]

我們把相關的部分整理在附表 6-5a 至 6-5d 之中。表中的資料可以歸納出以下的要點：

1. 竹子湖是調查地中最高的，高達 2,000 公尺以上，該地的平均收穫量確實也比絕大多數地區來得高。每甲產量 1913 年為 44.01 石；1915 年為 55.16 石。可是，高度僅 200 公尺的金包里頂角（附表 6-5b）及錫口內湖（附表 6-5d）兩地，收穫量卻高於竹子湖。而且，就內地種產量相對於臺灣種產量而言，竹子湖分別是 139% 與 150%，與其他地區相比雖然算得上相當高了，但是並非最高者。

---

31 步為地積單位，一步等於3.3平方公尺。

32 增田朋來是一位記者，發表過幾篇有關蓬萊米的文章。

2. 處於 1,000-2,000 公尺之間的地區，有的收穫量不差，但也有的收穫量並不佳。例如頂雙溪之大平有 35 石（附表 6-5d）；士林之草山高達 40 石（附表 6-5b）。而頂雙溪之溪尾寮與料角坑只有 25 石；烏山只有 19 石（附表 6-5b）。草山的內地種收穫量雖然相當高，但相對於臺灣種的產量卻只有 104%。

3. 處於 150 公尺以下的低地之中，產量相當高的地區也不少，而且相對於臺灣種產量也很高。例如淡水的多數村庄（附表 6-5a 至 6-5d）；小基隆（附表 6-5a）；錫口的舊里族（附表 6-5d）。

這些要點說明地勢高低與收穫量無絕對的關係。增田朋來在文中也下結論說：內地種在比較高或比較冷涼之地收穫量比較高，但是低地收穫量不差之實例也不少。

值得玩味的是這些調查進行於 1912-15 年，而增田在 1915 年已經發表了一篇名為〈關於臺灣內地種水稻〉（增田朋來，1915）的文章，但在該文卻未觸及此一問題。而且，我們也還沒發現 1920 年代以前有任何文獻，討論到地勢高低與收穫量之間的關係。這應該與 1911 年以前臺北平地試作成績不好，反之高地試作成績比較好，因而導致磯永吉在 1925 年所說的：大家想當然地認為臺灣平地氣溫高於日本，比較不適於蓬萊種的栽培。

增田 1929 年的兩篇文章之所以能重新檢閱過去的資料，而認識到地勢高低並非左右蓬萊種收穫量的絕對因素，應該是受到前兩小節所論述之生育狀況與氣象關係之研究結果的啟發。增田在該兩文也提到因為稻作的生長期並不長，儘管臺灣與日本氣候不同，但是只要臺灣在年中有一段與日本相同且適於蓬萊種栽種的期間，那麼蓬萊種的移植就會成功。而這就是前一小節所述之合

宜栽培期間之摸索工作。我們推測臺灣總督府農事試驗場關於地勢高低與收穫量之調查，在 1920 年代應該也啟發了相關的研究機構與人士，促進了他們對蓬萊種可以向平地推廣的認識。

5.2.5 技術突破之四：肥料效能的試驗

臺灣總督府農事試驗場從很早開始，便持續在試驗肥料對收穫量的影響。綜合這些試驗以及後來的農業部所進行的試驗結果，在許多情況下，蓬萊種比在來種具有適於多肥的特性。蓬萊種適於多肥的特性被確認後，在 1920 年代當它普及到臺北州以外的地區時，臺灣總督府農業部也呼籲各州更加致力於該方面的研究。同時從多肥的效果中注意到增進地力對蓬萊種的重要，從而展開其他增進地力之耕作方法的研究。

我們把臺灣總督府農事試驗場以及農業部在 1914 及 1924 年所做的某些相關試驗結果，列在表 6-10。

從表 6-10 的資料，可以整理出以下幾個肥料量與收穫量之間的重要關係：

1. 相同品種的比較：
   a. 蓬萊種的產量與施肥量成正向相關：第一期作的產量都隨施肥量的增加而提高；第二期作兩者也成正向變動，不過當施肥量相當多時（三倍區）時，會轉為反向變動。
   b. 在來種的產量與施肥量的關係未必成正向相關：1924 年的試驗顯示第一期作成倒 V 形，在普通肥量時便出現轉折點。
   c. 相同品種兩期作產量比較：在來種無論哪一肥料量區第一期作都高於第二期作；蓬萊種超過普通施肥量時，第一期作產量才多於第二期作產量。

表 6-10：蓬萊種與臺灣種肥料效能之比較

種別	無肥區	50% 減區	普通肥區	50% 增區	二倍增區	三倍增區
1914 第一期作						
臺灣種（石／段）	2.389		3.203		3.473	
指數（%）	100		134		145	
蓬萊種（石／段）	1.877		3.263		4.235	
指數（%）	100		174		226	
1924 第一期作						
臺灣種（貫／段）	71.86	79.29	80.43	77.65	75.86	
指數（%）	100	110	112	108	106	
蓬萊種（貫／段）	54.00	59.70	70.20	84.30	98.10	115.80
指數（%）	100	111	130	156	182	214
1924 第二期作						
臺灣種（貫／段）	58.24	67.38	71.03	74.05	75.08	
指數（%）	100	116	122	127	129	
蓬萊種（貫／段）	64.83	70.16	70.84	83.75	84.25	80.16
指數（%）	100	108	109	129	130	124

註解：「段」是日本的土地面積單位，一段等於 9.91736 公畝；而「貫」則是重
　　　量單位，一貫等於 3.75 公斤。
資料來源：整理自磯永吉，1925，頁 20-22。

2. 蓬萊種與在來種的比較：

　　a. 第一期作同肥區：少於普通肥量時，蓬萊種產量低於在
　　　來種；超過普通肥量時，蓬萊種產量便高於在來種。

　　b. 第一期作不同肥區：蓬萊種產量隨施肥量而增加的速度
　　　超過在來種。若都以無肥區的產量為 100，計算其他區

的產量指數，各區蓬萊種指數都高於同區的在來種。

c. 第二期作同肥區：蓬萊種的產量大致上都高於在來種，顯示蓬萊種第二期作比在來種第二期作具有較強的多肥效果。

d. 第二期作不同肥區：若都以無肥區的產量為 100，計算其他區的產量指數，當施肥超過普通量時，蓬萊種的指數便大過在來種。顯示相對於在來種的第二期作，蓬萊種的第二期作具有較強的多肥效果。

　　以上所列舉的事實，說明蓬萊種明顯地比在來種具有多肥的效果。特別是第一期作必須在施肥量超過一定程度後，蓬萊種收穫量才會超過在來種。此外，蓬萊種第二期作相對於第一期作，比在來種第二期作相對於第一期作，肥料的效能大都也較強。這些發現突破了研究人員或試驗機構一些似是而非的觀念，從而強化了各地農事試驗場進行肥料量方面之效能的研究，也開始啟發農民改變稻作的用肥習慣。

　　一直到 1920 年代中期，無論試驗機構或一般農民對蓬萊種的施肥問題，可能都還處於摸索階段。例如第二期作是否施肥的問題。關於第一期作，蓬萊種的施肥效果已經很明顯了。當施肥量超過一定程度時，在來種會發生稻穗倒臥，收穫量因而減少；蓬萊種無此現象，而且收穫量持續增加。而在來種的第二期作的施肥量通常只是第一期作的一半，因為該期作生長季節已經較短，若再施予相同肥量，會造成稻草過熟的現象。根據這樣的理論，蓬萊種第二期作更早生，延長種植到出穗的日數是蓬萊種耕作的最重要秘訣，為此就更必須少施肥。然而，此一理論與試驗結果卻有出入，顯然蓬萊種在肥料吸收上有與臺灣種相異的特性。所以磯永吉（1925）說：內地種的第二期作如果也不施肥，就是無

視於內地種的特性。不過，第二期作與第一期作氣候差異很大，肥料的效果自然也不同。所以磯永吉（1925）認為問題在於肥料的種類以及施肥的方法，而非在於要不要施肥，因此建議應該在這些方面進行研究。

在當時，大多兩期都施予同量的標準肥料，但是磯永吉憑著他的經驗與很多的試驗結果，建議施用更多的肥，以便增加更多的收穫量。而且，肥料的用量隨地方而多少有異，磯永吉也提出各州的試驗場必須儘速進行各地方的用量試驗。他認為蓬萊種的種植，若要超越日本的收穫量，施肥量的增加是必要的因素。

有人因為蓬萊米利潤較高，過度使用外購肥料，遂而引起了病氣，導致栽種失敗。為了補救這些缺失，必須進行深耕、每期施用土糞堆肥以增強地力。這些問題的產生乃是因為還未習慣或掌握外購肥料的施用法，所以各地農會或試驗機構也致力於培訓指導員，以指導農民進行適當的施肥以及耕種方法。

早期相關機構對於施肥的效果還處於摸索階段，而有些種植者也還不熟悉外購肥料的使用法，因而導致蓬萊收穫量較在來不穩定。而通過相關機構的研發以及對種植者的指導，使得種植者快速熟悉適當的施肥以及種植方法，凡此種種因素不僅有助於蓬萊產量的提升，也促成了蓬萊收穫量隨時間經過而快速穩定下來，並有助於消弭種植者之間技術使用能力的差異。

5.2.6 增強抗災害能力之研發

蓬萊種抗病蟲害、風害、寒害等能力較弱，相關機構也不斷致力於如何增強蓬萊種抗災害能力之研發。臺灣因為地處高溫濕熱地帶，有種種的病蟲害。其中被害最大，屬全島性的為一點大螟蛾，每年因此而有10%左右的稻作損害。該蟲害每年北部四回，

中部五回，南部六回（臺灣銀行調查課，1920）。臺灣總督府在1908 年以律令 14 號發布臺灣害蟲驅除預防規則，在全島各地配置害蟲巡視員，努力於驅除蟲害；之後，又在臺北、臺中、高雄，設置調查機關，考究驅防方法（臺灣銀行調查課，1920）。

蓬萊種比在來種容易罹患稻熱病，也容易受螟蟲害。這是因為它生育迅速，莖葉軟弱之故。例如本書第三章所介紹的，臺中州的員林地區普通的施肥量是一反地三枚豆餅，但是有的農家竟然施用了八枚，因而引致稻熱病，造成不少失敗的例子（末永仁，1938，頁 18）。

為了能夠加強蓬萊多施肥的效果，但又要不招致罹患稻熱病，相關研究機構不斷開發抗病強的品種。在蓬萊剛開始推廣時，最普及的品種是「中村」。但是 1926 年稻熱病大作，損害度平均在40% 以上，不少地區甚至全無收穫，因此，隔年蓬萊的種植面積大幅縮減。為了繼續推廣蓬萊，中央研究所乃推出抗稻熱病較強的「嘉義晚二號」。此品種的推出確實幫助蓬萊恢復氣勢，種植面積又逐漸擴大，但是該品種品質不佳，得不到日人之好評。接著在 1929 年，當局又推出品質優良而且抗稻熱病強的「臺中 65號」，1932 年它已經成為最為普及的品種，種植面積達萬甲以上，超越所有其他品種種植面積之和。[33]

此外，蓬萊種也易受害於強寒。在中北部的第一期作期間，氣溫低寒風強，罹受於霜害凍害，造成苗枯，收穫盡失。為了防範風害，1、2 月間必須在秧田設置防風牆。而第二期作，若遲植，在生育末期天氣若變得早冷，蓬萊的收穫將減少。抗病蟲害以及自然災害能力的低落是造成蓬萊收穫量比在來不穩定的另一

---

[33] 該品種是臺中州農事試驗場花費了六年的時光，才研發出來的品種。

要因，這應該可以解釋第 4 節所看到之在時間序列的資料裡蓬萊的收穫量比較不穩定。但是相關試驗機構在增強抗害方面的研發，有助於蓬萊收穫量的穩定化。

5.3 結語

從本節的分析中，我們發現蓬萊米的價格優勢力來自於日本市場的強烈需求。此一需求力量促使臺灣蓬萊米市場與日本米市場的緊密整合；蓬萊米的出現促使臺灣在來米市場與日本米市場逐漸分離；而臺灣的米市場則大致上呈分割之勢，蓬萊米供應海外需求，而在來米供應島內消費。

技術研發的主要成果有：（1）幼嫩強健秧苗之使用，使蓬萊向中南部的推廣；（2）合宜栽培季節的發現，使蓬萊從單期作物變成兩期作物；（3）地勢與收穫量無絕對關係之認識，使蓬萊從高地走向平地；（4）肥料效能的試驗、用肥方式與其他耕種方法的指導；（5）增強抗災害能力的研發驅除。前三種技術的突破促成蓬萊栽種面積之擴大；肥料效能的試驗則開發了蓬萊的肥料密集耕種方法，達成高收穫量的成效。幼嫩強健秧苗延長了出穗期間，而第五種技術的研發則強化了抗病害的能力，因而穩定了蓬萊的收穫量。

6. 小結

本章比較蓬萊與在來在生產技術以及產出利潤上的異同，並探討了促成蓬萊米普及的原因，我們獲得以下的結論：

在生產技術上，蓬萊與在來有相當的差異。蓬萊的規模報酬較在來為低，且其在單位面積土地上所投入的要素數量亦較在來為高。造成這些差異的原因，主要是因為蓬萊與在來在肥料使用

上的不同，蓬萊屬於多肥式的生產技術，而在來則屬少肥式生產技術。蓬萊的肥料產量彈性較在來高，且其肥料密集度、每甲地或每斤稻穀的肥料使用量也遠較在來為高。但這種蓬萊多肥、在來少肥的現象在 1929 年之後有所改變，在來的生產技術受到蓬萊米擴散的影響，也逐漸變得重視肥料。1929 年後，在來的肥料投入量大增，使得其肥料密集度也因而提升，同時肥料的來源也產生改變，使用購入肥料的比例較從前提高許多。這些改變拉近了在來與蓬萊技術型態上的差距，使得兩稻種的生產技術，在 1930 年代後漸趨一致。

在產出水準上，蓬萊的單位面積產出較在來高，但其每圓成本產出卻低於在來。這樣的現象配合蓬萊的單位面積要素投入高於在來，顯示蓬萊的高單位面積產量，其實是由投入較多的要素換得的。但 1930 年後，在來的單位面積要素投入增加，單位面積產出也增加，但產出增加的幅度不如要素投入增加的幅度，使得在來的每圓成本產出因而下降，緩和了蓬萊在每圓成本產出上的劣勢。

產出水準在 1930 年代的變化，使得蓬萊在生產面上的劣勢減小。而蓬萊從 1920 年代以來的價格優勢，卻依然持續著，蓬萊米的價格一直都顯著地高過在來米。兩方面的因素綜合，使得蓬萊在 1930 年代的平均利潤水準顯著地超過在來，促使蓬萊米在 1930 年代大為擴張，以極快的速度普及開來。

技術效率的比較則指出，蓬萊的技術效率在 1925 年就已較在來略高，表示種植蓬萊米的農家於蓬萊米推廣初期就能有效率地使用新的生產技術，這與某些國家的情況大不相同。高水準的技術效率，也使蓬萊的生產穩定，促進了利潤的提升。

風險程度方面，不論是每甲產量、每圓成本產出、每圓成本利潤或是技術效率，蓬萊的分散程度都不一定比在來大，在某些年度裡，蓬萊的分散程度可能還比在來小。尤其是在每圓成本利潤上，蓬萊的平均水準較在來高出甚多，而其分散程度卻比在來低，可說是蓬萊相對於在來的一大優勢。

收穫量的時間序列分析也傳達了與橫斷面資料相同的訊息。蓬萊的平均收穫量一直都比在來高，但其波動程度卻比在來高，尤其是試作階段時的起伏最大。但自從 1920 年代中期以後，蓬萊的波動程度便逐漸縮小，快速的穩定下來。

綜合而言，蓬萊相對於在來的優勢表現在高額的利潤與漸趨減小的風險。高額的利潤，起因於蓬萊米的高市場價格以及生產上不利因素的減少。高價使得原本在成本上處於劣勢的蓬萊能夠獲得與在來相當的利潤，開啟蓬萊米普及的契機，成本劣勢的縮小則使得 1930 年代後蓬萊的利潤顯著地超過在來，推動了蓬萊米的快速擴張。風險的減小，則顯示在蓬萊的利潤分散程度一直都小於在來，且其收穫量於 1920 年代中期後迅速趨於穩定，強化了蓬萊在 1930 年後的發展推廣。而不論是利潤優勢的增強，或是風險程度的縮小，都是靠著蓬萊的生產技術漸趨成熟、蓬萊的技術效率日益提升來達成的。

生產技術的開發更是蓬萊米在長期中得以發展擴張，並逐漸取代在來米，普及於全島的重要因素。幼嫩強健秧苗的使用、合宜栽培季節的發現、地勢高低與收穫量無絕對關係之認識、使得蓬萊得以由北向南、由一期作至二期作，並由高山上的栽培走入平地的種植。而從試作階段以來，關於肥料施用、抗災能力強化等方面的持續研究，也使蓬萊的生產技術日臻成熟、適應環境的能力逐漸加強，促成蓬萊的收穫量日趨穩定，種植蓬萊的風險下

降，助長了蓬萊米的快速普及。

可見，蓬萊米的普及與市場的力量及技術突破都有關，而技術的突破則是政府不斷進行研發所促成的。

第七章 結論

　　本書旨在重新詮釋臺灣農家經濟史上一些重要的課題，關注時間是日治時代到戰後的 1950-52 年。歷史的解釋與研究方法有密切的關聯，從本書緒論所敘述之臺灣經濟史的歷史解釋觀點與第一部分第一章所介紹之經濟史的研究方法及臺灣經濟史的研究成果，可看到臺灣經濟史研究，由於新經濟史研究法的應用，締造了不少成果。

　　新經濟史研究使用的統計分析又可分為敘述性統計以及利用假設、檢定及迴歸模型作為分析工具的計量經濟分析法。利用量化資料，直接估計所要探究之經濟現象的指標，使研究者能夠確切掌握經濟現象的本質，這是新經濟史與傳統經濟史最大的差異。當新經濟史出現於 1950 年代的美國之際，臺灣也因為一些經濟學家投入日治時代經濟史的研究，因而啟開了利用新經濟史研究方法研究臺灣經濟史的先河。

　　經濟理論所闡述的因果關係及計量經濟學的應用，使臺灣經濟史學者得以重新反省諸如日治時代人民的生活水準、土地分配、租稅結構、租佃制度、甘蔗價格的決定因素、嘉南大圳的興建對蔗農及糖廠的影響，以及三七五減租對農場經營效率的影響等等課題。此外，研究者也利用「反事實推論法」探究了蓬萊米的引進給臺灣帶來的利益、美援臺灣平均產出成長率的影響、日治時代金本位制度的實施對臺灣經濟的影響，及肥料換穀制度對農村

失業率的影響。

　　新的分析方法更為臺灣經濟史研究開創了不少新的研究課題，這些課題大致上有農業成長型態、國民所得的成長及波動型態、工業發展及結構的演變、物價指數的編製、蓬萊米為何會普及、商業化程度的變遷、以及財產權的確立與鐵路的興建如何促成日治時代經濟的成長等等方面。此外，研究者也利用新的研究方法，關注荷治時代及清治時代的一些課題，例如荷治時代的贌社制度及租稅的高低，清治時代宜蘭水利設施的興建及經營、以及神明會所扮演的經濟功能。

　　不過，這些研究成果除了生活水準以及土地分配之外，其他大部分課題的研究都完成於 1990 年代以後。足見在過去三、四十年以來，應用經濟理論及統計或計量方分析完成的臺灣經濟史的研究成果仍屬有限。

　　第二部分討論日治時代到戰後初期農家的經濟狀況，所謂經濟狀況是指可支配所得、儲蓄及消費的變動情況。該部分的第一章分析農家每人可支配所得的變化趨勢及其影響因素，而從本章所得到之每人可支配所得的變遷，我們發現耕地面積、家庭人口數、農業技術、經濟景氣狀況、農家如何根據價格指標調整資源的使用及政府的一些政策，都是影響可支配所得的因素。

　　雖然利用本章所計算的平均值，我們得到戰前無論在哪一個時期蔗作農家的可支配所得都高於米作農家，但是戰後初期這種局勢卻逆轉了。不過，透過迴歸分析，卻也發現無論戰後初期或 1918-52 年整段期間，若固定其他變數，米作與蔗作農家的可支配所得無顯著的差異。可見，無論是利用平均值所得到的或迴歸分析所獲得的結果，都與前人所謂的 1925-39 年的前一段期間，農家平均生活水準之所以較低，是因為蔗作農家所得較低所致；而

後一段期間農家平均生活水準之所以較高，是因為米作農家所得
提高促成的這個論點。

本章可支配所得的迴歸分析也發現一些異於前人的研究結
論，例如納稅金額高低對於可支配所得無顯著的影響，這與帝國
主義論者所提出之殖民政府力利用稅收壓低人民的可支配所得的
論點可能有異。此外，若從每人或每戶平均可支配所得來看，戰
後初期都低於 1918 年以來的任何一個時代。然而，可支配所得的
迴歸分析卻發現，若固定其他變數，戰後初期平均每人可支配所
得高於戰前任何一個時期。同時從迴歸模型，我們也得到當固定
所有其他變數，商業化程度愈高的家庭其可支配所得愈高，且經
營地面積愈大的家庭其可支配所得愈高。

然而，從本章的分析中，我們卻發現戰後初期農家的耕地面
積縮小了相當多，而第五章商業化程度的分析，我們也得知戰後
初期商業化程度降低了相當多；可見戰後初期農家的平均可支配
所得之所以低於戰前，主要是因為當時農家的經營地面積及商業
化程度都降低了許多所致。至於農家身分別對可支配所得高低的
影響，本章發現雖然自耕農顯著地高於佃農，但是若比較半自耕
農與佃農，當觀察期間是 1918-52 年，則無顯著的差異，但是若
觀察期間只是戰後初期，則半自耕農變成顯著地高於佃農。

此外，從本章的分析，我們也發現當農家面對經濟景氣波動
造成不同要素價格波動幅度不一致時，都能相應調整不同要素的
使用比率，增用相對上較便宜的要素，減用相對上較昂貴的要素，
例如在不景氣的 1930 年代初期，當豆餅價格降幅超過米價跌幅，
而工資降幅卻小於米價跌幅時，農家改用較多的肥料，較少的勞
動；而在復甦的 1936-37 年間，當米價漲幅小於豆餅，而大於工
資時，農家又轉而使用較多的勞動，較少的肥料。農家這種隨市

場訊息而調整的性格，減少了景氣波動對其所得的影響。

此部分的第二章討論農家每人消費及儲蓄的變化趨勢，主旨在於利用迴歸模型探究這段期間農家消費水準、儲蓄水準、米消費量、甘藷消費量、糧食支出及非糧食支出的影響因素有哪些？而前兩項迴歸分析主要目的之一是要探究稅額對消費及儲蓄是否有顯著的影響，若有，是否是正向的；佃農的消費水準是否確實都低於自耕農。而米及甘藷消費的探討，主要目的在於回答 1930 年代臺灣農家的糧食消費是否確實有惡質化的現象，若有的話，是否是所得降低所致。

關於第一個課題，雖然前人認為殖民政府利用高稅收壓低了人民的生活水準，可是我們卻發現稅收高低與農家消費水準之間的關係是正向的，不是反向，但對儲蓄卻無顯著的影響。由此可以推論，我們的研究結果無法支持帝國主義論者所謂統治國以高稅收壓低殖民地人民的生活水準這個論點。

關於佃農與自耕農生活水準的問題，雖然從第三章的迴歸分析得到，佃農的可支配所得顯著地低於自耕農；但是從第四章消費水準的迴歸分析中，我們得到若固定所得水準，則佃農的消費水準未必一定都低於自耕農。綜合這兩個結論，我們可以推論若佃農的平均消費水準確實低於自耕農，乃是因為可支配所得低於自耕農。此外，雖然固定其他變數，佃農的可支配所得低於自耕農，但是因為透過租佃市場佃農可以擴大經營地面積，而經營地面積又是可支配所得的最重要影響因素之一，因此我們可以推論若佃農的經營地面積大過於自耕農，則佃農的平均可支配所得未必低於自耕農。

至於前人提出的 1930 年代以來，臺灣人糧食消費結構有惡化

的趨勢，消費較少的米及較多的甘藷，他們認為這是所得降低所致。本書的研究結果也得到如果從糧食消費量來看，在 1930 年代底臺灣農民的糧食消費結構確實有惡質化的現象。不過，從迴歸分析當中，我們卻發現戰前可支配所得對於各年米及甘藷都無顯著的影響。可見，1930 年代臺灣糧食消費結構的惡質化無關乎所得的高低。

相反地，我們得到米及甘藷的相對價格雖然對於米的消費量只有在 1931-33 年有顯著的影響力，但對戰前甘藷消費量的影響卻都是顯著的正向，這說明了糧食消費類結構的變化與價格因素有關。因此前人所謂 1930 年代以後，臺灣糧食消費結構惡質化反映了所得下滑的說法可能有待商榷。

本書也發現恩格爾係數及糧食的所得彈性都會受到不同物品價格結構的影響，若要以恩格爾係數及糧食的所得彈性論述農家的生活水準，必須要考慮各物品的相對價格變化幅度不大，才能反映出不同時期或不同群體之間的消費水準之差異。

關於農家商業化程度的討論中，我們發現短期間農家主作不同可能是影響商業化程度的最重要因素，一般說來米作農家的商業化程度低於蔗作及茶作農家。此外，我們也發現戰後初期農家參與市場的程度低於 1918 年以來的日治時代；不過，1918-21 年米作農家的市場投入比率相當低，甚至低於 1950-52 年的水準，因此雖然在 1950-52 年，任何商業化相關的項目都急速下滑，但市場投入比率卻仍然高於 1918-21 年。

戰後初期農家市場投入比率會高於 1918-21 年，主要是因為臺灣無論蔗作或米作都朝向多肥技術發展，因此戰後初期購入肥料占總經營費的比率都高於 1918-21 年的水準。此外，戰後初期

農家因為耕地面積縮小，為了彌補家用乃多養畜，這樣不只造成養畜的市場收入比率提高，也提升了養畜市場投入比率。

而戰後初期蔗作農家租入地租金占總經營費比率也高於 1918-21 年，這主要是因為該年蔗作產值高於 1918-21 年甚多，致使其每甲地租入地租金超過 1918-21 年的程度大於租入地面積小於 1918-21 年的程度。不過，米作租入地租金占總經營費比率戰後初期卻小於 1918-21 年，主要是因為戰後初期政府的米穀政策壓低了米價，使得該年代每甲地產量雖高於 1918-21 年，但產值卻低於 1918-21 年，致使其每甲地租金及租入地面積都低於 1918-21 年的水準。若非其購入肥料及畜產市場投入占總經營費比率高出 1918-21 年水準甚多，恐怕其市場投入占總經營費的比率，也會像其他項目一樣，低於戰前任何一年的水準。

在商業化這個課題中，本書也發現戰後初期作物販賣比率、市場收入及現金家計費之所以都低於戰前任何一個年代，乃是因為當時政府的米穀政策促成的。當時政府壓低了農家販賣米的價格，使得農家生產的米大部分供自我消費，因而降低了作物販賣的比率；而農家收入最重要的來源是販賣作物所得，因此從市場所獲得的收入比率也隨之而下滑。既然農家糧食中的米支出是家庭消費支出中的最重要項目，米穀政策業導致了農家家計費中現金支出比率的下跌。

從本書關於商業化程度的這些分析中，我們推得戰後初期每人 GDP 之所以低於戰前，可能也與農家參與市場活動的大幅衰退有關，這主要是因為政府的政策所致。相反地，日治時代政府建立完善基礎設施，維護了市場的機能，則是這個時代商業化提升的要因之一。

　　關於蓬萊米普及的探討中，我們發現蓬萊米之所以能夠普及，主要是因為日本強烈的需求，促成了價格上的優勢，而政府對於技術的開發，提升了收穫量，並且降低了栽種的風險，從而促成蓬萊米的利潤超過在來米以及利潤較在來穩定。

　　從蓬萊米的普及這個例子，我們再次驗證了臺灣農家強烈的市場導向這種性格，所謂市場導向是指追求利潤的傾向。美國一個心理學家 David McClelland 曾發現，某些社會有比較多具有強烈意願，要使自己經濟地位提高的人，這樣的社會有較多的企業家。所以他提出「需要成就」（need achievement）的動機是經濟發展的動力。

　　有市場的存在，才會尊重私有財產權，因此才可以讓人們有意願提高自己的經濟地位，這是市場機能促進經濟發展的一個力量。市場力量強大之所以能夠促進經濟的發展的另一個原因，是因為當市場力量強大，政府的任何政策只要符合市場的利益，則其政策成本較低。例如臺灣總督府推廣蓬萊米之所以得以如此成功，就是因為種植蓬萊米符合市場原則，因此政府所要做的主要是技術的開發，以彌補市場機能的失靈。

　　從本書第三、四章的分析，我們得到任何的論點都要以堅實的資料為基礎，加以適當的分析方法，才能得到可信的結論。而從第五、六章的分析結果，我們可以推得既然臺灣農家是如此地市場導向，因此政府的施政若能符合市場原則，必能事半功倍，蓬萊米的迅速普及就是一個例子，從戰後商業化程度的大幅下滑，我們也推得不當的政府政策可能造成經濟的萎縮。

　　此外，從本書的分析中，我們也發現一些值得繼續研究的問題，這些課題至少有以下數項。第一，本書第三章發現佃農的可

支配所得低於自耕農，這可能是因為佃農無法保有地租所得，不過租佃制度卻可以擴大農家經營地面積，經營地面積愈大，則農家的所得愈高，因此佃農的所得未必一直都低於自耕農。因此更重要的問題應該是隨著時間的經過，佃農與自耕農所得的差距是縮小或擴大，特別是三七五減租之後，這個差距是否縮小了呢？

第二，既然耕地面積的大小是決定農家可支配所得高低的重要因素，而戰後三七五減租之後農家經營地為何會縮小這麼多，以致於造成戰後初期農家所得的低落呢？這是抽樣問題或實際狀況確實是如此呢？若確實如此的話，那麼這是否與政府的農地政策有關呢？又佃農的耕地面積縮小的程度是否大過於自耕農，若是的話，是否導致佃農可支配所得相對於自耕農低於戰前？

第三，我們發現 1931-33 年農家可支配所得之所以是 1918-52 年間最高的，主要是因為該年每人非農業所得高出其他年代相當多所致。而該年非農業所得之所以高出其他年代這麼多，是因為財產及勞動所得所致。為何這一年的非農業的財產及勞動所得會高出其他年代這麼多呢？

第四，從第四章的迴歸分析中，我們得到政府的稅收與農民的消費支出有正向的關係，這是否意涵著消費支出愈多的家庭，繳納的稅愈多呢？為何會這樣呢？為了要了解這個問題，首先可能必須要清楚農家繳納哪些稅以及這些稅與農家消費支出有何關係。

第五，綜合第三章可支配所得及第五章商業化程度的變遷，我們看到 1936-37 年農家可支配所得低於 1931-32 年，但是商業化程度卻高於 1936-37 年的水準，這似乎違反了發展經濟學家關於自我消費程度愈高的地區，其經濟發展程度愈低的結論。而如果

從吳聰敏所估計的農業總 GDP 計算出平均每人農業 GDP 也可以得到 1931-32 年的數值為 159.30 圓，而 1936-37 年則為 125.54 圓，這個指標也顯示 1937 年農業部門的所得確實低於 1931-32 年的水準。可見，該年的農家的所得確實低於 1931-33 年的水準，那麼為何該年商業化程度會高於 1931-33 年呢？

第六，現代農業技術的開發人員與使用人員不同，因此新技術研發出來以後，要能在短時間讓人接受、使用、熟練，必定要有一套有效率的技術推廣制度。

而從蓬萊米開始廣為農民栽種的 1920 年代下半葉開始，栽種蓬萊米農家的技術效率就不比栽種在來米農家低，可見當時必定存在一套相當完善的技術推廣系統，例如種子的分發、指導員的訓練、指導員對農家的指導等等。到底這套制度的內容是什麼？如何運作？如何設計出來的？

第七，關於蓬萊與在來兩種米的價差在 1930 年代以後逐漸縮小，這應該與兩種米市狀況的變化有關。米市狀況的變化並非本書所要處理的主題，但對蓬萊的普及至關重要，這也是值得日後繼續研究的問題。此外，本書也發現兩稻種的技術型態、價格、每圓成本產量、種植者的技術效率程度等等，在 1950 年度初期已都趨向一致。這是常態現象？還是短暫現象？若是常態，是否兩稻種的發展已經都趨於均衡的局面了？

第八，在第六章我們發現 1950 年度的資料展現了一些奇怪的現象：該年度蓬萊與在來的用肥量皆大增，但收穫量卻都未相應提高；兩稻種的技術效率程度也都大幅提升，但投入每圓成本所獲致之利潤卻都大幅下降。本書推測凡此種種現象若非統計資料的問題所致，可能就是價格（例如米價與肥料價格）受到不當管

制所致。這個推測的正確性也有待深入分析。

最後，本書第三章甘蔗的討論，發現與蓬萊米一樣，新甘蔗的品種普及也相當快速，這必然也是因為新品種的利潤高於舊品種。然而，甘蔗新舊品種利潤的波動、新舊品種平均每單位產出的收益及成本、新舊品種的收穫量、價格、要素使用量如何及其波動幅度如何？如果新品種的技術效率也與舊品種相當的話，那麼蔗作的技術研發及推廣組織是否與稻作相同呢？

以上所提的這些問題都饒富趣味，都是值得繼續探索的課題。

附錄　臺灣經濟史大師
──張漢裕教授的學術成就

1. 前言

　　本書第二章提到張漢裕教授是早期使用新經濟史研究方法，研究臺灣經濟史的大師，也提到張教授在日治時代生活水準研究的成果，本附錄接著要談談張漢裕教授的學術成就及貢獻。張教授於 1913 年 6 月 2 日出生，1998 年 10 月 29 日辭世，享年 85 歲。[1] 他是我們經濟史與經濟思想史的先師前輩，無論在教學上或在研究上，都締造了豐碩的成果。

　　透過教學與研究，張教授啟迪了無數的學子與學者。從 1939 年發表第一篇文章算起，他一生從事研究工作六十年，以中、日、英文，發表了文章近百篇、著書十多種、譯著九種，在學術研究上創下了豐沛卓然的成就。[2] 其中，在臺灣經濟史、西洋經濟史、職業倫理、及經濟思想史等領域的許多課題上，張教授都是開創者，而且迄今都還獨踞權威地位，無人能出其右。他的著書當中，《日本企業經營之研究》以及《日本社會保障制度》，分別出版於 1989 與 1992 年，當時他已近 80 高齡。此外，也有將近二十篇的文章，是在他 70 歲以後才發表的。

1　關於張教授的生平，詳見附錄附表1。

2　關於張教授的著作目錄，詳見附錄附表2，以下把《張漢裕博士文集》簡稱為《文集》。

在教學上，張教授從 1946 年獲聘任教於臺大經濟系之後，五十多年來培育了無數優秀的學子。從 36 學年度任教以來，開授了將近二十門的課程。其中，西洋經濟史始自 46 學年度，延續至 83 學年度；經濟思想史也始於 46 學年度，且持續到他去世；而職業倫理的開授則從 83 學年度開始，當時他已經 80 高齡了。[3] 也就是說，張教授一直到逝世為止，從未間斷過教學與研究工作。

為了表達對張教授無限的追思與感恩，本附錄將從研究主題與研究方法，介紹張教授的學術成就與貢獻，並在結論一節，順便談一談他的治學態度與治學精神。[4]

2. 研究主題

張教授幾乎每十年就開闢一個新的研究領域，他的研究至少含括了四個領域：西洋經濟史、臺灣經濟史、經濟思想史，以及職業倫理等領域。其中，臺灣經濟史中的不少課題、職業倫理、西洋經濟史中的重商主義，以及思想史中的偉伯（Max Weber）學說的闡揚，可以說是臺灣學界的權威。

張教授在臺灣經濟史以及職業倫理研究的理論基礎，奠基於東京帝國大學所修習之重商主義與偉伯學說等方面的課程。他在矢內原忠雄的指導下，研究殖民地政策的歷史及思想史，從英國「重商主義」時代切入。擔任助教時，參加大塚久雄教授的西洋經濟史講座，協同學生閱讀偉伯的名著《基督新教的倫理與資本主義的精神》。後來在轉任東洋文化研究所副研究員時，又研讀偉伯的另一大著《儒教與清教》。

---

3 關於張教授開授的課程，詳見附錄附表3。

4 至於張漢裕教授的學術淵源，可以參考黃紹恆，2001。

　　他在 1940 年代便對重商主義展開研究，並獲得豐碩的成果。接著，以研究重商主義所獲之殖民地政策的歷史為基礎，於 1950 年代轉而研究日治時代的臺灣經濟。經過嚴謹且有系統的研究，他發現並提出了不少與眾不同的論點。隨後，在 1960 年代，集中精力闡揚偉伯的學說。從 1950 年代底到逝世為止，他就持續運用從重商主義以及偉伯學說的研究中所得到之職業倫理的理論，探究臺灣與日本經濟的發展。此外，他在 1950 年代發現當時農民的生活程度有惡化的現象後，在 1970 年代，也轉向戰後臺灣經濟的研究。

　　在思想史方面，除了對偉伯學說的闡揚之外，他對許多經濟學大師的思想學說也有研究，尤其是亞當思密（Adam Smith）、米爾（John Stuart Mill）、以及馬夏爾（Alfred Marshall）。在 1991 年中國經濟學會召開的「政治經濟研討會」中，他特別介紹了這三位經濟學前輩的思想著作所具有的人的因素，以傳達他對經濟研究的一點希望（張漢裕，1994a，頁 1-8）。他在學生時代，便開始攻讀這些經濟學家的大作。在學生訪問他如何唸經濟學時，他曾說到：「如何唸經濟學，也沒有什麼祕方，就是多唸，天天不斷地唸，唸大書（經典之作），不是唸小書，這種大典大概每部花了一、二年時間。」（張漢裕，1983a，頁 329）。

　　以下依次介紹張教授在重商主義、偉伯學說、臺灣經濟史、以及職業倫理等領域的研究課題及成果。

2.1 重商主義及偉伯學說

　　張教授在西洋經濟史及經濟思想史的研究，迄今都還是臺灣經濟學界的一枝獨秀。而且他所撰寫的《西洋經濟發展史》及《西洋經濟思想史概要》，一直是許多大專院校相關課程的教科書。

在西洋經濟史的領域中，對重商主義的研究，更屬國內學界的權威。而在思想史方面，對德國社會學家偉伯思想的闡揚，則是他另一重要的貢獻。

他在重商主義的研究成果上，有文章十幾篇，著書與譯著各一冊。而在偉伯學說的研究上，至少有文章四篇以及譯著二種。附錄表 1 將這些論著的名稱與出版時間，按出版時序做了整理。

從 1939 至 1944 年，張教授每年至少發表一篇重商主義的研究心得。這些文章中的六篇，即表中的 1-4 及 7-8，後來在 1954 年集成《イギリス重商主義研究》一書，由著名的岩波書店出版，該書被學界稱為經典之作。此外，在 1941 年，他就已經將重商主義文獻中最居重要的一書：*Thomas Mun, England's Treasure by Foreign Trade*（*1644*），翻譯成日文，也由岩波書店編入岩波文庫。這一系列的研究除了為張教授往後的研究奠下堅實的基礎之外，也成為該領域研究的權威，為該領域的研究者所必須研讀參考的經典。

經由這些著作，張教授提出了他對重商主義的獨到見解。所謂重商主義大別為兩種：一種是財政性的；另一種是產業性的。只有後一種才對近代資本主義的發展有貢獻，而其最純真的典型可見於十七世紀 30 年代到十八世紀中葉的英國。這時代英國重商主義政策的主體是中產勞動階級，以及後來從該階級分化出來的中小企業家階級。

資本主義的發展須要資金，而當時英國銀根短缺，因而從十七世紀初以來，就有一連串的自由貿易與保護主義之論爭。最早的論爭是主張重金主義的保護主義與湯姆斯曼（Thomas Mun）的自由貿易論之間的爭辯。前者主張為增加國民的就業與財富之生產，應禁止金銀的輸出；後者認為禁止金銀輸出，將導致物價

附錄表 1：張教授在重商主義及偉伯學說兩領域的著作

順序	著作名稱	出版時間
一、重商主義：		
1	〈ステープルとステープル商人の歴史〉	1939
2	〈トーマス・マンの貿易差額論とブリオリズム〉	1940
3	〈名譽革命前後におけるイギリス重商主義の本質〉	1941
4	〈「ドイツ重商主義の貨幣及び信用學說」紹介〉	1941
5	〈トーマス・マン著「外國貿易によるイギリスの財寶」の役割及びその變遷〉	1942
6	《トーマス・マン：「外國貿易によるイギリスの財寶」》	1942
7	〈重商主義と舊殖民體制〉	1943
8	〈重商主義の殖民地統制〉	1943
9	〈アダム・スミスの殖民地論—重商主義批評の結び〉	1944
10	《イギリス重商主義研究》	1954
11	〈英國重商主義要論〉	1957
二、偉伯研究		
1	〈マックス・ウエーバーにおける近代資本主義と資本主義の精神〉	1958
2	《マックス・ウエーバー：「儒教と清教」》	1959
3	〈論瑪克司・偉伯的「近代資本主義」與「資本主義精神」〉	1959
4	〈M. Weber（偉伯）的生平與學術簡介〉	1960
5	《瑪克司・偉伯：「基督新教的倫理與資本主義的精神」》	1960
6	〈瑪克司・偉伯的社會科學方法論〉	1961

資料來源：見附錄附表 2。

註解：一中的 6 與二中的 2 及 6 都是譯著。

上漲，輸出減少。自亞當思密以來，一般都認為湯姆斯曼的主張超越重金主義。但是，張教授從十七世紀初英國國內生產性向旺盛且有豐富之未利用資源的情況，認為當時重金主義之主張，比較有助於英國近世初期資本主義的發展。

十八世紀的重商主義較之前一世紀而言，已出現劃時代的變化。當時的保護主義領導者為查理士金（Charles King），他們的

主張與前時代保護主義的主張相比，有以下幾個大的轉向：（1）重視消費：他們認為有益的貿易可以增加國民所得，並提高國民消費。前此的重商主義向來強調節約消費，甚至嫌惡消費。（2）重視國內市場：他們認為維持並擴大一國經濟的最好途徑，在於維持並改進國內市場。（3）主張自由貿易：當時英國的商品低廉，與荷、德、葡等國貿易，可以得到順差，因而主張自由貿易。

這些轉向與十八世紀英國經濟力量的提升有關。當時英國資金已豐裕，生產力也大幅提高。在這樣的背景之下，保護主義派的重商主義，乃轉向自由貿易的主張。張教授因而提出：這轉向及其理由暗示了亞當思密於半世紀後主張全面的自由放任的歷史背景；而關於此點，應重新研究（張漢裕，1984d，頁 201-237）。

在思想史方面，張教授最為人所稱道的就是對德國社會學家偉伯學說的闡揚。在六篇相關的研究中，張教授除了介紹偉伯的社會科學方法論之外，也詳細地闡述經濟學界對「資本主義」的各種定義。其中，偉伯所謂的「資本主義」乃是指工業社會，而「資本主義精神」則指實業精神或企業精神。兩種譯著中，一為中文，即偉伯不朽的名著《基督新教的倫理與資本主義的精神》；另一為日文，名稱是《マックス・ウエーバー：「儒教と清教」》。在張教授獲臺美基金會社會科學成就獎時，頒獎人道出近幾年來無論國內教授或留美教授回國講學，論及偉伯，都採用張教授的中文譯著作為教材。

經由張教授的這些著作，我們得以了解近代資本主義之所以成立以及資本主義精神是如何形成的。關於近代資本主義的成立，許多研究者都重視商業資本的角色，但偉伯提出這並非英國的發展路線。英國早期手工場主及勞工階級，主要由中小生產者階級成長演變而來。而關於資本主義精神的形成，偉伯認為最有力的

因素是清教，且認為清教主要的信奉者是中小生產者階級。從清教對資本主義的發展所扮演的角色，偉伯提出一個社會如果有某種宗教，能有效培育制慾勤勞的職業倫理，則現代企業組織與工業社會之發展將愈強盛。

2.2 臺灣經濟史

以 1940 年代對重商主義的堅實研究作為基礎，張教授在 1950 年代展開日治時代臺灣經濟的研究，爾後於 1970 年代又將焦點轉向戰後。在臺灣經濟史的研究中，張教授關懷的主題很廣，例如農村經濟、所得分配、財政、住宅、人力資源、教育等方面的問題，都是他探究的焦點。其中若從篇數或篇幅來看，又以農家經濟以及所得分配為最主要的焦點。這些研究所涵蓋的時間序列，起於日治時代，迄於戰後。他在日治時代經濟的研究上，成果主要發表於下列六篇論著中。

該些論著除了指出日治時代人民的生活水準已經不低之外，也發現戰後 1950 年代初期，農民生活水準還低於 1930 年代。那麼戰前經濟發展的成果如何達成的呢？張教授認為此乃立基於各種基礎設施的建立及米糖生產技術的開發，而技術的開發與快速的推廣，主要是透過研究機構與農會組織的建立。這些機構與組織之所以能夠有效率地運作起來，與日治初期總督府所羅致的一群具有強烈事業精神的官僚有關。

當發現 1950 年代農民生活水準程度有惡化的現象後，張教授接著在 1970 年代，將研究焦點轉向戰後經濟的研究。他發現臺灣居民生活之真正大幅的改善，乃是 1961 年以後的事。不過，在此一期間，農民生活水準，雖也有相當的改善，但若與非農民相比，卻仍然偏低。這個結論促使他更進一步探討 1950、1960、1970 年代，農民相對所得的變化，並解析其間的影響因素。

附錄表 2：張教授在日治時代經濟方面的著作

順序	著作名稱	出版時間
1	〈日據時代臺灣經濟的演變〉	1951
2	〈臺灣農民生計之研究〉	1955
3	〈日據初期殖民地開發政策〉	1956
4	〈日據時代臺灣米穀農業的技術開發〉	1957
5	"Japanese Colonial Development Policy in Taiwan, 1895-1906: A Case of Bureaucratic Entrepreneurship"	1963
6	"Development of Irrigation Infrastructure and Management in Taiwan 1900-1940: Its Implications for Asian Irrigation Development"	1981

資料來源：見附錄附表 2。

　　張教授又從農、非農間所得差距，擴大到全臺灣家庭所得分配變化趨勢的探討。關於所得分配的變化趨勢，顧志耐（Kuznets）以及大川（Okawa）等人曾指出：許多已開發國家，在長期成長的早期階段，所得分配的不均度有擴大的傾向，直到後期階段才趨於平均化。然而，關於臺灣所得分配的變化，許多研究卻提出，隨著經濟的發展而呈均等化的趨勢，因而將此一現象視為戰後臺灣經濟發展的奇蹟。

　　但是，張教授在〈臺灣經濟發展過程中所得分配變動之分析〉、〈臺灣所得分配的趨勢〉與"Economic Growth and Income Disparity in Taiwan, 1953-1975"等文則指出：（1）在 1953-73 年間，1968 年以前的所得分配有不均等化的趨勢，該年以後才轉為均等化；（2）儘管分配平均化了，但此一現象並不穩定，所以應該預防分配差距之再度擴大。以上這些研究主要發表於附錄表 3 所列論著中。

附錄表 3：張教授在戰後農民所得與所得分配方面的著作

順序	著作名稱	出版時間
1	〈臺灣人民生活水準之測量──以農民、非農民的比較為中心〉	1970
2	〈臺灣農民所得的變化及其影響因素的分析〉	1972
3	〈經濟成長下における人民生活水準の向上及び農民、非農民間の格差擴大─臺灣の場合〉	1972
4	〈臺灣農家所得的變化與食品加工業的發展〉	1973
5	〈臺灣農家所得的變化與農產加工業的發展〉	1974
6	〈臺灣經濟發展過程中所得分配變動之分析〉	1975
7	〈契約農作與計畫產銷〉	1976
8	〈未來經濟發展中農家所得應有的水準〉	1976
9	〈臺灣經濟成長中家庭所得分配及消費支出的差距變化〉	1978
10	"Economic Growth and Income Disparity in Taiwan, 1953-1975"	1978

資料來源：見附錄附表 2。

　　以下我們進一步介紹張教授在農家生活水準以及日治時代經濟的演變兩主題中，所獲得的結論。

一、農家的生活水準

　　張教授特別關懷臺灣農家的生活，《文集（一）》的標題便是「經濟發展與農村經濟」，而在其他六冊文集中，也或多或少都有這方面的文章。在〈臺灣農民生計之研究〉中，他先比較戰前到戰後農民生活水準的變化，再探析日治時代生活水準的高低。該文的研究結果顯示：農家的實質生活，在戰後的 1950 年代初期還低於 1930 年代的日治時代。又透過食、衣、住、行等許多指標，他也指出：戰前農家的生活水準，已經不低了。在 1950 年代，選擇此一主題的研究，並敢於提出這樣的發現與結論，顯示了張教授勇者的風範。

　　該文中精闢細緻的每人熱量攝取量之估計及其發現，獲得國際學術會議高度的肯定。[5] 該方面的估計與分析，迄今還無人能出其右。如第二章所提到之戰後的學者 Ho（1968, 1978），雖曾重新推算戰前臺灣平均每人每日攝取的熱量，但是只是簡要地以每人消費的米與甘藷量，加以推算；張教授則逐一推算各項消費品的熱量。而在資料性質上，Ho 用的是總體資料，張教授用的則是家戶個體資料。此外，張教授的估計方法也比較精細。[6]

　　由於這些差異，兩人所獲結論也有相當的歧異。Ho 的結論是平均每人的攝取量，在 1930 年代以前只有 2,000 卡，只能維持最低的生活水準；1930 年代以後更降至 2,000 卡以下。張教授的估計結果是平均每成年農民攝取 3,600 卡，超過聯合國建議之 3,000 卡以及中國的 2,500 卡。

　　那麼臺灣人民的生活，在戰後的什麼時候才開始改善？根據〈臺灣農民生活水準之測量〉一文的研究，全臺居民每人平均可支配所得、消費支出及儲蓄，在 1951-60 年間，成長率低且不穩定；直到 1961-68 年間，才有持續而高度的增長。以這些數值為論據，他說：臺灣居民生活之真正大幅的改善，乃是 1961 年以後之事；不過在此一期間，農民的生活水準，雖也有相當的改善，但若與非農民相比，卻仍然偏低。又在〈經済成長下における人民生活水準の向上及び農民、非農民間の格差擴大〉一文，張教授也從所得持續成長、消費傾向一直遞減，以及其他指標，下結論道 1960 年代的生活水準已恢復到戰前的水準。

5　在美國社會科學研究協會（SSRC）與美國學術會議（ACLS）日本研究委員會，於1979年在史丹佛大學胡佛研究院舉辦之「日本殖民帝國」學術會議中，獲得高度的評價（張漢裕，1994b，頁XIII）。

6　詳見第二章的討論。

　　上述的發現促使他更進一步探討戰後 1950、1960、1970 年代，農民相對所得的變化，並解析其間的影響因素。在〈臺灣農家所得的變化及其影響因素的分析〉一文中（張漢裕，1984g，頁114），他指出：該期間農民每人相對所得與農、非農對等所得（parity income）的差距約為 0.57-0.58-0.62。這些差距的發生，可歸因於該期間農家相對扶養率較重、交易條件不利、與國民農糧消費增加率比國民所得增加率落後等三個因素。

二、日治時代的經濟

　　臺灣人民的生活水準，在日治時代就已經不低了，那麼這個成果是如何達成的呢？關於此一問題，綜合附錄表 2 所列幾篇文章，可以摘述如下：臺灣總督府為了開展臺灣的經濟，尤其是提高米糖的生產，在統治初期便經由土地制度的改革，而建立了現代化的財產權，統一幣制與度量衡，建立現代化的交通系統。這些基礎設施的建立降低了交易成本，促進了市場經濟的發展。

　　臺灣總督府又從技術的改革，開發米糖等產業。米穀技術的開發最重要的是蓬萊米技術的研發；而糖業的開發則包括甘蔗農業與砂糖工業兩方面。在蓬萊米與甘蔗技術的變革中，政府扮演了品種引進與改良、水利灌溉設施的投資、獎勵化學肥料的使用等等角色。而在現代化糖業的建立上，政府更是不遺餘力，推出了不少補貼政策，又建立原料採取區域的制度。這些措施都是促使糖業在短期內快速發展起來的重要因素。

　　這些技術的開發與快速的推廣，主要是透過中央與地方政府部門的的研究機構與農會組織。為何這些機構與組織能夠有效率地運作起來？為何各種政策能夠適切地達到目的？這與日治初期總督府所羅致的一群具有強烈事業精神的官僚有關，他們所制訂

的殖民地開發政策基本上也是後繼而來的總督努力的方向。張教授在〈日據初期殖民地開發政策〉一文，對這一官僚團體有以下的形容：「這團隊以後藤為中心經常集會。他們發掘問題，擬定新的政策，後藤經常加以鼓勵、批評，要求更好更有效的表現。後藤以任務之重，責任之艱巨，鼓舞這團隊，以期望能實現他和兒玉總督所懷抱的遠大目的。」[7]

在政府收入有限的日治初期，臺灣總督府的這些官員如何開闢財源，推動各種政策呢？日治初期的赤字財政政策與日本中央的補貼，是臺灣總督府得以建立各種基礎設施與公共投資的要素。隨後，這些設施與投資促成經濟的發展，從而豐富了政府的歲收。

那麼政府歲入的穩定增加是否構成臺灣人沉苛的負擔呢？張教授分別從政府的歲入結構、臺日人平均每人稅額與稅率、以及政府的支出結構來解答此一問題。他發現政府的收入主要用在經濟發展事業上，而人民食、衣、住、行等生活方式與品質有相當的改善。綜合多種論據，最後提出：人民的財政負擔雖然不輕，但是政府財政也促進了人民生活的改善（張漢裕，1984f，頁 395-500）。

此處政府財政促進人民生活水準改善的論點，與前述農民生活水準研究中，所發現之戰前生活水準已經不低的結論，有相互呼應之效。張教授的此一論點不同於戰後其他相關研究的主張。對於此一課題的研究，戰前以矢內原忠雄（1929）與北山富久二郎（1934）為主。矢內原忠雄主張負擔苛重，戰後的周憲文（1958）與黃通等人（1987）等人延續此一論調。北山主張負擔不如一般人想像的重，張教授則延續北山的觀點。

---

7 本文原以英文發表，見附錄表2的第5篇；後來蒯通林將之翻成中文，刊載於《文獻專刊》16：3；後又輯錄於《文集（二）》（張漢裕，1984e，頁109-130）。

經由以上幾篇關於日治時代的著作，張教授不僅提出了好些與他人迥異的看法，也對日治時代的經濟進行了相當全面且有系統的分析，對於有志研究日治時代的後輩學者有相當的助益。

2.3 職業倫理

受到偉伯學說的影響以及自己研究重商主義的心得，張教授自然特別重視現代職業倫理與資本主義的關係，尤其是中小企業階級的思想、作風、職業倫理等因素和近代資本主義的關聯。從1960 年代起，張教授的研究也就延伸到職業倫理這個領域。並且有感於職業倫理的觀念必須及早深植人心，他也於 1983 年開始開授該方面的課程。在臺灣經濟學界中，職業倫理的研究領域，張教授可說是開創者，令人惋惜的是，迄今這方面的研究仍然十分稀少。張教授該方面的研究成果，發表於附錄表 4 所列各文中。

在這些研究中，張教授觀察到在西洋世界中，發達的現代工業社會普遍具有勤勞、誠實、篤信、敬業、樂業等風氣。因而在〈論現代工業社會的企業家作風及職業倫理〉（張漢裕，1984h，頁 54）一文中提出：「上述的觀念與作法，在工業社會裡並不限於企業家這一階級本身，在經理人員、技術人員以及勞工之間亦有相當顯著之表現。甚至於營利性企業以外的普通及專門性職業的人員，如公務員、教師、研究者、醫師等行業中亦不乏這種觀念與作法。」在〈事業家的經濟義俠道與學人的敬業精神〉中（張漢裕，1983b，頁 289），他再次強調到：「中外各國的歷史指出：忠於職業、敬業、盡職務的道德或作風愈強、愈發達的國度，工商社會也愈發展。這項道德愈弱、愈不發達的地方，工商社會也愈落後。」

附錄表 4 所列的〈職業觀念與技術變遷〉、〈日本企業經營

附錄表 4：張教授在職業倫理方面的著作

順序	著作名稱	出版時間
1	〈經濟作風論〉	1949
2	〈西洋現代企家精神及其成立之研究〉	1962
3	〈論現代工業社會的企業家作風及職業倫理〉	1968
4	〈事業家的經濟義俠道與學人的敬業精神〉	1974
5	〈職業觀念與技術變遷〉	1984
6	《日本企業經營之研究》	1989
7	〈職業エトス、技術變化および經營文化—アヅア經濟現代化のための比較史的素描〉	1991
8	"The Japanese View of Business and Work"	1993

資料來源：見附錄附表 2。

之研究〉以及"The Japanese View of Business and Work"等論著，則是應用偉伯學說，研究日本經濟，所獲得的研究成果。受到偉伯所主張之經濟與宗教的關係之啟迪，張教授進而探索日本德川時代以來的武士道、佛教、儒教，以及一些特別具有職業倫理與經營文化意義之人物團體的思想理念。他發現這些人的精神薪火相傳，生生不已，提高了二次大戰後日本年壯經營者的經營理念與成就。其中，諸如經營者的「經營者企業」、「產業民主化」、企業之「功能及生活期同體化」等理念，形成了日本經濟的經營文化，足供為開發中國家追求經營現代化的藍本。

　　1970 年代初，臺灣經濟正面臨一個轉型時，張教授也從職業倫理的研究，勉勵企業家發揮現代職業倫理精神。他說：「我們的經濟現正處於一重要轉變。……因而，如果要在世界市場中仍然屹立生存，則非提高勞動、技術、經營的品質不可。這除須要提高知識技術、激勵、加強經營以外，根本就要以提高職業倫理、企業家精神為基礎。而提高職業倫理，又如同一切倫理教育，唯

有領導人物、師長以身作則去教化薰陶，是不待言的。」（張漢裕，1983b，頁 289）。

　　那麼企業家具體上應有何種作風？他說：「面臨這些新轉機，企業人士亦即經濟上的領導階層（Leadership），也應有新觀念與新創造；也就是，除在生產方面要有因應的創新之外，尤為重要的是，在所得分配及所得、財產的運用、消費方面應有新想法、新作法。例如：（1）利潤率的節制。……（2）積極樂意承擔稅負的增加。……（3）效法美國的實業家自動自發地捐獻私產，設立公益財團法人（Foundation），從事公益事業。」（張漢裕，1983b，頁 290）這些主張對於臺灣社會的發展極為重要，直至今日依然是社會推動的目標，然而張教授早在 1970 年代初期就已經一再提出。

　　他也以該方面的研究心得，對經濟發展的要素提出了與一般經濟學家不同的論點。一般經濟發展的著作，都集中於純經濟因素的討論。張教授則以廣泛的觀點，強調經濟發展的社會人文因素。在〈有關經濟發展的兩大前提和九點建議〉中，他提出經濟發展除了需具備諸種經濟上的客觀條件之外，社會大眾還需要具有前述所提之各種新觀念與新作風（張漢裕，1983c，頁 7-12）。

　　根據前述張教授從各國歷史觀察到的事實，所謂社會大眾應該包括公職人員，也包括學術研究者。這應該是為什麼他在〈日據初期殖民地開發政策〉一文中，闡明當時公職人員的事業精神與活動，如何創造了爾後日治時代經濟發展的成果。他也強調為提高職業倫理，師長須以身作則去教化薰陶；另一方面，有志貢獻於學術的人，必須專業於學術工作。他說：「學術研究者若不把握有限的時間與精力，專門貢獻於學術工作，很難在有生之日留下有價值有分量的成果」（張漢裕，1983b，頁 285-291）。

職業倫理這個觀念深植於張教授生活的方方面面，他的治學態度便體現了此種精神。他常提起留學東京大學時代的一位老師大內兵衛教授的話：學術工作或成績，好比是屋簷上滴下來的雨水，經過很久很長的歲月，才留下一點點水垢在石頭上，而常為人所忽略（張漢裕，1983b，頁 287）。這句話常提醒著他，必須把握有限的時間與精力，專業於學術工作。

他的敬業與樂業精神是眾人皆知的。他常說：「做學問要像唸『經』，要有恆心、天天唸、天天想、天天做，才會有結果。工作尤其是精神上的工作最初與修行一樣是痛苦（pain），但透過專業、敬業的過程後，反而會感到樂趣（pleasure），變成樂業（play），苦中有樂了。」（張漢裕，1983a，頁 334-335）。

2.4 特點

綜上所述，張教授在研究主題上，至少有以下一些特點：

1. 在重商主義、偉伯學說、職業倫理等領域的研究，迄今在臺灣都還獨領權威地位；而在臺灣經濟史中的農家生活水準、所得分配、日治時代人民的財政負擔等許多問題上，也都提出了獨到的見解。

2. 在選擇研究主題時，秉持著仁慈的心。曾在接受學生訪問時，他說：「Marshall 主張經濟學家應具有 warm heart（溫暖仁慈的心），cool head（冷靜的頭腦）。其本為數學家，後來看到倫敦貧民窮苦的情形，激發了仁慈心，想使他們脫離貧窘，因而研究經濟。我們在研究時，也要像馬夏爾一樣，以溫暖仁慈之心為出發點，俾能找對問題」（張漢裕，1983a，頁 335）。因為懷著這樣的胸懷，他特別關心臺灣農家的經濟以及所得分配等層面的問題。

3. 重視人的因素。既然秉持著仁慈溫暖的心選擇研究題目，那麼他的研究就以人們實際碰到或發生的經濟問題為中心。這應該也是為什麼他強調經濟發展的社會人文因素，為什麼進入經濟史以及思想史的研究，為什麼以經濟史以及思想史的研究作為其他領域的基盤。曾在一篇學生的訪問稿中，當學生問他對於現在經濟學強調數學工具，有何看法時，他說：「經濟行為有『人』，各民族社會人的感情思想制度習慣不同。institution 不同，behavior 也不同，reaction，function 也就不同，也就是應該有不同的 model。由於各個國家的特殊性，不能只靠計量的 model。」（張漢裕，1983a，頁 333）。

4. 在主題的選擇上非常具有系統。如前所述，他在每一個十年階段，都有一個大的研究主旨。例如 40 年代的重商主義、50 年代的臺灣戰前經濟、60 年代的偉伯研究、以及 70 年代以後的臺灣戰後經濟與職業倫理。而臺灣經濟以及職業倫理的研究，則是以先前對重商主義及偉伯學說的研究，作為理論基礎。又無論對戰前或戰後研究，所發表的一系列論著，其間的主旨也都有關聯，尤其是具有因果關係。透過這種系統性的主題選擇，才能讓他洞見到前人所未發現之事實。

5. 排除非學術因素的干擾。在研究課題的選擇與結論的提出上，在在都顯示了他勇者的風骨。在解嚴以前，特別是 1950 年代，許多人不敢觸及許多課題；即使觸及也不敢深入分析；就算進行分析，也多流於帝國主義論的框架。然而張教授卻敢於選取因政治因素所致，使別人不敢觸及，但又是當時經濟問題中的重要環節。農民生活水準的變遷以及日治時代臺灣人的財政負擔的研究，以及從中所獲結論的公諸於世，就是最具代表性的例子。

在他的時代或甚至直到解嚴以前，儘管有一些研究像他一樣，

或是環繞於日治時代的經濟問題；或者對戰前與戰後的經濟問題做比較分析。然而這些研究的方向都集中於生產技術和生產力的探討，甚少深入分析臺灣人民生活水準的課題，即使有，也多僅是蜻蜓點水般地觸及而已，而且往往流於帝國主義剝削的意識型態論。

張教授是第一個有系統探討此一課題的學者，內容以〈臺灣農民生計之分析〉一文為題發表。該文曾在 1955、1956、1974、1984 年，分別發表於《社會科學論叢》、《臺灣銀行季刊》、張教授著書《臺灣農業及農家經濟論集》和《經濟發展與農村經濟》等書刊中。也被翻成英文，在 1969 年發表。若從內容的深度、方法的系統性、以及結論等方面來論斷，迄今還無任何該方面的研究能出其右。

他的一些這樣的文章曾引起一部分人士的擔心或不悅，例如〈臺灣農民生計之研究〉一文投稿至《臺灣銀行季刊》後，臺灣銀行雖願意付稿費，但對於發表與否有虞慮；也有人從旁告訴他，那文章若發表，可能對他不利。但他卻表示：「願意退稿費，不過要珍惜保留發表的自由」（張漢裕，1983b，頁 288）。

3. 研究方法

張教授的研究方法是從理論的推演，到相關資料的蒐集整理；再從資料中發現事實；最後綜合發現的事實，提出結論。若與同時代的其他研究相比，張教授的研究無論在理論的推演、資料的整理、或結論的提出等各方面，都十分嚴謹。對於臺灣經濟問題，無論發生在戰前或戰後的，他都使用大量的數字資料，並用統計方法加以處理。也就是說，他在 1950 年代，就已經採用新經濟史的方法，研究日治時代經濟史問題。本節就以他的幾篇著作為例，

說明他運用何種新的且有系統的方法，締造了前述的成就。

3.1 理論的推演

張教授在推演分析架構時，總是從觀念的澄清或變數的定義著手；然後再有系統地以數學或文字建構模型。透過這樣的步驟，使他的分析達到嚴謹的地步。本小節以他所提出的「小農經濟」與「財政負擔」的概念，以及「生活水準」與「交易條件」的測量為例，加以說明。

一、小農經濟

在臺灣農村經濟的研究中，張教授提出所謂的「小農經濟」的概念。以此概念重新整理原始的農家經濟調查資料，並透過此一概念指出一些困擾我們的農家經濟現象。

他認為直到戰後初期，臺灣農家經濟仍然是屬於小農經濟，而非企業經濟。與資本主義企業相比較，小農經濟的特點在於具有自足性與自作性。小農經濟的目標在於滿足欲望，而企業經濟的目標則在追求利潤。目標不同導致兩種經濟體行為決策之差異。決定企業家之家計生活費者乃是純所得，而非企業之總收入。而在小農經濟，家計需要之滿足優先於經營費之保留，家計與經營尚未完全分離，故而決定家計費之大小者為總收入，而非純所得。然而歷來的農家經濟調查，卻都把當時的農家視為一個企業，而以企業經濟體呈現農家的會計帳。

此外，在小農經濟體系中，許多生產要素係自給，沒有市場交易，也就缺乏市價。在這種情況下，農家通常未將自有生產要素的成本，列入成本費。農家經濟調查多不顧此一事實和道理，而應用企業會計來計算農家的收支。結果調查報告雖然顯現不少經濟虧本的農家，而農民卻又繼續從事此一生產活動，然而農村

並未出現大批破產之農家。統計與事實的此一矛盾乃是因為農家收支損益的計算與企業會計不同，有鑑於此，張教授認為要了解農家經濟的實情和農民的經濟行為，必須把握農民自己的行為準則，並以此建構農家的會計帳。在澄清了這些概念後，他便不厭其煩地按此一理念，在相關的研究中，將原始資料詳細地重新整理（1984a，頁 235-302；1984b，頁 303-362）。

上述張教授所指出的農家並未將隱成本計入生產費之中，因此農家經濟調查雖顯示農家的生產經常有虧損，但並未見到農村有大批破產農家之事，這一點確實點醒了我們一些事情，例如有不少研究都從這些調查所顯示的虧損現象，下結論說日治時代臺灣農家生活如何的困苦，然而張教授的研究卻告訴我們戰前農家生活水準並不差。這其間的矛盾或歧異，可能就可以從他所提出的小農經濟的概念獲得解釋。

而且，在小農經濟中，資本財的折舊與利息也未計入成本之中。這一點可能也解答了為何不同時間所做的稻作成本收益調查中，資本財的範圍相當模糊，耗損費的金額也有相當大的差異。到戰後初期為止，政府曾在 1904（臺灣總督府農事試驗場，1906a）、1914-16（臺灣總督府殖產局，1919）、1925-27（臺灣總督府殖產局，1927a、1927b、1928a、1928b）、1929-31（臺灣總督府殖產局，1931、1932a）、1935（臺灣總督府殖產局，1935）、1950-51 年（臺灣省政府農林廳，1951a，1951b），進行過該方面的調查。我們發現在該些調查中，1914-16 年分有稱為資本的項目；1904、1925-27、1935 年分只有稱為農具的項目，而1929-31、1950-51 年分則有農具與農舍兩個項目。而該些項目的金額占收益的比率差異很大：依時間順序分別為 0.0221、0.0323-0.0379、0.0127- 0.0139、0.0266-0.0385、0.0124-0.0126、0.0526-

0.0596。

這段期間，一般農家並無記帳的習慣，政府為了進行該些調查，特別選定一些農家，指導他們按制定的格式記帳。可能就是因為張教授所指的：（1）資本財的租賃市場並不存在，沒有市價可供參考；（2）農家沒有此一概念，因為家計與經營還未分離，總收入才是家計的決定因素。因此，被選定的農家儘管受過訓練，但在記帳時依然無法確切掌握資本財使用費的概念。

澄清了這些概念之後，他在〈臺灣米糖比價之研究〉一文中，很有系統地以數學模型，逐步解說小農經濟與企業經濟兩種體系的不同，以及由此而導致之決策的差異。並在該文以及〈臺灣農民生計之研究〉等相關文章中，以此概念將原始資料重新做整理（張漢裕，1984a，頁 310-312）。

二、生活水準

在〈臺灣人民生活水準之測量〉一文，張教授首先區分「生活水準」、「消費水準」和「所得水準」；並說明為何多數經濟學者把生活水準視同消費水準和所得水準。他也區分消費（量）與消費支出；並解說為何消費所作的支出雖不是消費本身，但一般都以消費支出代表消費（量）。他也提出為何研究生活水準必須關心儲蓄，因為儲蓄對生活的安定或將來生活的展望，至為重要，可以說是長期生活水準的重要決定因素。

他還說明計算消費量所用的指標，沒有所得的計算那麼普遍一致。採用非貨幣性指標的作法也屢見不鮮。例如：（1）攝取熱量多少卡洛里或蛋白質多少公克，（2）用布多少尺，（3）多少坪的房間住多少人，（4）電力消費每人多少瓦，（5）醫師與人口的比率、幼兒死亡率、平均壽命如何，（6）兒童就學率、文盲

率如何，（7）報紙、刊物發行數、收音機、電視機普及率，（8）電話普及率或鐵路客運量如何等等指標。

如果能夠將這些項目編成綜合的生活標準指數，則與以貨幣值計算的消費支出不但不衝突，而且可以互相補充。因此，聯合國社會開發研究所以及日本國民生活研究所都有系統地採用這方法。張教授在〈臺灣人民生活水準之測量〉與〈臺灣農民生計之研究〉等文中，也都盡可能地運用了這些概念。

三、財政負擔

在研究日治時代人民財政負擔的輕重問題上，張教授也對財政負擔的概念做了層次分明的界定，使他能在實證分析上，有與眾不同的發現。日治時代臺灣是一個殖民地，基於殖民地可能受到剝削的論調所影響，不少文章乃關注於當時臺灣人民的財政負擔是否過重這個主題。在張教授之前，以矢內原忠雄（1929，周憲文譯，1987）與北山富久二郎（1934，周憲文譯，1959）的討論最具代表。

如本書第一章所述，矢內原忠雄用以判斷財政負擔的指標為每人平均分擔之政府歲入與租稅收入；但是日治時代政府的歲入，除了租稅及公營事業收入外，還包含有日本的補助金及公債。其中，補助金不屬人民的財政負擔，而這部分收入卻占了 1895 至 1904 年政府總歲入相當高的比重。此外，矢內原所計算的租稅負擔額不包含專賣收入，而這部分收入也是當時政府的主要財源。繼矢內原之後，北山在討論臺灣人民的財政負擔時，便計入專賣事業超額利潤。不過，財政負擔的輕重不能只看稅額的多寡，還必須顧及負擔能力。為此，北山進一步求算 1934 年臺灣人民的租稅所得比率，並與同年的日本作比較。

張教授在〈日據時代臺灣經濟的演變〉一文中，自然也深入地探討了此一課題。但是張教授強調財政負擔如何，不是只看稅率就夠了，還必須要看人民對財政的收支有無決定權。此外，張教授認為人民財政負擔輕重的判斷，還必須考慮政府財政給予人民的利益。而政府給予人民的利益，除了要看政府的財政支出結構之外，還要看政府的行政效率。他認為如果政府支出多用於與人民生活相關的項目，則財政負擔雖重，但是人民生活水準及滿足程度卻也可能提高。為此，張教授乃從政府各項支出的比例、人民生產活動的成果、以及食衣住行等消費活動的水準與品質的變化，探究政府財政給予人們的利益（張漢裕，1984f，頁 468-470）。

四、農與非農間的交易條件

在〈臺灣農民所得的變化及其影響因素〉一文中，張教授提出農工產品的交易條件是影響農民所得的一項顯著因素。對於此一交易條件的測量，為減輕繁複的計算，多數的研究都只以農民所得價格（P_a）與所付價格（P_n）的比率，加以衡量。張教授則以農產品交易額（$\Sigma P_a Q_a$）與非農產品交易額（$\Sigma P_n Q_n$）的對比，加以測度，因為影響農、非農相對所得的是雙方產品的交易額，而非單位價比。

經濟學家當然知道影響兩個群體所得對比的是兩者間交易額的比率，而非只是兩群體生產物的相對價格。但是，在實證研究上，討論交易條件時，大多只觸及到相對價格。這可能與各群體產品交易額的估算比較麻煩有關，因為資料不足，常要透過層層的間接推算。

為推演農、非農間交易條件，張教授藉助一個複雜的商品流量圖（commodity flow），將整個臺灣經濟簡化為農業生產、農家

家計、非農業生產、非農業家計、食品市場、非食消費品市場、對外貿易、金融財界等八個部門。又從這八個部門的會計帳中，以十三個數學式子，有系統、一步步地推演出兩部門間的交易條件。最後透過三十多個變數的測量，才估得 1961-70 年間每年農、非農交易額的對比（張漢裕，1984g，頁 92-98）。

在張教授的論著中，他都是盡量這樣地澄清模糊的概念，或精確地定義各變數，然後再以數學或文字，有系統地建構模型。

3.2 資料的整理

張教授重視實證研究。在一篇學生訪問稿中，他說：「史的研究是實證的一種訓練。科學是實證的，沒有實證就沒有科學。……要作實證研究，不要只靠人家的理論及模型，要找事實、材料，還要從歷史中找取教訓，換句話說，應多用歸納法，而不是只用數學或演繹。」（張漢裕，1983a，頁 331）。所以，在建構理論之後，他接著便依據建構的理論，整理資料。而他所使用的資料，包括數字與文字。儘管研究的多是歷史問題，但他都盡可能地使用統計方法，整理數字，以呈現出經濟現象。因此，在數字資料的整理上，可說是發揮了精確、有系統、嚴謹的功夫。

對於所提出的每一個估計步驟中的變數，他都以精確的數據加以計算。例如在〈臺灣農民生計之研究〉一文中，不但分析生計費，也探討環繞生計費之相關變數，例如農家人口數、從業者數、經營面積、總收入、生產費、儲蓄。不只觀察貨幣價值面，也估計各物消費量，以研究生計。

在貨幣面上，除了計算生計費，也求出恩格爾比例。在消費上，除了推算食品中的米與甘藷等主食品之外；還求算水產品、豬肉、雞、蛋、動物油、豆油、豆腐、豆類、麵類、蔬菜、鹹菜、

水果、甘蔗等各種副食；更詳盡估算光熱、木材用量、被服、住居、家具、婚喪祭、保健衛生、交際、嗜好、教育、娛樂等項目的實質支出或消費量。討論飲食時，不僅計算費用與數量，還換算出熱量、碳水化物、脂肪、蛋白質、鈣、磷、鐵等營養素的攝取量（張漢裕，1984a，頁 278-280）。對於戰前每個臺灣人攝取熱量及各種營養素的估計，從完整、精細、嚴謹程度來看，迄今可以說還屬空前絕後。儘管現在電腦發達了，研究者不需要動手計算這些複雜的數字，但是還是無人能出其右。

　　在探討臺灣人民的財政負擔時，除了像北山一樣，分別從政府的角度看其財政收入結構與各項收入的變動，也從人民的角度看其繳納稅額，同時與日本進行比較。他更從政府的歲出結構、每項支出的金額與比率的變動，分析政府財政給予人民的利益。他把 1897-44 年琳瑯滿目的政府支出帳，分成行政費、文化費、調查試驗費、事業費及其他經費五類，計算逐年各類項目的金額及占總支出的比率。這個資料整理工作也是前人還未曾做過的。

　　不僅熱量之估計或財政支出之整理，還有不少其他資料的整理，都是獨一無二，而且涵蓋的時間序列都很長。他把這些計算結果，有系統地以表格或圖形呈現出來。他常說學術工作的投入產出不成正比，而他所整理的這些資料表則大大地減少了後輩研究者的投入時間。既然每一問題的估計過程都含有許多的步驟，每一篇文章就都有許多的表格或圖形。以下附錄表 5 列出幾篇文章的表格與圖形數目。

　　這些表格大都包含了好多行列。例如〈日據時代臺灣經濟的演變〉一文中的 5 個附表，每個附表都含有近 10 行，每行的時間序列大多從 1896 年到 1940 年代初，也就是說，每行約有 50 列。〈臺灣農民所得的變化及其影響因素〉中的 8 個附表，每個

附錄表 5：張教授某些文章中的圖表數目

文章名稱	正表數	圖形數	附表數
臺灣農家所得的演變與食品加工業的發展	19	2	6
臺灣農民所得的變化及其影響因素	12	5	8
臺灣經濟發展過程中糧食供應需求結構之變化與展望	28	10	3
臺灣人民生活水準之測量	21	3	0
臺灣農民生計之研究	34	0	0
臺灣米糖比價之研究	15	0	0
日據時代臺灣米穀農業的技術開發	17	2	0
日據時代臺灣經濟的演變	26	5	5
臺灣經濟發展過程中所得分配變動之分析	13	4	3
臺灣經濟成長中家庭所得分配及消費支出的差距變化	16	4	1

附表都含有近 10 行或 10 行以上，每行的時間序列都從 1961 年到 1970 年。這些繁複且大量的計算工作，是在電腦還不發達的時代，或用功能很簡單的計算機，或用手及筆，一個數字一個數字地計算出來的。

對於所使用資料的來源，都有詳細的說明。在資料的整理過程中，如何從原始資料得到表中的數字，以及資料整理的理論依據何在，也都詳加說明。雖然這些工作在今天的研究報告中都屬必要，所以可能不算什麼。但是，如果翻閱張教授那個時代的文章，並非都如此。這些資料來源或註解，對於相關領域之後輩學者，在查閱資料時，提供了很多方便之處。

3.3 事實的發現

透過上述的資料整理及估計工作，張教授洞見到環繞於每一經濟問題背後的縱橫交錯的因果關係。綜合許多的這種論據，最後他才提出自己的論點。曾在學生訪問他時，他說自己治學的態

度為:「有三分說三分,沒有就說沒有,知之為知之,不知為不知,是知也。……『知』是要相信,到此程度,才是『真知』,無論學術的,生活都是如此,也唯有這樣才能讓人相信。」(張漢裕,1983a,頁336)。他在每一篇研究中,對於所做的結論,都有許多的事實作為論據。秉持著真知的信念,張教授都在全面綜合這些事實後,才謹慎地提出結論。

以下試舉幾例,加以闡明張教授這種嚴謹的態度:

一、戰前與戰後農家生活水準之比較

在〈臺灣農民生計之研究〉一文中,透過許多相關的資料,他觀察到農家在1950-51年與戰前的生計有以下的變化:

1. 每一成年農業從業者所負擔扶養的人口數從1931-32年的2.33增為1950-51年的2.65。
2. 每戶經營面積從1931-32年的3.27甲縮為1950-51年的2.19甲。
3. 每戶平均實質總收入從1931-32年的2,141圓縮為1950-51年的1,503元。
4. 平均每戶實質家計費從1931-32年的804圓降為1950-51年的749元。
5. 平均每人實質家計費從1931-32年的87圓降為1950-51年的79元。
6. 飲食費占總家計費之比率從1931-32年的51%提為1950-51年的55%。
7. 第一生活費占總家計費之比率從1931-32年的66%提為1950-51年的77%。
8. 每家木材用量,1950-51年比二次大戰中的1941-42年為多,但還未恢復到1936-37年的水準。
9. 每家的實質被服費,1950-51年減低到1936-37年的一半。

10. 第二生活費無論從實質支出額或比率而言，1950-51 年都比戰前的 1931-32、1936-37、1941-42 年低。

綜合以上這些事實，他才下了「戰後 1950-51 年農家的實質生活較戰前 1930 年代以來的水準低。」的結論。

二、戰前生活水準之高低

那麼戰前的生活水準如何呢？對於這個問題，他也從諸多方面加以觀察。例如從主食、植物性副食品、動物性副食品、調味品等約二十種物品的消費量，推算出成人農民每人一日所攝取的熱量以及各種營養素。並將計算結果與美國醫藥助華會編譯之《營養學集要》所建議的勞力者飲食質量、以及中國普通農民每日飲食質量比較，得到附錄表 6 的結果。

根據該表的估計結果，張教授表示：臺灣每一成年農民平均每日攝取熱量 3,600 卡洛里，假使成人平均體重 60 公斤，則每一體重單位約攝取 60 卡洛里。按現在營養學主張，成年勞力者每一體重單位每天熱力需要量為 45 到 50 卡洛里。故上述熱量，對中等勞力者而言，足而有餘；也遠遠地超過中國的 2,500 卡或美國醫藥助華會建議的 3,000 卡。不過，他也提出臺灣農民的飲食，

附錄表 6：臺灣人與其他地區平均每人攝取的營養素

地區	熱量（卡洛里）	碳水化物（公分）	脂肪（公分）	蛋白質（公分）			鈣（公分）	磷（公分）	鐵（公絲）
				計	植物	動物			
臺灣	3600	750-760	20-30	80-83	8/10	2/10	0.25-0.3	1.1-1.3	10-22
建議	3000		65-80	70-80	2/3	1/3	1	1.2-1.5	10-22
中國	2500	480	80	80	95/100	5/100	1.2	1.2	20

資料來源：張漢裕，1984a，頁 282。

在熱量、碳水化物、植物蛋白質方面足而有餘，在鐵與磷方面也幾無問題，但是脂肪、動物蛋白質、鈣等的攝取似仍不足。

三、日治時代臺灣人民的財政負擔

他把 1897-1944 年的政府支出，分成行政費、文化費、調查試驗費、事業費及其他經費五類，計算各項的金額及比例。發現在四十八年中，除了 1897、1898 及 1905 年行政費居首位，1914、1943 及 1944 年其他費用最高之外，其餘年次中都以事業費的比率為最高。

從張教授的計算中，可整理出事業費百分比的分配如附錄表 7 所示。也就是說，在四十八年中，事業費占政府總支出的百分比未達 50% 的只有一年。即使總支出剔除交通局費與專賣局費，四十八年間，也有十六年的事業費百分比超過 50%。經過這樣的計算，透過這樣的數據，張教授才對總督府財政在臺灣經濟建設所盡的力量這個問題上下結論。

此外，又以文字資料作為輔助，觀察政府的行政效率，以及政府財政帶給人民的效用，得到以下的發現。

附錄表 7：事業費占總支出百分比的分配

百分比	含或不含交通局費與專賣局費	
	含（年數）	不含（年數）
30-40	0	5
40-50	1	27
50-60	5	12
60-70	27	4
70-80	15	0

資料來源：張漢裕，1984f，頁 470-475。

1. 在生產面上，米糖的產量與品質大幅提高了。這與政府的強大組織與財政力量，建設水利設施，開發農業技術有關。

2. 在消費面上，人民的生活程度以及生活方式可以說都有進步。這一點，可以從以下幾個層面來印證：

   a. 食的方面：平均每人米消費量雖減少了一些，但是鹽、糖、菸、酒的消費量卻都有增加，品質也有改善。比方黑糖變為赤砂，菸袋和菸絲變為紙菸，酒也在衛生方面略有改進。

   b. 衣的方面：頭布變為帽子。棉服變為西裝，從前的光腳也穿了襪子。

   c. 住的方面：用磚瓦蓋的房屋也增加了。

   d. 行的方面：從前徒步的已經利用火車或汽車，腳踏車也普遍到每一個角落。

張教授認為這些演變雖然不能全部歸功到總督府的行政，可是無論如何，上述的演變確實是以總督府的財政運用或財政行政為原動力的。也就是說，政府財政運用是人民生活改善的重要因素之一。

綜合政府的歲入、人民的納稅額、政府的歲出等量化資料，以及人民生活方式、生活品質等質化資料所傳遞的很多訊息，張教授才對人民的財政負擔下結論到：人民的財政負擔雖然不輕，但從總督府的財政所得到的效用也不低。

3.4 特點

綜上所述，張教授的研究方法，至少有以下幾個特點：

1. 以精確的數字及嚴謹的推理作為論據。這樣的研究態度使他能夠掙脫意識型態的制約，從而洞見到他人未能發現的事實。

例如臺灣戰前生活水準已經不低；日治時代人民的財政負擔並非如一般人所言那般重；戰後初期的生活水準還低於戰前的 1930 年代。在戰前或戰後解嚴以前，有不少學者，仍然有意地屈就或無意地受困於一些意識型態。絕大多數的學者對於這些課題或其他殖民地的相關問題，總是以先入為主的觀點做籠統性的討論，而未能以精確的數據以及嚴謹的邏輯推理，加以分析。

2. 以統計方法，整理數字資料。從 1950 年代研究臺灣經濟時，在處理資料、進行估計、尋找或呈現資料的性質時，他都盡量運用統計方法。這種運用統計方法，處理大量數字，以研究經濟史問題的方法，有別於傳統經濟史的研究方法，因而被稱為新經濟史。[8] 在 50 年代，新經濟史在臺灣的發展還未興盛時，張教授已經掌握它了。他所用的統計工具雖然不是繁雜的計量模型，但卻已經足以讓他從中發現到許多前人無法看到的事實。

3. 重視時間因素。他的研究在時間序列上，除了向前推到戰前，對於戰後的問題，他也盡量拉長觀察時間。例如在探討臺灣戰後家庭所得分配的變遷趨勢時，有系統且又深入的研究大多利用家庭收支調查報告，觀察的時間序列大都也就開始於 1960 年代。張教授對此一主題的研究時間卻起於 1953 年，這樣的處理不僅強化了研究的深度，更讓他發現臺灣所得分配的變化趨勢與 Kuznets 的發現並無二致，亦即在長期成長的早期階段，所得分配的不均度有擴大的傾向，直到後期階段才趨於平均化。

為了拉長時間序列，他在每一課題的研究中，都盡最大的努力，蒐集並整理所有可能的資料。為此，他必須做相當多的繁複計算工作，但是他都不逃不避，鍥而不捨地完成之。例如在〈日據時代臺灣經濟的演變〉一文，他除了把北山所計算過的各種政

---

8 關於新經濟史研究方法的發展，詳見第二章的討論。

府歲收以及估計的專賣事業超額利潤等序列，延長到資料許可的 1937 或 1941 年之外，還計算了 1896-1944 年的各項政府支出。這種治學態度是他敬業樂業精神的體現。

4. 以堅實的事實支持論點。上一小節舉了他一些獨到的論點，都是窺探並綜合精確數據背後所隱含的許多經濟事實之後，才提出的。在其他論著中所提出的結論，也都是本著這樣的精神。

4. 小結

從以上的論述我們可以歸納張漢裕教授的學術成就為以下三方面：

首先是在「許多」領域上「長期」居權威地位；其次在臺灣戰前或戰後的實際經濟問題上，有許多獨特的發現；最後是從著作的數目來看，也有豐碩的成績。這些成就的獲得與他的治學態度與治學方法有關。他具有仁慈的心、冷靜的頭腦、負責的態度、勇者的風骨、敬業樂業的精神、長久的時間概念（time horizon）。

以仁慈的心與冷靜的頭腦進行研究工作，乃是受到馬夏爾的薰陶。他曾說這樣的研究態度，才能對任何社會、民族、國家的經濟也好，政治也好，究竟對不對或應如何辦法，加以正確的科學分析乃至判斷（張漢裕，1983a，頁 335）。冷靜的頭腦使他的研究得以擺脫意識型態的束縛，而此一精神可能也受到亞當思密的薰陶。亞當思密在研究英國重商主義時代，殖民地的開發政策帶給殖民地人民的利弊損益等問題上，便摒棄意識型態與民族感情的價值判斷，而作冷靜客觀的分析與科學的評估。張教授也本著這樣的精神，看待日治時代的經濟問題。

　　仁慈的心促使他的研究以人的問題為關懷的核心。他之所以特別強調人文因素，其來有自。在學生訪問他時，他曾說：「1930年代是我一生中的黃金年代，在高等學校所受的教育真的是自由（liberal）教育，校長、教師都努力從事於『人』的教育（character building），皆有為國家、社會造『人』的志氣。」（張漢裕，1983a，頁 327）。

　　這種特質可能也是受到幾位經濟學大師的薰陶。他曾說亞當思密的道德哲學（Moral Philosophy）是很廣的，涵蓋了倫理、文化科學（humanities），甚至較社會科學還廣。他稱文化及社會科學為道德哲學，是一種研究「人心」的學問，亞當思密是位「人心」學者（張漢裕，1983a，頁 333）。此外，張教授也曾指出米爾及馬夏爾都把人性、品格的研究，納入財富經濟的研究。例如在馬夏爾的《經濟學原理》第二頁便說：「一面，經濟學是財富的研究，更重要的另一面，是人的研究。」所以，張教授在 1991 年，中國經濟學會召開的「政治經濟研討會」的理事長專題演講中，語重心長地提出，經濟學者要效法這些前輩，在經濟研究中注入人的因素（張漢裕，1994a，頁 3-7）。

　　負責任的態度使得他的見解都有堅實的論據作為基礎。他曾說治學與做人都要秉持著「真知」的精神。所謂真知就是「有三分說三分，沒有就說沒有，知之為知之，不知為不知，是知也。……『知』是要相信，到此程度，才是『真知』，無論學術的、生活都是如此，也唯有這樣才能讓人相信。」（張漢裕，1983a，頁 336）。秉著真知的態度治學，以堅實的論據作為基礎，張教授的研究以及發現，才能一直到今天都還有其存在的價值。

　　勇者的風骨以及負責任的態度使他能夠排除非學術的干擾，將獨到但可能對自己不利的發現公諸於世。他這種維護真理的

精神是從他的老師矢內原忠雄那兒學來的（張漢裕，1983a，頁
336）。[9]他曾說：「我在東大，最初參加的 seminar 就是矢內原
師的那一班，他的課是殖民政策，最具代表性的著作有《帝國主
義下之臺灣》等書。我從老師那兒學來的就是他敢於維護真理的
精神。所謂真理，不但是學術上的，也是道理上的真理。我們除
了談真、求真之外，還要衛真、維護真理，縱令千萬人，該說不
是就說不是，該說是就說是，這種無畏的精神如今是最難能可貴
的。」（張漢裕，1983a，頁 330）

　　敬業樂業的精神，使他一生專業於學術研究，而且直到去世
時，都還致力於研究與教學工作，因而能夠獲得豐沛的研究成果。
在他的研究當中，時間序列都拉得很長。這種重視時間因素的精
神可能與他研究經濟史有關。歷史的研究就是從時間的推移中，
觀察問題發生的因果或史事的演變。時間序列可以無限地向前推，
只要史料存在而且又有其必要。文化制度是一個社會人們的行為
習慣所組成，人們行為習慣的形成與轉變通常要歷經相當久長的
時間。所以，舉凡真正關懷經濟問題與文化制度之關係的研究者，
其內心世界的時間觀念（time horizon）是相當長久的。

　　張教授內心世界的時間概念長久，這是否也是他得以堅守教
學崗位五十多年，致力研究工作六十年的關鍵因素之一呢？

---

9 矢內原以敢言著名。他在中日戰爭開始時，曾因「日本國沒有滅亡，則不會重生。」一語而
　遭筆禍。

附錄附表 1：張教授的學術生涯

一、求學過程

1913：出生

1926-30（14-18 歲）：臺中一中肄業

1934（22 歲）：臺北高等學校畢業（大學預備學校）

1934-37（22-25 歲）：就讀東京帝國大學經濟學部（大學部）

1937-47：東京帝國大學大學院研究（研究所）

1947：獲東京帝國大學經濟學博士

三、學術經歷

1940-43：在東京帝國大學擔任助教

1943-46：在東京帝國大學東洋文化研究所擔任副研究員

1946-48：受聘為國立臺灣大學法學院經濟系副教授

1948-78：受聘為國立臺灣大學法學院經濟系專任教授

1956-66：兼經濟學系及經濟學研究所主任

1978-98：自願退任臺大專任教授，改聘為兼任教授。

1986-98：臺大名譽教授

1978-91：淡江大學企業管理系專任教授

1991-98：淡江大學兼任教授

1993-98：淡江大學榮譽教授

1991-92：中國經濟學會理事長

1955/3-55/6：應聘任東京大學經濟學部客座教授

1962/3-63/3：在美國芝加哥大學經濟發展與文化變遷研究中心研究

1967/8-67/10：應韓國文教部之聘，赴韓考察，並在漢城大學講學。

1971/8-72/3：應聘在日本亞洲經濟研究所協同研究

三、獲頒獎項

1988/11/11：協志工業振興會工業心理建設獎狀

1990/11/15：第十三屆吳三連基金會社會科學卓越成就獎

1993/12/21：臺美基金會社會科學成就獎

附錄附表 2：張教授著、譯作目錄

著書

1. 《西洋經濟發展史》，著者發行，1961 年初版，1994 年 6 版。

2. 《西洋經濟思想史概要》，著者發行，1962 年初版，1993 年 9 版。

3. 《イギリス重商主義研究》，1954 年，東京：岩波書店。

4. 《日本企業經營之研究》，1989 年，臺北：行政院經濟建設委員會經濟研究處。

5. 《日本社會保障制度》，1992 年，臺北：行政院經濟建設委員會經濟研究處編印。

6. 張漢裕博士文集（一）：
   書名：《經濟發展與農村經濟》
   編輯背景：為慶祝六十一歲生日，朋友及學生選編其該方面的重要論文編成。
   出版時間：1974 年 8 月初版；1984 年 9 月再版。
   發行者：張漢裕博士文集出版委員會

7. 張漢裕博士文集（二）：
   書名：《經濟發展與經濟思想》
   編輯背景：為慶祝六十一歲生日，朋友及學生選編其該方面的重要論文編成。
   出版時間：1974 年 8 月；1984 年 9 月再版。
   發行者：張漢裕博士文集出版委員會

8. 張漢裕博士文集論文集（三）：
   書名：《經濟發展與所得分配》，分為上下兩篇，上篇名為所得、消費、支出住宅；下篇名為管理、教育。
   編輯背景：為慶祝七十歲生日，朋友及學生選編其該方面的重要論文編成。
   出版時間：1983 年 11 月
   發行者：張漢裕博士文集出版委員會

9. 張漢裕博士文集論文集（四）：

　　書名：*Economic Development and Income Distribution in Taiwan.*

　　編輯背景：為慶祝七十歲生日，朋友及學生選編其該方面的重要論文編成。

　　出版時間：1983 年

　　發行者：張漢裕博士文集出版委員會

10. 張漢裕博士文集論文集（五）：

　　書名：《途上地域の開發と近代化》

　　編輯背景：為慶祝七十歲生日，朋友及學生選編其該方面的重要論文編成。

　　出版時間：1983 年 11 月

　　發行者：張漢裕博士文集出版委員會

11. 張漢裕博士文集論文集（六）：

　　書名：《職業倫理與日本研究》

　　編輯背景：為慶祝八十歲生日，朋友及學生選編其該方面的重要論文編成。

　　出版時間：1994 年 4 月

　　發行者：張漢裕博士文集出版委員會

12. 張漢裕博士文集論文集（七）：

　　書名：《東アジア現代化を念う》

　　編輯背景：為慶祝八十歲生日，朋友及學生選編其該方面的重要論文編成。

　　出版時間：1995 年 5 月

　　發行者：張漢裕博士文集出版委員會

論文

一、中文 *

1. 〈與其發行大鈔不如壓低物價〉，《公論報》，1948 年 4 月 9 日，（文集二）。

2. 〈經濟作風論〉，《人文科學論叢》1，1949 年 2 月，（文集二）。

3. 〈日據時代臺灣經濟的演變〉，《臺灣銀行季刊》4（4），1951 年 12 月，（文集一）。

4. 〈臺灣米糖比價之研究〉，《臺灣銀行季刊》5（4），1953 年 12 月。轉載於「臺灣研究叢刊」第 24 種《臺灣米糖比價之研究》，1953 年 7 月，（文集一）。

5. 〈臺灣農民生計之研究〉，《社會科學論叢》6，1955 年 6 月。轉載於《臺灣銀行季刊》8（4），1956 年 12 月，（文集一）。

6. 〈歐洲封建制度之基本概念〉，《中國經濟月刊》64，1956 年 1 月輯錄於《西洋經濟發展史》，（文集二）。

7. 〈中古初期歐洲莊園村落社會經濟論〉，《社會科學論叢》7，1956 年 8 月。輯錄於《西洋經濟發展史》，（文集二）。

8. 〈英國重商主義要論〉，《薩孟武先生六十晉一華誕紀念社會科學論文集》，1957 年 3 月。輯錄於《西洋經濟思想史概要》，（文集二）。

9. 〈日據時代臺灣米穀農業的技術開發〉，《臺灣銀行季刊》9（2），1957 年 9 月，（文集一）。

10. 〈論瑪克司・偉伯（Max Weber）的「近代資本主義」與「資本主義精神」〉，《社會科學論叢》9，1959 年 7 月。輯錄於《西洋經濟發展史》，（文集二）。

---

* 　資料來源：張漢裕博士文集一至七。文章最後的（文集 X）是指該文收入張漢裕博士論文集 X。

11.〈M. Weber（偉伯）的生平與學術簡介〉，瑪克司・偉伯著，張漢裕譯《基督新教的倫理與資本主義的精神》譯者跋，1960 年 1 月，（文集二）。

12.〈近百年來經濟學方法論概要〉，《二十世紀之社會科學——經濟學》，臺北：正中書局，1961 年 9 月。輯錄於《西洋經濟思想史概要》。

13.〈有關經濟學發展的兩大前提和九點建議〉，《財政經濟月刊》11（10），1961 年 9 月，（文集二）。

14.〈中古城市社會經濟〉，《西洋經濟發展史》，1961 年 10 月，（文集二）。**

15.〈瑪克司・偉伯的社會科學方法論〉，《財政經濟月刊》11（12），1961 年 11 月。輯錄於《西洋經濟思想史概要》。

16.〈約翰・密爾的社會經濟思想〉，《財政經濟月刊》12（1），1961 年 12 月。輯錄於《西洋經濟思想史概要》。

17.〈重農學派的大師——弗蘭索・揆內的「經濟表」〉，《財政經濟月刊》12（2），1962 年 1 月。輯錄於《西洋經濟思想史概要》。

18.〈西洋現代企業家精神及其成立之研究〉，《大陸雜誌》24（7）、（8）、（9），1962 年 4、5、6 月，（文集二）。

19.〈投資環境與經濟發展〉，〈經合會「投資業務講習班」講義〉，1964 年，（文集二）。***

20.〈關於教育與經濟發展的關係之一個事例研究——日本明治初 30 年間第一次工業革命過程中教育建設的功能〉，《大同學報》1，1966 年 11 月，（文集二）。

** 文集六譯著目錄中篇名為〈中古西歐城市社會經濟〉，但查所列之資料來源《西洋經濟發展史》一書中的篇名中無「西歐」兩個字。

*** 原篇名為〈經合會投資業務講習班講義〉，文集六的目錄為經合會投資業務講習班講稿，此處改為「經合會投資業務講習班講稿」。

21.〈我國人力資源發展計畫中教育與訓練方案之有效性評估〉，《大同半月刊》49（15），1967 年 8 月，（文集二）。

22.〈從研討陶納教授所著「中國的教育」談到現代化教育的目標〉，《新生報》「星期專論」，1967 年 11 月 5 日，（文集二）。

23.〈經濟發展中之人力開發〉，《新生報》「星期專論」，1968 年 1 月 7 日，（文集二）。

24.〈論現代工業社會的企業家作風及職業倫理〉，《新生報》「星期專論」，1968 年 4 月 14 日，（文集二）。

25.〈有關增稅及發行健全公債的若干建議〉，《新生報》「星期專論」，1968 年 8 月 18 日，（文集二）。

26.〈美援期間臺灣經濟之發展及其戰略因素〉，《臺灣銀行季刊》20（4），1969 年 12 月，（文集二）。

27.〈P. F. Drucker（杜拉卡）教授及其經營理論簡介〉，彼德・杜拉卡著，張漢裕主編，大同工學院事業經營研究所籌備處譯《企業經營演習》譯跋，1970 年 1 月，（文集二）。

28.〈經濟發展與基督教〉，臺大經濟學會《經濟論叢》7，1970 年 6 月，（文集二）。

29.〈臺灣人民生活水準之測量──以農民、非農民的比較為中心〉，《臺灣銀行季刊》21（4），1970 年 12 月，（文集一）。

30.〈臺灣經濟發展過程中糧食供應需求結構之變化與展望〉，《經濟論文叢刊》2，1971 年 11 月；《臺灣銀行季刊》22（4），1971 年 12 月，（文集一）。

31.〈日本農業與農政的新動向〉，《自立晚報》，1972 年 7 月 20 日，（文集二）。

32.《A. Smith 的「國富論」》，《西洋經濟學者及其名著辭典》，臺北：臺灣銀行經濟研究室，1972 年 8 月，（文集二）。

33.《E. Engel 的「比利時工人家族的生活費」》，《西洋經濟學者及其名著辭典》，臺北：臺灣銀行經濟研究室，1972 年 8 月，（文集二）。

34.《T. S. Ashton 的「產業革命」》，《西洋經濟學者及其名著辭典》，臺北：臺灣銀行經濟研究室，1972 年 8 月，（文集二）。

35.〈臺灣農民所得的變化及其影響因素的分析〉，《經濟論文叢刊》3，1972 年 12 月，（文集一）。

36.〈臺灣農家所得的變化與食品加工業的發展〉，《臺灣銀季刊》24（4），1973 年 12 月，（文集一）。

37.〈臺灣農民所得的變化與農家加工業的發展〉，《自由中國之工業》41（1），1974 年 1 月，（文集三）。

38.〈事業家的經濟義俠道與學人的敬業精神〉，《張漢裕博士文集》出版紀念會上談話《大同月刊》56（24），《臺大法人》24，1974 年 12 月，（文集三）。

39.〈臺灣經濟發展過程中所得分配變動之分析〉，《1975 年中國經濟學會年會論文集》，《臺灣銀行季刊》26（4），1975 年 12 月，（文集三）。

40.〈契約農作與計畫產銷〉，《農業經濟半年刊》19，臺北：中興大學農業經濟研究所，1976 年 6 月，（文集三）。

41.〈未來經濟發展中農家所得應有的水準〉中央研究院「臺灣經濟發展方向及策略研究會」上發表，嗣刊《今日合庫》2（10），1976 年 10 月，（文集三）。

42.〈臺灣地區住宅問題的經濟分析與計畫〉，《臺灣銀行季刊》28（4），1977 年 12 月，（文集三）。

43.〈臺灣經濟成長中家庭所得分配及消費支出的差距變化〉中央研究院「臺灣所得分配會議」中發表，《臺灣銀行季刊》29（4），1978 年 12 月，（文集三）。

44.〈豐田、日產的經濟戰力豐田經營管理的特徵〉，《工商時報》，1982 年 3 月 9、10 月，（文集三）。

45.〈師生問答──「一位經濟學人的成長歷程」〉，《臺北市銀月刊》13（12），1982 年 12 月，（文集三）。****

46.〈「國富論」的所得形成與富裕度量標準論〉，《經濟論文叢刊》11，1983 年 5 月，（文集三）。

47.〈為經濟學系同學推薦幾本必讀的書〉，《經濟論叢》3，1966 年，（文集三）。

48.〈Adam Smith「國富論」的國民所得測量標準論〉── 紀念國富論決定版出刊兩百年講辭，《中國經濟學會年會論文集》，1983 年，（文集六）。

49.〈職業觀念與技術變遷〉，《經濟論文叢刊》12，1984 年 5 月，（文集六）。

50.〈張漢裕教授訪問錄──涉談大英殖民國協〉，《企薪》創刊號，淡江大學企管系 73 學年度三年級編印，1984 年，（文集六）。

51.〈關於經濟研究的一些回顧以及一點希望──中國經濟學會「政治經濟研討會」理事長專題演講〉，《中國經濟學會年會論文集》，1991 年，（文集六）。

二、日文

1.〈ステープルとステープル商人の歴史〉，《社會經濟史學》9（7）、（8），（社會經濟史學會），1939 年 10 月、11 月，輯錄於《イギリス重商主義研究》。

2.〈トーマス・マンの貿易差額論とブリオリズム〉，《經濟學論集》10（7），1940 年 7 月，輯錄於《イギリス重商主義研究》。

3.〈蘭印における各國資本關係の發展〉，《國際經濟研究》1941 年 1 月號，東京：國際經濟研究所。

**** 經查證，24卷（1992年12月）以前刊名為《臺北市銀月刊》，此後則改名為《臺北市銀行月刊》。

4.〈名譽革命前後におけるイギリス重商主義の本質─保護主義と自由
貿易論〉，《經濟學論集》11（7），1941 年 7 月，輯錄於《イギリス
重商主義研究》。

5.〈トーマス・マン著「外國貿易によるイギリスの財寶」の役割及びそ
の變遷〉，トーマス・マン《外國貿易によるイギリスの財寶》之解說，
東京：岩波文庫，1942 年 7 月，輯錄於《イギリス重商主義研究》，（文
集五）。

6.〈重商主義と舊殖民體制〉，《經濟學論集》13（3），1943 年 3 月，
輯錄於《イギリス重商主義研究》。

7.〈重商主義の殖民地統制〉，《統制經濟》，東京：東京商科大學，
1943 年 3 月。

8.〈アダム・スミスの殖民地論─重商主義批評の結び〉，《經濟學論集》
14（3），1944 年 3 月，輯錄於《イギリス重商主義研究》。

9.〈マックス・ウエーバーにおける近代資本主義と資本主義の精神〉，
《矢內原忠雄先生還曆紀念論文集（上卷）古典派經濟學研究》，東京：
岩波書店，1958 年 3 月，（文集五）。

10.〈米國經濟援助期間における臺灣經濟の發展〉，《大塚久雄教授還
曆紀念論文集 II　國民經濟の諸類型》，東京：岩波書局，1968 年
10 月，（文集五）。

11.〈經濟成長下における食料需給構造の變轉─臺灣のケース〉，《ア
ジア經濟》13（5），1972 年 5 月，（文集五）。

12.〈經濟成長下における人民生活水準の向上及び農民、非農民間の格
差擴大─臺灣の場合〉，《經濟研究》23（3），1972 年 7 月，（文
集五）。

13.〈臺灣の無教會─その沿革、近況、現狀（1987 年無教會夏期懇話會
記錄）〉，東京：キリスト教圖書出版社，（文集七）。

14.〈挨と感想─日台のきづな、台日の橋（1989 年台日韓無教會懇話會
記錄）〉，《雜誌》1、2，東京：キリスト教圖書出版社，（文集七）。

15.〈ゴール目ざしてひたすら走する人にほまれの冠が贈られる（師友 學問―ヨーマン會の半世紀）〉，東京：大塚久雄教授演習同窗會， 1990 年。

16.〈職業エトス、技術變化および經營文化－アヅア經濟現代化のため の比較史的素描〉，望月幸義永安幸正編《グローバル時代の經濟倫 理》，千葉縣柏市：廣池學員出版部，1991 年，（文集七）。

三、英文

1."Japanese Colonial Development Policy in Taiwan, 1895-1906: A Case of Bureaucratic Entrepreneurship," *The Journal of Asian Studies* 22(4), August 1963.

2."On Human Development in Economic Development," A Lecture Delivered in Seoul University, Korea, September 20, 1967,《經濟論叢》5，1968 年 6 月， （文集四）.

3."A Report on the Education and Training Programs of the Manpower Development Planning in Taiwan," *Proceedings of Conference on Economic Development of Taiwan, Jointly sponsored by China Council on Sino-American Cooperation in the Humanities and Social Sciences and U.S. Joint Committee on Sino-American Cooperation in the Humantities and Social Science,* Taipei, June 19-28, 1967,（文集四）.

4."A Study of the Living Conditions of Farmers in Taiwan 1931-1950," *The Developing Economies* 7(1), March 1969,（文集四）.

5."Economic Growth and Income Disparity in Taiwan, 1953-1975," presented at the Second Regional Conference of the International Assoication for Research in Income and Wealth(IARIW), held April 3-7, 1978, in Manila. in *Socioeconomic Development* Edited by Kazushi Ohkawa and Bernard key, University of Tokyo Press, 1980, （文集四）.

6."Development of Irrigation Infrastracture and Management in Taiwan, 1900- 1940: Its Implications for Asian Irrigation Development," presented at the International Symposium on "Water and Agriculture in East Asia," held July

31-August 3, 1981, in Okinawa and Tokyo. (in *Economic Essays* 9(1), Taipei: National Taiwan University).

7. "The Japanese View of Business and Work," in *Business Ethics: Japan and Global Economy*, edited by Thomas W. Dunfee, Yukimasa Nagaysau, Dordrecht, The Netherlands: Kluwer Academic Publishers, 1993,（文集七）.

翻譯

1. 瑪克司‧偉伯：《基督新教的倫理與資本主義的精神》，「協志工業叢書」，1960 年 1 月。

2. F. 哈彼遜：《經濟發展之一因素——企業家活動組織》（合譯），《大同半月刊》47（17）、（18），1965 年 9 月 1、16 日。

3. A. Smith：《國富論（下冊）》，「經濟學名著翻譯叢書」，臺北：臺灣銀行經濟研究室，1968 年 1 月。

4. 矢內原忠雄：《基督教入門》，「協志工業叢書」，1968 年 10 月。

5. 彼德 F. 杜拉卡：《企業經營演習》（主編），「協志工業叢書」，1970 年 1 月。

6. T. S. Ashton：《產業革命》（附譯者跋），「協志工業叢書」，1993 年 1 月，（文集六）。

7. R. H. Tawney：《中國的土地與勞力》，「協志工業叢書」，1995 年 5 月。

8. トーマス‧マン：《外國貿易によるイギリスの財寶》，東京：岩波文庫，1942 年。

9. マックス‧ウエーバー：《儒教と清教（Konfuziansmus und Puritanismus）》，國際基督教大學アヅア文化研究委員會，1959 年輯錄於大塚久雄譯《マックス‧ウエーバー宗教社會學論選》，みすず書房，1972 年。

書評與介紹

1. 〈ヘルデレン『蘭領東印度輓近の野外經濟政策』〉（J. Van Gelderen, *The Recent Development of Economic Foreign Policy in the Netherlands East Indies*），《経済学論集》11（1），1941 年 1 月。

2. 〈藤原守胤『アメリカ建國史論』上下二冊〉，《経済学論集》11（3），1941 年 3 月，（文集五）。

3. 〈ヴィルヘルミーネ・ドライスィッヒ『獨逸重商主義の貨幣及び信用學』〉，《経済学論集》12（1），1941 年 1 月。

4. 〈日本植民史及び日本植民思想史〉（黑田謙二），《経済学論集》12（10），1941 年 10 月，（文集五）。

5. 〈ヘルデレン『熱帶植民地經濟學講義』書評（岩隅博譯『インドネシヤ經濟の理論的分析』）〉，《経済学論集》12（10），1941 年 10 月，（文集五）。

6. 〈我が師を偲ぶ〉，《みすず》4：4，東京：みすず書房，1962 年 4 月。輯錄於《矢內原忠雄——信仰、學問、生涯》，東京：岩波書店，1968 年 8 月，（文集五）。

7. 〈矢內原忠雄先生『帝國主義下の臺灣』刊行にちなんで〉，《矢內原忠雄全集》2，1963 年 5 月。輯錄於《矢內原忠雄——信仰、學問、生涯》，東京：岩波書店，1968 年 5 月，（文集五）。

8. 〈すべてが相ひきて益をなす〉，《大塚久雄著作集》8，1969 年 10 月，（文集五）。

9. R. H. Myers and M.R Peattie, *The Japanese Colonial Empire 1895-1945*（Princeton University Press），《經濟論文叢刊》，16（4），1988 年 12 月。

附錄附表 3：張教授在臺大經濟系開授的課程

課程名稱	開授學年度	開授系所
中國經濟專題研究	39、43	大學部
臺灣經濟史	39	大學部
近代資本主義	43	大學部
西洋經濟史	46、49、50、52-59、61-83	大學部
西洋經濟思想史	46、50、52-57、59、61-68	大學部
西洋經濟史研究	52-57	研究所
經濟發展與教育	52	研究所
東亞經濟史研究	54	研究所
臺灣經濟問題與政策	57-59	研究所
西洋經濟發展史研究	58	研究所
經濟發展（二）	61-64	研究所
經濟發展專題研究	65、66	研究所
經濟思想史專釋	76	大學部
經濟思想史研究	79	大學部／研究所
經濟思想史	80-86	大學部
職業倫理	83、84	大學部／研究所
經濟倫理	85	大學部／研究所
經濟倫理專題研究	86	研究所

資料來源：臺大社會科學院教務分處提供。

註解：缺 35-38、40-42、44-45、47-48 學年度的資料。

附表

附表 6-1：蓬萊米與在來米歷年兩期作合計面積

年度	種植面積（甲）		種植面積的變化（甲）		占水稻面積比例（%）	
	在來米	蓬萊米	在來米	蓬萊米	在來米	蓬萊米
1901	303614.95	- -	- -	- -	83.34	- -
1902	305634.74	- -	2019.79	- -	85.93	- -
1903	345665.46	- -	40030.72	- -	84.91	- -
1904	374794.12	- -	29128.66	- -	83.55	- -
1905	393117.63	- -	18323.51	- -	85.23	- -
1906	402085.77	- -	8968.14	- -	85.05	- -
1907	413791.86	- -	11706.09	- -	85.10	- -
1908	421498.25	- -	7706.39	- -	85.39	- -
1909	427728.66	- -	6230.41	- -	86.63	- -
1910	406036.49	- -	-21692.17	- -	86.32	- -
1911	420758.25	- -	14721.76	- -	85.24	- -
1912	420106.39	3.10	-651.86	- -	84.68	0.00
1913	428622.68	15.77	8516.29	12.67	84.11	0.00
1914	429336.60	25.33	713.92	9.56	83.34	0.00
1915	422979.07	36.15	-6357.53	10.82	83.55	0.01
1916	404364.64	69.25	-18614.43	33.10	83.16	0.01
1917	399677.01	73.51	-4687.63	4.26	83.16	0.02
1918	412328.97	121.60	12651.96	48.09	82.75	0.02
1919	418843.40	97.96	6514.43	-23.64	81.71	0.02
1920	417416.60	151.30	-1426.80	53.34	80.95	0.03
1921	420726.29	229.60	3309.69	78.30	82.37	0.04
1922	426806.80	427.01	6080.51	197.41	80.98	0.08
1923	423525.05	2482.78	-3281.75	2055.77	80.90	0.47
1924	415037.73	25075.88	-8487.32	22593.10	75.75	4.58
1925	369715.46	70821.13	-45322.27	45745.25	65.11	12.47
1926	335569.28	123258.87	-34146.18	52437.74	57.39	21.08
1927	370850.41	102555.57	35281.13	-20703.30	67.24	18.59
1928	333044.54	134208.97	-37805.87	31653.40	55.23	18.59
1929	358234.43	102301.55	25189.89	-31907.42	61.18	17.47

接續上表

年度	種植面積（甲）		種植面積的變化（甲）		占水稻面積比例（%）	
	在來米	蓬萊米	在來米	蓬萊米	在來米	蓬萊米
1930	370323.40	135225.88	12088.97	32924.33	58.47	21.35
1931	370753.40	147435.88	430.00	12210.00	56.75	22.57
1932	346472.37	193926.08	-24281.03	46490.20	50.59	28.32
1933	313844.12	237409.48	-32628.25	43483.40	45.07	34.09
1934	284961.55	269504.85	-28882.57	32095.37	41.44	39.19
1935	262938.25	304959.90	-22023.30	35455.05	37.58	43.59
1936	271253.61	298993.40	8315.36	-5966.50	38.61	42.55
1937	278929.90	312844.23	7676.29	13850.83	41.14	46.14
1938	255148.97	310696.39	-23780.93	-2147.84	39.57	48.19
1939	243621.86	317014.85	-11527.11	6318.46	37.74	49.11
1940	258027.73	334006.49	14405.87	16991.64	39.19	50.73
1941	248293.51	364167.94	-9734.22	30161.45	37.23	54.60
1942	212176.49	391418.76	-36117.02	27250.82	33.38	61.58
1943	211110.00	393844.85	-1066.49	2426.09	33.57	62.62
1944	186961.24	413257.73	-24148.76	19412.88	30.19	66.73
1945	235741.86	276490.21	48780.62	-136767.52	44.77	52.50
1946	339630.59	202098.96	103888.73	-74391.25	58.41	34.76
1947	391471.04	255274.86	51840.45	53175.90	56.04	36.55
1948	357807.93	316034.59	-33663.11	60759.73	48.36	42.71
1949	353676.07	348860.75	-4131.86	32826.16	45.88	45.26
1950	345734.59	375137.24	-7941.48	26276.49	43.54	47.24
1951	338869.76	397376.51	-6864.83	22239.27	41.66	48.85
1952	322931.57	412333.20	-15938.19	14956.69	39.87	50.90
1953	327682.58	408212.59	4751.01	-4120.61	40.83	50.87
1954	334236.59	400895.42	6554.01	-7317.17	41.74	50.07
1955	317626.33	398071.37	-16610.26	-2824.05	41.04	51.43
1956	288918.96	464701.31	-28707.37	66629.94	35.76	57.52
1957	285441.37	473302.77	-3477.59	8601.46	35.35	58.61
1958	282997.46	474841.42	-2443.91	1538.65	35.28	59.19
1959	272088.08	492826.56	-10909.38	17985.14	34.01	61.60
1960	271133.56	482266.52	-954.52	-10560.04	34.32	61.04

資料來源：1921 年以前之蓬萊米依據臺中州立農事試驗場，1927，頁 2-3；
　　　　　1901-45 年之在來米及 1922-45 年之蓬萊米依據臺灣省行政長官公署，
　　　　　1946，頁 203；1945 以後的資料依據臺灣省政府農林廳，1947-61。

附表 6-2：蓬萊米歷年一期作與二期作種植面積

年度	一期作	二期作	年度	一期作	二期作
1910	- -	- -	1928	101749.69	32459.28
1911	- -	- -	1929	73600.93	28700.62
1912	3.10	- -	1930	80353.40	54872.47
1913	15.77	- -	1931	92504.43	54931.44
1914	25.33	- -	1932	119228.14	74697.94
1915	36.15	- -	1933	151228.56	86180.93
1916	69.25	- -	1934	162752.58	106752.27
1917	73.51	- -	1935	186923.61	118036.29
1918	121.60	- -	1936	176515.46	122477.94
1919	97.96	- -	1937	174461.65	138382.58
1920	151.30	- -	1938	167386.19	143310.21
1921	229.60	- -	1939	156069.18	160945.67
1922	427.01	- -	1940	162076.70	171929.79
1923	2255.77	227.01	1941	175783.51	188384.43
1924	14176.80	10899.07	1942	175006.60	216412.16
1925	58794.12	12027.01	1943	174166.19	219678.66
1926	111796.80	11462.06	1944	189431.13	223826.60
1927	78847.53	23708.04	1945	146467.84	130022.37

資料來源：同附表 6-1。

附表 6-3：稻作生產函數估計結果

參數	在來米					
	1925-26		1926-27		1950-51	
β_0	11.3490	(2.007)**	10.3490	(1.270)	3.8869	(1.533)
β_1	-1.5805	(-0.659)	-0.8326	(-0.241)	1.7142	(1.711)*
β_2	0.8791	(1.774)*	-0.3096	(-0.462)	-0.1568	(-0.468)
β_3	0.3923	(0.231)	2.6275	(0.988)	-1.6198	(-1.563)
β_4	1.8512	(1.666)	-0.7972	(-0.560)	0.4647	(1.382)
β_{11}	0.1936	(0.759)	0.0807	(0.219)	-0.1865	(-1.870)*
β_{12}	-0.1550	(-1.449)	0.1002	(0.639)	0.0368	(0.552)

接續上表

β_{13}	0.0683	(0.189)	-0.3128	(-0.554)	0.5122	(2.529)**
β_{14}	-0.3363	(-1.537)	0.1502	(0.498)	-0.0796	(-1.166)
β_{22}	-0.0061	(-0.377)	-0.0140	(-0.513)	0.0461	(2.235)**
β_{23}	0.0668	(0.733)	-0.0970	(-0.787)	-0.0792	(-0.926)
β_{24}	-0.0057	(-0.103)	0.0148	(0.190)	-0.0263	(-0.752)
β_{33}	-0.1498	(-0.897)	-0.1152	(-0.409)	-0.2976	(-2.234)**
β_{34}	0.0277	(0.170)	0.2952	(1.065)	0.0899	(1.185)
β_{44}	0.2431	(2.107)**	-0.1342	(-1.451)	0.0157	(1.207)
R^2	0.9439		0.9129		0.8969	
n	87		84		499	

參數	蓬萊米					
	1925-26		1926-27		1950-51	
β_0	7.8394	(2.158)**	7.3531	(0.681)	4.4869	(1.805)*
β_1	0.8846	(0.585)	0.5771	(0.118)	1.3482	(1.318)
β_2	-0.7944	(-0.509)	-0.0326	(-0.020)	-0.1134	(-0.288)
β_3	-0.3506	(-0.149)	-0.7353	(-0.168)	-0.7058	(-0.726)
β_4	0.4689	(0.187)	0.8197	(0.609)	-0.1869	(-0.506)
β_{11}	-0.1502	(-0.768)	-0.0593	(-0.107)	-0.1301	(-1.223)
β_{12}	0.1949	(0.471)	-0.0219	(-0.064)	0.0012	(0.014)
β_{13}	0.1849	(0.341)	0.2871	(0.295)	0.3310	(1.703)*
β_{14}	-0.1012	(-0.174)	-0.1009	(-0.351)	0.0227	(0.297)
β_{22}	-0.0800	(-0.353)	0.0242	(0.395)	0.0883	(2.524)**
β_{23}	0.3648	(1.168)	0.1876	(0.634)	-0.1721	(-1.661)*
β_{24}	0.0796	(0.340)	-0.0622	(-0.497)	0.0610	(1.299)
β_{33}	-0.5585	(-1.703)*	-0.4366	(-0.728)	-0.1264	(-0.950)
β_{34}	-0.0706	(-0.142)	0.0706	(0.214)	-0.0867	(-0.999)
β_{44}	0.1479	(0.723)	0.0211	(0.218)	0.0238	(1.169)
R^2	0.8541		0.9169		0.8777	
n	48		55		498	

註解：（1）括號內數字為 t 值；（2）R^2 為調整後 R^2；（3）＊號代表在顯著水準 $\alpha=10\%$ 時，迴歸係數顯著地異於 0，＊＊號代表顯著水準 $\alpha=5\%$ 時，迴歸係數顯著地異於 0。

資料來源：同表 6-3。

附表 6-4：稻作生產邊界估計結果

參數	1925-26		1926-27		1950-51	
	係數值	標準差	係數值	標準差	係數值	標準差
β_0	7.5571	5.4635	7.5517	5.1263	5.4688	1.8707
β_1	0.3880	2.4108	0.5141	2.2669	1.1194	0.7610
β_2	0.4494	0.5982	-0.1982	0.5792	-0.3405	0.2781
β_3	-1.4133	1.8619	-0.0239	1.8875	-0.5845	0.7294
β_4	1.4422	0.9055	-0.0531	0.7175	0.0692	0.2764
β_{11}	-0.0402	0.2676	-0.0638	0.2532	-0.1260	0.0780
β_{12}	-0.0684	0.1305	0.0581	0.1336	-0.0694	0.0557
β_{13}	0.4657	0.4138	0.1977	0.4189	0.3150	0.1433
β_{14}	-0.2548	0.2037	0.0369	0.1569	-0.0156	0.0570
β_{22}	-0.0009	0.0199	-0.0029	0.0250	0.0581	0.0210
β_{23}	0.0639	0.1245	0.0375	0.1001	0.0787	0.0787
β_{24}	-0.0306	0.0678	-0.0616	0.0747	0.0176	0.0292
β_{33}	-0.3921	0.1792	-0.3204	0.2462	-0.1606	0.1015
β_{34}	0.0775	0.1971	0.1346	0.1627	0.0032	0.0628
β_{44}	0.1709	0.0771	-0.0258	0.0607	0.0117	0.0127
λ	2.8733	1.1406	2.4731	0.8721	0.7427	0.3644
σ	0.2978	0.0193	0.2725	0.0309	0.1872	0.0185

資料來源：同於附表 6-3。

附表 6-5a：1912 年臺北地區內地種水稻試作成績

舊支廳名	庄名	內地種		臺灣種		內地種對臺灣種收量比例
		高程（尺）	甲當收量（石）	高程（尺）	甲當收量（石）	
淡水	林仔街	100	36.675	150		
	灰礁仔	150	35.208	225		
	大屯	50	24.939	100		
	平均		32.277		31.394	103
小基隆	同庄	100	36.675	150	22.882	160
	平均		36.675		22.882	160
金包里	中萬里加投	850	32.861	1250	25.232	130
	平均		32.861		25.232	130

註解：高程欄位的空白，表示無法求算平均數。甲當收量欄位中的空白，表示沒有做實驗，所以無資料。而內地種對臺灣種收量比例欄位的空白表示無法計算。

資料來源：增田朋來，1929a，頁 539。

附表 6-5b：1913 年臺北地區內地種水稻試作成績

舊支廳名	庄名	內地種		臺灣種		內地種對臺灣種收量比例
		高程（尺）	甲當收量（石）	高程（尺）	甲當收量（石）	
淡水	林仔街	100	29.340	150	28.166	104
	灰礁仔	150	22.005	225	23.472	94
	大屯	50	38.142	100	29.340	130
	下圭柔山	50	40.489	200	29.340	138
	水（見）頭	300	38.142	500	33.741	113
	北投仔	150	45.770	400	32.274	142
	平均		35.648		29.839	121
小基隆	北新庄仔	200	32.274	800	26.406	122
	平均		32.274		26.406	122

接續上表

舊支廳名	庄名	內地種		臺灣種		內地種對臺灣種收量比例
		高程（尺）	甲當收量（石）	高程（尺）	甲當收量（石）	
金包里	頂角	200	46.357	600	36.675	126
	下角	50	31.296	400	27.873	112
	平均		28.827		32.274	120
頂雙溪	大平	1250	32.274	1300	24.352	133
	溪尾寮	1100	24.939	1150	21.125	118
	料角坑	1000	25.232	1150	22.005	115
	烏山	1500	19.071	1600	18.778	102
	平均		25.379		21.565	117
士林	草山	1000	39.609	1300	38.142	104
	坪頂		44.010		35.208	125
	竹子湖	2000	44.010	2250	29.340	150
	公館地		46.944		32.274	145
	頂北投	700	41.076	750	29.340	140
	平均		43.130		32.861	133

註解：空白處同於附表 6-5a。
資料來源：增田朋來，1929a，頁 540。

附表 6-5c：1914 年臺北地區內地種水稻試作成績

舊支廳名	庄名	內地種	
		高程（尺）	甲當收量（石）
淡水	下圭柔山	50	28.773
	水（見）頭	300	49.878
	下罟仔	150	55.453
	中田寮	200	49.291
	頂圭柔山	400	37.555
	平均		44.190

接續上表

舊支廳名	庄名	內地種	
		高程（尺）	甲當收量（石）
小基隆	土地公埔	300	26.406
	平均		26.406
金包里	頂角	200	20.538
	下角	50	33.301
	下中股	150	22.298
	中萬里加投	600	31.394
	下萬里加投	100 以下	18.484
	平均		25.203
士林	草山	850	32.274
	永福		32.274
	菁（石）		19.951
	平均		28.166
水返腳	石底	850	34.034
	瑪陵坑	100 以下	17.897
	友蚋	150 以下	18.484
	北港	100 以下	23.472
	平均		23.472
枋橋	大安寮	100 以下	24.059
	南勢角	100 以下	22.592
	中坑	150 以下	24.646
	清水坑	100 以下	25.232
	埤塘	100 以下	19.658

註解：空白處同於附表 6-5a。

資料來源：增田朋來，1929a，頁 542-543。

附表 6-5d：1915 年臺北地區內地種水稻試作成績

舊支廳名	庄名	內地種		臺灣種		內地種對臺灣種收量比例
		高程（尺）	甲當收量（石）	高程（尺）	甲當收量（石）	
淡水	下圭柔山	50	41.076	200	33.741	122
	水（見）頭	300	39.609	500	32.274	123
	下罟仔	150	30.807	250	24.939	123
	中田寮	200	38.142	600	29.340	130
	興化店	150	37.274	200	27.873	116
	大南灣	350	31.394	600	25.526	123
	大八里坋	350 以下	28.753	350 以下	24.352	122
	平均		34.579		29.421	123
頂雙溪	大平	1250	35.208	1300	28.753	
	平林	150	29.633	250	34.034	87
	柑腳	250	35.203	400	32.274	109
	三叉坑	350	35.208	450	32.274	109
	平均		33.814		31.834	106
士林	竹子湖	2000	55.159	2250	39.609	139
	平均		55.159		39.609	139
水返腳	石底	850	35.208	950	49.878	71
	瑪陵坑	100 以下	13.203	100 以下	13.203	100
	姜仔寮	400	23.472	900	29.340	80
	鯪鯪崙	150	38.142	300	35.208	108
	石硿仔		28.753		20.538	140
	十份寮	550	48.261	600	38.142	127
	平均		31.173		31.052	104
錫口	後山	200	46.782	600	52.811	89
	舊里族	25	38.142	50	37.849	101
	內湖	200	59.022	400	40.489	96
	平均		41.315		43.176	95

註解：空白處同於附表 6-5a。

資料來源：增田朋來，1929a，頁 544。

參考文獻

大川一司、石渡茂、山田三郎、石弘光（1967），《資本ストック》，東京：
　　東洋経済新報社。

-----、高松信清、山本有造（1974），《国民所得》，東京：東洋経済新報社。

-----、野田孜、高松信清、山田三郎、熊崎実、盐野谷祐一、南亮進
　　（1967），《物価》，東京：東洋経済新報社。

中央研究院臺灣史研究所臺灣史研究文獻類目編輯小組（2005），《臺灣
　　史研究文獻類目 2004 年度》，臺北：中央研究院臺灣史研究。

中央研究院臺灣史研究所臺灣史研究文獻類目編輯小組（2006），《臺灣
　　史研究文獻類目 2005 年度》，臺北：中央研究院臺灣史研究。

中央研究院臺灣史研究所臺灣史研究文獻類目編輯小組（2007），《臺灣
　　史研究文獻類目 2006 年度》，臺北：中央研究院臺灣史研究。

中央研究院臺灣史研究所臺灣史研究文獻類目編輯小組（2008），《臺灣
　　史研究文獻類目 2007 年度》，臺北：中央研究院臺灣史研究。

中央研究院臺灣史研究所臺灣史研究文獻類目編輯小組（2009），《臺灣
　　史研究文獻類目 2008 年度》，臺北：中央研究院臺灣史研究。

中央研究院臺灣史研究所臺灣史研究文獻類目編輯小組（2010），《臺灣
　　史研究文獻類目 2009 年度》，臺北：中央研究院臺灣史研究。

中央研究院臺灣史研究所臺灣史研究文獻類目編輯小組（2011），《臺灣史研究文獻類目 2010 年度》，臺北：中央研究院臺灣史研究。

中央研究院臺灣史研究所臺灣史研究文獻類目編輯小組（2012），《臺灣史研究文獻類目 2011 年度》，臺北：中央研究院臺灣史研究。

山澤逸平、山本有造（1979），《貿易と国際収支》，東京：東洋経済新報社。

川野重任著（1941），林英彥譯（1969），《日據時代臺灣米穀經濟論》，臺北：臺灣銀行。

中村孝志（1954），〈荷領時代之臺灣農業及其獎勵〉，臺灣銀行經濟研究室編，《臺灣經濟史初集》，頁 54-69，臺北：臺灣銀行。

日本銀行統計局（1966），《明治以降本邦主要經濟統計》，東京：日本銀行統計局。

王世慶（1993），〈臺灣拓殖株式會社檔案及其史料價值〉，發表於國立臺灣大學歷史學系主辦之「臺灣史料國際學術研討會」。

王益滔（1952a），〈臺灣之租佃問題及其對策〉，《財政經濟月刊》2（5）：33-42。

----- （1952b），〈臺灣之耕地分配及其經營狀況〉，《財政經濟月刊》2（3）：1-6。

北山富久二郎著（1934），周憲文譯（1959），〈日據時代臺灣之財政〉，收於臺灣銀行編《臺灣經濟史八集》，頁 87-163，臺北：臺灣銀行。

----- 著（1934），許冀湯譯（1959），〈日據時代臺灣之幣制政策〉，收於臺灣銀行編《臺灣經濟史七集》，頁 91-144，臺北：臺灣銀行。

古慧雯（1996），〈論「肥料換穀」〉，《經濟論文叢刊》24（4）：479-507。

-----、吳聰敏（1996），〈論「米糖相剋」〉，《經濟論文叢刊》24（2）：173-
　　204。

-----、吳聰敏、何鎮宇、陳庭妍（2006），〈嘉南大圳的成本收益分析〉，《經
　　濟論文叢刊》34（3）：335-372。

末永仁（1927），《蓬萊種米的栽培方法》，臺中：臺中州立農場試驗場。

-----（1938），《臺灣米作譚》，臺中：臺中州立農場試驗場。

矢內原忠雄著（1929），周憲文譯（1985、1987），《日本帝國主義下
　　之臺灣》，臺北：帕米爾書局。

江丙坤（1972），《臺灣田賦改革事業之研究》，臺北：臺灣銀行。

江見康一（1971），《資本形成》，東京：東洋経済新報社。

-----、伊東正吉、江口英一（1988），《貯蓄と通貨》，東京：東洋経済
　　新報社。

-----、野谷祐一（1966），《財政支出》，東京：東洋経済新報社。

江樹生（1993），〈荷蘭聯合東印度公司檔案臺灣關係檔案目錄序〉，發表
　　於國立臺灣大學歷史學系主辦之「臺灣史料國際學術研討會」。

----- 譯註（2000），《熱蘭遮城日誌（一）》，臺南：臺南市政府。

----- 譯註（2002），《熱蘭遮城日誌（二）》，臺南：臺南市政府。

----- 譯註（2003），《熱蘭遮城日誌（三）》，臺南：臺南市政府。

----- 譯註（2011），《熱蘭遮城日誌（四）》，臺南：臺南市政府。

何國隆（1987），《中央研究院民族學研究所藏書目錄：臺灣研究資料》，
　　臺北：中央研究院民族學研究所。

何鎮宇（1997），〈嘉南大圳的成本效益分析〉，臺北：臺灣大學經濟研究
　　所碩士論文。

佐藤元英（1993），〈外務省交史料館所藏臺灣關係紀錄について〉，發表
　　於國立臺灣大學歷史學系主辦之「臺灣史料國際學術研討會」。

吳若予（1992），《戰後臺灣公營事業之政經分析》，臺北：業強出版社。

吳幅員（1990），〈追思經濟學者周憲文先生〉，《臺灣經濟金融月刊》
　　26（5）：32-44。

吳聰敏（1991），〈1910 年至 1950 年臺灣地區國內生產毛額之估計〉，《經
　　濟論文叢刊》19（2）：127-175。

-----（1997），〈1945-1949 年國民政府對臺灣的經濟政策〉，《經濟論
　　文叢刊》25（4）：521-554。

-----（2008），〈荷蘭統治時期之贌社制度〉，《臺灣史研究》15（1）：1-29。

-----（2009），〈贌社制度之演變及其影響〉，《臺灣史研究》16（3）：1-38。

-----（2012），〈從貿易與生產看荷蘭的臺灣經營〉，手稿。

-----、高櫻芬（1991），〈臺灣貨幣與物價長期關係之研究：1907 年至
　　1986 年〉，《經濟論文叢刊》19（1）：23-71。

-----、葉淑貞、劉鶯釧（1995），《日本時代臺灣經濟統計文獻目錄》，臺北：
　　吳聰敏。

-----、葉淑貞、古慧雯（2004），《日本時代臺灣經濟統計文獻目錄》（第 2
　　版》，臺北：吳聰敏。

-----、盧佳慧（2008），〈日治初期交通建設的經濟效益〉，《經濟論文叢刊》
　　36（3）：1-29。

李國祁（1978），〈清代臺灣社會的轉型〉，發表於國立臺灣大學歷史學系舉辦之「臺灣史研討會」。

----（1985），《中國現代化的區域研究：閩浙臺地區，1860-1916》，臺北：中央研究院近代史研究所。

李登輝（1972），《臺灣農工部門間之資本流通》，臺北：臺灣銀行。

----（1985a），〈農地改革後地主與佃農之經濟狀況〉，收於李登輝編之《臺灣農地改革對鄉村社會之貢獻——三民主義在臺灣的見證》，頁1-21，臺北：李登輝。

----（1985b），〈土地改革對農家經濟結構之變化〉，收於李登輝編之《臺灣農地改革對鄉村社會之貢獻——三民主義在臺灣的見證》，頁22-31，臺北：李登輝。

周憲文（1958），《日據時代臺灣經濟史》，臺北：臺灣銀行。

----（1980），《臺灣經濟史》，臺北：臺灣開明書店。

東嘉生著（1941），周憲文譯（1985），《臺灣經濟史概說》，臺北：帕米爾書店。

林文凱（2012），〈再論清代開港以前的米穀輸出問題〉，收於林玉茹（2012）編之《比較視野下的臺灣商業傳統》，臺北：中央研究院臺灣史研究所。

林偉盛（2000），〈荷蘭東印度公司檔案有關臺灣史料介紹〉，《漢學研究通訊》19（3）：362-371。

林滿紅（1997），《茶、糖、樟腦業與臺灣之社會經濟變遷（1860-1895）》，臺北：聯經出版公司。

南亮進（1965），《铁道卜電力》，東京：東洋经济新報社。

施佳佑（1994），《貨幣制度的選擇─以日治時期臺灣幣制改革的經驗為例》，臺北：國立臺灣大學經濟學研究所碩士論文。

施添福（1991），〈臺灣竹塹地區傳統稻作農村的民宅：一個人文生態學的詮釋〉，《國立臺灣師範大學地理研究報告》17：39-62。

柯志明（1990），〈日據臺灣農村之商品化與小農經濟之形成〉，《中央研究院民族學研究所集刊》68：1-39。

-----（1992），〈殖民經濟發展與階級支配結構─日據臺灣米糖相剋體制的危機與重構（1925-1942）〉，《臺灣社會研究季刊》13：195-258。

-----（2003），《米糖相剋：日本殖民主義下臺灣的發展與從屬》，臺北：群學出版有限公司。

凃照彥著（1975），李明峻譯（1991），《日本帝國主義下的臺灣》，臺北：人間出版社。

高志彬（1993），〈淡新檔案史料價值舉隅─以新苗分界案為例〉，發表於國立臺灣大學歷史學系主辦之「臺灣史料國際學術研討會」。

高橋益代編（1985），《日本帝國領有期台湾關係統計資料目录》，東京：一橋大學經濟研究所。

國立中央圖書館臺灣分館（1980），《國立中央圖書館臺灣分館日文臺灣資料目錄》，臺北：國立中央圖書館臺灣分館。

國立臺灣大學法學院圖書分館（1992），《國立臺灣大學法學院舊藏日文臺灣資料目錄》，臺北：國立臺灣大學法學法院。

國立臺灣大學圖書館（1992），《臺灣大學舊藏日文臺灣資料目錄》，臺北：國立臺灣大學圖書館。

國立臺灣大學臺灣研究社（1990），《國立臺灣大學農業經濟學系圖書館日文臺灣資料目錄》，臺北：國立臺灣大學農業經濟學系。

國立編譯館（1997），《認識臺灣（歷史篇）》，臺北：國立編譯館。

張我軍（1949），〈臺灣之茶〉，收於臺灣銀行金融研究室編，《臺灣之茶》，頁 1-18，臺北：臺灣銀行。

張秀蓉（1993），〈英國東印度公司檔案中的臺灣史資料〉，發表於國立臺灣大學歷史學系主辦之「臺灣史料國際學術研討會」。

張佩英（1949），〈臺灣之茶〉，收於臺灣銀行金融研究室編，《臺灣之茶》，頁 19-39，臺北：臺灣銀行。

張素梅（1986），〈孩子數目及年齡對臺灣地區家庭儲蓄行為的影響〉，《經濟論文叢刊》14：105-131。

張素梅、葉淑貞（1996），〈日治時代臺灣農家儲蓄行為之分析〉，《經濟論文叢刊》24（4）：509-535。

-----（2001），〈日治時代臺灣農家之消費結構〉，《經濟論文叢刊》29（4）：411-456。

-----（2003），〈日治時代臺灣農家所得之分析〉，《臺灣史研究》10（2）：1-34。

張漢裕（1955a），〈臺灣農民生計之研究〉，《社會科學論叢》6：185-228。

-----（1955b），〈日據時代臺灣經濟之演變〉，收於《臺灣經濟史二集》，頁 74-128，臺北：臺灣銀行。

-----（1974），〈臺灣農民生計之研究〉，《臺灣農業及農家經濟論集》，頁 105-234，臺北：臺灣銀行。（本文最初發表於 1955 年的《社會科學論叢》）

----- （1983a），〈師生問答—「一位經濟學人的成長歷程」〉，收於《經濟發展與所得分配—張漢裕博士論文集（三）》，頁 325-337，臺北：張漢裕博士文集出版委員會。

----- （1983b），〈事業家的經濟義俠道與學人的敬業精神〉，收於《經濟發展與所得分配—張漢裕博士論文集（三）》，頁 285-291，臺北：張漢裕博士文集出版委員會。

----- （1983c）〈有關經濟發展的兩大前提和九點建議〉，收於《經濟發展與經濟思想—張漢裕博士論文集（二）》，頁 7-12，臺北：張漢裕博士文集出版委員會。

----- （1984a），〈臺灣農民生計之研究〉，收於《經濟發展與農村經濟—張漢裕博士論文集（一）》，頁 235-302，臺北：張漢裕博士文集出版委員會。

----- （1984b），〈臺灣米糖比價之研究〉，收於《經濟發展與農村經濟—張漢裕博士論文集（一）》，頁 303-362，臺北：張漢裕博士文集出版委員會。

----- （1984c），〈日據時代臺灣米穀農業的技術開發〉，收於《經濟發展與農村經濟—張漢裕博士論文集（一）》，頁 363-393，臺北：張漢裕博士文集出版委員會。

----- （1984d），〈英國重商主義要論〉，收於《經濟發展與經濟思想—張漢裕博士論文集（二）》，頁 201-237，臺北：張漢裕博士文集出版委員會。

----- （1984e），〈日據初期殖民地開發政策〉，收於《經濟發展與經濟思想—張漢裕博士論文集（二）》，頁 109-130，臺北：張漢裕博士文集出版委員會。

----- (1984f)，〈日據時代臺灣經濟的演變〉，收於《經濟發展與農村經濟—張漢裕博士論文集（一）》，頁 395-500，臺北：張漢裕博士文集出版委員會。

----- (1984g)，〈臺灣農民所得的變化及其影響因素的分析〉，收於《經濟發展與農村經濟—張漢裕博士論文集（一）》，頁 71-128，臺北：張漢裕博士文集出版委員會。

----- (1984h)，〈論現代工業社會的企業家作風與職業倫理〉，收於《經濟發展與經濟思想—張漢裕博士論文集（二）》，頁 47-55，臺北：張漢裕博士文集出版委員會。

----- (1994a)，〈關於經濟研究的一些回顧以及一點希望—中國經濟學會「政治經濟研討會」〉，收於《職業倫理與日本研究—張漢裕博士論文集（六）》，頁 1-8，臺北：張漢裕博士文集出版委員會。

----- (1994b)，〈臺美基金會社會科學卓越成就獎得獎評定書〉，收於《職業倫理與日本研究—張漢裕博士論文集（六）》，頁 XI-XV，臺北：張漢裕博士文集出版委員會。

梅村又次、山田三郎、速水佑次郎、高松信清、熊崎实（1966），《農林業》，東京：東洋経济新報社。

-----、赤坂敬子、南亮進、高松信清、新居玄武、伊藤繁（1988），《人口と労働力》，東京：東洋経济新報社。

-----、高松信清、伊藤繁（1983），《地域経济統計》，東京：東洋経济新報社。

梁啟超（1976），《中國歷史研究法補編》，臺北：臺灣商務印書館。

莊吉發（1993），〈故宮檔案與清代臺灣史研究〉，發表於國立臺灣大學歷史學系主辦之「臺灣史料國際學術研討會」。

許雪姬（1993），〈月摺檔的史料價值—以臺灣武官的銓選為例〉，發表於
　　國立臺灣大學歷史學系主辦之「臺灣史料國際學術研討會」。

連橫（1979），《臺灣通史》，臺北：古亭書屋。（初版於 1918 年面世）

郭輝譯（1970a），《巴達維亞城日記（第一冊）》，臺中：臺灣省文獻
　　委員會。

----- 譯（1970b），《巴達維亞城日記（第二冊）》，臺中：臺灣省文獻
　　委員會。

陳佳貞（1997），〈嘉南大圳之經濟效益分析〉，臺北：臺灣大學經濟研究
　　所碩士論文。

陳師孟、林忠正、朱敬一、張清溪、施俊吉及劉錦添（1991），《解構黨
　　國資本主義　論臺灣官營事業之民營化》，臺北：瞿海源。

陳紹馨（1979），《臺灣的人口變遷與社會變遷》，臺北：聯經出版公司。

陳誠（1953），《如何實現耕者有其田》，臺北：正中書局。

-----（1961），《臺灣土地改革紀要》，臺北：中華書局。

程大學譯（1990），《巴達維亞城日記（第三冊）》，臺中：臺灣省文
　　獻委員會。

黃東之（1956），〈臺灣之棉紡工業〉，收於臺灣銀行經濟研究室編，《臺
　　灣之紡織工業》，頁 19-50，臺北：臺灣銀行。

黃紹恆（1995），〈明治後期日本製糖業的「雙重構造」〉，《國立中央圖書
　　館臺灣分館館刊》2（1）：79-109。

-----（2001），〈張漢裕老師的學術源流考〉，收於《張漢裕教授紀念研討
　　會論文集》，臺北：臺大經濟研究所學術基金會。

黃通、張宗漢、李昌槿（1987），《日據時代臺灣的財政》，臺北：聯經出版公司。

溝口敏行（1975），《台湾、朝鮮の経済成長：物価統計を中心として》，東京：岩波書店。

-----、梅村又次編（1988），《旧日本植民地経済統計　推計与分析》，東京：東洋経済新報社。

葉振輝（1993），〈怡和檔目錄與臺灣史料〉，發表於國立臺灣大學歷史學系主辦之「臺灣史料國際學術研討會」。

葉淑貞（1992），〈評柯志明著「殖民經濟發展與階級支配結構」〉，《臺灣社會研究季刊》13：259-265。

-----（1993），〈日據臺灣租稅結構之分析〉，《經濟論文叢刊》21（2）：179-228。

-----（1994a），〈臺灣「新經濟史」研究的新局面〉，《經濟論文叢刊》22（2）：127-167。

-----（1994b），〈論臺灣經濟史研究的歷史解釋觀點〉，《經濟論文叢刊》22（4）：477-503。

-----（1996a），〈日治時代臺灣租佃契約的選擇行為〉，《經濟論文叢刊》24（4）：435-477。

-----（1996b），〈臺灣工業產出結構的演變：1912-1990〉，《經濟論文叢刊》24（2）：227-274。

-----（1997），〈日治時代臺灣租佃制度與農場的經營效率：戰後初期土地改革的省思之一〉，《國家科學委員會研究彙刊：人文及社會科學》7（4）：475-496。

-----（1998），〈農業部門附加價值之估計與分析：稻作的中間投入〉，手稿。

-----（2001），〈日治時代臺灣的地租水準〉，《臺灣史研究》8（2）：97-143。

-----（2007），〈日治時代臺灣佃耕地租期長短之訂定〉，《臺灣史研究》14（1）：139-190。

-----（2009a），〈臺灣近百年來工業成長型態之剖析〉，《臺灣銀行季刊》60（2）：304-339。

-----（2009b），〈日治時代臺灣經濟的發展〉，《臺灣銀行季刊》60（4）：224-273。

-----（2011），〈日治時代地租高低的決定因素〉，《臺灣銀行季刊》63（2）：241-250。

-----（2012a），〈三七五減租對農場經營效率的影響〉，《經濟論文叢刊》40（2）：189-233。

-----（2012b），〈1918-1951年間臺灣農家商業化程度的變遷：以米作為主〉，收於林玉茹主編之《比較視野下的臺灣商業傳統》，頁169-224，臺北：中央研究院臺灣史研究所。

-----（2013），《臺灣日治時代的租佃制度》，臺北：遠流出版社。

-----、張棋安（2004），〈臺灣蓬萊米稻作普及之因素〉，《經濟論文叢刊》32（1）：97-141。

-----、俞可倩（2007），〈日治時代臺灣對日進出口物價指數之估計與分析〉，《經濟論文叢刊》35（3）：337-377。

趙岡、陳鐘毅（1977），《中國棉業史》，臺北：聯經出版公司。

臺中州立農事試驗場（1927），《臺中之蓬萊米》，臺中：臺中州立農事試驗場。

臺中州農會（1925），《主要農作物收支經濟調查》，臺中：臺中州農會。

臺灣省文獻委員會編（1971），《臺灣省文獻會圖書目錄》，臺中：臺灣省文獻委員會。

臺灣省行政長官公署統計室編（1946），《臺灣省五十一年來統計提要》。臺北：臺灣省行政長官公署統計室。

臺灣省政府主計處（1952），《臺灣省統計要覽》，臺北：臺灣省政府主計處。

臺灣省政府農林廳（1946），《臺灣農業年報》，臺北：臺灣省政府農林廳。

-----（1947），《臺灣農業年報》，臺北：臺灣省政府農林廳。

-----（1948），《臺灣農業年報》，臺北：臺灣省政府農林廳。

-----（1949），《臺灣農業年報》，臺北：臺灣省政府農林廳。

-----（1950），《臺灣農業年報》，臺北：臺灣省政府農林廳。

-----（1951a），《稻穀生產收支經濟調查報告書—民國卅九年第二期作》，臺北：臺灣省政府農林廳。

-----（1951b），《稻穀生產收支經濟調查報告書—民國四十年第一期作》，臺北：臺灣省政府農林廳。

-----（1951c），《臺灣農業年報》，臺北：臺灣省政府農林廳。

-----（1952a），《農家經濟調查報告書—米作農家及雜作農家》，臺北：臺灣省政府農林廳。

-----（1952b），《臺灣農業年報》，臺北：臺灣省政府農林廳。

-----（1953a），《農家經濟調查報告書—蔗作農家》，臺北：臺灣省政府農林廳。

-----（1953b），《臺灣農業年報》，臺北：臺灣省政府農林廳。

-----（1953c），《甘蔗生產收支經濟調查報告書》，臺北：臺灣省政府農林廳編。

-----（1954），《臺灣農業年報》，臺北：臺灣省政府農林廳。

-----（1955），《臺灣農業年報》，臺北：臺灣省政府農林廳。

-----（1956），《臺灣農業年報》，臺北：臺灣省政府農林廳。

-----（1957），《臺灣農業年報》，臺北：臺灣省政府農林廳。

-----（1958），《臺灣農業年報》，臺北：臺灣省政府農林廳。

-----（1959），《臺灣農業年報》，臺北：臺灣省政府農林廳。

-----（1960），《臺灣農業年報》，臺北：臺灣省政府農林廳。

-----（1961），《臺灣農業年報》，臺北：臺灣省政府農林廳。

臺灣省糧食局（1952），《臺灣糧食統計要覽（中華民國四十一年版）》，臺北：臺灣省糧食局。

-----（1959），《臺灣糧食統計要覽（中華民國四十八年版）》，臺北：臺灣省糧食局。

臺灣銀行調查課（1920），《臺灣の米》，臺北：臺灣銀行調查課。

臺灣總督府（1944），《臺灣總督府第四十六統計書》，臺北：臺灣總督府。

臺灣總督府民政部文書課（1901），《臺灣總督府第三統計書》，臺北：臺灣總督府民政部文書課。

臺灣總督府民政部殖產局（1913），《臺灣第八產業年報》，臺北臺灣總督府民政部殖產局。

----- （1920），《臺灣第十三產業年報》，臺北臺灣總督府民政部殖產局。

臺灣總督府民政部殖產課（1899），《臺北縣下農家經濟調查書》，臺北：臺灣總督府民政部殖產課。

臺灣總督府米穀局（1939），《臺灣米穀要覽》，臺北：臺灣總督府米穀局。

臺灣總督府官房文書課（1902），《臺灣總督府第四統計書》，臺北：臺灣總督府官房文書課。

----- （1903），《臺灣總督府第五統計書》，臺北：臺灣總督府官房文書課。

----- （1904），《臺灣總督府第六統計書》，臺北：臺灣總督府官房文書課。

----- （1905），《臺灣總督府第七統計書》，臺北：臺灣總督府官房文書課。

----- （1906），《臺灣總督府第八統計書》，臺北：臺灣總督府官房文書課。

----- （1907），《臺灣總督府第九統計書》，臺北：臺灣總督府官房文書課。

----- （1908），《臺灣總督府第十統計書》，臺北：臺灣總督府官房文書課。

臺灣總督官房企畫部（1940），《臺灣總督府第四十二統計書》，臺北：臺灣總督官房企畫部。

----- （1941），《臺灣總督府第四十三統計書》，臺北：臺灣總督官房企畫部。

----- （1942），《臺灣總督府第四十四統計書》，臺北：臺灣總督官房企畫部。

臺灣總督官房統計課（1909），《臺灣總督府第十一統計書》，臺北：臺灣總督府官房統計課。

----- （1910），《臺灣總督府第十二統計書》，臺北：臺灣總督府官房統計課。

----- （1911），《臺灣總督府第十三統計書》，臺北：臺灣總督府官房統計課。

----- （1912），《臺灣總督府第十四統計書》，臺北：臺灣總督府官房統計課。

----- （1913），《臺灣總督府第十五統計書》，臺北：臺灣總督府官房統計課。

----- （1914a），《臺灣總督府第十六統計書》，臺北：臺灣總督府官房統計課。

----- （1914b），《臺灣總督府第十七統計書》，臺北：臺灣總督府官房統計課。

臺灣總督官房調查課（1919），《臺灣總督府第二十二統計書》，臺北：臺灣總督官房調查課。

----- （1921），《臺灣總督府第二十三統計書》，臺北：臺灣總督官房調查課。

----- （1922），《臺灣總督府第二十四統計書》，臺北：臺灣總督官房調查課。

----- （1923），《臺灣總督府第二十五統計書》，臺北：臺灣總督府官房調查課。

----- （1928），《臺灣總督府第三十統計書》，臺北：臺灣總督官房調查課。

----- （1929），《臺灣總督府第三十一統計書》，臺北：臺灣總督官房調查課。

----- （1930），《臺灣總督府第三十二統計書》，臺北：臺灣總督官房調查課。

----- （1931），《臺灣總督府第三十三統計書》，臺北：臺灣總督官房調查課。

----- （1932），《臺灣總督府第三十四統計書》，臺北：臺灣總督官房調查課。

----- （1933），《臺灣總督府第三十五統計書》，臺北：臺灣總督官房調查課。

----- （1934），《臺灣總督府第三十六統計書》，臺北：臺灣總督官房調查課。

----- （1935），《臺灣總督府第三十七統計書》，臺北：臺灣總督官房調查課。

----- （1936），《臺灣總督府第三十八統計書》，臺北：臺灣總督官房調查課。

----- （1937），《臺灣總督府第三十九統計書》，臺北：臺灣總督官房調查課。

----- （1938），《臺灣總督府第四十統計書》，臺北：臺灣總督官房調查課。

----- （1939），《臺灣總督府第四十一統計書》，臺北：臺灣總督官房調查課。

臺灣總督府食糧局（1942），《臺灣米穀要覽》，臺北：臺灣總督府食糧局。

臺灣總督府殖產局（1919），《臺灣農作物經濟調查》，臺北：臺灣總督府
　　殖產局。

----- （1920a），《臺灣農家經濟調查─第 1 報》，收於農業基本調查書第一，
　　臺北：臺灣總督府殖局。

----- （1920b），《臺灣農業年報》，臺北：臺灣總督府殖產局。

----- （1921a），《耕地分配及經營調查》，收於農業基本調查書第二，臺北：
　　臺灣總督府殖產局。

----- （1921b），《臺灣農業年報》，臺北：臺灣總督府殖產局。

----- （1922a），《臺灣農業年報》，臺北：臺灣總督府殖產局。

----- （1922b），《主要農家食糧消費調查》，收於農業基本調查書第三，
　　臺北：臺灣總督府殖產局。

----- （1923），《臺灣農家經濟調查─第 2 報》，收於農業基本調查書第五，
　　臺北：臺灣總督府殖產局。

----- （1924），《臺灣農業年報》，臺北：臺灣總督府殖產局。

----- （1927a），《主要農作物經濟調查　其ノ一　水稻（大正十四年第二
　　期）》，收於農業基本調查書第十一，臺北：臺灣總督府殖產局。

-----（1927b），《主要農作物經濟調查　其ノ三　水稻（大正十五年第一期）》，收於農業基本調查書第十三，臺北：臺灣總督府殖產局。

-----（1928a），《主要農作物經濟調查　其ノ六　水稻（昭和元年第二期）》，收於農業基本調查書第十六，臺北：臺灣總督府殖產局。

-----（1928b），《主要農作物經濟調查　其ノ九　水稻（昭和二年第一期作）》，收於農業基本調查書第十九，臺北：臺灣總督府殖產局。

-----（1928c），《主要農作物經濟調查　其ノ五　茶（自大正十四年夏茶至大正十五年春茶）》，收於農業基本調查書第十五，臺北：臺灣總督府殖產局。

-----（1929a），《主要農作物經濟調查　其ノ十二　甘蔗（大正十五年昭和二年期）》，收於農業基本調查書第二十二，臺北：臺灣總督府殖產局。

-----（1929b），《主要農作物經濟調查　其ノ十三　甘蔗（昭和二年 三年期）》，收於農業基本調查書第二十三，臺北：臺灣總督府殖產局。

-----（1929c），《主要農作物經濟調查　其ノ十　茶（大正十五年夏茶至昭和二年春茶）》，收於農業基本調查書第二十，臺北：臺灣總督府殖產局。

-----（1929d），《主要農作物經濟調查　其ノ十四　バナナ（自大正十四年至昭和四年）》，收於農業基本調查書第二十三，臺北：臺灣總督府殖產局。

-----（1930a），《臺灣農業年報》，臺北：臺灣總督府殖產局。

-----（1930b），《產米の改良增殖》，臺北：臺灣總督府殖產局。

-----（1930c），《臺灣の糖業》，臺北：臺灣總督府殖產局。

-----（1931），《米生產費調查　其ノ一（昭和五年第二期作）》，收於農業基本調查書第二十七，臺北：臺灣總督府殖產局。

-----（1932a），《米生產費調查　其ノ二（昭六年第一期作）》，收於農業基本調查書第二十八，臺灣總督府殖產局，

-----（1932b），《臺灣農業年報》，臺北：臺灣總督府殖產局。

-----（1933），《臺灣農業年報》，臺北：臺灣總督府殖產局。

-----（1934a），《耕地分配竝二經營調查》，收於農業基本調查書第三十一，臺北：臺灣總督府殖產局。

-----（1934b），《農家經濟調查　其ノ一　米作農家》，收於農業基本調查書第三十，臺北：臺灣總督府殖產局。

-----（1934c），《農家經濟調查　其ノ二　茶作農家》，收於農業基本調查書第三十二，臺北：臺灣總督府殖產局。

-----（1934d），《臺灣米穀要覽（昭和九年版）》，臺北：臺灣總督府殖產局。

-----（1934e），《臺灣農業年報》，臺北：臺灣總督府殖產局。

-----（1935），《主要農作物收支經濟調》，臺北：臺灣總督府殖產局。

-----（1936），《農家經濟調查　其ノ三　蔗作農家》，收於農業基本調查書第三十，臺北：臺灣總督府殖產局。

-----（1938a），《農家經濟調查（米作農家）》，收於農業基本調查書第三十七，臺北：臺灣總督府殖產局。

-----（1938b），《臺灣農業年報》，臺北：臺灣總督府殖產局。

-----（1938c），《甘蔗收支經濟調查》，收於農業基本調查書第三十六，臺北：臺灣總督府殖產局。

----- （1938d），《臺灣の米》，臺北：臺灣總督府殖產局。

----- （1938e），《米作農家生計費調查》，收於農業基本調查書第三十八，臺北：臺灣總督府殖產局。

----- （1941a），《耕地所有竝經營狀況調查》，收於農業基本調查書第四十一，臺北：臺灣總督府殖產局。

----- （1941b），《臺灣の農業》，臺北：臺灣總督府殖產局。

----- （1942a），《臺灣農業年報》，臺北：臺灣總督府殖產局。

----- （1942b），《臺灣米穀要覽》，臺北：臺灣總督府殖產局。

----- （1943a），《臺灣糖業統計（第二十九次）》，臺北：臺灣總督府殖產局。

----- （1943b），《米作農家生計費調查》，收於農業基本調查書第四十四，臺北：臺灣總督府殖產局。

臺灣總督府農事試驗場（1906a），《臺灣重要農作物調查　第一編普通作物》，臺北：臺灣總督府農事試驗場。

----- （1906b），《臺灣重要農作物調查　第二編特用作物》，臺北：臺灣總督府農事試驗場。

臺灣總督府總務局（1943），《臺灣總督府第四十五統計書》，臺北：臺灣總督府總務局。

廣瀨順皓（1993），〈日本國會圖書館憲政資料室にぉける臺灣關係史料—鈴木三郎文書を巡って〉發表於國立臺灣大學歷史學系主辦之「臺灣史料國際學術研討會」。

增田朋來（1915），〈臺灣に於ける內地種水稻に就て〉，《臺灣農事報》103：723-729。

----- （1929a），〈初期內地種水稻試作（一）〉，《臺灣農事報》272：頁536-546。

----- （1929b），〈初期內地種水稻試作（二）〉，《臺灣農事報》273：647-655。

劉偉志、柯志明（2002），〈戰後糧政體制的建立與土地制度轉型過程中的國家、地主與農民（1945-1953）〉，《臺灣史研究》9（1）：107-180。

劉瑞華（1994），〈經濟史學家有資格獲諾貝爾獎嗎？諾斯教授的學術貢獻〉，《經濟前瞻》33：160-166。

劉翠溶（1975），〈近二十年來美國新經濟史研究的成果與展望〉，《美國研究》5（2）：63-81。

----- （1994），〈漢人拓墾與聚落之形成：臺灣聚落環境變遷之研究〉，臺北：中央研究院經濟研究所研討會論文。

檜山幸夫（1993），〈臺灣總督府文書の文書學的考察—目錄編纂作業を通じて〉，發表於國立臺灣大學歷史學系主辦之「臺灣史料國際學術研討會」。

盧守耕（1949），〈臺灣之糖業及其研究〉，收於臺灣銀行金融研究室編，《臺灣之糖》，頁 1-23，臺北：臺灣銀行。

----- （1958），《稻作學》，臺北：正中書局。

磯永吉（1925），〈水稻內地種〉，《臺灣農事報》222：379-438。

----- （1944），《增補水稻耕種法講演》，臺北：臺灣農會。

篠原三代平（1967），《個人消費支出》，東京：東洋経済新報社。

----- （1972），《鉱工業》，東京：東洋経済新報社。

魏凱立（2000），〈身高與臺灣人經濟福利的變化〉，《經濟論文叢刊》28（1）：25-42。

羅明哲（1977），〈臺灣土地所有權變遷之研究〉，《臺灣銀行季刊》28（1）：245-276。

-----（1991），〈臺灣歷史上土地所有權結構之變遷─兼論土地改革〉，臺灣歷史上的土地問題國際研討會，臺北：中央研究院。

藤野正三郎、藤野志朗、小野旭（1979），《纖維工業》，東京：東洋新報社。

蘇震（1952），〈臺灣之物價指數〉，《臺灣銀行季刊》5（3）：226-271。

Alauddin, M. and Tisdell, C. (1988), "Impact of New Agricultural Technology on the Instability of Foodgrain Production and Yield: Data Analysis for Bangladesh and Its Districts" *Journal of Development Economics* 29: 199-227。

Ashley, W.J. (1893), "On the Study of Economic History," *Quarterly Journal of Economics* 7 (1): 115-136.

Bagchi, Amiya Kumar (1982), *The Political Economy of Underdevelopment*, New York: Cambridge University Press.

Binswanger, Hans P. and Joachim von Braun (1991), "Technological Change And Commercialization in Agriculture: The Effect on the Poor." *The World Bank Research Observer* 6 (1): 57-80.

Brandt, Loren (1989), *Commercialization and Agricultural Development: Central and Eastern China, 1870-1937*, Cambridge: Cambridge University Press.

Bureau of the Census, U. S. Department of Commerce (1949), *Historical Statistics of the United States, Colonial Times to 1945*, Washington: Bureau of the Census, U. S. Department of Commerce.

----- (1960), *Historical Statistics of the United States, Colonial Times to 1957*, Washington: Bureau of the Census, U. S. Department of Commerce.

----- (1975), *Historical Statistics of the United States, Colonial Times to 1970*, Washington: Bureau of the Census, U. S. Department of Commerce.

Carr, C. and Myers, R. (1973), "The Agricultural Transformation of Taiwan, 1922-42," in R. T. Shand (ed.), *Technical Change in Asian Agriculture*, Canberra: Australian National University Press.

Chang Han-yu (1969), "A Study of Living Conditions of Farmers in Taiwan, 1931-1950," *The Developing Economies* 7 (1): 35-62.

----- and Ramon H. Myers (1963), "Japanese Colonial Development Policy in Taiwan, 1895-1906: A Case of Bureaucratic Entrepreneurship," *Journal of Asian Studies* 22:433-449.

Chuan, Han-Sheng and Richard A. Kraus (1975), *Mid-Ch'ing Rice Markets and Trade: An Essay in Price History*, Cambridge: East Asian Resaerch Center, Harvard University.

Conrad, Alfred H. and John R. Meyer (1958), "The Economics of Slavery in the Ante Bellum South," *The Journal of Political Economy* 66 (2): 95-122.

Coxall, Bill and Lynton Robins (1989), *Contemporary British Politics*, London: Macmillan.

Davis, L.E. and Douglass C. North (1971), *Institutional Change and American Economic Growth*, London: Cambridge University Press.

Feder, Gershon, Richard E. Just, and David Zilberman (1985), "Adoption of Agricultural Innovations in Developing Countries: A Survey," *Economic Development and Cultrual Change* 33 (2): 255-298.

Fogel, Robert W. (1964), *Railroads and American Economic Growth: Essays in Economic History*, Baltimore: Johns Hopkins Press,

----- (1965), "The Unification of Economic History with Economic Theory," *The Economic Review* 65 (2): 92-98.

----- and Stanley L. Engerman (1971), *The Reinterpretation of American Economic History*, New York: Harper and Row.

Griffin, Keith and John Gurley (1985), "Radical Analyses of Imperialism, the Third World, and the Transition to Socialism: A Survey Article," *Journal of Economic Literature* 23: 1089-1143.

Griliches, Zvi (1957), "Hybrid Corn: An Exploration in the Economics of Technological Change," *Econometrica* 25: 501-522.

----- (1958), "Research Costs and Social Returns: Hybrid Corn and Related Innovations," *The Journal of Political Economy* 66.5: 419-431.

----- (1980), "Hybrid Corn Revisited: A Reply," *Econometrica* 48 (6): 1463-1465.

Hartwell, R. M. (1973), "Good Old Economic History," *Journal of Economic History* 33 (1): 28-40.

Hayami, Yujiro and Vernon W. Ruttan (1970), "Korean Rice, Taiwan Rice, and Japanese Agricultural Stagnation - Economic Consequence of Colonialism," *Quarterly Journal of Economics* 84 (4): 562-89.

Ho, Samuel P. S. (1968), "Agricultural Transformation under Colonialism: the Case of Taiwan," *Journal of Economic History* 28 (3): 313-340.

----- (1971), "Agricultural Transformation under Colonialism: Reply and Further Observation," *Journal of Economic History* 31 (3): 682-693.

----- (1978), *Economic Development of Taiwan, 1860-1970*, New Haven: Yale University Press.

Ho, Yhi-min (1966), *Agricultural Development of Taiwan 1903-1960*, Nashville: Vanderbilt University Press.

----- (1971), "On Taiwan's Agricultural Transformation Under Colonialism: A Critique," *Journal of Economic History* 31 (3): 672-681.

Hou, Chi-ming (1965), *Foreign Investment and Economic Development in China, 1840-1937*, 臺北：虹橋.

Hsieh, S. C. and T. H. Lee (1958), *An Analytical Review of Agricultural Development in Taiwan - An Input - Output and Productivity Approach*, Chinese-American Joint Commission on Rural Reconstruction（簡稱為 JCRR）, Economic Digest Series: No.12, Taipei: JCRR.

----- (1966), *Agricultural Development and Its Contributions to Economic Growth in Taiwan*, JCRR, Economic Digest Series: No.17, Taipei: JCRR.

JCRR (1966), *Taiwan Agricultural Statistics, 1901-1965*, Taipei: JCRR.

Koo, Hui-wen (2009), "Ownership Structure: A Study of Yilan's Irrigation Organizations in Ching Dynasty," 臺北：臺大經濟研究所專題討論.

----- (2011), "Property Rights, Land Prices, and Investment: A Study of the Taiwanese Land Registration System," *Journal of Institutional and Theoretical Economics* 167 (3): 515-535.

Latham, A. J. H. and Larry Neal (1983), "The International Market in Rice and Wheat, 1868-1914," *The Economic History Review* 36 (2): 260-280.

Lau, Lawrence J., Wuu-long Lin and Pan A. Yotopoulos (1978), "The Linear Logarithmic Expenditure System: An Application to Consumption – Leisure Choice." *Econometrica* 46 (4): 843-868.

Lee, Teng-hui (1971), *Intersectoral Capital Flows in the Development of Taiwan, 1895-1960*, Ithaca: Cornell University Press.

------ and Yueh-eh Chen (1975), *Growth Rates of Taiwan Agriculture 1911-1972*, Taipei: Joint Commission on Rural Reconstruction.

Liu, Ruey-Hua (1991), *Property Rights And Government Revenue: A Study Of Taiwan's Land Reform*, Ph. D. Dissectation, Washington University.

McCloskey, Donald N. and John Nash (1984), "Corn at interest: The Extent and Cost of Grain Storage in Medieval England," *The American Economic Review* 74 (1): 174-187.

Minami, Ryoushin (1986), *The Economic Development of Japan : A Quantitative Study*, Houndmills, Basingstoke, Hampshire and London: The Macmillan Press.

Mizoguchi, Toshiyuki (1972), "Consumer Prices and Real Wages in Taiwan and Korea under Japanese Rule," *Hitotsubashi Journal of Economics* 13 (1): 195-258.

Myers, Ramon H. (1969), "Rural Institutions and Their Influence upon Agricultural Development in Modern China and Taiwan,"《香港中文大學中國文化研究所學報》2 (2): 349-369.

----- (1970), "Agrarian Policy and Agricultural Transformation: Mainland China and Taiwan,"《香港中文大學中國文化研究所學報》3 (2): 521-544.

----- (1972), "The Commercialization of Agriculture in the Mainland China." In W. E. Willmott, ed., *Economic Organization in Chinese Society*, pp. 173-191, California: Stanford University Press.

North, C. Douglass (1971), "Capital Formation in the United States During the Early Period of Industrialization: A Reexamination of the Issues," *The Reinterpretation of American Economic History*, 274-284, edited by Robert Fogel and Stanlly Engerman, New York: Harper and Row.

----- (1974), "Beyond the New Economic History," *Journal of Economic History* 34 (1): 1-7.

----- (1991), *Institutions, Institutional Change and Economic Performance*, London: Cambridge University Press.

----- and Robert Paul Thomas (1976), *The Rise of the Western World*, London: Cambridge University Press.

Olds, B. Kelly and Ruey-hua Liu (2000), "Economic Cooperation in 19th-Century Taiwan: Religion and Informal Enforcement," *Journal of Institutional and Theoretical Economics* 156 (2): 404-430.

Prebisch, Paul (1959), "Commercial Policy in the Underdeveloped Countries," *American Economic Review, Papers and Proceedings* 49: 251-73.

Rawski, Thomas G. (1989), *Economic Growth in Prewar China*, Berkeley and Los Angeles: University of California Press.

Redlich, Fritz (1965), "New and Traditional Approaches of Economic History and Their Interdependence," *Journal of Economic History* 25 (4): 480-495.

Sharif, N. R. and Dar, A. A. (1996), "An Empirical Study of the Patterns and Sources of Technical Inefficiency in Traditional and HYV Rice Cultivation in Bangladesh," *The Journal of Development Studies* 32 (4): 612-629.

Singer, Hans(1950),"The Distribution of Gains between Investing and Borrowing Countries," *American Economic Review* 40: 473-85.

von Braun, Joachim, Howarth Bouis and Eileen Kennedy (1994), "Conceptual Framework." In Joachim von Braun and Eileen Kennedy, eds., *Agricultural Commercialization, Economic Development, and Nutrition*, pp. 11-33, Baltimore: John Hopkins University Press.

Wu, Tsong-min (1992), "Economic Growth of the U.S. Aid to Taiwan," manuscript.

Yeh, Shu-jen (1991), *Economic Growth and the Farm Economy in Colonial Taiwan, 1895-1945*, Ph.D. Dissertation, University of Pittsburgh.

Yeh, Sing-min (1957), *Per Capita Consumption Level of Basic Food in Taiwan*, JCRR, Economic Digest Series: No.11, Taipei: JCRR.

索引

國家圖書館出版品預行編目資料

臺灣農家經濟史之重新詮釋 / 葉淑貞著；-- 初版.
-- 臺北市：臺大出版中心
出版：臺大發行, 2014.10
面；公分. --（臺灣研究叢書；5）
ISBN 978-986-350-036-0（平裝）--

1.農業經濟 2.經濟史 3.臺灣

431.0933　　　　　　　　　　103018126

臺灣研究叢書 5
臺灣農家經濟史之重新詮釋

作　　　者　葉淑貞
叢書主編　吳密察

總　　監　項　潔
責任編輯　吳　菡　　　　文字編輯　邱大祐
美術編輯　林婕瀅　　　　封面設計　楊啟巽

發 行 人　楊泮池
發 行 所　國立臺灣大學
出 版 者　國立臺灣大學出版中心
法律顧問　賴文智律師
印　　製　茂浤印刷有限公司
出版年月　2014 年 10 月
版　　次　初版
定　　價　新臺幣 520 元整

展 售 處　國立臺灣大學出版中心
　　　　　10617 臺北市羅斯福路四段1號
　　　　　電話：(02) 2365-9286　　　　傳真：(02) 2363-6905
　　　　　E-mail：ntuprs@ntu.edu.tw　　http://www.press.ntu.edu.tw
　　　　　10087 臺北市思源街 18 號澄思樓一樓
　　　　　電話：(02) 3366-3991~3 轉 18　傳真：(02) 3366-9986
　　　　　國家網路書店 http://www.govbooks.com.tw
　　　　　國家書店松江門市　　　　電話：(02) 2518-0207
　　　　　10485 臺北市松江路 209 號一樓

ISBN：978-986-350-036-0　　　GPN：1010301682